U0610153

现代服务领域技能型人才培养模式创新规划教材

国际货物运输与代理实务

主 编　王　爽　王　艳

副主编　翟　玲　李　虹

中国水利水电出版社
www.waterpub.com.cn

内 容 提 要

本书针对国际货物运输与代理的各项业务，按运输及代理企业的职能部门展开，以工作流程为主线，以工作任务驱动知识的学习。书中共分为 7 个项目，分别是国际货物运输与代理业务认知、国际货物运输与代理的揽货业务、运输方案的制定、国际海上货物运输及代理业务、国际航空货物运输及代理业务、国际陆运代理业务、国际多式联运与货运代理风险责任。

每个项目按企业工作实际设置任务，通过虚拟职业情境讲授专业知识，使枯燥的内容富有趣味性，案例丰富生动、贴近实际，易于读者对知识的吸纳，有助于实现专业学习与职场就业的"零距离"。

本书适合作为高等职业院校的教材，也适合作为各大科研院校进行科学研究的参考资料，还可作为相关企业从业人员的自学资料和操作手册。

本书配有电子教案，读者可以从中国水利水电出版社网站和万水书苑免费下载，网址为：http://www.waterpub.com.cn/softdown/和 http://www.wsbookshow.com。

图书在版编目（ＣＩＰ）数据

国际货物运输与代理实务 / 王爽，王艳主编. -- 北京：中国水利水电出版社，2011.1
现代服务领域技能型人才培养模式创新规划教材
ISBN 978-7-5084-8180-7

Ⅰ. ①国… Ⅱ. ①王… ②王… Ⅲ. ①国际运输：货物运输－代理（经济）－高等学校：技术学校－教材
Ⅳ. ①F511.41

中国版本图书馆CIP数据核字(2010)第246912号

策划编辑：杨 谷　　责任编辑：宋俊娥　　加工编辑：刘晶平　　封面设计：李 佳

书　　名	现代服务领域技能型人才培养模式创新规划教材 国际货物运输与代理实务
作　　者	主 编　王 爽　王 艳
出版发行	中国水利水电出版社 （北京市海淀区玉渊潭南路 1 号 D 座　100038） 网址：www.waterpub.com.cn E-mail: mchannel@263.net（万水） 　　　　sales@waterpub.com.cn 电话：(010) 68367658（营销中心）、82562819（万水）
经　　售	全国各地新华书店和相关出版物销售网点
排　　版	北京万水电子信息有限公司
印　　刷	北京市天竺颖华印刷厂
规　　格	184mm×260mm　16 开本　18.25 印张　441 千字
版　　次	2011 年 2 月第 1 版　2011 年 2 月第 1 次印刷
印　　数	0001—3000 册
定　　价	32.00 元

凡购买我社图书，如有缺页、倒页、脱页的，本社营销中心负责调换

现代服务业技能人才培养培训模式研究与实践
课题组名单

顾　问：王文槿　　李燕泥　　王成荣

　　　　汤鑫华　　周金辉　　许　远

组　长：李维利　　邓恩远

副组长：郑锐洪　　闫　彦　　邓　凯

　　　　李作聚　　王文学　　王淑文

　　　　杜文洁　　陈彦许

秘书长：杨庆川

秘　书：杨　谷　　周益丹　　胡海家

　　　　陈　洁　　张志年

课题参与院校

北京财贸职业学院	荆州职业技术学院
北京城市学院	上海建桥学院
国家林业局管理干部学院	常州纺织服装职业技术学院
北京农业职业学院	常州广播电视大学
北京青年政治学院	常州机电职业技术学院
北京思德职业技能培训学校	常州建东职业技术学院
北京现代职业技术学院	常州轻工职业技术学院
北京信息职业技术学院	常州信息职业技术学院
福建对外经济贸易职业技术学院	江海职业技术学院
泉州华光摄影艺术职业学院	金坛广播电视大学
广东纺织职业技术学院	南京化工职业技术学院
广东工贸职业技术学院	苏州工业园区职业技术学院
广州铁路职业技术学院	武进广播电视大学
桂林航天工业高等专科学校	辽宁城市建设职业技术学院
柳州铁道职业技术学院	大连职业技术学院
贵州轻工职业技术学院	大连工业大学职业技术学院
贵州商业高等专科学校	辽宁农业职业技术学院
河北公安警察职业学院	沈阳师范大学工程技术学院
河北金融学院	沈阳师范大学职业技术学院
河北软件职业技术学院	沈阳航空航天大学
河北政法职业学院	营口职业技术学院
中国地质大学长城学院	青岛恒星职业技术学院
河南机电高等专科学校	青岛职业技术学院
开封大学	潍坊工商职业学院
大庆职业学院	山西省财政税务专科学校
黑龙江信息技术职业学院	陕西财经职业技术学院
伊春职业学院	陕西工业职业技术学院
湖北城市建设职业技术学院	天津滨海职业学院
武汉电力职业技术学院	天津城市职业学院
武汉软件工程职业学院	天津天狮学院
武汉商贸职业学院	天津职业大学
武汉商业服务学院	浙江机电职业技术学院
武汉铁路职业技术学院	鲁迅美术学院
武汉职业技术学院	宁波职业技术学院
湖北职业技术学院	浙江水利水电专科学校

实践先进课程理念　构建全新教材体系

——《现代服务领域技能型人才培养模式创新规划教材》

出版说明

"现代服务领域技能型人才培养模式创新规划教材"丛书是由中国高等职业技术教育研究会立项的《现代服务业技能人才培养培训模式研究与实践》课题[①]的研究成果。

进入新世纪以来，我国的职业教育、职业培训与社会经济的发展联系越来越紧密，职业教育与培训的课程的改革越来越为广大师生所关注。职业教育与职业培训的课程具有定向性、应用性、实践性、整体性、灵活性的突出特点。任何的职业教育培训课程开发实践都不外乎注重调动学生的学习动机，以职业活动为导向、以职业能力为本位。目前，职业教育领域的课程改革领域，呈现出指导思想多元化、课程结构模块化、职业技术前瞻化、国家干预加强化的特点。

现代服务类专业在高等职业院校普遍开设，招生数量和在校生人数占到高职学生总数的40%左右，以现代服务业的技能人才培养培训模式为题进行研究，对于探索打破学科系统化课程，参照国家职业技能标准的要求，建立职业能力系统化专业课程体系，推进高职院校课程改革、推进双证书制度建设有特殊的现实意义。因此，《现代服务业技能人才培养培训模式研究与实践》课题是一个具有宏观意义、沟通微观课程的中观研究，具有特殊的桥梁作用。该课题与人力资源和社会保障部的《技能人才职业导向式培训模式标准研究》课题[②]的《现代服务业技能人才培训模式研究》子课题并题研究。经过酝酿，于2008年底进行了课题研究队伍和开题准备，2009年正式开题，研究历时16个月，于2010年12月形成了部分成果，具备结题条件。课题组通过高等职业技术教育研究会组织并依托60余所高等职业院校，按照现代服务业类型分组，选取市场营销、工商企业管理、电子商务、物流管理、文秘、艺术设计专业作为案例，进行技能人才培养培训模式研究，开展教学资源开发建设的试点工作。

《现代服务业技能人才培养培训方案及研究论文汇编》（以下简称《方案汇编》）、《现代服务领域技能型人才培养模式创新规划教材》（以下简称《规划教材》）既作为《现代服务业技能人才培养培训模式研究与实践》课题的研究成果和附件，也是人力资源和社会保障部部级课题《技能人才职业导向式培训模式标准研究》的研究成果和附件。

《方案汇编》收录了包括市场营销、工商企业管理、电子商务、物流管理、文秘（商务秘书方向、涉外秘书方向）、艺术设计（平面设计方向、三维动画方向）共6个专业8个方向的人才培养方案。

《规划教材》是依据《方案汇编》中的人才培养方案，紧密结合高等职业教育领域中现代服务业技能人才的现状和课程设置进行编写的，教材突出体现了"就业导向、校企合作、

---

① 课题来源：中国高等职业技术教育研究会，编号：GZYLX2009-201021
② 课题来源：人力资源和社会保障部职业技能鉴定中心，编号：LA2009-10

双证衔接、项目驱动"的特点，重视学生核心职业技能的培养，已经经过中国高等职业技术教育研究会有关专家审定，列入人力资源和社会保障部职业技能鉴定中心的《全国职业培训与技能鉴定用书目录》。

本课题在研究过程中得到了中国水利水电出版社的大力支持。本丛书的编审委员会由从事职业教育教学研究、职业培训研究、职业资格研究、职业教育教材出版等各方面专家和一线教师组成。上述领域的专家、学者均具有较强的理论造诣和实践经验，我们希望通过大家共同的努力来实践先进职教课程理念，构建全新职业教育教材体系，为我国的高等职业教育事业以及高技能人才培养工作尽自己一份力量。

丛书编审委员会

现代服务领域技能型人才培养模式创新规划教材

物流管理专业编委会

前　　言

2010 年 6 月,《国家中长期人才发展规划纲要（2010～2020 年）》(以下简称《纲要》)正式出台。《纲要》是我国首个中长期人才发展规划,提出了未来十年育人、选人、用人的指导方针、战略目标和总体部署。《纲要》明确提出：到 2020 年人才资源总量从现在的 1.14 亿增加到 1.8 亿；其中主要劳动年龄人口受过高等教育的比例达到 20%；人力资本对经济增长的贡献率要达到 33%。但是如何实现产业与人才的对接是人才培养的关键。自主创新能力特别是集成创新能力和引进、消化、吸收、再创新能力是《纲要》对人才培养提出的更高要求。2009 年,国务院更是将物流产业列入我国“十大产业振兴计划”之一,对物流行业的发展确定了“四个要点和九大重点工程”。本教材就是在物流产业振兴计划全面实施之际,落实《纲要》的人才培养要求的背景下策划撰写的,是全面讲解国际货物运输与代理知识以及操作技能的“实用型”教材,其特色主要表现如下：

1. 框架清晰、结构完整

教材将国际货物运输与代理的各项业务按运输及代理企业的职能部门逐条展开,以工作流程为主线,以工作任务驱动知识学习,从认知货物运输与代理企业开始,由揽货、制定运输方案、承揽海运、空运、陆运、多式联运及责任风险等几部分构成,框架清晰、结构完整。

2. 体例新颖、突出实用、符合学习逻辑

教材由 7 个项目组成,每个项目按企业工作实际设置 2～3 个任务,每个任务由任务引入、任务分析、必备知识、任务实施、知识链接构成,每个项目学习完毕设置一个综合实训,体例新颖、突出实用、符合学习逻辑。每个项目内容以行动导向引导学生的知识学习,基于工作过程和业务流程确定编写框架,突出专业性、应用性和实践性,有利于学生动手动脑、固化知识、增强能力。

3. 案例丰富生动、贴近实际

通过虚拟职业情境讲授专业知识,使枯燥的内容富有趣味性,案例丰富生动、贴近实际,易于读者对知识的吸纳,有助于实现专业学习与职场就业“零距离”。

4. 兼顾前沿理论和时效

书中引用了商务部《中华人民共和国国际货物运输代理业管理规定》修订草案中反映业界心声的部分观点,有助于学生了解最新行业动态。在注重理论的系统性、前瞻性的基础上,更注重与实际应用相结合。

本教材可以满足国际经济与贸易、国际贸易实务、物流管理、国际航运业务管理、港口运输管理、集装箱运输管理等专业的师生学习需要。

本教材共设 7 个项目,由天津滨海职业学院王爽任主编,拟定编写大纲,撰写项目一、项目三,并对全书进行了审校和最终的统纂工作,北京财贸职业学院的王艳(项目五)担任第二主编,天津滨海职业学院的翟玲(项目三)和李虹(项目六)担任副主编,参加编写的还有北京城市学院的祁春凌(项目四)和赵妍(项目七),柳州铁道职业学院的尹华玲(项目一部分内容）。编写团队为本教材的撰稿和不断修改完善付出了巨大的努力，出版社科学、严谨的工作作风对提高本教材的编写质量起到了重要的促进作用。但由于作者水平与行业视野的局限，本教材中不免有诸多纰漏和不足之处，敬请各位读者予以批评指教！

编　者

2010 年 12 月

于天津滨海新区

目　　录

项目一　国际货物运输与代理业务认知

【项目目标】

1. 认知国际货物运输与代理公司的职能与经营范围
2. 认知国际货物运输与代理企业岗位结构类别与职业技能
3. 掌握建立货运代理企业的方法与程序

【项目技能要求】

1. 掌握国际货物运输与代理业务体系及相互关系
2. 熟悉国际货物运输与代理业务岗位及技能体系
3. 能操作建立国际货代公司的业务流程

任务一　认知国际货物运输与代理公司的职能与经营范围

【任务引入】

以小组为单位进行各类运输企业及货运代理企业调研，调研内容包括各类运输企业及货运代理企业的业务职能、经营范围等，并以小组为单位撰写调研报告，在班级展示汇报。

【任务分析】

要对货运企业或货运代理企业进行调研，应首先了解货运企业及货运代理企业，及其概念、职能范围、行业现状等，这样才能有准备地实施调研，因此应首先学习下述知识。

【必备知识】

一、国际货物运输概述

（一）运输方式

货物运输是指使用各种运输设备，使货物实现空间位置上的转移。一般来说，分为江海运输、航空运输、公路运输、铁路运输、邮政运输、管道运输和国际多式联运。

（1）江海运输是指利用船舶及其他航运工具，在江、河、湖、海及人工水道上运送旅客和货物的一种运输方式。

（2）航空运输是一种快捷的现代运输方式，采用商用飞机运输货物的商业活动，是目前国际与国内货物运输中一种安全、快捷的运输方式。

（3）公路运输是在公路上运送旅客和货物的运输方式，是交通运输系统的组成部分之一。

（4）铁路运输是指利用机车、车辆等技术设备沿铺设轨道运行的运输方式。

（5）邮政运输是一种简便的运输方式，具有"门到门"的特点。卖方只需按规定的时间将商品包裹送交邮局，付清邮资并取回收据，就完成了交货义务。邮件到达目的地后，收件只可凭邮局到件通知提取。一般适合于量轻体小的货物，邮件一般不能超过 20kg，长度不能超过 1m。

（6）管道运输是借助高压气泵的压力将管道内货物输往目的地的一种运输方式。

（7）国际多式联运是一种以实现货物整体运输的最优化效益为目标的联运组织形式。它通常是以集装箱为运输单元，将不同运输方式有机地组合在一起，构成连续的、综合性的一体化货物运输。通过一次托运，一次计费，一份单证，一次保险，由各运输区段的承运人共同完成货物的全程运输，即将货物的全程运输作为一个完整的单一运输过程来安排。

（二）运输市场

运输市场有狭义和广义的概念。狭义的运输市场是指承运人提供载运工具和运输服务，来满足旅客或货物对运输需要的交易活动场所以及进行运输能力买卖的场所。广义的运输市场是指进行运输劳务交换所反映的各种经济关系和经济活动现象的总和。主要体现在以下几个方面：

（1）运输市场是运输产品供求关系的总和。

（2）运输市场是在一定时空条件下对运输产品需求的总和。

（3）运输市场是一种典型的劳务市场。

（4）运输市场具有较强的区域性和波动性。

（5）不同类型的运输市场，其进入难易程度和竞争激烈程度有较大的差异性。

（6）运输市场存在较多的联合产品。

（三）国际货物运输市场体系

国际货物运输市场体系如图 1-1 所示。运输市场可分为 3 个层次，最高层次可将运输市场分为国内运输市场和国际运输市场；第二层次又可将运输市场细分为客运市场、货运市场和管道运输市场；第三层次，运输市场可细分为各种运输方式的市场，如公路运输市场、铁路运输市场、水路运输市场、航空运输市场及综合运输市场等。

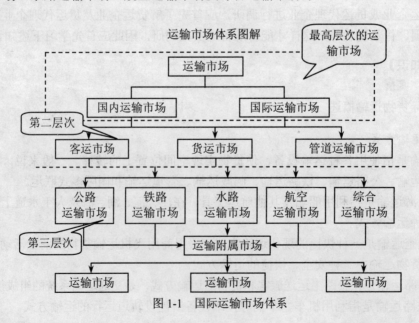

图 1-1　国际运输市场体系

二、国际货运代理概述

国际货运代理是指具有国际货运代理资质的企业，接受进出口货物的收货人、发货人或其代理人的委托，以委托人名义或货代公司自己的名义，办理签发运输单证，履行运输合同等有关业务，收取代理费或佣金的行为。

国际货运代理人（International Freight Forwarders）是收货方和发货方以外的第三方主体，即中间型企业。它经营的产品是"运输服务"，起到一座桥梁的作用：首先从承运人、机场、车队、仓库、口岸、码头、堆场等多方市场主体处预定（购买）到低价格的运输服务，再把这些服务销售给货主，从而解决不同国度间收货人和发货人的远程运输难题。

（一）开展国际货代业务的前提

国际货运代理人要开展工作，要借助于以下几个方面：

1. 有国际港站与国际间航线

它包括海洋、航空、铁路、公路等各种运输方式下的港口、码头、货站、堆场、机场、汽运站等，还有能抵达全球七大洲的国际航线。

2. 有国际间运输的实际承运人

它们有船、飞机、车队和管道等运输工具，有班轮或者较为稳定的航线，有集装箱等运输包装设备等。货代揽到货后借助它们的资源进行货物运输。

3. 有稳定的 IT 信息网络系统

国际货代面临着时间和空间上的巨大障碍，所以货代可以实现几方面作用：通过稳定的IT 网络实现总、分公司和办事处和海外代理之间的计算机远程互联，使信息能即时传递和交换；通过专业化的物流网站（信息采集揽货网）实现网上运价查询、网上订舱、货物跟踪等一系列电子化服务功能；通过内部的操作网络同外部的电子网络有机的结合，使公司实现对客户的"零距离"服务。

4. 有庞大的海内外代理的网络体系

世界各国对货物的限制、对报关报检、港口管理等各方面的规定都各不相同，只有当地的企业有条件掌握具体的情况，从而确保货物运输顺畅完成。所以，货代必须通过建立健全海内外网络市场代理网来打造业务的基础，并提升货代服务的水准。

（二）国际货运代理人的作用

货运代理参与了同货运有关的诸多活动，其作用可以归纳为以下几个方面：为客户选择最适合的运输方式；为客户选择最适当的承运人并签订运输合同；组织货物拼装；制备有关单证；协助客户达到有关法规和信用证的要求；代为清关；就包装向用户提出建议；代办运输保险；代办仓储、分拔业务；对运输中的货物进行监管等。

现就上述各方面分别作简要说明。

1. 向用户提出关于最佳运输方式的建议

货运代理的最终目的，在于将货主的要求和商业交易的要求同各种运输方式进行最佳的匹配。而要做到这一点，货运代理人就必须具备关于各种运输方式的知识，并对货物和市场有所了解。只有这样，才能客观、公正地在下列多种运输方式中进行最佳选择和组合：拖车服务、常规海运服务、包裹服务、滚装运输服务和集装箱拼箱服务等。

2. 选择最合适的承运人并签订运输合同

选定运输方式以后，下一个重要步骤就是选择合适的承运人。运送时间、发送频度、到达时间、车船国籍等都是至关重要的因素。代理人代客户确定实际承运人以后，即可签约订舱。在正常运输线路受到罢工、停工或交通堵塞影响时，代理人可酌情变更运送方式，这是与承运人的不同之处。

3. 组织货物的拼装

随着跨国经营和货运"批多量少"趋势的发展，有时货源与目的港都很分散，必须采用另一种运输方式。有时没有现成的运输方式可用，就要作出特别的运输安排，把小批量货物集中起来进行拼箱运输。

4. 制备货运单证

货运代理人在安排运输的过程中，要按照不同的运输方式和商业交易的要求，制备货运代理和适合相关运输方式的单证，如提单、空运单、菲亚达提单或国际公路运输单（CMRnotes），一般在其内容上都有一些特殊的规定和声明。

5. 协助用户达到有关法规与信用证的要求

在运输过程中，发生了违规问题以后再查找原因，那要付出沉重的代价。货运代理人负有安排全程运输的责任，应通晓运输业务过程，事前周密防范，必要时得向有关主管部门了解对某种货物的具体要求及其限制规定。

6. 代为备检和办理清关

货物从一个国家运抵另一个国家，要经过海关的仔细检查。以欧共体各国之间的货物运输而言，为了防止毒品走私、非法进入和暴力行为，海关对成员国的货物也必须进行一定的检查。至于一般国家之间的货物进出口，自然更加严格。货运代理人或其办事机构应代客户认真做好货物受检和清关工作。

7. 就货物包装要求向用户提出建议

货物包装要求既要符合自身特性，又要适应不同运输方式的风险防范。而且，各国法律的规定也不完全一致。比如，纸板箱散装在集装箱中，是不准从新加坡运往沙特阿拉伯吉达港的。有些表面上没有问题的货物，如润色漆、烟雾剂，其实是应该作为危险货物处理的。货运代理人应自备《国际危规》，以便就货物包装问题向用户提出建设性意见。

8. 代办运输保险、仓储及分拨业务

国际运输比国内运输中转环节多，货损、货差或延误的风险更大。货运代理人应根据可能存在的风险，代用户确定保险范围，办理好投保事宜。

货运代理人根据其办事机构和代理网络关系，考虑并决定所运货物是即时分拨还是进行临时仓储。

9. 运输中的货物跟踪监管

货物在运输途中发生延误或其他问题，不论是涉及海关、银行、保险或承运人，货运代理都有责任跟踪监管并代客户进行处理。

一个成熟的货运代理人，应把上述几方面都纳入自己的业务范围，并根据合同承担其相应的责任。我国目前虽然已经有众多经批准的国际货代企业，但是上规模的并不多，服务手段一般比较落后，我国国际货运代理业的法规还欠完善，行业管理的力度不足。我国货运代理业，特别是国际货运代理业还有很长的路程要走。

三、国际货运代理企业的服务对象与经营范围

从国际货运代理人的基本性质看，货代主要是接受委托方的委托，主要是有关货物运输、转运、仓储、装卸等事宜。一方面它与货物托运人订立运输合同，另一方面他又与运输部门签订合同，对货物托运人来说，他又是货物的承运人。目前，相当一部分的货物代理人掌握各种运输工具和储存货物的库场，在经营其业务时办理包括海陆空在内的货物运输。国际货代所从事的业务主要如下：

（一）为发货人服务

国际货运代理人可以为发货人提供下述服务：

（1）选择运输路线、运输方式和适当的承运人。

（2）向选定的承运人提供揽货、订舱。

（3）提取货物并签发有关单证。

（4）研究信用证条款和所有政府的规定。

（5）包装。

（6）储存。

（7）称重和量尺码。

（8）安排保险。

（9）将货物的港口后办理报关及单证手续，并将货物交给承运人。

（10）做外汇交易。

（11）支付运费及其他费用。

（12）收取已签发的正本提单，并付发货人。

（13）安排货物转运。

（14）通知收货人货物动态。

（15）记录货物灭失情况。

（16）协助收货人向有关责任方进行索赔。

（二）为收货人服务

（1）报告货物动态。

（2）接收和审核所有与运输有关的单据。

（3）提货和付运费。

（4）安排报关和付税及其他费用。

（5）安排运输过程中的存仓。

（6）向收货人交付已结关的货物。

（7）协助收货人储存或分拨货物。

（三）为海关服务

当货运代理作为海关代理办理有关进出口商品的海关手续时，它不仅代表他的客户，而且代表海关当局。事实上，在许多国家，它得到了这些当局的许可，办理海关手续，并对海关负责，在海关指定的单证中，申报货物确切的金额、数量、品名，以使政府在这些方面不受损失。

（四）为承运人服务

货运代理向承运人及时订舱，议定对发货人、承运人都公平合理的费用，安排适当时间交货，以及以发货人的名义解决和承运人的运费账目等问题。

（五）为航空公司服务

货运代理在空运业上，充当航空公司的代理。在国际航空运输协会以空运货物为目的，而制定的规则上，它被指定为国际航空协会的代理。在这种关系上，它利用航空公司的货运手段为货主服务，并由航空公司付给佣金。同时，作为一个货运代理，它通过提供适于空运程度的服务方式，继续为发货人或收货人服务。

（六）为班轮公司服务

货运代理与班轮公司的关系，随业务的不同而不同。近几年来，由货代提供的拼箱服务，即拼箱货的集运服务已建立了他们与班轮公司及其他承运人（如铁路）之间的较为密切的联系，然而一些国家却拒绝给货运代理支付佣金，所以他们在世界范围内争取对佣金的要求。

（七）提供拼箱服务

随着国际贸易中运输的增长，引进集运和拼箱的服务，在提供这种服务时，货代担负起委托人的职责。集运和拼箱的基本含义是：把一个出运地若干发货人发往另一个目的地的若干收货人的小件货物集中起来，作为一个整件运输的货物发往目的地的货代，并通过它把单票货物交各个收货人。货代签发提单，即分提单或其他类似收据交给每票货的发货人；货代目的港的代理，凭初始的提单交给收货人。拼箱的收、发货人不直接与承运人联系，对承运人来说，货代是发货人，而货代在目的港的代理是收货人。因此，承运人给货代签发的是全程提单或货运单。如果发货人或收货人有特殊要求的话，货代也可以在出运地和目的地从事提货和交付的服务，提供门到门的服务。

（八）提供多式联运服务

在货代作用上，集装箱化的一个更深远的影响是它介入了多式联运，这是它充当主要承运人并承担组织一个单一合同下，通过多种运输方式进行门到门的货物运输。它可以以当事人的身份，与其他承运人或其他服务提供者分别谈判并签约。但是，这些分拨合同不会影响多时联运合同的执行，也就是说，不会影响发货人的义务和在多式联运过程中，他对货损及灭失所承担的责任。在货代作为多时联运经营人时，通常需要提供包括所有运输和分拨过程的一个全面的"一揽子"服务，并对它的客户承担一个更高水平的责任。

【知识链接】

区分货代与船东、船代和报关行等相关当事人

对于中小型进出口企业而言，在外贸运输过程中直接接触的是货代，即前所述的国际货运代理人，它有别于"船代"。

"货代"是对"货"而言的第三方主体，货代可以代表货主处理有关的报关、报检、签单、改单、集货和货物跟踪等工作；"船代"是指对"船"而言，却并非船东和货主的第三方主体。"船公司"又称船东，是指自己拥有船舶的企业，一般情况下为了专注于自己的船舶业务，它会把自己船舱的销售权承包出去给"船代"，即船务代理人。

对于"船"而言，货代的主要工作是订舱，船代却可以代表船公司处理有关订舱、报关、

车运、签单、改单和放箱等工作。从舱位的生产销售过程来看，"船公司—船代—货代"的关系就类似于"生产商—批发商—零售商"的关系。此外，船代是交通部审批并管理的；货代是早些年由商务部审批并管理（现在由工商行政管理局登记备案）。

在业务范围内，国际货代与船代、航空销售代理人、无船承运人、多式联运经营人、专业报关行等其他中间人存在一定的身份重叠和业务交叉。而且随着货代提供门到门运输服务、第三方物流服务甚至兼营仓储、铁路、公路集运业务等后，它们之间的同行竞争性更突出了。另外，货代可以自己报关，也可以委托报关行报关，只要报关人员有报关员资格即可。

【知识链接】

认识一级货代与二级货代

尽管货运代理业有着深远的历史溯源，但到目前为止，国际上还没有一致的定义和统一的名称或称呼。原因在于世界各国和地区都根据各自的需要对"货运代理人"赋予不同的内容和形式各异的解释。即使有些国家同样使用货运代理人的名称，其经营范围、法律地位和责任也会有相当大的区别。

目前在我国，货代公司划分为一级货代（也叫一类货代）、二级货代（也叫二类货代）两类。其区别如表 1-1 所示。

表 1-1　一级货代与二级货代的区别

序号	区别	一级货代	二级货代
1	成立条件	相对高	相对低
2	公司账户及开票	人民币账号+美金账号；可以直接开票	人民币账号；只能到国税局开票
3	存在数量	较少	很多
4	订舱权大小	直接向承运人订舱（有订舱协议）	通过前者向承运人订舱

四、无船承运人的概念与特征

（一）无船承运人的概念

根据《中华人民共和国海运条例》对无船承运业务的理解，对无船承运人的定义为："无船承运人是指以承运人的身份接受托运人的货载，签发自己的提单或其他运输单证，并向托运人收取运费，通过国际船舶运输经营者完成国际海上货物运输，并承担承运人责任的企业法人。"

（二）无船承运人的特征

首先，无船承运人的基本特征是承运人。在海上运输关系中，托运人是发货人，而无船承运人是承运人。无船承运人与实际承运人之间是承运关系还是委托关系，目前尚有争论。作者认为，两者间为承运关系。但是，无论无船承运人相对于实际承运人来说是承运关系还是委托关系，都不影响无船承运人相对于发货人是承运关系，显然，承运人是无船承运人的本质特征。

其次，无船承运人不拥有、不经营船舶。无船承运人，"无船"应是指不拥有船舶，且对他人船舶也不拥有合法的实际占有、使用或控制的权利。无船承运人对于船舶的使用权如占有、使用或控制船舶，主要是基于租船的基础上，且仅仅为船舶使用权的取得。

再次，无船承运人的基本义务为运输业务。除有法律规定或者合同约定，承运人将货物安全及时地和准确地运送至目的地，它们之间的运输合同就宣告完成。无船承运人为承运人的一种，显然适用运输合同。在运输合同中，无船承运人有合理谨慎义务，即克尽职责、小心谨慎。

最后，无船承运人仅适用于以班轮运输为主的国际海上运输中，而非国内内河航运、沿海航运等业务。在船舶经营方式上，无船承运人为租船运输，且为航次租船、定期租船及光船租船3种方式并存的租船运输。

五、无船承运人与货运代理的区分

首先要明确，单一的标准是难以区分货运代理人和无船承运人的，因为二者在渊源上同出一源，在业务范围上有所重叠，在认定中难以区分，因此在审判实践中对于区分两者应当进行综合考虑。

具体区分原则可以从以下几个方面考虑。

（一）签发运输单据的角度

首先，从审查提单签发时间考虑，通过审查无船承运人和实际承运人所签发的提单与实际办理货物运输手续的时间顺序来判断无船承运人或实际承运人。无船承运人应先签发自己的提单给托运人，再向实际承运人取得提单。而有的货运代理人则在为货主办理完托运手续，将货物交付实际承运人运输后，才用自己或他人的提单签发给托运人，实际上充当的只是货运代理人的角色，根本不能成为无船承运人并承担相应的法律责任。

其次，从提单的内容考量，如果货运代理人在运输单据上明确标明其为代理人或者货运代理人在诉讼中能出示证据来证明其代理人身份，则货运代理人确为代理人。如果货运代理人在运输单据上标明其为代理人，但是实际上承运人对其代理行为事先进行了认可或者事后进行了追认，则此时货运代理人转变为无船承运人，并应以承运人的身份对货方承担责任。

（二）参加运输实务的角度

从审查业务流程方面，要看无船承运业务中的两套提单所表现出的合同关系，是否与无船承运业务的基本流程相符。如果两套提单的记载不符合无船承运业务的基本特征，由相关的当事人承担举证责任。

（三）收取运费的角度

货运代理人从货主手中取得的费用主要有包干费用和代理佣金两种。这里的包干费用在货运市场上表现为由货主一次性支付的一笔费用，包括货物的运费和装卸费，货代的营业利润，再委托其他承运人运输的运费差价以及办理相关事宜的代缴费用等。收取包干费用的事实加上有证据表明货运代理人的利润来源自货主与承运人之间收取运费的差价，那么在无相反证据的情况下，货运代理人即可被视为具有承运人的资格。

与无船承运人有关的收费方式主要有3种：一是向货主收取代理费用；二是从实际承运人处收取佣金；三是向货主收取运费。前两种收费应属于货代性质的收费，而后一种则属于承运性质的收费，其实质是通过赚取托运人向无船承运人交付的运费与无船承运人向实际承运人交付的运费的差价。在具体航运实务中，如果无船承运经营者向托运人收取"运费"或虽未以"运费"名义收取，但实际是赚取托运人向无船承运人交付的运费与无船承运人向实际承运人交付的运费的差价，那么该无船承运业务经营者就应是无船承运人。

（四）审查纠纷性质的角度

对无船承运人的识别及其责任的划分，要放在无船承运业务的范围内来考察，即看所研究的法律问题是否为无船承运业务方面的纠纷。无船承运人应该只存在于无船承运业务之中，否则只能是其他方面的纠纷。

（五）结合具体实务考虑

结合具体实务考虑指在实际案例中进行个案分析，并将上述的标准具体地应用于个案中，结合实际案情进行考虑。

六、国际货物运输与代理的主管部门和行业管理

我国对国际货运代理行业的管理已经从过去完全依照原苏联的封闭垄断管理模式，向限制模式、半封闭模式、开放模式方向发展。目前实行以商务部门为主、其他相关管理部门参与、行业协会自律的管理体制。

（一）国家管理

国际货运在我国发展的历史并不长，到目前为止尚无专门法律对其进行管理和规范。到目前为止，国家管理的主要法律依据是：1995 年的《中华人民共和国国际货运代理业管理规定》；1998 年的《中华人民共和国国际货运代理业管理规定实施细则》；2002 年《中华人民共和国外商投资国际货运代理业管理规定》和 2003 年《<中华人民共和国外商投资国际货运代理业管理规定>补充规定》。随着商务部的成立，主管部门也由原来的对外贸易经济合作部转为商务部。

按照现行规定，商务部和各级商务行政主管部门对国际货运代理行业进行监督管理；另外，国务院公路、水路、铁路、航空、邮政运输行政主管部门以及联合运输行政主管部门也在根据与对应行业相关的法律、法规和规章对国际货运代理企业的设立及其业务活动进行着不同程度的管理。

（二）行业管理

按照我国行政职能设置商务部和在地方商务主管部门内设立国际货运代理行业的管理机构，具体管理全国或地区的国际货运代理行业的工作。实行国际货运代理协会联合会（FIATA）、中国国际货运代理协会（CIFA）和各地货运代理协会的 3 级管理。

1. 国际货运代理协会联合会（FIATA：International Federation of Forwarders Associations）用其法文缩写"FIATA"为其标志，谐言为"菲亚塔"。

FIATA 是 1926 年 5 月 26 日，由 16 个国家的国家货运代理协会在奥地利首都维也纳成立的，总部设在瑞士苏黎世，是一个非盈利性的国际货运代理行业组织。

FIATA 具有广泛的国际影响。目前为联合国、近 90 个国家与地区，包括官方和非官方的非政府组织认为是国际货运代理行业的代表，如国际商会、世界海关组织、国际航空运输协会、国际铁路联合会和国际公路联合会等。

FIATA 会员分为一般会员（国家会员）、团体会员、联系会员和名誉会员。其会员单位包括了世界各国的国际货运代理行业，具体有 96 个一般会员和 2700 个联系会员，遍布 86 个国家和地区，包括 4000 个国际货运代理公司，拥有 800 万～1000 万名雇员。中国国际货运代理协会已代表中国的货代业加入了 FIATA。

FIATA 的最高权力机构是会员代表大会,其目的是保障和提高国际货运代理在全球的利益。

2. 中国国际货运代理协会(CIFA,China International Freight Forwarders Association)

它是 FIATA 的国家会员,是中国国际货运代理行业的全国性民间组织。

它于 2000 年 9 月 6 日在北京成立,业务指导部门是商务部。作为联系政府与会员之间的纽带和桥梁,CIFA 的宗旨是:协助政府部门加强对我国国际货代行业的管理;维护国际货代业的经营秩序;推动会员企业间的横向交流与合作;依法维护本行业利益;保护会员企业的合法权益;促进对外贸易和国际货代业的发展。

对外,CIFA 以民间形式代表中国货代业参与国际经贸运输事务并开展国际商务往来,不断扩大并加深我国与世界各国同行业组织、企业的交流与合作。2006 年取得了全球货代业界的盛会——FIATA 年会的举办权。

对内,CIFA 会员单位是我国各省市自治区国际货运代理行业组织、国际货运代理企业、与货运代理相关的企事业单位或社会团体,亦吸纳在中国货代、运输、物流行业有较大影响的个人。目前,CIFA 拥有会员近 600 家,其中理事 81 家,常务理事 27 家。

协会在商务部的直接领导下开展行业管理工作:负责组织货代从业人员资格培训与考试并代发上岗资格证书工作;负责对本行业全国范围内的企业的年审情况进行汇总、统计、分析和调查核实;负责《中华人民共和国国际货物运输代理企业批准证书》的发证及换证工作;并负责对在京的各有关中央企业申请成立货代公司或申请扩大经营范围、增资扩股、股权变更等进行初审;对在京的各有关中央企业申请在异地设立子公司或分支机构进行审核并出具审核意见;负责在京的各有关中央企业的年审工作。

3. 各地方国际货运代理协会

在我国改革开放不断深化,国际货运代理业快速发展的条件下,各地方国际货运代理协会于 20 世纪 90 年代纷纷成立。协会本着"服务行业、服务企业"的办会理念和宗旨,协助政府有关部门加强国际货运代理行业管理,维护当地国际货运代理市场的经营秩序;研究国际货运代理业发展趋势;代表会员利益,反映行业呼声;开展各类培训,提高从业人员素质;协调行业内外各种关系,促进当地国际货运代理行业的健康发展。

从地域分布来看,沿海、沿边地区和东部地区的国际货运代理业发展很快,协会的吸收会员单位行业覆盖率高,协会功能比较齐全,对地方货代行业建设发挥作用非常大。

【技能要点】

国际货物运输与代理业务体系及相互关系如图 1-2 所示。

（托运人）　　运输合同 A　　（契约承运人）
货主　　────────→　　货运代理　　　　　　　　　　　承运人
　　　　　　　　　　　　　　（托运人）　　运输合同 B　　（实际承运人）

图 1-2　国际货物运输与代理业务体系及相互关系

【知识链接】

一、货代出口流程全图

货代出口流程全图如图 1-3 所示。

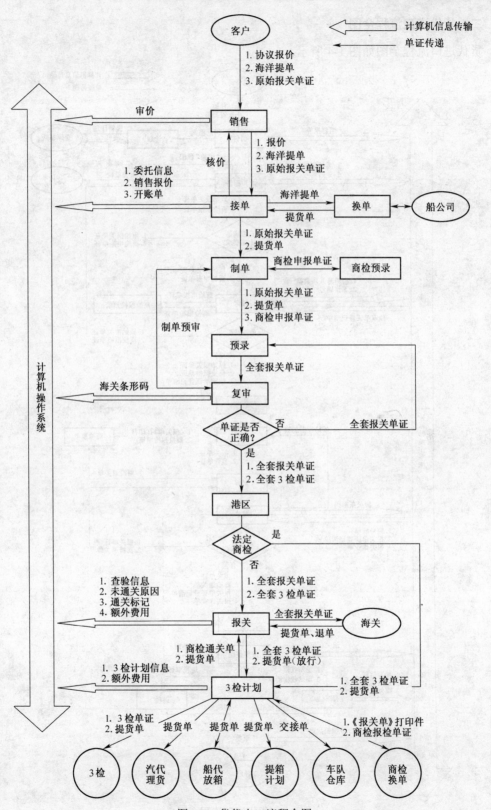

图 1-3　货代出口流程全图

二、货代进口流程全图

货代进口流程全图如图 1-4 所示。

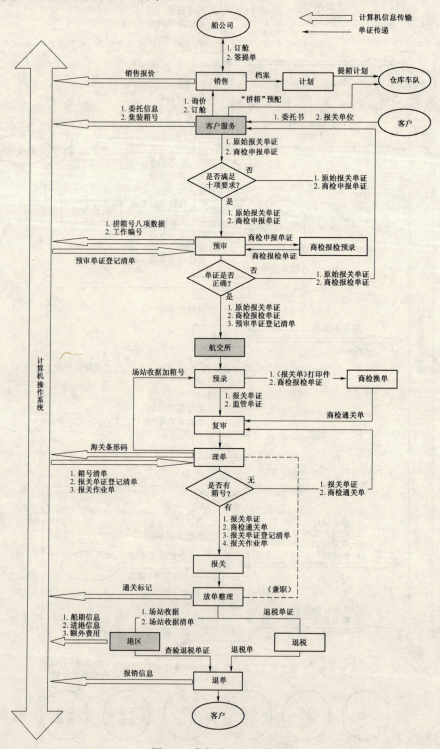

图 1-4 货代进口流程全图

任务二　认知国际货物运输与代理企业岗位结构类别与职业技能

【任务引入】

以小组为单位深入各类运输企业及货运代理企业进行调研，调研其岗位类别、岗位层次、岗位职能及各类岗位的职业技能要求等，并以小组为单位撰写调研报告，在班级展示汇报。

【任务分析】

要完成该调研任务，应首先了解货代企业一般的岗位类别与层次，对货代企业的岗位结构与要求有初步的了解，因此应首先学习下述知识。

【必备知识】

一、货代公司盈利的机理

货代公司经营的产品是"运输代理的服务"。它以较低的成本将货代服务采购回来，再以较高的价格销售出去，从中赚取差价收益。具体来说分 3 个步骤：

（1）采购货代服务。货代公司的"市场部"用低价格向有资源的主体（表 1-2）预订相应的服务，形成自己的成本体系。

表 1-2　国际货代企业的采购主体

主体	所拥有的资源	主体	所拥有的资源
船东（船家）	船舶、舱位	港口	码头
无船承运人	订舱权	车站	火车等
航空公司	飞机、舱位	堆场	场站
机场	配载权	车队	汽车等
海内外代理公司	海内外代理	仓储企业	仓库
报关行	报关资格	检验检疫站	检验检疫权

（2）销售货代服务。货代公司的"业务部"按照高价格（高于成本）向货主（如进出口生产企业和贸易公司等有货物运输需求的主体）销售货代服务，即揽到货物进行运输代理，俗称"揽货"。从而形成自己稳定的客户资源网络。

（3）代理运输并赚取差价。货代公司"操作部"等部门操办货物运输代理业务后，按照业务流程操办代理运输的各项工作，并按高价格收取货主的费用，按低价格支付给船东等承运人（服务提供者），赚取其中的差价。

例 1-1　某国际货代公司承接某进出口贸易公司的 10 个集装箱的家具，将运往北非索马里的霍比亚港口，由收货人自行到港口提货。货代公司研究后建议走该公司的北非航线，由防城港码头起运，在中国香港中转，走马士基的船，陆地运输部分由防港物流的车队承接，货物在防城港的 9 号集装箱堆场和码头装运，集港后第 9 天装船。假定货代公司的市场部事先已经与船东等各方订有协议价格如图 1-5 所示。

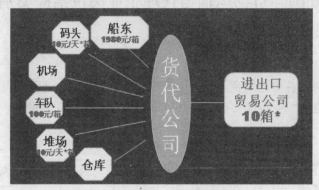

图 1-5　货代公司协议价格

分析如下：

如果货代公司要求保持利润率 25%以上时，业务部向进出口贸易公司的定价应该不低于：
(1980+10×9+100+10×9)×125%=2825（元/箱）。

此时，货代公司赚取的利润为：2825×25%×10=7062.5（元）。

当然，实际的情形会比较复杂，本例是为了便于理解而将相关环节简化了。比如：码头会有一定期限的免费使用期；从防城到香港的驳船也会产生费用；存在装卸费用；报关和报检费用；集装箱的租用、做箱、拆箱和清洗也会产生费用等。

二、货代公司业务部门设置与职能设定

国际货代公司内部往往实行流程型管理，如图 1-6 所示，以减少管理层级，打破部门间的界限，建立以业务流程为中心的、扁平化的"流程团队"。一般按市场部、业务部、操作部和客户服务部来设置，操作部一般又分设航线、文件、海外和结算等岗位。

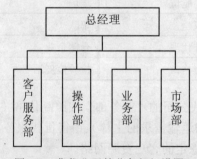

图 1-6　货代公司的业务部门设置

各个部门处于不同的工作流程的节点上，在工作中都有可能直接面对顾客，而且公司总体目标负责，对整个流程和规章制度负责。同时每个部门的业务重心有所不同。

（一）市场部

市场部（Marketing）负责市场开拓和管理工作，即构建货代公司较低的服务成本体系。具体工作内容如下：

（1）公司形象的包装及市场的推广。

（2）根据公司业务形态，整合运价，优化公司运营成本，并缮制运价表单。

（3）维护货代公司的海内外代理等客户网络。

（4）开发并维护好货代公司的上游资源，如船东、机场、港口、报关行等。

（5）对同业、客户、市场环境进行调研，对货代市场的供需关系进行调查和分析，并及时更新运价。

（6）国外代理开拓及相关代理协议的签订。

（7）推广公司优势航线。

（8）协助决策新的国际运输航线开发项目，执行新业务开发计划。

（9）其他，如负责协助业务部的日常询价。

（二）业务部

业务部（Sales）负责开拓业务，即"揽货"，也就是按照高于成本的价格向海内外货主销售货代服务，形成自己稳定的客户资源网络。具体工作内容如下：

（1）定期制定业务计划，开拓业务市场。

（2）对外进行业务洽谈，开拓并维护好海内外有运输代理需求的客户。

（3）草拟并签订公司各种对外业务合同和协议。

（4）共同学习探讨供需市场存在的问题及运价动态趋势，并参与整合运价资源。

（5）接受客户各类咨询，以维护稳定的客户网络。

（6）对运价资源的整合提出建议，并及时将市场信息反馈到市场部。

（7）其他。

（三）操作部

操作部（OP）可以具体分解为文件、航线、海外、现场和结算等岗位，按照业务流程操办代理运输的各项工作，从而圆满履行货代协议。包括内容如下：

（1）确定舱位和航线；联系、协调与本公司发生业务关系的上游客户；及时反馈外代、船公司业务动态的最新信息。

（2）制作并与货主核对各类单证。快速、准确地制作操作过程所涉及的单证；准确、及时地处理与客户往来的单证。

（3）签发提单等重要单证。安全、及时地把重要单据（提单、核销单、发票、报关手册等）送抵客户，并要求签收。

（4）货物报关与报检；及时反馈海关、报检部门业务动态的最新信息。

（5）跟踪货物动态。联系、协调本公司与承运人、同行、拖车公司、堆场、报关行等外协单位的关系；快速、及时地把相关单证送抵同行、拖车公司、堆场、报关行等相关指定外协单位（或客户）。

（6）向货主收取应收相关费用；快速反馈必要的信息给客户，做好全程跟踪，提供最大客户满意度。

（7）支付各种应付费用。确认所属操作客户的业务凭证的应收、应付款项；根据付款通知，及时、准确开具银行票据给客户结算。

（8）归类存档各类资料。收集并审查各类单证资料；客户档案资料归档，确保公司核心机密。

（9）其他。例如，处理操作过程中的突发事件；合理、及时地安排所涉及的每一个操作流程，确保所有操作流畅无误。

（四）客户服务部

简单地说，客户服务部（CRM）就是直接面对客户，为客户提供各类服务。主要负责以下工作：

（1）通过电话、网络等渠道，回答客户的询价等物流咨询问题。

（2）维护客户关系，制定贯彻执行客户合作策略。

（3）耐心倾听顾客投诉和抱怨，协调与各部门之间的关系，以客户为中心，解决客户的疑问和难题。

（4）为特殊客户量身订做优势的物流解决方案。

（5）处理各类突发纠纷，解决突发问题。

只有对货代流程的各个方面都很精通的人，才能对顾客的提问做到能够对答如流。所以，客户服务工作要求员工必须精通各类业务、综合能力相当强。不但要求英语好，更重要的是必须精通货代流程和海、陆、空运，拖车，各式联运等知识。其次要有耐心，能够仔细地处理各种问题，知识和性格同等重要。一般来说，客户服务人员都是在操作或业务部门工作数年后方能提拔。

三、货代职业岗位要求

在扁平化和网络化的公司组织模式下，公司的每位员工都可能直接面对公司的客户，此时在客户眼里员工就代表着公司，员工形象就是公司形象，员工的业务素质和职业素养就是公司的品牌形象。

（一）国际货代人员的业务素质

国际货运代理人作为承运人与货主双方之间的桥梁，应对各种运输方式及运输工具的特点、常见货物、有关的承运人、场站经营人、经营航线、挂靠港站、运价、结算、有关法律法规等方面有全面的了解，才能充分发挥出自己的优势与特长。

1. 公司本位观，维护公司资信

公司资信包括资本和信誉两个方面。当员工直接面对顾客时，员工对业务是否娴熟是公司取信于客户的关键，员工形象就是公司形象。所以公司每位员工都应该时刻站在公司的立场和高度上，凭借其专业知识和业务技能，借助信息与业务关系网络，树立一切为了客户的思想，处理和维护好公司与各方面客户的关系，从而不断提高服务质量。

2. 精通国际货运业务知识

以航运为例，国际货运代理应该做到"六知"：

（1）知线。了解国际航线的现状与构成。目前大多数航线有定期的班轮航行，暂无直达航线的港口可以通过一程船或一线船运至中国香港或日本、新加坡、韩国等中转港口进行转船运输。作为航运货运代理，需要熟悉各卸货港的所属航线，掌握主要定期班轮的航线情况。

（2）知港。了解装、卸港口情况。各航线都有基本港和非基本港之分，一般基本港口都是一些条件较好的大港口，船舶班次多。因此为了避免货主成交需要二次转船，且装卸条件差、船舶拥挤的港口，货运代理特别是外销员要掌握各航线的基本港口，并适时向货主提供咨询意见。对于非基本港口的货运，货运代理在接受委托前，需要与有关方面预先联系，并应建议货主在购销合同上订明"允许转船和允许分批装运"的条款。

（3）知船。了解船舶情况。货运代理要了解各主要班轮公司所属船舶的基本状况，包括国籍、船龄、载重量、舱容及服务质量等。

（4）知货。了解货物对运输的要求。货运代理应对普通杂货、集装箱货物、特种货物等运输的要求有一定的了解。

（5）知价。了解运价市场。货运代理，有义务为货主精打细算节约运费，这就要求在订舱租船前从不同的承运人、不同的运输方式和不同的运输途径着手进行比价工作，以减少运费支出。

（6）知规程。了解业务操作规程。货运代理除了精通本公司的业务流程外，还应对其他有关部门，比如：货主、一关三检（在向海关申报前，首先要申请商品检验、动植物检验和卫生检验，即俗称"一关三检"）、码头、船公司等业务流程及其特殊规定予以全面的掌握，才能有效地开展业务活动。

3. 了解世界地理和各地法律法规与政策

首先，要时刻"心中一张图"。只有熟悉世界地图，熟知世界各地的外贸概况，才能做到胸有成竹，方能取得货主的信任。

其次，要时时"脑中一片网"。由于各国政治、法律、金融货币制度不同，政策、法令规定不同，贸易、运输习惯和经营做法也有差别，很多国家对外贸易政策受政治、经济和自然条件的影响，对进出口货物有着不同的规定。因此，国际货运代理应时刻关注这方面的动态。

4. 加强责任风险防范的职业敏感性

在国际货代过程中，有可能因为公司自身或分包人的过失，未能履行义务给委托人或第三人造成损失，所以公司在追求利润的同时，应尽可能地对可能带来的责任风险进行预防。

除了进行商业投保、加强对分包人的评估以及在公司内部建立全业务过程和环节的责任风险防范机制外，公司的员工要加强风险意识，提高专业敏感度和职业敏感性。加强业务学习，熟悉有关国际货运代理的标准交易、提单提款及相关行业术语，时刻关注以下几个方面：

（1）业务中存在哪些风险？

（2）货代可能会承担哪些责任？

（3）在投保责任险的情况下，哪些风险可以由保险公司承保？哪些责任只能货代自己承担？从而充分发挥主观能动性为公司考虑和防范风险。

（二）国际货代人员的职业素养

货代行业里有一句俗语"要想死得快，就去做货代"，这是因为国际货运历时长，空间跨度大，这就要求货代人员除了具备专业技能之外，更要关注个人品格修养的提升和综合素质的提高，养成良好的职业素养。对货代工作不仅认真去做，更要用心去做，否则就会"失之毫厘，谬以千里"。

1. 敬业精神

货代企业多采取流程化管理，每个人都要严格按照公司制定的流程来工作，许多工作是部门直接交叉的，就像一条流动的生产线，环环相扣，缺一不可。

比如：货物本身在转移的同时，操作部的工作也要跟着货物在流动：客户的货物备好了，就要安排拖车去工厂装货；同时审核好报关单，报关员安排商检，报关（外包时交给报关行）、通关后安排上船；文件出提单给客户；若是海外在货到目的港前通知代理放货。

2. 网络奉献精神

网络可以解决国际货代在时间和空间上的障碍，所以，许多国际货代公司建设"IT 信息化管理系统"，应用大型数据库，实现了总、分公司和办事处和海外代理之间的计算机远程互联，使信息能即时传递和交换。

同时，许多公司还构建了专业化的物流网站，以实现网上运价查询、网上订舱、货物跟踪等一系列电子化服务功能。通过内部的操作网络同外部的电子网络有机的结合，使公司实现对客户的"零距离"服务。

在货代业务如此依赖网络的背景下，货代公司的员工就要奉行"网络建设的奉献精神"，对待网络上的客户、网络上的信息和沟通，都要给予最大的尊重与支持。因为这是跨地区的统一行动和密切配合，更需要奉献精神。

3. 时效精神

国际货代工作对时效性要求非常高，稍有耽误就可能承担后果与责任。

首先，港口、码头、堆场、机场、场站、集装箱、舱位等的占用费用的损失，这是一笔不小的数额。

其次，可能无法确保信用证、提单等单据的"单单相符、单证相符"，使得收货方无法顺利提货、发货方无法取得货款或退税额。

再则，可能延误交货、物价波动、货物变质、无法交货、外贸违约、关系破裂等严重后果。

4. 责任精神

在国际货代行业，如果不能做到严格认真，积极负责，就无法在这个行业立足。因为非常关键的职业素质就是：强烈的责任感！——认真做事只能做"对"，用心做事才能做"好"！

【技能要点】

一、国际货物运输与代理业务岗位及其技能体系

国际货物运输与代理业务岗位及其技能体系如图 1-7 所示。

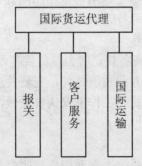

图 1-7　国际货物运输与代理业务岗位及其技能体系

二、国际货物运输与代理职业能力体系

国际货物运输与代理职业能力体系，如图 1-8 所示。

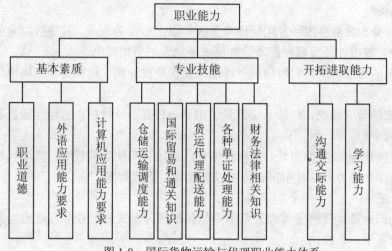

图 1-8   国际货物运输与代理职业能力体系

任务三   建立货运代理企业的方法与程序

【任务引入】

小张在国际货运代理行业打拼多年，目前已积累了丰富的经验和稳定的客户资源，并且在业界声誉良好。面对职业瓶颈期，正好有朋友开有一家国际贸易公司，打算与他合作联合一些工作上的朋友，共同开办一家货运代理企业，请你为他们完成此任务。

【任务分析】

要实施该任务应首先了解建立国际货代企业的条件、国际货代企业的审批、登记、备案手续等必备知识。

【必备知识】

一、建立国际货代企业的条件

根据商务部《中华人民共和国国际货物运输代理业管理规定实施细则》（以下简称《规定》），要想建立一家国际货运代理企业应至少满足下述几个方面条件：

（一）设立条件

（1）申请设立国际货代企业可由企业法人、自然人或其他经济组织组成。与进出口贸易或国际货物运输有关，并拥有稳定货源的企业法人应当为大股东，且应在国际货代企业中控股。企业法人以外的股东不得在国际货代企业中控股。

（2）国际货代理企业应当依法取得中华人民共和国企业法人资格。企业组织形式为有

限责任公司或股份有限公司。禁止具有行政垄断职能的单位申请投资经营国际货运代理业务。承运人以及其他可能对国际货运代理行业构成不公平竞争的企业不得申请经营国际货运代理业务。

（二）营业条件

（1）具有至少 5 名从事国际货运代理业务 3 年以上的业务人员，其资格由业务人员原所在企业证明；或者取得外经贸部根据本细则第 5 条颁发的资格证书。

（2）有固定的营业场所，自有房屋、场地须提供产权证明；租赁房屋、场地须提供租赁契约。

（3）有必要的营业设施，包括一定数量的电话、传真、计算机、短途运输工具、装卸设备及包装设备等。

（4）有稳定的进出口货源市场，是指在本地区进出口货物运量较大，货运代理行业具备进一步发展的条件和潜力，并且申报企业可以揽收到足够的货源。

（三）营业范围

企业申请的国际货运代理业务经营范围中如包括国际多式联运业务，除应当具备上述条件外，还应当具备下列条件：

（1）从事本细则第 32 条中有关业务 3 年以上。

（2）具有相应的国内、外代理网络。

（3）拥有在商务部登记备案的国际货运代理提单。

（四）分支机构的设立

国际货运代理企业每申请设立一个分支机构，应当相应增加注册资本 50 万元人民币。如果企业注册资本已超过《规定》中的最低限额（海运 500 万元，空运 300 万元，陆运、快递 200 万元），则超过部分，可作为设立分支机构的增加资本。

二、国际货代企业的备案

2004 年，我国建立国际货代企业由审批制改为备案制。2005 年，商务部出台了《国际货运代理企业备案（暂行）办法》（以下简称《办法》）。《办法》规定：凡经国家工商行政管理部门依法注册登记的国际货物运输代理企业及其分支机构（以下简称国际货代企业），应当向商务部或商务部委托的机构办理备案。商务部是全国国际货代企业备案工作的主管部门。国际货代企业备案工作实行全国联网和属地化管理。商务部委托符合条件的地方商务主管部门（以下简称备案机关）负责办理本地区国际货代企业备案手续；受委托的备案机关不得自行委托其他机构进行备案。备案机关必须具备办理备案所必需的固定的办公场所，管理、录入、技术支持、维护的专职人员以及连接商务部国际货运代理企业信息管理系统（以下简称信息管理系统）的相关设备等条件。对于符合上述条件的备案机关，商务部可出具书面委托函，发放由商务部统一监制的备案印章，并对外公布。备案机关凭商务部的书面委托函和备案印章，通过信息管理系统办理备案手续。

国际货代企业在本地区备案机关办理备案程序如下：

（1）领取《国际货运代理企业备案表》（以下简称《备案表》，如表 1-3、表 1-4、表 1-5 所示）。国际货代企业可以通过商务部政府网站（http://www.mofcom.gov.cn）下载，或到所在地备案机关领取《备案表》（样式附后）。

表 1-3　国际货运代理企业备案表（一）

（法人企业适用）

备案表编号：

企业中文名称		企业经营代码：
企业英文名称		
住　　所		
经营场所（中文）		
经营场所（英文）		
工商登记注册日期		工商登记注册号	
企业类型		组织机构代码	
注册资金		联系电话	
联系传真		邮政编码	
企业网址		企业电子邮箱	
法定代表人姓名		有效证件号	

业务类型范围

运输方式	海运□　　　　　　空运□　　　　　陆运□
货物类型	一般货物□　　国际展品□　　　过境运输□　　　　私人物品□
服务项目	揽货□　　托运□　　定舱□　　仓储中转□　　集装箱拼装拆箱□ 结算运杂费□　报关□　报验□　保险□　相关短途运输□　运输咨询□
特殊项目	是否为多式联运　是□　否□　　是否办理国际快递　是□　否□ 信件和具有信件性质的物品除外□ 私人信函及县级以上党政军公文除外□
备注：	

备案机关

签　章

年　月　日

表 1-4　国际货运代理企业备案表（二）

（分支机构适用）

备案表编号：

企业中文名称		企业经营代码：
企业英文名称		
住　　所		
经营场所（中文）		
经营场所（英文）		
工商登记 注册日期		工商登记 注册号	
母公司名称		
母公司组织机构代码		母公司经营代码	
注册资金		联系电话	
联系传真		邮政编码	
企业网址		企业电子邮箱	
负责人姓名		有效证件号	

业务类型范围

运输方式	海运□　　　　空运□　　　　陆运□
货物类型	一般货物□　　国际展品□　　过境运输□　　　私人物品□
服务项目	揽货□　　托运□　　定舱□　　仓储中转□　　集装箱拼装拆箱□ 结算运杂费□　报关□　报验□　保险□　相关短途运输□　运输咨询□
特殊项目	是否为多式联运　是□　否□　　是否办理国际快递　是□　否□ 信件和具有信件性质的物品除外□ 私人信函及县级以上党政军公文除外□
备注：	

备案机关

签　章

年　月　日

表 1-5　中华人民共和国国际货运代理企业业务备案表（三）

企业名称			经营代码	
年末职工人数		取得国际货代资格证书人数		
货运车辆（辆/吨）		集装箱卡车（标准箱）		
自有仓库（平方米）		保税、监管库（平方米）		
铁路专用线（条）		物流计算机信息管理系统（套）		
海关注册登记证书号		商检报检单位登记号		
年度经营情况				

运输方式	全年出口		
	散货（吨）	集装箱货物（标准箱）	营业额（万元人民币）
海运			
陆运			
空运			
快件	件		

运输方式	全年进口		
	散货（吨）	集装箱货物（标准箱）	营业额（万元人民币）
海运			
陆运			
空运			
快件	件		

仓储营业额	（万元人民币）	其他营业额	（万元人民币）
年营业总额	其中美元（万元）：	人民币（万元）：	

年净利润总额 （万元人民币）		缴纳税金 （万元人民币）	
（企业公章） 年　　月　　日		（法定代表人签名）	

注：表中年营业总额是指企业向委托方收取的全部费用总和（不扣除向承运人等最终支付的费用），不是缴纳营业税的依据。

（2）填写《备案表》。国际货代企业应按《备案表》要求认真填写所有事项的信息，并确保所填写内容完整、准确和真实；同时认真阅读《备案表》背面的条款，并由法定代表人签字、盖章。

（3）向备案机关提交以下备案材料：

1）按本条第二款要求填写的《备案表》。

2）营业执照复印件。

3）组织机构代码证书复印件。

备案机关应自收到国际货代企业提交的上述材料之日起 5 日内办理备案手续，在《备案表》上加盖备案印章。备案机关在完成备案手续的同时，应当完整、准确地记录和保存国际货代企业的备案信息材料，依法建立备案档案。国际货代企业应凭加盖备案印章的《备案表》在 30 日内到有关部门办理开展国际货代业务所需的有关手续。从事有关业务，依照有关法律、行政法规的规定，需经有关主管机关注册的，还应当向有关主管机关注册。国际货代企业应当按照《中华人民共和国国际货物运输代理业管理规定》的有关规定，按要求向商务部或其委托机关（机构）提交与其经营活动有关的文件和资料。外商投资国际货代企业按照《外商投资国际货物运输代理企业管理办法》的有关规定办理。

【技能要点】

建立国际货代公司的业务流程如图 1-9 所示。

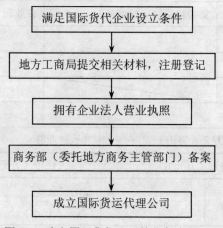

图 1-9　建立国际货代公司的业务流程

【任务实施】

该任务可依据【技能要点】中建立国际货代公司的业务流程及【必备知识】中的备案手续实施企业注册和备案工作。同时，应根据资料填写备案表，由任课教师进行审核。

【知识链接】

外商投资国际货物运输代理企业管理办法

第一条　为促进中国国际货运代理业的健康发展，规范外商投资国际货物运输代理企业的设立及经营行为，根据有关外商投资企业法律、法规和《中华人民共和国国际货物运输代理业管理规定》，制定本办法。

第二条　本办法所称的外商投资国际运输代理企业是指外国投资者以中外合资、中外合作及外商独资形式设立的接受进口货物收货人、发货人的委托，以委托人的名义或者以自己的名义，为委托人办理国际货物运输及相关业务并收取服务报酬的外商投资企业（以下简称外商投资国际货运代理企业）。

第三条　外商投资设立经营国际快递业务的国际货运代理企业由商务部负责审批和管理；外商投资设立经营其他业务的国际货运代理企业由各省、自治区、直辖市、计划单列市及新疆生产建设兵团商务主管部门（以下简称省级商务主管部门）负责审批和管理。

本办法实施前已设立的外商投资国际货运代理企业，如不从事国际快递业务，其变更等事项由注册地省级商务主管部门负责代理。

第四条　外商投资国际货运代理企业应遵守中华人民共和国法律、行政法规及相关规章制度，其正当经营活动及合法权益受中国法律的保护。

第五条　外商投资者可以合资、合作方式在中国境内设立外商投资国际货运代理企业。

自2005年12月11日起，允许设立外商独资国际货运代理企业。

外国投资者可以收购股权方式收购已设立的国际货运代理企业，但股权比例及投资者资质须符合本规定的要求，涉及国有资产须按有关法律、法规的规定办理。

第六条　设立外商投资国际货运代理企业注册资本最低限额为100万美元。

第七条　经批准，外商投资国际货运代理企业可经营下列部分或全部业务：

（一）订舱（船租、包机、包舱）、托运、仓储、包装。

（二）货运的监装、监卸、集装箱拼装拆装、分拨、中转及相关的短途运输服务。

（三）代理报关、报验、报检、保险。

（四）缮制有关单证、交付运费、结算及交付杂费。

（五）国际展品、私人物品及过境货物运输代理。

（六）国际多式联运、集运（含集装箱拼箱）。

（七）国际快递（不含私人信函和县级以上党政机关公文的寄递业务）。

（八）咨询及其他国际货运代理业务。

第八条　从事信件和信件性质物品（不含私人信函和县级以上党政军机关公文的寄递业务）国际快递业务的企业经商务主管部门批准后应向邮政部门办理邮政委托手续。

第九条　设立外商投资国际货运代理企业就按国家现行的有关外商投资企业的法律、法规所规定的程序，向省级商务主管部门呈报第十条规定的文件。

省级商务主管部门自收到全部申报文件30日内，作出同意或不同意的决定，经审查批准的，颁发《外商投资企业批准证书》；不予批准的，书面说明理由。根据本规定第三条及其他外商投资法律法规超过省级商务主管部门审批权限的，省级商务主管部门应在对报送文件进行初审后，自收到全部申请文件之日起15日内上报商务部。

商务部应收到全部申报文件60日内，作出同意或不同意的决定，经审查批准的，颁发《外商投资企业批准证书》；不予批准的，书面说明理由。

第十条 设立外商投资国际货运代理企业需提供以下文件:

(一)申请书。

(二)项目可行性研究报告。

(三)设立外商投资国际货运代理企业的合同、章程,外商独资设立国际货运代理企业仅需提供章程。

(四)董事会成员名单及各方董事委派书。

(五)工商部门出具的企业名称预核准通知书。

(六)投资者所在国或地区的注册登记证明文件及资信证明文件。

第十一条 外商投资国际货运代理企业正式开业满1年且注册资本全部到位后,可申请在国内其他地方设立分公司。分公司的经营范围应在其总公司的经营范围之内。分公司民事责任由总公司承担。

外商投资国际货运代理企业每设立一个从事国际货物运输代理业务的分公司,应至少增加注册资本50万元人民币。如果企业注册资本已超过最低限额,超过部分,可作为设立分支机构的增加资本。

第十二条 申请设立分公司,应向总公司所在地省级商务主管部门提出申请,由总公司所在地省级商务主管部门在征得拟设立分公司所在地省级商务主管部门同意意见后批准。根据本规定的第三条及其他外商投资法律法规超过省级商务主管部门审批权限的,省级商务主管部门应在初审后将全部申请材料及拟设立分公司所在地商务主管部门的同意意见函上报商务部,由商务部负责审批。审批程序时限同第九条。

第十三条 外商投资国际货运代理企业设立分公司需提供以下文件:

(一)申请书。

(二)董事会决议。

(三)如增资,需提交有关增资的董事会决议及增资事项对合营合同、章程的修改协议,外商独资国际货运代理企业仅需提交章程修改协议。

(四)企业验资报告。

第十四条 鼓励外商投资国际货运代理企业参加中国国际货代协会、中国外商投资企业协会等民间团体及同业行会,自觉接受同业监督和指导。

第十五条 中国香港、台湾、澳门地区的公司、企业、其他经济组织和个人在大陆投资设立国际货运代理企业,参照本规定办理。

第十六务 外商投资企业申请增加国际货物运输代理业务的,参照本规定办理。

第十七条 外商投资国际货运代理企业的备案工作由商务部统一负责,具体事宜由商务部另行通知。

第十八条 本办法由商务部负责解释。

第十九条 本办法自2005年12月11日施行,原《外商投资国际货物运输代理企业管理办法》(对外贸易经济合作部令[2002]第36号)和《〈外商投资国际货物运输代理企业管理办法〉补充规定》(商务部令[2003]第12号)一并废止。

综合技能实训

【实训任务背景】

承接任务三，如果与小张合作的贸易公司是外商投资企业，且符合商务部关于外商投资企业设立国际货运代理企业的各项条件，你又将如何协助他们办理建立货运代理公司的手续呢？

【实训任务要求】

请以团队为单位，查阅相关文件和资料，拟订一份外商投资建立国际货运代理公司的方案，方案应包括建立程序、设立条件、必备资料及缮制好需提交的文件和表格。

项目二　国际货物运输与代理的揽货业务

【项目目标】

1. 揽货的准备工作
2. 揽货业务内容及必备素质
3. 国际货物运输代理合同的签订

【项目技能要求】

1. 能独立获取揽货的信息资源
2. 能有效利用揽货的信息资源
3. 知道并能运用揽货业务技巧
4. 能独立签订国际货运代理服务合同

任务一　揽货前的准备

【任务引入】

ABC 公司是一家外商独资企业，总公司位于香港，华南地区总部设在广东省，主营国际货运代理业务，为国家一级货代企业，拥有无船承运人资质，注册资金 500 万元。主营业务如表 2-1 所示。你作为该企业的业务人员需根据企业的经营资源与优势为企业进行揽货。

表 2-1　ABC 公司的主营业务

经营项目	优势领域	收费标准
国际海运代理	中国~日本 起运港：佛山/江门/中山 目的港：东京/名古屋/神户/横滨/大阪	O/F（海运费）+DOC（文件费）+TLX（电放费）+THC（码头作业费）：USD350/350/560/560/560
	中国~中东波斯湾 起运港：广州/江门/中山/顺德/珠海 目的港：科威特/达曼/多哈/乌姆卡斯尔	O/F（海运费）+ORC（出口附加费）+AMS（自动舱单申报费）+DOC（文件费）+TLX（电放费）：USD1430/1430/1580/1580/1900
国际空运代理	国际航空快递/快递专线/快递进口/快递出口/美国专线/日本专线/欧洲专线/快递报税/快递报关	根据航线、航期、货物重量和预定时间确定首重费和续重费，价格可参照 EMS\UPS\DHL 价格单
国际陆运代理	始发地：广州大朗站、佛山东站、深圳北站、上海杨浦站等 出境口岸：阿拉山口/多斯特克 目的地：俄罗斯/中亚五国	根据货物种类和行驶路线按 RMB1.5~3/t·km

续表

经营项目	优势领域	收费标准
商检报关	服务口岸：广州/深圳及外运仓、金运达仓、八达仓、盐田、福田保税仓等各海关监管仓 目的地：全球 产品：食品、化肥、电子产品	50 元/单起

【任务分析】

　　承揽足够的货源是运输及代理企业生存的基础，运输市场上的激烈竞争，实际上就是争取货源的竞争。要做好揽货业务，关键要首先分析企业经营资源与优势，分析客户群，同时做好揽货的准备工作，而分析的基础是获取和利用揽货信息资源，因此要首先学习下述知识。

【必备知识】

一、揽货的概念

　　揽货（Canvassion），就是通过与客户直接洽谈，或通过电话、传真、互联网、广告等各种方式，从客户那里争取货源，承揽货载的行为。
　　国际货运业务经营者的揽货，属于货运市场营销的范围。因为它有明确的目标市场，有自己可控制的各种营销因素，有完善的市场营销组合，对营销活动能进行有效的管理，最终达到盈利的目的。
　　（一）以承运人身份揽货
　　以承运人身份揽货意味着国际货运公司通过各种渠道将自己的运力发包出去，赚取利润。一般来说，承运人有多种方式揽取货源，如直接与大型企业签订合约，承包其运输业务；或通过与货运代理企业合作，由货代企业为承运人揽取货源，并支付其相应佣金；还可以通过投标的方式参与政府、公共组织或其他货运需求企业的货运业务。不论用哪种方式承揽货源，承运人都是以自己的身份签订运输契约及有法律效力的各类运输单据，并对运输全程承担责任。
　　（二）以国际货运代理人身份揽货
　　从国际货运代理的基本性质来看，它并不是直接的货主，也不是直接的承运人，其主要是接受委托人的委托，为与有关货物的运输、仓储、转运、清关、保险以及与货物运输有关的各种业务提供服务的一个机构。国际货运代理是一种中间人性质的运输业者，它是发货人与承运人之间的一座桥梁，一条纽带，它既代表货方，保护货方的利益，又协调承运人进行承运工作，其本质是"货物中间人"。
　　根据货运代理在提供服务中所起的作用和所扮演的角色不同，以国际货运代理人身份揽货，其中又包括以纯粹代理身份揽货和以无船承运人身份揽货。
　　1. 以纯粹代理人身份揽货
　　国际货运代理企业以纯粹代理人的身份揽货时，有些企业是根据客户的运输需求制定运输路线、方案，寻找适合的承运人；而有些企业是接受承运人的委托，如作为某几条班轮航线的代理人，为承运人承揽货源。其主要服务对象不同，揽货业务操作方式也略有不同，相比之下，以货主为服务对象的代理业务相对复杂，这里主要讲述这一种。

以纯粹代理人的身份揽货，货运代理人不只是作为一家班轮公司或航空公司的代理，它可以是几家承运企业的代理，但是，代理人没有权利签署自己的提单或航空运单，只能签发由它所代理的班轮公司或航空公司的提单和运单。它所赚取的收入主要来自佣金，而不是运费差价，因此，当货物发生灭失或残损时，其承担的责任也相对较小。

当国际货运代理企业以纯粹代理人的身份揽货时，其所掌握的运价就是承运人所提供的运价，虽然有一定的升降幅度，但一般不能随意变动，他就是根据承运人提供的运价向货主承揽货载。

2. 以无船承运人身份揽货

无船承运人即以承运人身份接受货主（托运人）的货载。同时以托运人身份委托班轮公司完成国际海上货物运输，根据自己为货主设计的方案路线开展全程运输，签发经过备案的无船承运人提单。无船承运人购买公共承运人的运输服务，再以转卖的形式将这些服务提供给包括货主、其他运输服务需求方。

当国际货运代理企业以无船承运人的身份揽货时，他的身份虽然还是货运代理，但是可以承运人的身份签发提单。对于实际承运人来说，他也是承运人，并要承担承运人的责任，当然也享有承运人的权利和义务。

目前我国大部分国际货运代理企业，都具有国际货运代理及无船承运人的双重身份。所以，开展揽货业务时，首先要明确自己所在的企业是纯粹的国际货运代理企业，还是具有双重身份的企业。

二、客户群分析

由于国际货物运输与代理的工作内容完全是一种商业行为或贸易行为，因此他的服务对象是全体货主。它为货主制定合理的运输方案，并办理相关业务手续，国际货物运输与代理的货主主要包括进出口商、加工贸易企业、到国外参展的单位及一些个人等。这些货主构成了国际货物运输与代理的客户群，他们的需要就是国际货运的市场。

业务员在开展揽货工作之前应对这些货主进行分析，根据自身的实力、航线和运价资源，确定目标客户，构筑自己的客户群。

从货量来看，每年通过海运进出口的货物中，一般贸易的货物运量占的比例最大，其次是加工贸易。因此，进出口商也就成了国际运输与代理企业的首选客户群。而进出口商在选择运输或代理企业时也有他们自己的标准和要求，一般来说，不同类型的企业有不同的标准和要求，大致分为以下几种情况。

（一）大型企业进出口

一般来说，大型的生产企业商业信誉好，进出口货量大，货物销往的国家和地区多，因此统筹他们需要国际货运服务。由于他们的业务量大，所以在选择国际货运企业时，都比较谨慎、严格。为使进出口物资能安全、准时地到达收货人手中，他们往往很重视国际货运企业的口碑和服务质量，一般会选择实力雄厚、信誉良好、运价合适、服务完善的国际货运或货运代理企业为他们提供服务。在实践中，也有些大型出口企业采用招投标的方式，选择国际货运或货运代理企业。一般这类大型企业与国际货物运输与代理企业都会签订比较长期的合同，进行长期、稳定的合作。一些实力雄厚的货运企业可以参与这样的投标活动。

（二）中小型企业进出口

中小型企业在国内出口企业中所占的比例很大，也是众多国际货代企业争夺的对象。这些企业每年出库的货量不算很大，但是货量比较稳定。他们也要求货物能安全、准时地到达收货人的手中，但由于自身条件限制，他们对于国际货代企业的选择，不像大型出口企业那样严格。一般来说，他们都比较重视运价的高低，特别是一些每月出不了几个集装箱货物的中小型出口企业，其盈利的能力较小，所以会在运价谈判上斤斤计较。这些中小进出口企业在选择国际货代时，往往还要考虑本身所出口货物价值高低。如果企业出库的是比较高档的货物，价值比较高，那么他们首先要求的会是安全和准时，因此可能会选择服务质量比较高、口碑比较好的国际货运代理，在运价上可能不会太计较。如果企业出库的是大路货、价值较低的农产品、土特产品、塑料制品之类，那么他们更看重的是运价的高低，往往十几美元的差价就会使他们换一家货运代理企业。对于一些同样是中小型的国际货运代理企业，可以根据自身的实力，多向这样的企业揽取货源。

（三）新成立的企业进出口

自从我国对外贸易的进出口权进一步开放后，国内新成立了不少外贸企业。这些企业由于刚踏入国际市场，往往经验不足，在货物出运时，他们会小心翼翼地选择货运代理。当他们与国际货运代理接触时，更多是咨询和试探。他们会在航线、运价、拖车、报关、仓储、保险等诸多方面提出各种各样的问题。国际货运代理可充分发挥其运输业务顾问的作用，为种类新企业提供运费、航线、单证、海关、检验检疫、领事要求等方面的咨询，为其提出合理化建议。一旦国际货运代理能取得他们的信任，那么他们可能会对所信任的国际货运代理产生较强的依赖性，对服务项目的需求也会越来越多。如果某一家国际货运代理确实能帮他们解决海运中的实际问题，那么其有可能成为专家国际海运代理的忠诚客户。所以国际货运代理企业应练好自己的内功，以赢得这些新成立的出库企业的信任，争取得到他们的信任和货源。

（四）加工贸易企业进出口

我国南方很多城市的生产企业很大一部分都是加工贸易企业。他们以来料加工、进料加工、来件装配、补偿贸易等方式进行生产，即所谓的"三来一补"贸易。这些企业产品加工完成后大部分仍要出口到国外。加工贸易货物的出口量也比较大，因此加工贸易企业也是国际货运市场争夺的对象。但是加工贸易企业出口的货物，大部分以 FOB 的条款成交，在海上运输中运费的支付方式是"运费到付"。由于货量大，有些国外的收货人会直接与班轮公司签订运输合同，但海上运输业务复杂，他们还是需要国际货运代理的服务。在珠江三角洲一带就有大量这样的加工贸易企业，他们需要国际货运代理服务的项目主要是运输过程的操作业务，同时会支付国际货运代理企业一定的操作费。接受这些业务的国际货运代理，一般需要有较完善的海湾代理网络，以便在目的港完成收费放好的工作。因此，海外代理网络比较完善的企业，可以多向这些加工贸易企业揽取"运费到付"的货源。

（五）有特殊货物出口的企业进出口

有些企业，他们进出口的货物具有特殊性，需要特殊集装箱来装运。例如，有些企业进出口冷冻食品，需要冷藏集装箱；有些企业进出口的是超大、超重的货物，需要开顶集装箱或框架集装箱来装运，甚至需要特种车辆和吊具来装运；有些企业出口的是液态货物，如酒类、化工品、石油等，需要罐装集装箱装运或是管道运输。这样的企业所选择的国际货运代理一定是专业扎实、实力较强、实践经验比较丰富的企业。由于装运这些特殊货物难度较大，能够为这些企业提高服务的国际货运代理所赚取的利润也是比较丰厚的。所以，一些国际货运代理企业专门在装运特殊货物方面下功夫，与船运公司合作专门揽取冷冻货物、超长超重货物、罐装货物或危险货物。由于他们拥有经过长期积累的专业知识，能赢得客户的信任，在国际货代行业中独树一帜，往往能取得比普通国际货运代理更丰厚的利润。

（六）其他

现在，国内很多企业已走出国门，融入国际市场，甚至进行跨国经营。很多企业或政府部门每年都要在国外举办各种展销会。参展物品的出运，同样需要国际货运代理的服务。同样，一些中国公民移居海外国外的个案也越来越多，他们的一些私人物品的储运也会求助于国际货运代理。当然这部分的货量是比较小的，不会每天都有，但这确实也是国际货运代理应考虑的货源。在香港，就有专门为菲律宾国籍的保姆，提供将他们的行李和所购物品运回国内的业务。对于拥有23万菲佣的香港来说，这的确是一批可观的货源。一些大型的国际货代企业忽略了这一点，但香港很多中小型物流企业把握住了这一机会，利用自身的灵活性取得了商机。

通过以上客户群的分析，可以看到，不同的货主，对国际货运代理的选择和要求都有所不同。对于某一国际货运代理企业来说，并不是任何机会都可以利用，任何一个货主都可以成为自己的客户，但国际货运代理可以根据自己的资源和条件，灵活地选择自己的目标客户，在激烈的竞争中，独具慧眼，寻找商机，开展多种多样的揽货工作。

三、揽货前的准备工作

（一）定位目标客户

在一个地区开展揽货工作，定位目标客户，首先要了解这一地区企业进出口的分布情况。一般来说，通过媒体、网络、电话本、企业黄页等大致可以了解到一些大中型企业进出口的基本信息。而小型企业需要调动自身的积极性去努力寻找了。比如有些新入行的业务员，采用"扫楼"等方式进行地毯式搜索，这种方式是比较勤奋的，也是比较传统的。

此外，还可以通过各种类型的交易会来结识有需求的客户，尽管到这样的交易会上揽货的业务员比较多，一些参展企业不胜其烦，但实践中，从交易会或展销会上找到客户及货源的实例还是不少的。

不管用何种方法，总之在揽货工作开展之前，业务员要根据自身企业优势定位目标客户群体，然后通过勤奋、严谨和执着的工作来赢得客户。只有当揽货对象将第一批货物委托你运输时，他才称为你的客户。在寻找和争取客户的过程中，需要一定的悟性和机遇，有时甚至要靠些运气。所谓悟性，就是你对揽货工作的一种认识和理解、一种执着，然后充分发挥你的潜质和交际能力来赢得客户的信任。悟性好的人往往很快就能找到揽货对象，并将揽货对象变成自己的客户，业绩也随之上升。悟性差的人，可能花费了很大的精力，面对多个揽货对象，却始终找不到一个将货物委托给自己的客户。机缘和运气是可遇而不可求的，但勤奋和执着是每个揽货人员必须具备的。

（二）整合企业资源

任何一家国际货运或国际货运代理企业都有自己的资源，这些资源包括企业品牌、企业文化、企业与班轮公司或航空公司的合作关系、企业所代理的航线、企业所掌握的运价、企业所拥有的技术力量、企业所拥有的专业人才、企业所拥有的办公设备、企业所拥有的荣誉等，这些都是揽货人员可利用的资源。

在揽货工作开展之前，要先认识自己所在企业能提供给自己的资源。比如说，所在企业如果具有量化的品牌，在客户中享有良好的声誉，那么就可以充分发挥他的品牌效应，在揽货工作中积极推出企业的品牌将会起到良好的辅助作用。再比如，所在企业与班轮公司关系密切，合作协调，代理的航线众多，运价优惠，那么在揽货时成功的把握将会更大。

企业文化、办公场所同样可以作为企业的资源。对于拥有良好的企业文化、和谐的工作氛围、宽敞的办公场地的企业，业务人员邀请客户上门洽谈业务时，再进行有形的服务展示，使客户在舒适的环境中，预知合作后的服务质量，这样更容易赢得客户的信任和青睐。

在当前激烈的国际货运市场上，一家企业的进出口业务往往有多家国际货运企业前往揽货，所以在揽货时充分地调动本企业可供利用的所有资源是很重要的。同时在认识了自己所在企业的资源后，也不妨了解一下与自己竞争的对手企业的资源，比较一下自己的优势有哪些，劣势又有哪些，然后充分调动优势，规避劣势，以战胜对手，赢得更多客户。

（三）搜集全面信息

在揽货工作开展之前，要尽量搜集更多的信息。这些信息包括两个方面。

（1）目标客户的信息。包括：企业性质是国有、外资、合资、合作或是民营性质；其出口的货物是普通货、特种货还是危险品；其进出口的货物去往或来自哪些国家或地区，走哪条航线；其以往合作的货运企业是哪家，运价水平如何，物流部门或主管物流事务的负责人是谁等。在揽货之前对目标客户的信息搜集、掌握越多，揽货工作开展起来也会越顺利。

（2）多搜集一些当前的宏观经济信息及微观经济信息，如油价的变动、汇率的波动、国际突发事件，还有我国政府对经济的调控、外贸政策的变化、出口退税的调整、海关的新法规、检验检疫的新规定等，因为这些信息都可能会影响到某条航线货量的增减、运价的升降。微观经济信息包括所在地区港口航线、船期的变化，有无新增或撤消的航线，船公司的运价变化、各种附加费的辨别、短途运费的变化等，这些信息更会直接影响到客户的出货。在揽货前，你对这些信息搜集得越多、越详细，在与客户洽谈时，你会变得越主动，揽到货的机会也会越大。

（四）备好基本资料

在上门揽货之前，揽货人员要准备好必不可少的基本文件资料。特别是第一次与未来可能成为你客户的揽货对象见面时，除了名片之外，公司简介、运价表、船期表等资料也是必不可少的。公司简介是你所在企业的名片，有些国际货运代理企业将公司简介印制得非常精美，还有些企业制作了光碟或 DVD 碟，目的就是让客户加深对你所在企业的实力与资源的感知。

由于运价和附加费是在经常不断的变动之中，有时甚至一个航次就变一次，所以提供给揽货对象的运价表只能是最基本的，这种运价表上除了列明到国外各个港口的基本运价外，还列明各种附加费的名称、币种与数量等。

但要向客户说明，运价表上的运价只能作为参考，真正的运价要依客户正式托运时的报价为准。由于船期和船名也经常发生变化，所以船期表也是如此。

在第一次与揽货对象见面时，他还可能要求你出示"国际货运代理企业备案表"或"无船承运业务经营资格登记证"，甚至可能要求你出示企业的营业执照等。这不是客户故意为难你，由于目前国际货运代理市场的管理确实还不十分规范，一些非正规的货代也会鱼目混珠，向出口企业揽货。为了自身货物的安全，揽货对象要求查看这些证件是情有可原的。所以在揽货前这些证照的影印件都应该备好。同时也应该准备好一些本企业空白的"托运单"，一旦洽谈成功，客户表示可以接受所报的运价及提供的服务，并且马上或近期内就有货物委托出运，马上就可以让客户填写"托运单"了。

【技能要点】

一、获取揽货的信息资源

获取不同类型的信息资源可采取如表 2-2 所示的相应方法。

表 2-2　揽货信息的获取方式

信息资源类型	获取方式
地区客户类型、结构	查询地区黄页、网络媒体
客户主营业务与进出口需求情况	查询企业官网、主流媒体的报道、交易会索取资料
目标客户群的收集	到 B2B 网站搜索，如阿里巴巴
行业竞争对手的情况	通过咨询公司、商会、合作企业提供信息等
货运市场运行情况	航运周刊、行业协会网站或会员通信、行业杂志等

同时还可以通过各类会议的文本宣传册、电子宣传册、网络搜索引擎获取诸多有利的揽货信息。揽货业务员要成为信息获取的有心人，在日常办公中，在与友人或客户的交往中细心收集各类有利于发展客户，揽取货源的各类信息。

小贴士：

30种利用互联网迅速找到客户的方法

方法 1：在 Google 中输入产品名称+importers 或 importer。

方法 2：搜索"Product-A importer"或者"Product-A importers"，在输入时将引号一起输入。

方法 3：搜索产品名称+distributor。

方法 4：产品名称+其他客户类型（如 buyer、company、supplier 等）。

方法 5：Price+产品名称。

方法 6：搜索 buy+产品名称。

方法 7：在前面 6 种方法的基础上加入国家名称限制（如 distributor+USA）。

方法 8：产品名称+关联产品名称（如 stair+ wood）。

方法 9：产品名称+Market Research。

方法 10：产品名称+行业里面著名买家的公司简称或者全称。

方法 11：搜索产品名称后，查看搜索结果右侧广告。

方法 12：寻找行业展览网站。

方法 13：使用 Google 高级搜索功能的 Allintitle 功能，搜索上述各个项目的关键词。

方法 14：使用 Google 查找大客户网站的链入网页。

方法 15：寻找有引用大客户网址的网页。

方法 16：使用 Google 高级搜索功能，输入大客户名称，在字词位置选择"网页内的网址"搜索。

方法 17：搜索关键词的其他语言写法。

方法 18：专业文档方法（产品名称+DOC 或 EXL）。

方法 19：网址目录方法（到 yahoo.com 和 dmoz.org 中搜索）。

方法 20：企业名录网站方法（www.kompass.com 和 www.tgrnet.com 中搜索）。

方法 21：进口商与分销商名录网站方法（如输入 importers directory）。

方法 22：行业网站方法（行业名称+industry）。

方法 23：综合商贸网站方法。

方法 24：黄页网站查找方法。

方法 25：商务部世界买家网站方法（http://win.mofcom.gov.cn）。

方法 26：商务部驻外机构网站方法（http://www.mofcom.gov.cn/jingshangjigou.shtml）。

方法 27：进出口协会或者商会（到各个国家的进出口协会网站上搜索）。

方法 28：各国行业协会（行业名称+Association）。

方法 29：行业巨头渠道（行业分销商的公司网站）。

方法 30：Alexa 工具篇（www.alexa.com）。

二、利用揽货的信息资源

（一）建立信息档案，将收集到的信息分类汇总

不论通过何种方式，获取更多的揽货信息，是承运人或其代理人提高经营绩效必做的功课。当然，在今天这个信息爆炸的时代，要获得各类相关信息比较容易，但要使信息发挥作用则要讲究方法。比较有效的办法是，将收集的信息分类汇总。如根据货主客户类型、承运人承运范围等分成大类，然后在每个大类中再依据具体的需求和供给情况细分小类或进行排序，比如根据价格是否包含文件资料、电放、码头等具体责任费用进行细分小类，再根据运价高低排序。优秀的揽货员会将有用的信息储存起来，建立一个高容量的资料库，将给今后的业务带来更大的方便。

（二）注重资信调查，将信息资源去伪存真

揽货员要将收集来的信息有效利用，还应对信息来源进行证实，特别是对目标客户和承运人进行资信调查，多与其他的经纪人联系，这样得到的信息将更广泛、更准确、更具有参考价值。同时，交易双方在洽谈合同的过程中交换的信息也是很有参考价值的。除了可直接通过询问的方式获得船、港、货方面的信息外，还可以从彼此交谈的内容里，以及往来的函电中，间接了解对方的资信情况、业务水平、心理价位、职业道德等，不管最终谈判是否成功，交易是否达成，谈判中涉及的许多信息内容都是值得重视与研究的。

（三）建立客户档案，与客户保持密切联系

应主动去结识和联络信息的来源者，即使这些新客户未必能立即成为合作的对象，但他们都是潜在的可以发展的重要资源，应当以营销的观念来做好客户工作。企业的中心目标必须针对客户，"客户至上"是一项原则，而不是一句漂亮的口号。随时了解客户需要什么，何时需要，何地需要，如何需要，重视他们的需要，并优先于我们自己的需要，才能赢得他们的信赖与尊重。

建立客户档案，经常与客户特别是一些老客户、大客户保持密切的联系与良好的互动，应当成为一项日常的工作。时常致电问候，倾听他们的声音，了解他们的需要或以 Email 互相交换信息，可以加深在他们心中的印象与份量。有必要时，还可上门拜访，增进了解，加强联系。如果只在有求于人的时候去笼络人心，会让人觉得缺乏诚意。衡量合作关系成功与否的客观标准直接与我们能否满足客户的需要，能否掌握他们活动的特点有关。

（四）制定计划，迅速联络，提高执行力

当揽货员获得有效的业务信息时，应毫不迟疑地制定计划方案，迅速联络客户，了解客户需求，力争达成业务共识，取得主动。而在操作执行时，业务员应严谨、高效，为客户获取最大利益，满足客户需求，这样才能更好地留住业务、留住客户。

（五）实施结果反馈存档，为下一次业务积累信息资源

如果揽取的货源能够顺利实施，操作的时间计划、单据、文件资料应及时与客户进行沟通，同时也应对操作过程的资料进行保存，为下一次业务积累信息资源。

【任务实施】

分析【任务引入】中的背景资料，作为该公司的业务员，要想做好揽货业务，应从以下几个方面实施该任务。

一、自身企业定位

根据背景资料，你所工作的企业是一家一级货运代理企业，拥有无船承运人资质，在海运、陆运、空运、报关、报检等领域都各有优势，因此，在揽货时，你是以货运代理人的身份揽货，而且可以以纯代理人的身份，也可以以无船承运人的身份揽货，这就为揽货工作的开展扩大了基础面。

在进一步分析企业自身的优势资源时，可以知道，该企业的承运代理优势主要表现在以下几个方面：

（1）以我国华南地区主要口岸为起始港的中—日、中—中东海运航线。

（2）以我国华南地区主要城市为起始地的中—俄、中—中亚 5 国铁路运输。

（3）航空运输领域的快递运输。

（4）食品、化肥、电子产品的通关手续。

（5）海关监管仓的通关手续。

因此，在揽货时，应根据上述 5 个优势领域寻找目标客户群。

二、目标客户群分析

根据企业自身性质和优势资源，目标客户群范围应划定在华南地区的加工制造企业，特

别是食品、化肥、电子产品的加工制造企业，可以为其提供一揽子的运输代理服务。而根据该企业资质，完全有能力参与大型加工制造企业的物流外包服务，因此可以通过网络搜索、企业黄页、报刊杂志的企业公告等信息介质收集相关信息，参与大型生产企业物流外包业务的招投标等。

同时，保税、加工贸易性质的企业，特别是终端客户分布在日本、中东、中亚 5 国和俄罗斯的保税、加工企业，也是该公司的目标客户，可以为其提供海关监管区的通关服务。当保税加工完成，复又出境时，还可为其提供一揽子的货运代理服务。

三、尽量多地收集有效资源

客户是企业的生命线，拥有一批稳定的、联系密切的客户支持，才可更好地开展业务并带来经济效益。货运代理业务，主要是立足于本地区及周边县市，而无船承运人的客户可能散落在全国各地乃至遍及全球。当然，客户关系并非一朝一夕所能建立的，它需要一个积累的过程，所以急功近利不得。

尽量收集更多有效资源、最方便和切实可行的方法，是从身边的基本社会关系开始建立你的客户关系网。拥有了第一个客户之后，在业务实践中还可以通过朋友介绍、主动出击、顺藤摸瓜、宣传广告等方式逐步地扩大客户网络。现代先进的通信技术为联络带来了极大的便利，也在一定程度上增加了认识新客户的机会。一个感觉灵敏、反应迅速的揽货员，善于从一些细微的甚至纷乱的信息中去捕捉机会，而后积极设法找到这些信息的最初来源，并主动去结识和联络信息的来源者。即使这些新客户未必能立即成为合作的对象，但他们都是潜在的可以发展的重要资源。

【知识链接】

揽货业务 8 大技巧

（1）真诚、热情、持续跟进。虽然货运市场竞争激烈，但许多货运公司或者揽货业务员都有自己牢固的合作伙伴，热情和认真的跟进客户需求，与客户保持不断的联系和交流十分关键，因为信任和稳定比服务费更重要。

（2）合理定价、针对客户所需给予更多。价格竞争是货运市场竞争的主要内容，但不是价格低就一定好。因为当今的货运市场价格几近透明，很多货主在发货之前就预估了运费。常做进出口的货主最大期望是价格稳定，运输质量优良，因为这便于核算成本和签订长期合同。当然有些小客户关注价格，斤斤计较，这就要揽货员在价格让予以让步了。建议用"建立小范围垄断，赢得大范围客户"的策略，建立一个自己所在地区最优惠的价格是你迈向成功的一个基石，你获得了别人没有的优势，就拥有了成功的可能。

（3）持之以恒，关心顾客。有些货代送了一趟名片，然后就消失了，这样不好。如果想获得一个客户，就需要与客户和潜在客户不断联系，建立你的客户群和服务优势。即使没有合同关系，相互交流也可有助于今后的合作。

（4）建立和海关的良好合作关系。这的确是一个可以打动货主的利器。中国加入 WTO后，许多公司、工厂都获得了进出口经营权，从事外贸自营工作。但这些企业的业务人员没有很好的综合水平，因此，报关、通关都需要货代的帮助。拥有良好的海关关系可能比运费高低更重要。

（5）具有较强的单证业务能力。要能帮助客户了解单据，解释单据，甚至帮助客户做单据。这是一个基础的知识能力。企业卖出产品给外国客户，但未必了解外贸必需的单据，这时你就是他们的老师，要给他们解释需要什么单据，从而获得客户的信任和青睐。

（6）和船公司保持良好的关系。实际业务中，有些船公司可以免除洗箱费和修箱费。由此，可以帮助进口公司获得优惠，很容易使他们产生良好的印象。

（7）拥有一家外贸合作公司。现在一些工厂也在出口，未必有进出口权，通过外贸合作公司，就可以帮助他们经营出口业务。这样，既承揽了业务，又代理了出口。

（8）和保险公司建立合作关系。进出口企业中，有的自己找保险公司办理保险业务，也有委托货运代理公司做的。和保险公司建立合作关系可以在承揽货运业务时，接受客户的保险委托。

任务二　揽货业务

【任务引入】

随着保税区政策的不断优化，福田保税区的功能日益完善，近年来已经发展成为深圳乃至华南地区最重要的物流中心之一。A、B两加工企业需借助福田保税仓完成保税区料件转厂业务，具体业务是：东莞的A公司和深圳的B公司都是外商投资企业，A公司生产的成品是B公司的料件（如计算机外壳）。办理此类跨关区的转厂，手续较麻烦，而双方的报关资料如果又不符，怎么办？以前的做法是，A公司陆运出口到中国香港后，大陆B公司再进口。现在，可以通过福田保税区转厂，大大化简了业务手续，可以为A公司办理东莞至福田保税区的出口转关，交货至物流企业的福田保税仓，视同出境。再用B公司的进口报关单办理货物的进口手续，货物的运输都是由国内海关监管车辆完成，省钱、省心。转厂后，B公司以此料件加工的成品需运输至日本横滨。因此，A、B公司需寻找一个可以提供一揽子服务的代理企业。

承接任务一，你作为ABC公司的揽货人员，应如何揽取该客户？

【任务分析】

分析任务要点，A、B公司的需求主要有两点：一是保税仓的通关任务；二是中-日线的运输任务；A、B公司身处华南地区，在华南地区寻找一个能够提供一揽子服务的代理公司是最合适的，而ABC公司正好位于华南地区，且能够承揽A、B公司的业务。因此，对于揽货员来说，应在自身企业优势的基础上做好准备工作，争取获得该客户。然而，如何争取到这个客户应首先学习揽货中应注意的问题、揽货员应具备的资质及获得承揽货物后应做的工作。

【必备知识】

一、揽货中应注意的事项

揽货的准备工作就绪后，就要与揽货对象正式见面洽谈。揽货对象能否发展成为真正的客户，主要考验揽货员的业务素质、交际能力及谈判技巧。要取得揽货工作的成功，在揽货中应注意 7 个事项。

（一）礼貌预约

在与揽货对象见面之前，应事先电话约好见面的时间和地点。如果约见从未谋过面的揽货对象，那么电话里的第一声非常重要，揽货员应真诚地说一声"你好"，这个过程非常重要，如果客户同样也在很自然地问候你，那么你首先有了个好的开端，下面你就可以作自我介绍并提出自己想与对方见面的要求了。如果对方因某种原因而拒绝见面，不要强人所难，应以理解对方的口吻而另约时间。如果对方同意见面，那么见面的时间、地点应以对方的方便为准，尽量在对方的办公地点或其办公地点的附近见面。如果对方想了解一下你所在企业的实力及口碑，想在你所在的企业见面，那么这是求之不得的，是展示你所在企业实力的极好机会。总的来说，在电话预约时，要使对方对你产生真诚的、可信赖的、自信的、可以建立合作关系的印象。反之，如果客户接了你的电话，有一种被"忽悠"而上当受骗的感觉，那么你的这次揽货任务也很难完成了。

（二）外塑形象

当你要正式与揽货对象见面时，应注意自己的形象。着装一定要整洁大方，如果你所在的企业有统一的制服及徽章，那么穿制服、戴徽章也是很好的形式，而且还可以展示企业的形象。在见面之前，头发要梳整齐，皮鞋也该擦亮。如果你是男士，那么胡子也应该刮干净；如果你是女士，穿戴应该庄重得体，不能太暴露，稍微化一点淡妆也是一种很好的创意。

注意自己的形象不但能增强你的自信心，同时也是对客户的尊重。揽货对象对你的第一印象很重要，如果能赢得其第一眼好感，那么揽货的胜算又增加了一成。

（三）实事求是

与揽货对象见面后，除了互换名片，交给对方有关文件资料外，也免不了要口头介绍一下自己的企业。在介绍自己所在的企业时，应实事求是，不夸大，也不用过分谦虚。切忌把自己所在的企业说成是万能的，公司代理几条航线就说几条航线，代理几家班轮公司就说几家班轮公司，公司的优势航线是哪几条就说哪几条。有的揽货人员求货心切，将自己所在的企业说得无所不能，哪条航线似乎都有优势，到任何一个港口的货物几乎都能接受，其实这样的夸夸其谈反而会得不到对方的信任。也有些揽货人员把自己所在企业的服务吹得神乎其神，似乎只有优点，没有缺点，而结果往往是适得其反。

正确的做法是应该实事求是地介绍自己所在企业的基本情况，比如与多少家班轮公司合作，其中哪条航线是自己的优势所在，运价保持在什么样的水平上，与同行相比是高了还是低了，为什么会比人家高或比人家低。在服务方面能为客户提供多少项目，企业的技术设备、业务人员的技术水平，甚至自己正在努力改进的弱势在哪里，都应实事求是地告诉对方。这样真诚的态度比自吹自擂更能赢得对方的信任。

（四）表达清晰、简洁

在与揽货对象的交谈中，应清晰地表达出你到访的目的，用简洁的语言表达出你想表达的意思。在向客户报价时，要清晰地解释各种费用。现在海运运价的构成很复杂，有基本运价，还有码头操作费（THC）、原产地交接（ORC）、燃油附加费（BAF）、货币贬值附加费（CAF）、旺季附加费（PSS）、文件费（DOC）等附加费用。揽货人员有时只是简单地报个"基本运价

+O+B+C+D"，或者"基本运价+T+D"，对于这样的报价，业内人士都能理解，但一些刚跨入进出口行业的人往往搞不清楚，一头雾水。揽货人员应该清楚地向对方解释各种费用的名称及收取该项费用的原因。也有的揽货人员只向对方报个基本运价，想当然地认为附加费是惯例，对方应该知道，结果对方误认为运价便宜就办理了托运，货物出运后结算运费时才知道还要支付各种附加费，费用还不少，这时客户就会产生一种上当受骗的感觉，也可能从此再也不想跟你合作了。如果你向揽货对象报的是全包价（All in）。也应该解释清楚，价格里已含有哪些附加费。另外，如客户除海运外还需要你提供短途运输的集装箱拖车、代理报关、代理报检、代办保险、代办仓储等服务，也应该将各项服务的费用清楚地向对方报出，以免结算时发生争议。

（五）学会倾听，避免争论

在揽货中，对方不会光是听你介绍，也同样会发表自己的看法。在你去揽货之前，对方可能已经与你的同行或者你的竞争者合作过。在听完你的介绍后，他也许会说某家国际货代公司实力如何强，运价如何优惠，服务如何优良。这时你要学会倾听，避免与对方争论，更不要反问。你的揽货对象说这些话，可能只是一种试探，或是一种与你讨价还价的筹码，你要听他说完。然后你可以这样对他说，你所提到的那家国际货代公司据我所知实力确实很强，运价也可以，服务也很好，但它也不可能代理所有的航线，它的业务员也不可能个个都是优秀的，它也同样会有自己的弱点。接着你可以再次介绍一下自己的优势，说明你也可以提供同样的运价，甚至更好的服务，建议对方不妨试一下自己的服务，也许这时你会得到意想不到的收获。

（六）不轻易承诺和说"不"

在与揽货对象就有关货物的运输进行洽谈时，对方可能会提出种种要求，有些是你所在企业可以满足的，但有些却是你所在企业无法满足的，还有些你自己也无法知道究竟能不能满足。在这种情况下，有些揽货人员因揽货心切，大包大揽，轻易地承诺，保证满足对方提出的所有要求。但在揽到了货物，实际操作时才发现，对方的一些要求实际上是无法满足的，于是造成了极大的被动，对方也会感觉你很不诚实、很不可靠，合作可能也就此结束。曾有一家国际货代公司的揽货人员到一家加工贸易企业揽货，这家企业的货物是按照DDP国际贸易术语成交的，也就是"完税后交货"，在此术语下其要求国际货运代理不但要提供门到门服务，还要在货物运抵目的地后代理其办理货物进口清关手续及代其支付关税、各种税款和其他费用。按照这家国际货代企业的实力，这些都是无法做到的，但揽货人员为了揽到这批货，却轻易地答应了，他的想法是先将货揽下来再说。结果揽到了货后却怎么也无法完成客户的全部委托，结果造成了极大的被动。最后还是求同行解救，才没有造成严重的经济损失，但企业的信誉却因此而大受损害。

那么，在无法满足对方的要求时，是否就直白地向对方说"不能"或"没有办法"呢？这也是应该避免的。因为如果经常用"不"、"没有"来作答，那么任何人都会怀疑你的实力，不敢再将货物交给你。正确的做法应该是，委婉地对他说，你的这个要求我可以帮你向有关单位咨询一下，我们会尽量满足你的要求，如果我们实在没有办法满足你，我们会介绍兄弟单位为你解决这个问题，我们相信，你的要求一定会得到满足的。

（七）不轻易放弃

在营销界，一直都流传着这样一种说法，即：80%的销售成功个案是销售人员连续5次以上的拜访后得到的，48%的销售人员经常在第一次拜访后，便放弃了继续推销的打算，15%的销售人员在拜访了第二次之后就打退堂鼓了，12%的销售人员在拜访 3 次后也退却了，5%的销售人员在拜访过 4 次之后最终也放弃了。仅有 2%销售人员坚持连续 5 次以上的拜访，他们的业绩却占了全部销售业绩的 80%。

揽货既然属于营销的范围，它自然也摆脱不了这个规律。第一次拜访就能揽到货的个案确实微乎其微，在国际货运代理市场竞争白热化的今天，能够在拜访 5 次后揽到货已是值得庆幸了。因此当找准了一个揽货对象后，不应轻易放弃。不要以为你找到的揽货对象已在与另一家同行合作，就无机可乘了，现实中经常有这样的例子，一家出口企业已与某家国际货运代理企业合作多时，但由于这家国际货运代理企业业务人员的疏忽，就造成了对方的失望，想换一家代理试试。正因为你的锲而不舍，对方可能就选择了你。另外，现在人员流动快，在出口企业中负责运输的业务员也经常会换人，各人选择合作对象的方式和条件都不同，由于你永不放弃的努力，说不定他就选择了你。有时候与一位揽货对象已联系很久，但老不见他下单，有人可能就放弃了，殊不知，成功可能就在你准备放弃的下一刻，再坚持一会儿，也许就会改变你的命运。如果揽货人员能以积极的心态，主动出击，不轻易放弃，那么他一定能创造良好的业绩。

二、揽货人员必须具备的资质

揽货人员是直接与客户进行面对面信息传递的人，能否与客户建立业务关系，能否取得客户的信任，能不能揽到货，直接关系到企业的切身利益，因此企业在选拔揽货人员时，都需要揽货人员具备一定的资质。

（一）扎实的专业知识

作为承运人或承运人的代理人，其服务对象主要是货物及货物的主人，他就像一条纽带，连接发货人和收货人。如果是作为承运人的代理人，它是一种中间人性质的运输业者，它既代表货方，保护货方的利益，又协调承运人进行承运工作，因此它是"货物中间人"，它连接的上家是货主，下家是承运人，也就是班轮运输公司。它的上家或是下家都是专业性非常强的行业，这也就决定了国际货运代理的各种服务也是专业性非常强的项目。

国际货运代理企业的上家是进、出口商，他们从事的是国际贸易。出口商经过与国外进口商的洽谈，签订国际贸易合同，然后按合同备好货后，就产生了国际货运的需求，最后通过运输完成国际贸易的最后一个环节。国际贸易是一个非常复杂的过程，从事国际贸易的人员都必须具备相应的专业知识，这是众所周知的。而揽货人员是国际货运代理行业中第一个与出口商们面对面接触的人，如果想赢得他们的信任，说服他们将出口货物委托给你，就必须掌握比他们更多的专业知识。所以，作为国际货运代理的揽货人员，掌握国际贸易知识是必需的，这是一项基本功。试想，如果在洽谈中客户向你提出一些专业性的问题，你自己都一知半解，或者根本就不懂，客户怎么能放心地将货物委托给你代理运输呢？

国际货运代理的下家是承运人，也就是从事国际海上货物运输的班轮公司。国际海上货物运输业务同样是非常具有专业性的。作为国际货运代理，只有掌握港口、船舶、航线、船期和货物的基本知识，才能更好地选择海上的承运人，才能圆满完成客户委托的海上运输任务。

当今的海上货物运输中，绝大多数货物都是通过集装箱运输来完成的。集装箱运输的过程更是非常专业化的。

由于国际货运代理的各种服务所要面对的是复杂的进出口贸易、海洋运输、集运、集装箱运输、仓储、包装、通关等专业化非常强的业务，所以如果没有扎实的专业知识是无法应对的。

揽货人员在与客户的接触中，会涉及以上介绍的各种专业知识。一些国际货运代理企业中揽货工作做得好的业务人员，基本上都是专业知识掌握得最扎实的人员。有些国际货运代理企业的揽货人员已经成了出口商的运输业务顾问，出口商在运价、航线、船期、港口、仓储、清关、保险等方面一有疑问就找他。当客户感到只要找到你就能解决运输中的诸多问题，那么他一定会成为你的忠诚客户，这样你的揽货业绩当然就优秀了。

作为揽货人员，还应该熟悉本行业、本企业的服务性质，服务航线、船期、挂靠港口与转运时间等信息，了解不同国家、不同地区港口的习惯和通关程序，掌握一些与国际货运代理业相关的法律法规、公约、惯例等知识。

所以作为刚入行的揽货人员，一定要刻苦学习专业知识，包括国际贸易知识、国际海上货物运输知识、集装箱运输知识等。不要以为揽货工作很简单，只要多认识几个客户，靠耍嘴皮子就能把货物揽过来。缺乏专业知识，揽货工作是不会做得长久的。

（二）良好的文化素养

在与揽货人员的接触中了解到，有些揽货人员揽到的货物并不是刻意求来的，而是他们在与客户的聊天、沟通中顺其自然得来的，这被他们称为"不销而销"。

当揽货工作进行到一定阶段后，自然会认识一批客户。在与客户的接触中，并不是每次都是直奔主题，谈的永远都是运输的话题。有些客户喜欢与你聊一些与业务无关的话题，当你碰上喜欢体育的客户时，他可能会与你聊奥运、聊足球、聊姚明；当你碰上喜欢文学的客户时，他可能与你聊三国、聊红楼、聊当代文学；当你碰上喜欢历史的客户时，他可能与你聊秦皇汉武、聊唐宗宋祖、聊康熙乾隆；当你碰上喜欢天文的客户时，他可能与你聊黑洞、聊宇宙、聊火星、聊月球、聊航天飞船。如果你也具备这方面的知识和爱好，能在某一话题上与他聊得很开心，就会很快与客户拉近距离，并在他的心目中占有一定的位置。

当你了解到客户出口的是某一种商品，比如出口的是鞋，你能表现出你对出口鞋的知识掌握得很多；当你知道客户的货物出到的是某一个国家时，你能表现出对这个国家的政治、经济、法律、交通等情况相当了解；当你知道客户的货物要到达的是某一目的港时，你能表现出对该港口的码头堆场、装卸机械、通关惯例十分清楚，客户就会加深对你的信任。在不知不觉中，可能你在他的心目中就逐渐成为不可替代的了，他自然也放心地将货物交给你了。

要想更好地与客户沟通，让客户对你有个具备良好文化素养的印象，就需要你多掌握一些各方面的知识，如政治经济、天文地理、文学历史、体育艺术、商品旅游，最好都懂一点。知识越丰富，对你越有利。要想掌握这些知识，就要靠平时的积累，处处都要做有心人，要多看报、多读书，多浏览有关知识的网站，多掌握各种相关的信息。

（三）良好的职业道德

有位揽货业绩非常突出的揽货人员在介绍自己的经验时说过，要想做好揽货工作，先要学会做人、做好人。由于国际货运代理企业中揽货人员的工作基本上是独立进行的，基于这一特殊的工作形式，所以更强调揽货人员的职业道德。

揽货人员在与客户的接触中，首先要讲诚信，一旦对客户有所承诺，就必须设法兑现。有些揽货人员为了能揽到货源，在开始洽谈时什么都答应对方，当货物揽到手后，发现有些承诺无法兑现，于是就想方设法糊弄甚至刁难客户，这样的例子很多。每年当海运旺季的时候，舱位就相当紧张，客户为了及时出货，往往愿意接受提高运价而取得舱位，以便将货物及时出运，这时有些揽货人员可能就会乘机以能提供舱位的承诺揽取货物，但揽到货后又发现实际上弄不到舱位，于是货物在同行中转来转去，最后耽误了客户出货，损害了客户的利益。

国际货运代理中的无船承运人是可以赚取运费差价的，也就是说可以自定运价，可以在船公司所报运价的基础上适当增加差价。有些揽货人员因此而对不十分了解某条航线运价的客户大幅度加价，乘机捞一把。也有些揽货人员为了争抢货源，在揽货时故意报低价，但在结算时又任意加价，甚至加上一些根本没有产生的费用，客户如不同意支付，又以扣货相威胁。这样做，只能是"一锤子买卖"，自断货源，客户再也不会光顾这家货代企业。

由于国际海上运输环节多，手续复杂，难免会在某个环节上出现失误，如文件出错、被船公司甩货、集装箱进水等。当货物出现问题时，客户首先会找与其第一个接触的揽货人员。此时揽货人员应实事求是地向客户说明情况，该是谁的责任就是谁的责任，不要推诿，要积极协助客户解决问题。如果确实是本企业的责任，该赔偿客户的损失就得赔偿。

（四）良好的敬业精神

一个优秀的揽货业务员应具备良好的敬业精神，对揽货的成功要有强烈的愿望。揽货工作是一项非常艰苦、十分枯燥的工作，有时还要受委屈，甚至挨骂。目前由于国际货运代理市场竞争激烈，一家出口企业每天要应付多家国际货代企业揽货人员的光顾，令他们感到不胜其烦，有时干脆将揽货人员拒之门外。在这种情况下，没有良好的敬业精神是坚持不了的。

具备良好的敬业精神还表现在关爱客户上。揽货人员应多为客户着想，要急客户之所急，在货物装船后要认真做好"售后服务"，要时刻准备放下手头的工作，微笑着去帮助客户解决问题，直到客户满意为止。由于揽货人员良好的敬业精神而获得客户信任的例子有很多。某国际货运代理企业有这样一位揽货业务员，当他揽到某一客户的货物后，一直跟踪货物的装载与运输。当时已临近春节，大部分集装箱拖车驾驶员已回家过年，客户非常着急。在他的协助下，好不容易找到一辆集装箱拖车，将空箱拉到集装箱装箱地点时，天已黑了，装货现场却没有灯光设备，影响了货物的装载。为了将货物及时装进集装箱，这位业务员当即自己去买了电线、灯具，在现场临时拉了一条线，装了一盏灯，保证了装货作业的顺利完成，也保证了货物在春节前装上了船。这盏灯感动了货主，这家货主从此成了这位揽货人员的忠诚客户，他们一直保持着良好的业务联系。后来，这家货主还主动介绍其他客户与这位揽货人员认识，帮助他扩大了货源。

良好的敬业精神能赢得客户的信任，提高企业的信誉，影响企业的长远利益。营销心理学家曾做过一项测试表明，一个满意的客户会对 3 个人说起他的购买或使用过程，并会无偿为该公司做广告宣传；而一个未获得满意服务的客户则会对 11 个人说起其不幸遭遇，且会"善意"地劝阻他人不要使用该公司的服务。每一个揽货人员都应为客户提供满意的服务，争取赢得客户的"免费广告"。良好的敬业精神来源于对揽货工作的热爱，对生活的热爱。揽货人员应以积极的心态投入到工作中去，准备迎接各种挑战。

三、接受客户委托后应做的工作

经过锲而不舍的辛勤工作，揽货人员终于感动了"上帝"，揽货对象要向你托运货物了，这表示他对你的服务已有所需求，就要成为你的客户了，高兴之余，应做好以下 5 项工作。

（一）详细了解客户的需求

由于在货运市场中，需求方即客户，所以从你的揽货对象第一次向你托运货物起，他也就成了你的客户，你将为他提供各项服务。在你为客户提供服务前，先要详细了解一下客户的需求。当客户初次接受你的服务时，可能对你的服务质量还存在疑虑，因此需求也可能是低层次的，可能仅委托你订个舱，满足"港到港"的服务方式而已。但客户的需求不应该仅是订舱那么简单，而应该是多层次的，也是可以诱导的。所以在客户委托你订舱时，你最好详细了解一下客户的真正需求，比如是否需要提供短途运输服务，是否需要代理报关报检服务，是否需要代理保险服务，是否需要安排仓储，是否需要更换包装，是否需要代刷唛头，是否需要"门到门"服务等。当你详细了解了客户的真正需求后，再根据本企业的资源和实力，尽量满足客户的各种需求，也为企业争得更多的收益。

（二）与客户签署委托文件

当客户向你托运货物的时候，应与客户签署委托文件，如托运单、货运代理服务合同等。

托运单（Booking note）（见图 2-1）是国际货运代理与客户之间的第一份最原始的单据。托运单（国内有时也用"运输委托申请书"代替）通常是指由托运人根据买卖合同或信用证的有关内容，向承运人或其代理人办理货物运输的书面凭证。托运单也是客户向国际货运代理提出服务需求的书面请求。托运单经承运人或国际货运代理的签认，即表示已接受这一托运，承运人与托运人之间对货物运输的相互关系即告成立，因此托运单非常重要，应要求客户准确填写。

有些揽货人员由于急于揽到客户的货，有时没有认真要求客户填写托运单，甚至光凭客户的一个电话就立即帮客户向船公司订舱，最后往往出现麻烦，无法脱身，这样的例子也不鲜见。南方某港口就发生过这样的事：有一家国际货运代理企业的揽货人员经人介绍认识了一位新客户，客户电话要求帮他订两个到欧洲某港口的 40 英尺加高集装箱，说装运的货物是家具。客户在运价方面没有计较，并表示由其自己安排短途运输及装箱作业，并安排报关。在没有客户填写托运单的情况下，这位揽货人员就让操作人员帮他在一家班轮公司订了舱。当集装箱装上货拉进码头后，有人举报，所装货物有走私嫌疑。海关立即开箱检验，发现报关单上填写的货名是家具，可实际装的却是香烟。有关部门立即开展侦破工作，当侦查人员找到帮助订舱的那家国际货代企业，并找到那位揽货的业务员，想通过他找到发货人时，才发现原来他也只有发货人的一个手机号码，而出事后这个手机号码早已停机，发货人当然更找不到了。尽管调查结果确认这位揽货业务员确实是在不知情的情况下帮走私犯订了舱，而自己并没有参与走私活动，所以也没有被追究法律责任，但因调查时间很长，集装箱在码头上产生的堆场费、集装箱的箱租等费用都得由他负责埋单，还是造成了较大的经济损失。这样的教训应该吸取。

国 际 货 物 托 运 书

SHIPPER'S LETTER OF INSTRUCTION

托运人姓名及地址 SHIPPER'S NAME AND ADDRESS		预付 PP		到付 CC	
		运价：			
		到付代收费用： COLLECT FREIGHT 通知方 ALSO NOTIFY			
收货人姓名及地址 CONSIGNEE'S NAME AND ADDRESS					
始　发　站 AIRPORT OF DEPARTURE		交货时间/地点： DELIVERY TIME/PLACE			
到　达　站 AIRPORT OF DESTINATION 出直单/分单 BY MAWB/HAWB 保险金额 AMOUNT OF INSURANCE		随机文件： Documents Accompanying Airway Bill			

件数 NO.OF PCS	实际毛重 G.W.（KG）	计费重量 C.W. (KG)	尺寸/体积 SIZE/VOLUME	货物品名 DESCRIPTION OF GOODS

处理情况（包括包装方式、货物标志及号码等）
HANDLING INFORMATION (INCLUDE METHOD OF PACKING IDENTIFYING MARKS AND NUMBERS. ETC.)

托运人证实以上所属全部属实并愿遵守承运人的一切运输章程.
THE SHIPPER CERTIFIES THAT THE PARTICULARS AGREES TO THE CONDITIONS OF CARRIAGES OF ON THE FACE HERE OF ARE CORRECT AND THE CARRIER.

托运人盖章：　　　　　　　　　　　日期：
SIGNATURE &CHOP BY SHIPPER　　　DATE:

图 2-1　托运单样式

（三）应与本公司的操作人员沟通好

一般国际货运代理企业在揽货人员揽到货后，以下的订舱、安排拖车、报关报检、制单等程序都由操作人员来完成。所以揽货人员在接受客户的委托后，要与本企业的操作人员沟通、衔接好。

通常在一些国际货运代理企业里，揽货人员将揽到的货物交给操作人员时要填一份业务联系单，作为交接的凭证。这是一份内部流转的单证，内容除了客户托运单上的基本内容外，还有比较详细的装货时间、装货地点、联系人、报关行、应收费用、应付费用等详细内容，各企业的业务联系单内容大同小异。揽货人员将业务联系单交给操作人员后，并不表示他的工作就到此为止，他还应该不断与操作人员沟通，以便完成各个环节的操作。

（四）做好对各个环节的跟踪

上面曾说过，揽货人员不是将货物交给操作人员后自己就没事了，他还应该做好对各个环节的跟踪。一般来说，揽货人员是第一个与客户接触的，与客户最熟悉，与客户沟通最方便。操作人员在订舱、安排拖车、转载货物、安排报检和报关、制作提单的过程中，一定还会遇到很多意想不到的问题，所以，揽货人员要主动跟踪每一个环节，将货物在装运过程中每一个环节上出现的问题通报给客户，让客户放心。最后揽货人员还要在收取客户费用的环节上协助财务部门将费用安全收回。

（五）做好"运后服务"

国际货运代理的"运后服务"，系指从接受客户委托开始，直至货物在目的港卸货交付收货人为止，所有与货物运输相关的服务总称。它是揽货工作的最后一个环节，也是国际货运代理企业履行合约，为客户提供服务的最重要的内容之一。通常，客户向国际货运代理办理托运手续，缔结了合约，只是表明客户与本企业合作的开始，客户对本企业的服务是否满意还要看"运后服务"质量的高低。"运后服务"质量高低直接影响到客户与本企业的未来合作，直接关系到客户对本企业的支持程度。因此，揽货人员应与客户保持密切的联系，协调好客户与本企业的操作人员、港口当局、海关、检验检疫部门、报关行及集装箱拖车车队的关系，使货物在每一个运输环节中的操作都能有条不紊地运行。此外，货物到达目的地之前还应及时通知收货人提前办理有关清关、提货或中转手续，使收货人能及时、顺利地提取货物。只有货物安全、准确、及时地交付给了收货人，客户才有兴趣和信心继续与你下一次的合作。同时，收货人的满意，又会进一步坚定客户支持本企业的信心。因此，在制定揽货策略时，要优先注意提高"运后服务"的水平。

在国际货运代理市场竞争日趋白热化的今天，良好的"运后服务"往往能赢得客户的信任，增进揽货人员与客户之间的感情，稳定老客户，增加新客户，提高揽货人员的揽货能力，提高企业的竞争能力。

【技能要点】

一、委托运输的协议

货运代理公司在承揽货物后并不是自行承运，而是再发包给真正的承运人，因此应与承运人签署相应的委托运输协议。如果是海洋运输，货运代理公司一般是与班轮公司挂钩，通过托运书和海运提单来约束托运行为及货、运双方的权利和义务；如果是航空运输，则通过航空运单来约束托运行为及货、运双方的权利和义务；如果是铁路运输，是通过铁路运单来约束托运行为及货、运双方的权利和义务；如果是公路运输，一般需与陆运车队签署一份委托运输的协议来约束托运行为及货、运双方的权利和义务。

二、委托运输协议范本

运输协议

签约时间：2010 年 10 月 29 日

甲方：　广东省 ABC 货运代理公司

乙方：　广东省 WM 运输公司

经甲、乙双方充分协商，达成以下协议：

一、货物品名、规格、运费等

货物名称	规格型号	单位	数量	运输单价（元/吨）	运输金额（元）
电工圆铝杆	φ9.5mm	吨	200	230	46000
一		合计			46000
合计人民币：（大写金额）肆万陆仟元整				（￥：46000 元）	

上述发货数量为合同计划数，运输款按实际运输数量计收。

二、结算

甲方在收到乙方转交的甲方关于该批货物的指定收货人签字、盖章的提货单且收到乙方提交的增值税发票后将该笔运输费用汇至乙方以下账户：

开户行：中国农业银行广东汕头支行

账　户：6228XXXXXXXXXXXXX

户　名：XXX

三、地点及日期

该批货物由深圳科技有限公司在福田区的仓库装运，乙方负责于 2010 年 10 月 31 日前将该批货物全数运抵广东汕头市 DG 实业有限公司仓库，收货联系人：黄经理。

四、责任

乙方负责在合同规定的期限内，将货物运到指定的地点，按时向收货人发出货物到达的通知。对托运的货物要负责安全，保证货物无短缺，无损坏，无人为的变质，如有上述问题，应承担全部赔偿责任。乙方应为该批货物办理保险金额为 50600 元的货物运输保险。

如汽车在路途中出故障或其他原因延误，乙方应及时告知甲方和收货人。不能按时将全部货物运送到指定地点的，乙方需向甲方支付 2600 元的违约金。

五、其他事项

在装车过程中，乙方必须做好理货运货工作，车板要干净，并铺上薄膜或篷布。如有货损及短少，均由乙方负担。

六、本合同一式两份，甲、乙双方各执一份。双方委托代理人签名或加盖单位公章即生效。传真件同具法律效力。

甲方：广东省 ABC 货运代理公司　　　　　　　乙方：广东省 WM 运输公司

单位名称：广东省 ABC 货运代理公司　　　　　单位名称：广东省 WM 运输公司

单位地址：深圳市南山区科技园方大大厦 1116　单位地址：汕头市金平区金砂东路 98 号

法定代表人：江一　　　　　　　　　　　　　法定代表人：张陆

电话：0755-2552083　　　　　　　　　　　　电话：0754-4922144

传真：0755-2551961　　　　　　　　　　　　传真：0754-4922140

开户银行：交通银行深圳南山支行　　　　　　开户银行：中国农业银行广东汕头支行

账号：4510XXXXXXXXXXXXXXXXX　　　　　　　账号：6228XXXXXXXXXXXXX

【任务实施】

本任务的实施应依据【必备知识】中关于揽货中应注意的事项、接受客户委托后应做的工作、揽货人员必须具备的资质等要求有计划地实施。当然，根据揽货员的性格、教育背景不同，实施方式也各有不同，可以见仁见智。

本任务可在班级结成团队，以团队为单位制定实施策略，陈述实施方案，在班级内讨论，并由教师对方案从准备、联络、会面沟通、签署委托协议及运后服务等环节的完善性和严谨性进行点评。

【知识链接】

保税仓库

一、保税仓库的概念

保税仓库是保税制度中应用最广泛的一种形式，是指经海关批准设立的专门存放保税货物及其他未办结海关手续货物的仓库，如龙口港公用型保税油库和保税堆场、江门市日新日盈公用型保税仓库。

二、保税仓库的类型

（1）保税仓库按照使用对象不同，可分为公用型保税仓库、自用型保税仓库。

公用型保税仓库由主营仓储业务的中国境内独立企业法人经营，专门向社会提供保税仓储服务。自用型保税仓库由特定的中国境内独立企业法人经营，仅存储供本企业自用的保税货物。

（2）保税仓库中专门用来存储具有特定用途或特殊种类商品的，称为专用型保税仓库。

专用型保税仓库包括液体危险品保税仓库、备料保税仓库、寄售维修保税仓库和其他专用型保税仓库。液体危险品保税仓库，是指符合国家关于危险化学品仓储规定的，专门提供石油、成品油或者其他散装液体危险化学品保税仓储服务的保税仓库。

备料保税仓库，是指加工贸易企业存储为加工复出口产品所进口的原材料、设备及其零部件的保税仓库，所存保税货物仅限于供应本企业。

寄售维修保税仓库，是指专门存储为维修外国产品所进口寄售零配件的保税仓库。

三、保税仓库的货物类别与范围

经海关批准可以存入保税仓库的货物如下：

（1）加工贸易进口货物。

（2）转口货物。

（3）供应国际航行船舶和航空器的油料、物料和维修用零部件。

（4）供维修外国产品所进口寄售的零配件。

（5）外商暂存货物。

（6）未办结海关手续的一般贸易货物。

（7）经海关批准的其他未办结海关手续的货物。

保税仓库应当按照海关批准的存放货物范围和商品种类开展保税仓储业务。

保税仓库不得存放国家禁止进境货物，不得存放未经批准的影响公共安全、公共卫生或健康、公共道德或秩序的国家限制进境货物以及其他不得存入保税仓库的货物。

四、保税仓库的作用

随着国际贸易的不断发展及外贸方式多样化，世界各国进出口货运量增长很快，如进口原料、配件进行加工，装配后复出口、补偿贸易、转口贸易、期货贸易等灵活贸易方式的货物，进口时要征收关税，复出口时再申请退税，手续过于繁琐，也不利于发展对外贸易。如何既方便进出口，有利于把外贸搞活，又使未税货物仍在海关有效的监督管理之下，实行保税仓库制度就是解决这个问题的一把银匙。这种受海关监督管理，专门存放按海关法令规定和经海关核准缓纳关税的进出口货物的场所，通称保税仓库。保税货物是指经海关批准未办理纳税手续进境，在国内储存、加工、装配后复出境的货物，这类货物如在规定的期限内复运出境，经海关批准核销；如果转为内销，进入国内市场，则必须事先提供进口许可证和有关证件，正式向海关办理进口手续并缴纳关税，货物才能出库。

五、保税仓库的实践应用

保税仓库通常结合着出口监管仓库来用，一般把保税仓库和出口监管仓库合二为一，统称为"两仓"，即一出一进。亿博物流咨询专业人士提到，保税仓库主要应用于加工贸易企业当中，加工贸易企业在应用保税这一概念的过程中是非常丰富的。主要有5种加工保税模式：一是通常所说的"两头在外模式"，即原料和成品都在国外，加工在国内；二是"两头在内模式"，即原料和成品都在国内，当然加工也在国内，只是来源都是加工贸易公司；三是保税内销；四是非保外销；五是委托加工。至于保税仓库，局限的范围非常小，一是主要用于进口，二是仓库内不允许流通加工，三是仓库容量有限，四是涉及面也比较窄。

任务三　国际货运代理服务合同的签订

【任务引入】

承接任务一和任务二，你作为揽货员揽货业务成功完成，接下来的工作是，作为货运经纪人需与委托方签订货运代理服务合同，请根据服务内容与委托方需求，草拟一个货运代理服务合同。

【任务分析】

本任务是对揽货工作的总结，要实施本任务应掌握什么是国际货运代理服务合同、国际货运代理服务合同的内容及签署国际货运代理服务合同时应注意的问题。

【必备知识】

一、国际货运代理服务合同概述

国际货运代理服务合同是货物运输委托方与承运人或承运人的代理人在意思表示一致的基础上共同签署的关于提供货物运输服务的协议文件。国际货运代理服务合同一般规定了代理人和被代理人的权利、义务、代理范围、费用结算等实质性条款，同时也规定了争议的处理、法律适用等一般性条款。国际货运代理服务合同是代理人与被代理人合同关系的证明，也是货运服务履行和争议处理的依据。

二、国际货运代理服务合同的完整内容

货物运输代理合同

合同编号：_____

委托方（甲方）：_____　　　受托方（乙方）：_____

按照《中华人民共和国合同法》的有关规定，甲乙双方本着互惠互利的原则和相互合作与支持的宗旨，就甲方委托乙方为货物运输代理等事宜，经友好协商达成如下协议。

第一条　甲方责任和义务

1. 甲方最少在货物抵达前_____（船到港前 3 天、航班到港前 24 小时）通知乙方货物到达情况和提供有关文件，有关文件包括海洋提单、空运提单、货物资料、报关和报检报验文件等，以便乙方安排换单和提前审核有关文件。

2. 甲方委托乙方代理申报的进口货物，必须按照中华人民共和国海关、商品检验检疫局及相关部门对于国家进口货物的有关规定，如实申报。

3. 甲方根据乙方要求，负责提供下列全部或部分单据和文件：报关委托书、报检委托书；手册；正本提单、发票、箱单、合同；报关所需要进口许可证如系危险品，应提供相关文件；其他与进出口货运有关的单据和文件。

4. 由于甲方或下列原因导致货物申报时间的延迟，而造成未能及时清关或货物疏港等，由甲方承担所产生的风险、责任及费用，而乙方不予承担：

（1）因买卖双方原因导致提单不能在公司正常换取（如未电放、海运费用未结清等）。

（2）由于甲方未能及时提供进口报关所需的全部资料。

（3）因甲方所提供的报关资料失实，而导致的延迟。

（4）在清关过程中由于海关等相关部门要求，需要补充或修改有关单证及相关说明资料，而甲方未能及时提供。

（5）遇到法定节假日或有关部门不能正常办公。

（6）因港口要求和规定而必须输港的货物。

（7）其他甲方及不可抗拒原因。

5. 由于非乙方原因造成滞箱费、污箱费、修箱费等费用和责任，由甲方承担，乙方尽量协助甲方协商解决。

第二条　乙方责任和义务

1. 乙方应及时、合理安排甲方所委托进口货物的的换单、申报、运输等事宜。

2. 乙方应及时通知甲方有关报关进度、预计送货时间，以便甲方合理安排仓库装卸。

3. 乙方应积极协助甲方解决在报关过程中出现的各种问题和状况，包括文件的提供、解释、说明等工作。

4. 乙方应以最快的速度完成清关工作，并按甲方的指示将货物送到指定地点。

第三条　费用结算

1. 按照海关的有关规定，甲方应自行向海关缴付货物进口关税及增值税，特殊情况可以委托乙方代缴，但乙方不予以垫付。

2. 甲方应自行交付到付运费（海运费和 THC、空运费），特殊情况可以委托乙方代付，但乙方不予以垫付。若由于甲方不能提供进出口货物单据或用以缴纳进口关税及增值税的限额支票而产生的相关费

用，如滞报金、滞箱费、港口费、滞纳金、转栈费等经甲方确认后由甲方承担。

3．如因各种原因乙方无法收到甲方应付之费用，则乙方有权暂扣甲方委托乙方所管理的货物或属于甲方的业务文件，所造成的风险、责任及费用，乙方不予承担。

4．非甲方原因产生的特殊费用和责任，甲方不予以承担。

5．附《进口货物运输费用报价》。

第四条　结算方式

乙方应于每月＿＿＿＿＿＿＿日前将本月账目清单（如实报实销则提供发票）送交甲方，甲接到账目清单核对无误后通知乙方开据正式发票，发票开据后＿＿＿＿＿＿＿日内付款。

第五条　货物灭损

甲方未办理货物申明价值的，由于承运人或乙方的原因造成货物灭损的，按货物实际损失赔偿，但赔偿额最高按灭损货物毛重每公斤人民币＿＿＿＿＿＿＿元（国内航线）/国际＿＿＿＿＿＿＿美元（US$）（国际航线）计算。

第六条　检验

运输过程中，允许托运单上甲方记载的货物件数、重量、体积与实际托运的货物存在略微差异。货物准确的件数、重量、体积以乙方接收货物时乙方的检验为准。如果甲方对乙方的检验结果存在异议，可书面向乙方申请双方联合检验。如果联合检验的结果与乙方的检验结果有较大差异，检验费用由乙方承担，否则检验费用由甲方承担。如果货物准确的件数、重量、体积与甲方在航空托运单上记载的有较大差异，乙方有权选择拒绝承接该票货物的运输代理，由此导致的乙方的损失，甲方应负责赔偿。

第七条　担保

为了顺利执行本协议，按时结清账目，乙方应以人民币＿＿＿＿＿＿＿元或每张货运单＿＿＿＿＿＿＿元提供保证金或等值的房地产抵押等甲方认为满意的担保。

第八条　转让

本协议所规定的乙方的权利和其他职责，未经甲方的书面同意，乙方不得将其全部或部分转让、或者授权给任何第三方。

第九条　违约责任

1．乙方未依本协议向甲方支付费用，或支付费用不完整的，乙方必须从支付期满＿＿＿＿＿＿＿日起，按应付款向甲方每日支付＿＿＿＿＿＿＿元违约金。

2．乙方无正当理由＿＿＿＿＿＿＿天不履行某一个月的全部费用或所欠费用超过全部应付费用的时，甲方可以解除协议并按上款要求违约金。

3．甲乙双方违反本协议造成对方损失的，按违约时的实际损失赔偿对方。

第十条　抵消

依据法律或本协议约定乙方应支付甲方的违约金或其他款项将被视为甲方的可向乙方主张的债权，对该债权的实现双方同意甲方可以主张从甲方应支付乙方的本协议下的款项或其他甲方应支付乙方的款项中直接扣除直至抵消完毕，不足的部分乙方当然同意予以补足。甲方没有从应支付乙方的款项中扣除的并不应该视为甲方对主张该违约金或款项的放弃。

第十一条　解除

1．甲方未及时、全面、正确履行合同约定之义务的，乙方将书面催告甲方予以正确履行，甲方在乙方催告后＿＿＿＿＿＿＿日内仍不能整改到位的，乙方将有权解除合同。但该合同解除的权利乙方在＿＿＿＿＿＿＿日内未向甲方主张的，则该权利消灭。

2．若合同一方不能清偿到期债务或因其他原因进入破产程序，则另一方取得在书面通知对方后即解除合同的权利。甲方因陷入经营困难的境地,使履行合同成为一种不可能或一种沉重的负担,则乙方应许可甲方有权解除合同。

3．为对等之目的,乙方未及时、全面、正确履行合同约定之义务的,甲方将书面催告乙方予以正确履行,乙方在甲方催告后_____日内仍不能整改到位的,甲方将有权解除合同。

4．合同解除后甲方提供给乙方的相关单据和文件乙方应当及时返还甲方,不得未经甲方同意擅自留存、复制。

5．尽管有上述之约定,在合同解除后若乙方尚有甲方的业务正在进行的,乙方仍应当妥善予以完成,由此发生的费用甲方当然将按照本协议的收费标准向乙方支付相关费用。若因乙方违反本款的约定导致甲方受到损失的,则乙方应当负责赔偿。

第十二条　声明及保证

甲方:

1．甲方为一家依法设立并合法存续的企业,有权签署并有能力履行本合同。

2．甲方签署和履行本合同所需的一切手续均已办妥并合法有效。

3．在签署本合同时,任何法院、仲裁机构、行政机关或监管机构均未作出任何足以对甲方履行本合同产生重大不利影响的判决、裁定、裁决或具体行政行为。

4．甲方为签署本合同所需的内部授权程序均已完成,本合同的签署人是甲方的法定代表人或授权代表人。本合同生效后即对合同双方具有法律约束力。

乙方:

1．乙方为一家依法设立并合法存续的企业,有权签署并有能力履行本合同。

2．乙方签署和履行本合同所需的一切手续均已办妥并合法有效。

3．在签署本合同时,任何法院、仲裁机构、行政机关或监管机构均未作出任何足以对乙方履行本合同产生重大不利影响的判决、裁定、裁决或具体行政行为。

4．乙方为签署本合同所需的内部授权程序均已完成,本合同的签署人是乙方的法定代表人或授权代表人。本合同生效后即对合同双方具有法律约束力。

第十三条　保密

双方保证对从另一方取得且无法自公开渠道获得的商业秘密(技术信息、经营信息及其他商业秘密)予以保密。未经该商业秘密的原提供方同意,一方不得向任何第三方泄露该商业秘密的全部或部分内容。但法律、法规另有规定或双方另有约定的除外。保密期限为_____年。

一方违反上述保密义务的,应承担相应的违约责任并赔偿由此造成的损失。

第十四条　不可抗力

本合同所称不可抗力是指不能预见、不能克服、不能避免并对一方当事人造成重大影响的客观事件,包括但不限于自然灾害如洪水、地震、火灾和风暴等以及社会事件如战争、动乱、政府行为等。

如因不可抗力事件的发生导致合同无法履行时,遇不可抗力的一方应立即将事故情况书面告知另一方,并应在_____天内,提供事故详情及合同不能履行或者需要延期履行的书面资料,双方认可后协商终止合同或暂时延迟合同的履行。

第十五条　通知

1．根据本合同需要发出的全部通知以及双方的文件往来及与本合同有关的通知和要求等,必须用书面形式,可采用_____(书信、传真、电报、当面送交等方式)传递。以上方式无法送达的,方可采取公告送达的方式。

2．各方通信地址如下：_____。

3．一方变更通知或通信地址，应自变更之日起_____日内，以书面形式通知对方；否则，由未通知方承担由此而引起的相应责任。

第十六条　争议的处理

1．本合同受_____国法律管辖并按其进行解释。

2．本合同在履行过程中发生的争议，由双方当事人协商解决，也可由有关部门调解；协商或调解不成的，按下列第_____种方式解决：

（1）提交_____仲裁委员会仲裁。

（2）依法向人民法院起诉。

第十七条　解释

本合同的理解与解释应依据合同目的和文本原义进行，本合同的标题仅是为了阅读方便而设，不应影响本合同的解释。

第十八条　补充与附件

本合同未尽事宜，依照有关法律、法规执行，法律、法规未作规定的，甲乙双方可以达成书面补充协议。本合同的附件和补充合同均为本合同不可分割的组成部分，与本合同具有同等的法律效力。

第十九条　合同效力

本合同自双方或双方法定代表人或其授权代表人签字并加盖公章之日起生效。有效期为_____年，自_____年_____月_____日至_____年_____月_____日。本合同正本一式_____份，双方各执_____份，具有同等法律效力；合同副本_____份，送_____留存一份。

甲方（盖章）：_____　　　　乙方（盖章）：_____

代表人（签字）：_____　　　　代表人（签字）：_____

_____年___月___日　　　　_____年___月___日

签订地点：_____　　　　签订地点：_____

三、国际货运代理服务合同在物流运输中的地位和作用

国际货运代理服务合同是货运代理人与货主间的合同，在物流运输中，代理人与真正的承运人还需签署正式的承运合同。其关系如图 2-2 所示。因此，当发生合同纠纷时，代理人向货主负责，承运人向代理人负责，而货主与真正的承运人间没有合同关系，不能直接对抗。

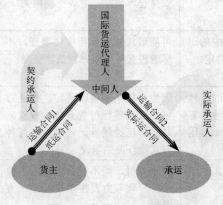

图 2-2　物流运输合同关系

【技能要点】

签订国际货运代理服务合同风险及预防策略如表 2-3 所示。

表 2-3　签订国际货运代理服务合同风险行为、风险后果及预防策略表

对应条款	风险行为	风险后果	预防策略
第一条	合同中未约定委托方通知受托人货物到达情况和提供有关文件的具体日期，或约定不明确	可能由于委托方通知不及时，致使合同双方对货物到达情况和提供有关文件的具体日期产生争议，导致一方利益受损	合同中应约定委托方通知受托方货物到达情况和提供有关文件的具体日期
	合同中未明确约定委托方委托受托方代理申报的进（出）口货物，必须按照中华人民共和国海关、商品检验检疫及相关部门对于国家进口货物的有关规定，如实申报	因委托方申报不实致使货物运输无法顺利完成，合同双方易产生纠纷	合同中应明确约定委托方委托受托方代理申报的进（出）口货物，必须按照中华人民共和国海关、商品检验检疫及相关部门对于国家进口货物的有关规定，如实申报
	合同对委托方托运货物的合法性未作约定，委托方托运的货物是出运国、中转国或运抵国法律、法规禁止、限制运输的	受托方代运被出运国、中转国或运抵国法律、法规禁止、限制运输的货物，在要求受托方赔偿时，无相关合同条款支持己方观点	合同中应约定委托方托运货物应当真实合法，受托方在任何情况下都有权拒绝受托方赔偿
	合同中未约定由于非受托方原因造成滞箱费、污箱费、修箱费等费用和责任，由委托方承担	因非受托方原因造成滞箱费、污箱费、修箱费等费用和责任时，合同双方由于未对费用和责任做出约定，易产生纠纷，法院的判决可能对一方不利	合同中应约定由于非受托方原因造成滞箱费、污箱费、修箱费等费用和责任
第二条	合同中仅约定受托方应及时、合理安排委托方所委托进（出）口货物的换单、申报、运输等事宜，未约定具体日期	具体日期不明确，易导致合同双方对受托方安排委托方所委托进（出）口货物的换单、申报、运输等事宜的日期产生争议	合同中应明确约定受托方安排委托方所委托进（出）口货物的换单、申报、运输等事宜，未约定具体日期
	合同中未约定受托方及时通知委托方有关报关进度、预计送货时间	可能导致受托方通知委托方预计送货时间过晚，致使委托方无法安排仓库装卸，造成货物损失	合同中应约定受托方及时通知委托方有关报关进度、预计送货时间，以便委托方安排报关进度、预计送货时间
第三条	双方未对合同履行过程中的退税手续等事宜做出明确约定	可能致使双方互相推诿责任，不尽退税义务，双方利益都受损	双方应对合同履行过程中的退税手续等事宜做出明确约定
第四条	双方未约定代理费交付的具体日期、期限，以及以何种结算方式结算，如采用支票、信用卡、现金或其他方式	因为合同中未明确规定，委托方可能迟延履行付费义务，或双方对是否已经履行，何时、以何种方式履行发生争议	双方应约定代理费交付的具体日期、期限，以及以何种结算方式结算，如采用支票、信用卡、现金或其他方式
	双方对代理费的支付形式未约定或约定不明确	价款支付可能不符合受托方的要求，导致双方发生争议，使一方受损	双方应明确约定代理费采取一次总算、一次总付或一次总算、分期支付等

对应条款	风险行为	风险后果	预防策略
第六条	合同中未明确约定货物的名称、规格、数量、质量等相关信息，或约定得过于简单	不便于合同双方对货物进行检验，可能导致错误检验，致使合同双方产生纠纷	合同中应明确约定货物的名称、规格、数量、质量等相关信息，以便于合同双方对货物进行检验
	合同中未明确约定货物的检验标准	未明确约定货物的检验标准，双方使用不同的检验标准进行检验，可能产生争议，致使一方利益受损	合同中应明确约定货物的检验标准，以便于合同双方对货物进行验收
第七条	委托方交付留置金、担保金、保证金、订约金、押金或者定金等，没有约定定金性质	委托方交付留置金、担保金、保证金、订约金、押金或定金等，没有约定定金性质的，当事人主张定金权利的，法院将不予支持	委托方交付定金的，应在合同中写明交付款项的性质是定金
	合同双方约定的定金数额超过主合同标的额20%	合同双方约定的定金数额超过主合同标的额 20%，超过的部分，人民法院不予支持	合同双方约定的定金数额不得超过主合同标的额20%
	合同中未明确约定提供担保方提供担保的金额	提供担保一方违约的，合同相对方无法依合同要求违约方承担保证责任，致使其利益受损	一方提供担保的，应在合同中明确约定提供担保方提供担保的金额
第八条	合同未对受托方是否可以将合同的权利和其他职责转让给第三方作出约定	受托方将合同的权利和其他职责转让给第三方，可能导致合同双方利益受损	合同应对受托方是否可以将合同的权利和其他职责转让给第三方作出约定
第十条	双方的签名不清楚或不正确，当事方是单位的未加盖公章或加盖的公章不清晰难以辨认	一旦因此发生争议，合同主体难以认定，双方各持己见，法院的认定可能不符合一方或双方的意思	签字盖章：双方代表人均应签署清楚无误的签名，代表人所签署的名字必须是本人常用签名
	合同双方忽略书面合同的重要性，未签订正式的书面合同，仅以口头约定方式达成协议	争议发生后，无法证明合同内容的存在，且在任何一方违反合同时，守约方无法提供追究违约方违约责任的依据	合同的形式，是指合同当事人意思表示一致的外在表现形式
	合同中没有说明双方当事人信息。如当事人名称、住所、法定代表人或主要负责人、开户金融机构、账号、电话、邮政编码、签订合同日期及签订合同地点等	由于合同中没有明确的约定，导致产生纠纷时，不能对相关事项有明确的解释，不利于纠纷的解决	合同中应当说明各方当事人信息。为了叙述简便，按照交易习惯，合同一般说明与交易直接相关的双方当事人信息
	双方内部人员超越权限滥用单位公章、签字等与对方履行各项合同事宜，做出了不符合合同内容和己方利益的意思表示	可能导致无权人员履行的各项事宜不符合合同约定，或使己方利益受损，造成合同解除或使己方遭受损失	双方应对各自内部人员的权限做出规定，禁止无权人员滥用单位公章、签字等与履行合同相关的行为

对应条款	风险行为	风险后果	预防策略
第十条	合同对货物的包装方式约定不明或未作约定	没有约定或者约定不明确，应当按照通用的方式包装，没有通用方式的，应当采取足以保护标的物的包装方式，否则受托人可拒绝运输	合同中应当约定货物的包装方式，没有约定或者约定不明确，应当按照通用的方式执行
	合同一方须承担特殊的费用或风险的，未在合同中明确约定	双方就额外风险和费用产生争议	合同一方须承担特殊的费用或风险的，应在合同中明确约定
第十三条	合同中未对应保密事项做出约定	未对应保密事项做出约定，可能造成相对方损失	双方应在合同中约定一方从另一方取得且无法自公开渠道获得的商业秘密
	当事人未明确约定保密期限，或是仅做了笼统的概数而未明确具体的时间段、时间点	由于合同中未约定保密期限，导致保密期限的认定不确定，因此使一方或双方利益受到损害，但无法追究对方责任挽回损失	当事人应约定对合同中的保密事项的具体保密期限，应明确到具体的时间段、时间点
	没有约定保密条款的独立性，当合同撤消、变更、解除或终止后的保密义务没有确定其继续有效	当合同撤消、变更、解除或终止后，一方可能泄露另一方商业、技术秘密使对方受损	双方应在合同中明确约定保密条款的独立性，即不论合同是否变更、解除或终止后的保密义务，并确定其继续有效
	合同双方未明确严格限制知悉商业秘密的人员范围，如未以列举或其他方式具体约定	如未限定人员范围，则对双方的涉密人员没有限制，知悉商业秘密的人员越多，商业秘密被泄露的风险就越大，对双方都可能造成损失	合同双方当事人应在合同中严格限制知悉商业秘密的人员范围。双方可以通过列举的方式做出
第十四条	双方未在合同中约定不可抗力的范围、遭遇不可抗力后的通知办法和证明方法、双方可否因不可抗力解除合同、可否因不可抗力造成的履行问题要求赔偿、在何种情况下解除合同等事项	发生不可抗力后，由于合同中未约定相关事项，双方就是否应赔偿、是否应按期履行等问题发生争议	双方当事人应当明确约定不可抗力的范围、遭遇不可抗力后的通知办法和证明方法、证明材料等
第十五条	双方未在合同中明确约定双方的文件往来与合同有关的通知与要求，如采用书面形式，包括书信、传真、电报、当面送交等方式	通知方式未约定为书面方式，不利于双方的沟通及通知证据的保存	合同双方应在合同中明确约定双方的文件往来应采取何种形式
	双方未明确约定各方有效通信地址以保证通知能顺利到达	不利于双方通信畅通，若发生法律诉讼，也可能因查找不到对方的有效通信地址导致无法起诉	合同当事人应明确约定各方的通信地址，通信地址应为有效地址加邮政编码，以保证通知能顺利到达

续表

对应条款	风险行为	风险后果	预防策略
第十五条	双方未约定一方若变更通信地址，应在变更之日起几日内以书面形式通知对方及未通知对方应承担的责任	一方变更通信地址未通知对方，导致对方损失时，对方无法依据合同约定追究其违约责任	合同双方应约定一方若变更通信地址，应在变更之日起几日内以书面形式通知对方及未通知对方应承担的责任
第十八条	双方未在合同中约定合同未尽事宜的处理办法，也未约定补充协议的效力问题	双方很可能就合同未尽事宜发生争议，由于在合同中未约定处理办法和补充协议的效力，合同履行的过程中很有可能因缺少合同依据而发生纠纷，最后导致一方利益受损	双方当事人应在合同中约定，合同未尽事宜依照有关法律法规执行
第十八条	合同双方未在合同中写明本合同一式几份，各方持有份数	日后因合同发生争议时，如相对方坚持未签订合同，未持有合同一方将因不能出示书面合同证明保护己方利益	双方当事人应在合同中约定合同份数以及持有人的相关情况。如持有人的姓名、持有分数和持有效力等
第十九条	合同未对合同生效日期、有效期限作出详细规定	可能导致合同双方对合同生效日期、有效期限产生争议，致使一方或双方利益受损	合同中应对合同生效日期、有效期限做出详细规定
第十九条	附条件或附期限的货运代理合同，未对所附条件或期限作详细的规定	可能导致合同双方对期限或条件是否成立产生争议，致使一方或双方利益受损	附条件或附期限的货运代理合同，应当对所附条件或期限作详细的规定，尽量避免模糊的叙述

【任务实施】

学生可以团队为单位，参照货运代理合同的完整内容，草拟一个货运代理服务协议，并在团队间相互审阅，找出存在的潜在风险，并进行修订，最终由任课教师进行评定。

【知识链接】

一、货代企业的法律责任

（一）基本责任

不论作为直接代理人还是间接代理人，都应按照委托代理协议在其代理权限内完成其所含职责，并签发相应单据，如实汇报一切重要事项。在委托办理业务中向委托方提供的情况、资料必须真实并负保密义务，如有任何隐瞒或提供的资料不实造成的损失，委托方有权向货运代理人追索并撤消代理合同或协议。货运代理过程中所得到的资料不得向第三者泄露，也不得将代理权转让与他人。

（二）责任期限

从接收货物时开始至目的地将货物交给收货人为止，或根据指示将货物置于收货人指示的地点业已作为完成并已履行合同中规定的交货义务。

（三）合同责任

国际货运代理人应对自己因没有执行合同所造成的货物损失负赔偿责任。在直接代理的海上货代合同纠纷中，货代企业一般根据经济合同法或民法通则对托运人承担法律责任。而在间接代理的海上货运合同纠纷中，货代企业作为无船承运人或多式联运经营人，有权对违约或侵权提出赔偿责任和责任限额的抗辩。

在直接代理的海上货代合同纠纷中，货代企业作为代理人与被代理人托运人之间解决纠纷的诉讼时效为两年；在间接代理的海上货代合同纠纷中，货代企业作为无船承运人或多式联运经营人与托运人、实际承运人或二程承运人之间解决纠纷的诉讼时效，依据海商法的规定和 1997 年 8 月 5 日最高人民法院的批复为一年，且撤回起诉、撤回仲裁或者起诉被裁定驳回的，时效不中断。

（四）仓储责任

货代在接受货物准备仓储时，应在收到货后给委托方收据或仓库证明，并在货物仓储期间尽其职责，根据货物的特性和包装，选择不同的储存方式。

（五）权利

委托方应支付给货运代理人因货物的运送、保管、投保、保关、签证、办理单据等，以及为其提供其他服务而引起的一切费用，同时还因支付由于货运代理人不能控制的原因致使合同无法履行而产生的其他费用。例如，货物灭失或损坏系属于保险人承包范围之内，货运代理人赔偿后，从货物所有人那里取得代位求偿权，从其他责任人那里得到补偿或偿还。当货运代理人对货物全部赔偿后，有关货物的所有权便转为货运代理人所有。

（六）除外责任

（1）由于委托方的疏忽或过失。

（2）由于委托方或其他代理人在装卸、仓储或其他作业过程中的过失。

（3）由于货物的自然特性或潜在缺陷。

（4）由于货物的包装不牢固、标志不清。

（5）由于货物送达地址不清、不完整、不准确。

（6）由于对货物内容申述不清楚、不完整。

（7）由于不可抗力、自然灾害、意外原因。

但如能证明货物的灭失或损害是由货运代理人过失或疏忽所致，货代对该货物的灭失、损害应负赔偿责任。

（七）货运代理的赔偿责任

国际货运代理协会一般条款还规定的赔偿原则有两个方面：一是赔偿责任原则；二是赔偿责任限制。前者是指收货人在收到货物发现货物灭失或损害，并能证明该灭失或损害是由货运代理人过失造成，即向货代提出索赔，一般情况下，索赔通知的提出不超过货到后 60 天，否则，就作为货代已完成交货义务。赔偿责任限制（Limits of Liability）是指运输中发生货损货差，承运人应承担的最高赔偿额。从现有的国际公约看，有的采用单一标准的赔偿方法，有的采用双重标准的赔偿方法，对国际货运代理人的赔偿方法也应同样如此，但实际做法不一，差异较大。

二、合同纠纷的调解方式

货代合同的一般纠纷，大多采取协商的解决方式，赔偿形式也多以经济赔偿的形式出现。

当然，在协商和调解无效的情况下，也可以采取向法院起诉和申请仲裁机构审理两种方法解决纠纷。仲裁指争议双方在争议发生前或争议发生后达成协议，自愿将争议交给第三者作出裁决，双方有义务执行的一种解决争议的方法。仲裁机构和法院不同。法院行使国家所赋予的审判权，向法院起诉不需要双方当事人在诉讼前达成协议，只要一方当事人向有审判管辖权的法院起诉，经法院受理后，另一方必须应诉。仲裁机构通常是民间团体的性质，其受理案件的管辖权来自双方协议，没有协议就无权受理。在我国只能采取机构仲裁的方式，而不能进行临时仲裁。仲裁法明确规定，仲裁庭在做出裁决前，可以先行调解。当事人自愿调解的，仲裁庭应当调解。调解不成，仲裁庭应及时做出裁决。调解达成协议的，仲裁庭应当制作调解书或者根据协议的结果制作裁决书。调解书与裁决书具有同等法律效力。这表明仲裁程序和调解程序的有机结合是我国仲裁的显著特点。

在实际业务中，有"或仲或诉，一裁终局"的说法，及申请仲裁即丧失了申请诉讼的权力，而仲裁是终局性的，不能像诉讼一样提请二审，但由于仲裁的手续简便且可以适用国际法律，所以是商务领域常用的争端解决方式。

综合技能实训

【实训任务背景】

A 公司为我国一级货代企业，拥有国内外代理数家，具有完备的代理网络，可承办国际海运空运、进出口货物的运输代理业务，包括订舱、整柜拼箱、报关，报验及内陆运输一条龙服务，与各大班轮公司有着良好的合作关系。在中东、日本、地中海西、中南美航线及世界各大港口的海运空运价格有明显的优势。

日前，该公司与 T 进出口公司签署了一项货运代理协议，承揽 T 公司自中南美进口可可豆到中国的境外及境内运输代理业务，为期一年，代理协议如下，请仔细阅读学习其所含内容并判断哪些内容对于货代企业的业务操作是至关重要的。

货物运输委托代理协议

委托方：　上海市 T 进出口公司　　　　　　（以下简称"甲方"）

受托方：　上海市 A 国际货运代理有限公司（以下简称"乙方"）

甲、乙双方为更好地开展海运进出口业务，双方经友好协商，根据《中华人民共和国合同法》和《中华人民共和国海商法》等法规的有关规定，现甲方委托乙方作为其代理人代理货物出口的配舱、装船、进栈、报关等一系列货运代理工作，达成如下协议，以便共同遵守。

一、甲、乙双方均持有有效营业执照，并且严格按照营业执照中的营业范围开展业务。由于甲方的违法经营行为给乙方所造成的一切损失与不利后果，甲方应当承担赔偿责任。

二、甲方同意将其自墨西哥进口可可豆的运输及分拨业务委托乙方代理安排。代理内容包括：乙方需负责自墨西哥马萨特兰港（Port of Mazatlan）至上海的进口远洋运输每月一班；需负责上海至 T 公司位于昆山的食品加工企业客户 C1、C2、C3 的国内陆路分拨运输；需负责运输期间的货物中转、仓储、配送等业务，集装箱的租赁与周转，以及报关、报验等"一揽子"服务。

三、订舱时，甲方应正确填写由乙方提供的规定格式的订舱委托书，并加盖公章或订舱专用章以书面的形式传真或派人送交乙方，保证委托书内容的完整性，其中应当包括但不限于所托运货物的件数、重量、体积、目的港、装船日期、货物品名（中英文品名）。甲方对于在装卸、储存、保管或运输中有特殊要求的货物应在委托书中明确提出并随附相关文件。如果委托书内容未注明，由此可能产生的一切风险、责任和费用均由甲方承担。同时，甲方需于委托书上注明本协议编号，以免丧失协议内容之权利。

四、订舱内容要求更改或取消时，甲方必须最迟于货物装入集装箱的当天以书面形式通知乙方，并与乙方的相关操作人员书面确认，并承担由此产生的一切风险和额外费用；若货物已进港或已离港，则乙方有权视情况决定拒绝更改。

五、甲方应当保证每月向乙方委托出口运输业务量不少于 4 TEU。乙方及时向甲方提供有关承运人的船期及运价变动信息。

六、甲方同意按以下方式确认费用，本协议运价（由 A 公司代收代付承运人，费用由运费和佣金组成）可根据市场价格的变动作相应调整，经双方确认后生效。乙方为甲方垫付的额外费用实报实销。

乙方在甲方保证上述委托运输业务量的前提下，乙方按下述优惠价向甲方结算普通干货箱包干定额费：

海运费：人民币 6800 元/40'；订舱费人民币 200 元/票；陆运费：人民币 2800 元/40'；报关费：人民币 50 元/票；报检费：人民币 50 元/票；其他费用：港口费、杂费等按时价发生计收。（注：每票限一张报关单。如因报关内容较多需增加报关单，每张报关单增收计算机预录费人民币 20 元，报关后退关收人民币 50 元。如甲方得到船公司的确认价（应随附优惠协议号或确认件），可按确认价执行。

七、费用结算

1. 经甲方要求，乙方同意按以下第 C 种方式结算运费：

A. 费用按航次结算，只有在甲方付清所有费用后，乙方才交付提单。

B. 甲方于船开后_____天内，将所发生的费用支付给乙方。

C. 采用月结的形式，甲方垫付人民币 10000 元作押金，每月 15 日结清上月乙方已垫付的费用。

2. 经双方协议按以下第 A 种方式支付费用：

A. 现金支票的付款方式。

B. 电汇，并及时把银行汇款水单复印件送交给乙方。

C. 采取同城托收无承付的办法结算外汇海洋运费，双方另签订外汇同城托收无承付结算协议。

3. 在甲方按时付款情况下，乙方按海洋运费 2%的比例退订舱佣金给甲方，确认或协议净价的除外。

4. 甲方应当及时确认乙方之结算清单,若于收到结算单后 7 日内未予书面回复确认的,视为对于费用之确认。

八、甲方付清上述费用和报酬,乙方应及时将海关退还的核销单、退税单等有关单证交付甲方。

九、甲方应当按照乙方提供的费率或者其他计费依据向乙方支付应由甲方承担的费用和报酬,双方另有约定的除外。

甲方必须按照约定准时、足额支付全部费用,不得以任何理由拖欠任何基于本协议下业务所产生的费用。若甲方拖欠费用,则乙方有权采取以下措施维护自身权益,而由此所产生的一切风险、费用、责任均由甲方承担。乙方有权选择以下任何一种或数种方式:

(1)暂停一切本协议下业务的操作,直至费用付清。

(2)可以延迟签发包括提单等运输单证,直至费用付清。

(3)解除合同并要求甲方承担乙方因此所遭受的一切直接与间接损失。

(4)有权滞留本协议下业务中所产生的单证,包括但不限于提单、外汇核销单等单证。

(5)有权于所签发的当次提单上加以相应批注。

(6)通知目的港代理延缓交付货物。

同时,甲方对于拖欠之费用应当向乙方支付日万分之五的利息。甲方授权乙方代领提单或者其他类似权利凭证,视为甲方同意将上述凭证出质于乙方作为其应当承担的费用和报酬的担保。甲方应当保证其具有合同的出质权利。由于甲方出质不当造成第三人损失的,由甲方负责赔偿。

十、乙方在收到船公司或其代理《配舱回单》后,应及时将订舱配载的船名、航次、关单号、运价等信息告知甲方(双方同意以乙方附于《订舱确认书》的传真报告作为已告知的最终证据),甲方如有异议,应在收到乙方《订舱确认书》后一日内书面提出,否则视为同意。

十一、甲方委托乙方代理报关、报验,应在乙方要求的时间之前,根据不同货物的性质和各有关部门的监管或检验规定,应提供所必需的有关文件,依贸易性质不同可包括合同、发票、商检证书、许可证、核销文件、报关单、手册、装箱单及有关批文等,并对其内容的真实性和一致性负责。

十二、甲方委托乙方代办货物装箱的,甲方应当及时送货至指定地点交乙方委托的装箱人装箱,并事先告知有关货物的详细状况;甲方自行监装的,则因装箱不当所产生的风险和责任由甲方自行承担。

十三、由于不可抗力事故,致使直接影响合同的履行或者不能按约定的条件履行时,遇有不可抗力事故的一方,应立即将事故情况以书面形式通知对方,并应在 60 天内,提供事故详情及合同不能履行、或者部分不能履行、或者需要延期履行的理由的有效证明文件,此项证明文件应由事故发生地区的有权机构出具。按照事故对履行合同影响的程度,由双方协商是否解除合同,或者部分免除履行合同的责任,或者延期履行合同。

十四、因甲乙双方中一方的原因导致合同预期利益不能实现,无责任方有权以书面形式通知解除本合同,同时有权要求过错方承担违约责任。

十五、因本协议项下委托所产生的任何争议,双方应友好协商解决;无法协商或协商不成的,双方同意提交乙方所在地的海事法院审理。

十六、本协议自双方授权的如下代表签字盖章之日起生效，有效期一年，到期双方无异议则自动顺延一年，本协议一式四份，双方各持二份，具有同等效力。

甲方名称（盖章）：上海市 T 进出口公司　　乙方名称（盖章）：上海市 A 国际货代有限公司
甲方地址：上海市徐汇区蒲西路 XX 号　　　乙方地址：上海市黄浦区九江路 XX 号
外币账号：XXXXXXXX　　　　　　　　　外币账号：XXXXXXXX
人民币账号：XXXXXXXX　　　　　　　　人民币账号：XXXXXXXX
2009 年 1 月 6 日　　　　　　　　　　2009 年 1 月 6 日

两公司在合同存续期间的一票业务出现了纠纷，案情如下：

T 进出口公司从国外进口可可豆 150 公吨，计 3000 包，6 个 40 英尺集装箱。A 公司遂向 ZIM 公司订舱，并委托其在墨西哥的代理人 F 公司在出口地办理了运输、保险、报关、报检和运输集港的业务，并将全套清洁运输与通关单据转至 A 公司，该票货物由 "ZIM GAINT" 轮于 2 月 16 日运至上海，卸于九区，堆放在露天场地，下垫木板和草席，上盖双层油布。A 公司于 2 月 18 日办理该票货物的进口报关、报检，代垫了运费、杂费和通关税费等，并委托 R 运输公司以公路运输至 C1、C2、C3 加工厂各 2 集装箱的业务。在上述环节中均未出现异常，但货到 C2 工厂后，在交接中发现集装箱内可可豆已发霉变质，工厂拒绝收货，并要求 T 公司赔偿生产停滞的损失。T 公司经核查商品在墨西哥出厂时密封包装，并有出关前检验证书，因此推断应是运输中保管不当所致，遂拒绝赔偿，要求其向 A 货代公司索赔，并告知 A 公司，若不赔付此项损失，就不对 A 公司本月所代垫的运输、税费、杂费等进行结算。A 公司认为在运输途中严格按照 T 公司的委托指示尽到代理义务，货物损失并不是其责任范围，如是在运输过程中产生损失也是船方或陆路运输方在运输中未尽到保管义务所致，也拒绝赔偿，三方僵持不下。

【实训任务要求】

货代企业与货主之间的关系，通常用委托运输协议或合同来确定，一般情况下的运输代理协议所含内容如【任务引入】中的合同所示。货代企业与承运人之间的关系，通常以租船、订舱合同或协议确定，本任务主要划清三者间的业务关系和承担的责任。

通过阅读合同可知，A、T 双方为委托代理关系，A 公司为 T 公司提供一揽子全程代理服务，送货交接的过程中才发现货物损失，并无法提供有力的损失证书，这时要解决此问题，就要首先搞清楚 A 公司的代理范围和权限有哪些，A、T 双方的代理关系是直接代理还是间接代理，A 公司作为货代企业，她的代理责任是怎样的，赔偿责任有哪些。

请分析总结上述合同内容所含的委托双方（即 A 公司与 T 公司）各应承担的权利、义务与责任。同时分析案情纠纷中，作为 A 公司的客服部处理纠纷的工作人员，应如何处理此事？

项目三　运输方案的制定

【项目目标】

1. 能选择合适的运输方式
2. 能制定合理的运输路线
3. 能制定完整合理的运输方案

【项目技能要求】

1. 熟知各种运输方式及其优缺点
2. 掌握制定运输路线的基本方法并能够对路线进行合理优化
3. 掌握运输方案制定的方法和技巧

任务一　运输方式的选择

【任务引入】

W 物流公司接受山西太原 A 安防设备有限公司的委托,完成该公司与非洲阿尔及尔 B 公司达成的安防设备运输业务,交易内容:30000 套（2kg/套）,规格:（20cm×30cm×22cm）,价格 CNY5000/套,交易即日起每两个月完成一次物流过程。根据该交易的内容设置合理的运输方式完成 A 与 B 之间的运输要求。

【任务分析】

作为 W 物流公司应该合理为客户设计运输方式,并安全将货物到期送达目的地。

该任务需要熟知各种运输工具的运营特点,并根据运输物品的性质、数量选择合理的运输方式,完成太原到阿尔及尔之间的运输过程。

【必备知识】

一、江海运输

（一）江海运输概念、特点及分类

江海运输是指利用船舶及其他航运工具,在江、河、湖、海及人工水道上运送旅客和货物的一种运输方式。

江海运输充分研究水上运输的技术经济特点,有利于明确水上运输的适应范围及其在综合运输体系中的地位,以便更有效地利用水上运输资源,实现资源利用的高效化。江海运输的优点如下:

（1）运输能力大。船舶可供作货物运输的舱位及装载量庞大，以石油运输为例，现有超大型油轮，其每次运载的原油数量可以高达 56 万吨。

（2）在运输条件良好的航道，船舶的通过能力几乎不受限制，通过江、河、湖、海及人工水道，将内陆经济腹地与世界联通。

（3）江海运输通用性能也不错，可以运输各种货物。江海运输的主要货物，以煤炭及其制品、石油天然气及其制品、矿石、建筑材料、粮食和钢铁材料为主。特别适用于大宗货物的运输。

（4）初期建设投资少。江海运输可利用天然水道，除必须投资的各种船舶、港口设施外，沿海航道几乎不需投资。另外，水运航道几乎不占用土地，节约了国家的土地资源。

（5）运输成本低。江海运输在所有运输方式中是最为便宜的运输方式。运输 1t 货物至同样的距离，水运油漆是海运所消耗的能源最少。水运的运输成本为铁路运输的 1/20～1/25，为公路运输的 1/100。

（6）续航能力大。一搜大型船舶出航，所携带的燃料、食物和淡水可以历时数十日，这是其他运输方式无法比拟的。

但是江海运输也存在不少缺点具体如下：

（1）运输速度较慢。船舶的平均航速较低，一般为 15～50km/h。在运输途中时间长，会增加货主的流动资金占有量。

（2）受气候和商港的限制，可及性较低。江海运输生产过程由于受自然条件影响较大，特别是受气候、季节条件的影响较大，船舶遇暴风雨需及时躲避以防损害，遇枯水季节无法通行，因此呈现较大的波动性和不平衡性。江海运输受河流通航条件及海岸和港口条件的限制，其普遍性不如公路、铁路运输。此外，江海运输过程往往需要公路、铁路运输系统的配合才能完成。

（3）船舶投资和港口建设投资巨大。航运公司订造或购买船舶需要花费大量的资金，回收期较长，且船舶一般没有移作其他用途的可能。港口基础设施的修建费用巨大，船舶大型化和装卸自动化趋势使港口设施建设的投资费用进一步提高。

江海运输按船舶的航行区域，一般可以分为内河、沿海、近海和远洋运输 4 大类。

（1）沿海运输。这是使用船舶通过大陆附近沿海航道运送客、货的一种方式，一般使用中、小型船舶。

（2）近海运输。这是使用船舶通过大陆邻近国家海上航道运送客、货的一种运输形式，视航程可使用中型船舶，也可使用小型船舶。

（3）远洋运输。这是使用船舶跨大洋的长途运输形式，主要依靠运量大的大型船舶。

（4）内河运输。这是使用船舶在陆地内的江、河、湖、川等水道进行运输的一种方式，主要使用中、小型船舶。

江海运输按照贸易种类，可分为外贸运输和内贸运输两大类。外贸运输是指本国与其他国家和地区之间的贸易运输；内贸运输是指本国内部各地区之间的贸易运输。内河运输一般以内贸运输为主，但如果是流经数国的河流，如欧洲的多瑙河、莱茵河等，这种河流上也存在外贸运输。沿海运输以内贸运输为主，远洋运输以外贸运输居多。

江海运输按照运输对象不同，可以分为旅客运输和货物运输两大类。旅客运输有单一客运和货运兼运之分；货物运输按货类分，有散货运输和杂货运输两类。散货运输指无包装的大宗货物，如石油、煤炭、粮食等的运输；杂货运输是指批量小、件数多、货较零星的货物运输。

江海运输按照船舶营运组织形式，可以分为定期船运输、不定期船运输和专用船运输。定期船运输是指选配适合具体营运条件的船舶，在规定的航线上，定期停靠若干固定港口的运输；不定期船运输是指船舶的运行，没有固定的航线，按运输任务或按租船合同所组织的运输；专用船运输是指企业自置或租赁船舶从事本企业自有物资的运输。

（二）班轮运输概念、分类及经营特点

班轮运输（Liner Shipping）也称定期船运输，是指班轮公司将船舶按事先制定的船期表，在特定航线的各既定挂靠港口之间，经常地为非特定的众多货主提供规则的、反复的货物运输服务，并将运价表（Tariff）或协议运价的规定计收运费的一种运营方式。

班轮运输主要分为杂货班轮运输和集装箱班轮运输。

1. 杂货班轮运输

杂货班轮运输的货物以杂件为主，还可以运输一些散货、重大件等特殊货物。

2. 集装箱班轮运输

20 世纪 60 年代后期，随着集装箱运输的发展，班轮运输中出现了以集装箱为运输单元的集装箱班轮运输方式。由于集装箱运输具有运送速度快、装卸方便、机械化程度高、作业效率高、便于开展联运等优点，到 20 世纪 90 年代后期，集装箱班轮运输已逐步取代了传统的杂货班轮运输。

对货主而言，集装箱班轮运输除了具有与杂货班轮运输相似的优点外，在运输速度、货运质量等方面更具有优势。但是，目前大多数班轮公司不接小批量的拼箱货，因此需要集拼经营人来安排小批量的拼箱货运输。

班轮运输经营特点如下：

（1）"四固定"。即固定船期、固定航线、固定港口和相对固定的运费率，利于货主掌握船期，核算运输费用，组织货源，促进出口成交。

（2）"一负责"。即船方负责装卸，运费内已包括装卸费。班轮公司与托运人之间一般不计滞期费和速遣费，而是按港口习惯快速装卸。

（3）班轮公司和货主双方的权利、义务和责任豁免均以班轮公司签发的提单条款为依据。

（4）同一航线上的船型相似并保持一定的航班密度，这可保证商品既不脱销，又不集中到货，适应均衡供应市场的需要，使商品能卖到相对合理的价格。

（5）各类货物多少都可接受。既接运一般货物，又接运冷冻易腐、散装、液体、危险品之类的货物；既接运大宗货物，又接运零星货物。

（三）租船运输概念、分类及经营特点

租船运输（Carriage of Goods by Chartering）是相对于班轮运输的另一种海上运输方式，其既没有固定的船舶班期，也没有固定的航线和挂靠港，船期、航线及港口均按租船人和船东双方签订的租船合同规定的条款行事。也就是说，根据租船合同，船东将船舶出租给租船人使用，以完成特定的货运任务，并按商定运价收取运费。

在租船运营方式方面，由于承租人所要运输的货物可能是一次性的、单向的，也可能是长期的、往返的，此外承租人有时并不是要运输自己的货物，而是租用一条船舶，进行揽货运输，这样就带来了在租船市场上的租船运输方式的多样性。目前，航运业主要的租船运输经营方式有航次租船、定期租船、光船租船等基本形式，其中最基本的租船运输的运营方式是具有运输承揽性质的航次租船。

1. 航次租船

航次租船又称"航程租船"，是指由船舶所有人向承租人提供船舶或船舶的部分舱位，在指定的港口之间进行单向或往返的一个航次或几个航次用以运输指定货物的租船运输方式。它是市场上最活跃、最普遍的一种租船方式，对运费水平的波动最为敏感。在国际现货市场上成交的绝大多数货物，通常都是通过航次租船方式运输的。

航次租船主要根据承运人对货物运输的需要，而采取不同的航次数来约定航次租船合同，分为以下几种形式：

（1）单航次租船（Single Voyage Charter）。这是仅仅洽租一个单程航次的租船方式。船东负责将指定的货物从起运港运抵目的港，卸货完毕，合同即告终止。航次租船中以单航次租船为多。

（2）往返航次租船（Return Voyage Charter）。这是洽租一个往返航次的租船方式，即所租船舶完成一个单航次后，又在原卸货港或其附近港口装货运往原装货港，卸完货后合同即告终止。从实质上讲，一个往返航次租船包括两个单航次租船。由于很少有货主可以保证往返航程上均有货载，所以这种租船方式主要用于一个货主只有去程货载，而另一个货主有回程货载时，两个货主联合起来向船舶所有人按往返航次租赁船舶。这种情况下，因为船东在回程货载上有保证，可避免回程空航，在运价方面承租人可获得一定的优惠。但因货物流向及船舶适宜货载等因素，对承租人来说，回程货一般不易找到，因此这种往返航次租船很少见。

（3）连续单航次租船（Consecutive Single Voyage Charter）。即用一条船连续完成同一去向的、若干相同的承租航次，中途不能中断，一程运货，另一程放空，船方沿线不能揽载。这种运输方式主要应用于某些货主拥有数量较大的货载，一个航次难以运完的情况下。

（4）连续往返航次租船（Consecutive Return Voyage Charter）。即被租船舶在相同两港之间连续完成两个以上往返航次运输后，合同即告终止。由于货方很难同时拥有较大数量的往程和回程的货载，这种运输方式在实务中较少出现。

（5）包运租船（Contract of Affreightment，COA）。这是指船东向承租人提供一定吨位的运力，在确定的港口之间，按事先约定的时间、航次周期和每航次较为均等的运量，完成合同规定的全部货运量的租船方式。也就是说，在规定的时间内，用若干条船运完包运合同规定的货物数量。

租船运输的特点如下：

（1）适合运输低值的大宗货物，如粮食、煤炭、矿砂、化肥、石油、木材和水泥等，而且一般是租用整船装运。据统计，在国际海洋货物运输中，租船运输量约占 80%。因此，租船运输在海洋运输中发挥着重要作用。

（2）租船运输无固定航线、固定装卸港和航期，而是根据货主的货运需要和船舶所有人供船的可能，由双方洽商租船运输条件，并以租船合同的形式加以肯定，作为双方权利和义务关系的依据。

（3）租船运价受租船市场供需关系的影响，船多货少时运价就低，反之就高，它与商品市场的价格一样经常发生变动。因此，在进行租船时必须进行租船市场行情的调查和研究。

2. 定期租船

定期租船，简称期租，是指有船东将特定的船舶，按照租船合同的约定，在约定期间内租给承租人使用的一种租船方式。这种租船方式以约定的使用期限为船舶租期，而不以完成航次数多少来计算。租期可长可短，短则几个月，长达几年以上，甚至到船舶报废为止。

定期租船中有一种特殊的方式为航次期租，又称为日租租船（Daily Charter）。其特点是没有明显的租期期限，而只确定了特定的航次。这种方式以完成航次运输为目的，按实际租用天数和约定的日租金率计算租金，费用和风险则按期租方式处理。这种方式减少了船东因各种原因所造成的航次时间延长所带来的船期损失，而将风险转嫁给了承租人。它是定期租船方式，只不过租期的时间以完成一个航次为限。合同格式采用期租格式。

定期租船的特点如下：

（1）船东负责配备船员，并负担其工资和伙食费等。

（2）承租人在船舶营运方面拥有包括船长在内的船员指挥权，否则有权要求船东予以撤换。

（3）承租人负责船舶的营运调度，并负担船舶营运中的可变费用，包括燃料费、港口使用费、引水费、货物装卸费等。

（4）船东负担船舶营运的固定费用，包括船舶资本的有关费用、船用物料费、润滑油费、船舶保险费、船舶维修保养费等。

（5）船舶租赁以整船出租，租金按船舶的载重吨、租期及商定的租金率计收。

（6）租约中往往定有有关交船和还船及停租的规定。

3. 光船租船

光船租船实际上是期租的一种派生租船方式，所不同的是，船东只提供一艘光船，船上没有船员，租船人接船后尚需自行配备船员，负责船舶的经营管理和航行的各项事宜。

光船租船中有一种特定的方式称为光船租购（Lease Purchase），其特点是在光船租船合同中规定"购买选择权租赁条件"。在这种条件下，承租人在租赁合同规定的租期届满时，享有购买该船舶的选择权。附带有这种条件的光船租船合同中，通常对租期届满时的船舶价格事先确定，并规定这一船价在租期内平均分摊，与按期支付的租金一并缴纳。这是一种分期购买船舶的方法，它对于那些缺乏租购资金一次性造、买船的承租人来说，是一种获得运力的机会，也是较容易获得银行贷款的有效手段。

光船租船的特点如下：

（1）船东提供一艘适航空船，不负责船舶的运输。

（2）承租人配备全部船员，任命船长，并负担船员的工资及伙食费等。

（3）承租人负责船舶调度与营运安排，并负责一切营运费用。

（4）以整船出租，租金按船舶的载重吨、租期及商定的租金率计算。

（5）船舶的占有权从船舶交予承租人使用时起转移至承租人。

（6）在租船合同中说明由船舶所有人或由承租人负担船舶保险费。

（四）江海运输中涉及的机力、设备简述

江海运输设施包括港口及航道。港口是具有水陆联运设备和条件，供船舶安全进出和停泊的运输枢纽，是水陆交通的集结点和枢纽，工农业产品和外贸进出口物资的集散地，船舶停泊、装卸货物、上下旅客、补充给养的场所。由于港口是联系内陆腹地和海洋运输的一个

天然界面，因此人们也把港口作为国际物流的一个特殊节点。

港口按其基本功能分为以下几种：

（1）综合性商港。指供商船出入，为国内外贸易服务和客货运输的港口，如中国的上海港、天津港，德国的汉堡港，日本的神户港等都属于这类港口。

（2）专业港。指以单一货物的运输为主，为大型工矿企业运输原材料或制成品。如我国秦皇岛煤码头、宁波北仑港等都属于这类港口。

（3）渔港。指专供渔船停泊补给和修理的基地，如中国的旅顺港、日本的横须贺港都属于这种港口。

（4）避风港。指供船舶在航运途中躲避风暴之用，具有良好的天然地势，如琉球的奄美大岛、日本九州的六连岛。

航道是指在内河、湖泊、港湾等水域内供船舶安全航行的通道，由可通航水域、助航设施和水域条件组成。按形成原因分天然航道和人工航道，按使用性质分专用航道和公用航道，按管理归属分国家航道和地方航道。

江海运输机力主要包括船、驳、舟、筏等。船与驳是现代江海运输工具的核心。船一般装有原动机，有动力驱动装置，而驳一般是没有动力驱动装置的。船舶按照用途主要分为以下几种：

（1）干散货船。指用以装载无包装的大宗货物的船舶。依所装货物的种类不同，又可分为粮谷船、煤船和矿砂船。这种船大都为单甲板，舱内不设支柱，但设有隔板，用以防止在风浪中运行的舱内货物错位，又称散装货船，专用于运送煤炭、矿砂、谷物、化肥、水泥、钢铁等散装物资，目前其数量仅次于油船。

（2）杂货船。指载运各种包装或成件货物的运输船舶。杂货船应用广泛，在世界商船队中吨位总数居首位。在内陆水域中航行的杂货船吨位有数百吨、上千吨，而在远洋运输中的杂货船可达 2 万吨以上。杂货船通常据货源具体情况及货运需要航行于各港口，设有固定的船期和航线。杂货船有较强的纵向结构，船体的底多为双层结构，船首和船尾设有前、后尖舱，平时可用作储存淡水或装载压舱水以调节船舶纵倾，受碰撞时可防止海水进入大舱，起到安全作用。专用载运大件货、集装箱、件杂货及某些散货，现代新建杂货船常设计成多用途船。

（3）冷藏船。指使鱼、肉、水果、蔬菜等易腐食品处于冻结状态或某种低温条件下进行载运的专用运输船舶。因受货运批量限制，冷藏船吨位不大，通常为数百吨到数千吨。冷藏船的货舱为冷藏舱，常隔成若干个舱室。每个舱室是一个独立的封闭的装货空间。舱壁、舱门均为气密，并覆盖有泡沫塑料、铝板聚合物等隔热材料，使相邻舱室互不导热，以满足不同货种对温度的不同要求。冷藏舱的上下层甲板之间或甲板和舱底之间的高度较其他货船的小，以防货物堆积过高而压坏下层货物。近年来，为提高冷藏船的利用率，出现一种能兼运汽车、集装箱和其他杂货的多用途冷藏船，吨位可达 2 万吨左右。冷藏船航速高于一般货船，万吨级多用途冷藏船的航速每小时超过 20 海里。

（4）木材船。指专门用以装载木材或原木的船舶。这种船舱口大，舱内无梁柱及其他妨碍装卸的设备。船舱及甲板上均可装载木材。为防甲板上的木材被海浪冲出舷外，在船舷两侧一般设置不低于 1m 的舷墙。

（5）油船。广义上讲，是指散装运输各种油类的船。除运输石油外，装运石油的成品油，各种动植物油、液态的天然气和石油气等。但是，通常所称的油船，多数是指运输原油的船。而装运成品油的船，称为成品油船。装运液态的天然气和石油气的船，称为液化气体船。油轮的载重量越大，运输成本越低。由于石油货源充足，装卸速度快，并且可以通过铺设在海上的石油管道来装卸，所以大型原油船可以不用靠码头，而只需要系浮筒来进行装卸作业。因为没有对码头水深的要求，所以油船可以建造得很大。近海油船的总载重量为 30000t 左右；近洋油船的总载重量为 60000t 左右；远洋的大油轮的总载重量为 20 万 t 左右；超级油轮的总载重量为 30 万 t 以上。最大的油轮已达到 56 万 t。以前油船都是单甲板、单底结构。因为货舱范围内破损后，货油浮在水面上，舱内不至于大量进水，故油船除了在机舱区域内设置双层底以外，货油舱区域一般不设置双层底。现在为了防止和减少油轮发生海损事故造成的污染，国际海事组织已经要求大型油轮必须设置双层底或双层船壳。现在新造的大型油轮均是双壳结构，大大减少了大型油轮的油污事故。

（6）集装箱船。装载集装箱的专用船舶，是用于集装箱运输的货运船舶。集装箱船可分为全集装箱船和半集装箱船两种，它的结构和形状跟常规货船有明显不同。它外形狭长，单甲板，上甲板平直，货舱口达船宽的 70%～80%，上层建筑位于船尾或中部靠后，以让出更多的甲板堆放集装箱，甲板堆放 2～4 层，舱内可堆放 3～9 层集装箱。集装箱船装卸速度快，停港时间短，大多采用高航速，通常为每小时 20～23 海里。近年来为了节能，一般采用经济航速，每小时 18 海里左右。在沿海短途航行的集装箱船，航速每小时仅 10 海里左右。近年来，美国、英国、日本等国进出口的杂货有 70%～90% 使用集装箱运输。

（7）滚装船。主要用来运送汽车和集装箱。这种船本身无须装卸设备，一般在船侧或船的首、尾有开口斜坡连接码头，装卸货物时，汽车或集装箱（装在拖车上的）直接开进或开出船舱。这种船的优点是不依赖码头上的装卸设备，装卸速度快，可加速船舶周转。

（8）液化气船。专门运输液化气体的船舶。所运输的液化气体有液化石油气、液化天然气、氨水、乙烯、液氯等。这些液货的沸点低，多为易燃、易爆的危险品，有的还有剧毒和强腐蚀性。因此液化气运输船货舱结构复杂，造价高昂。

（9）载驳船。载运货驳的运输船舶，又称子母船。载驳船用于河海联运。其作业过程是先将驳船（为尺度统一的船，又称为子船）装上货物，再将驳船装上载驳船（又称母船），运至目的港后，将驳船卸下水域，由内河推船分送至目的港装卸货物并待另一次运输。载驳船的优点是不需码头和堆场，装卸效率高，停泊时间短，便于河海联运。其缺点是造价高，需配备多套驳船以便周转，需要泊稳条件好的宽敞水域作业，且适宜于货源比较稳定的河海联运航线。因此，虽然早在 1963 年美国就建造了第一艘载驳船，但未得到很大发展。

二、航空运输

（一）航空运输概念及特点

航空运输是一种快捷的现代运输方式，采用商用飞机运输货物的商业活动，是目前国际与国内货物运输中一种安全、快捷的运输方式。

航空运输的特点如下：

（1）运达速度快。航空货运使用的运达工具是飞机，飞机的飞行时速为 600～800km，比其他交通工具快得多。适应于鲜活易腐和季节性商品的运达。

（2）空间跨度大。在有限的时间里，飞机的空间跨度是最大的。通常，从中国到美国西海岸，采用海运方式需要半个月的时间，而空运通常只需 13h 左右，这对于某些货物的运输是非常大的优点。

（3）破损率低，安全性好。由于空运货物本身价格比较高，与其他运输方式相比，航空货运的地面操作流程的环节比较严格，从而货物破损的情况大大减少；货物装上飞机之后，在空中也不易导致损坏，因此整个航空货物运输环节中货物的破损率低，安全性好。

（4）可节省生产企业的相关费用。由于航空运输的快捷性，可加快生产企业商品的流通速度，从而节省产品的仓储费用、保险费和利息支出等；另外，产品的流通速度加快，可以提高资金的周转速度和利用率。

（5）运价比较高。由于航空货运的技术要求高、运输成本大等原因，其运价相对来说比较高。因此对于货物价值比较低，时间要求不严格的货物，通常会采用非航空货运的其他运输方式。

（6）载量有限。由于飞机本身的载重容积的限制，通常航空货运的货量相对海运来说少得多。

（7）易受天气影响。航空运输受天气的影响非常大，如遇到恶劣天气，航班不能得到有效保证，因此对航空货运造成比较大的影响。

可见，航空货运既有优势，也有劣势，需要代理在实际操作中充分发挥航空货运的优势，克服其劣势，以保证航空货运在经济发展中的作用。

（二）航运货物运输的经营类别

1. 班机运输

班机运输是指根据班期时刻表，按照规定的航线，定机型、定日期、定时刻的客、货、邮航空运输。班机运输一般有固定的航线、固定的始发站、途经站和目的站，是民航运输生产活动的基本形式。

2. 包机运输

包机运输是指包用民航飞机，在民航固定航线或者非固定航线上飞行，用以载运旅客、货物或客货兼载的航空运输。包机运输可分为整架包机和部分包机两种形式。

3. 集中托运

集中托运方式是指集中托运人把若干批单独发运的货物组成一整批货物，集中向航空公司托运，填写一份航空总运单，发送到同一到达站，由集中托运人委托到达站当地的代理人负责收货、报关，并按照集中托运人签发的航空分运单分拨给各实际收货人的一种运输方式。这种集中托运方式在航空货物运输界使用比较普遍，也是航空货运代理公司的主要业务之一和盈利的主要手段。但是，凡有下列物品之一者不能办理集中托运：贵重物品、危险物品、活动物及文物等。

4. 陆空联运

陆空联运是指以包括空运在内的两种以上的运输方式结合进行运输。陆空联运的种类有 3 种，有火车—飞机—卡车的联合运输、卡车—飞机的联合运输、火车—飞机的联合运输。

5. 航空快递

航空快递业务又称快件、快运货速递业务，是指具有独立法人资格的企业将进出境的货物或物品，从发件人所在地通过自身或代理的网络运达收件人的一种快递运输方式。具体地说，就是由专业经营该项业务的航空货运公司与航空公司合作，派专人以最快的速度，在货主、机场和用户之间传送急件的运输服务业务。这种运输方式特别适用于急需的药品和医疗器械、贵重物品、图样资料、货样、单证和书报杂志等小件物品。这是目前航空货物中最快捷的运输方式。

（三）航空快递业务

航空快递（Air Express）是国际航空运输中最快捷的运输方式。该方式不同于一般的航空货运，而是由一个专门经营这项业务的公司与航空公司合作，设专人以最快的速度在货主、机场和用户之间传送急件。

航空快运的业务性质和运输方式与普通航空货物运输基本上是一样的，可以视为航空货物运输的延续。因此，世界上许多经营该项业务的公司都隶属于航空货运公司之下，一些专门从事快运业务的公司也是从航空货运代理公司派生出来的，同时又有不少快运公司兼办普通的航空货物运输业务。

航空快递的主要业务形式有以下几种：

（1）机场到机场。发货人在飞机始发机场将货物交给航空公司，然后发货人打电话通知目的地收货人到机场取货。采用这种方式的一般是海关当局有特殊规定的货物。

（2）桌到桌或门到门。这种服务形式是航空快递公司最常用的一种服务形式，具体操作过程是，首先由发件人在需要时电话通知快递公司，快递公司迅速派人上门取件，然后将所收到的快件集中在一起，根据其目的地分拣、整理、制单、报关，然后发往世界各地。到达目的地后，再由当地的分公司办理清关、提货手续，并送至收件人手中。

（3）派专人送货。派专人送货是指快递公司派专人随机而行，在最短时间内将货物直接送到收件人手中。这种形式服务周到，但可想而知，费用较高。

（四）航空运输中涉及的机力、设备简述

航空运输服务具备航空港、民用飞机和航空集装箱3种设备。

1. 航空港

航空港（Airport），民用航空机场和有关服务设施构成的整体。保证飞机安全起降的基地和空运旅客、货物的集散地，包括飞行区、客货运输服务区和机务维修区3个部分。

（1）飞行区。为保证飞机安全起降的区域。内有跑道、滑行道、停机坪和无线电通信导航系统、目视助航设施及其他保障飞行安全的设施，在航空港内占地面积最大。飞行区上空划有净空区，是规定的障碍物限制面以上的空域，地面物体不得超越限制面伸入。限制面根据机场起降飞机的性能确定。

（2）客货运输服务区。为旅客、货主提供地面服务的区域。主体是候机楼，此外还有客机坪、停车场、进出港道路系统等。货运量较大的航空港还专门设有货运站。客机坪附近配有管线加油系统。

（3）机务维修区。为飞机维护修理和航空港正常工作所必需的各种机务设施的区域。区内建有维修厂、维修机库、维修机坪和供水、供电、供热、供冷、下水等设施，以及消防站、急救站、储油库和铁路专用线等。

2. 民用飞机

民用飞机作为一种运人载物的交通工具，特别强调其安全性、经济性和舒适性。对旅客来说，保证旅客在飞行中的生命安全是最首要的要求。

3. 航空集装箱

航空运输中的集装箱设备主要是指为提高飞机运输效率而采用的托盘、货网和集装箱等成组装载设备。为了使用这些设备，飞机的货舱和甲板都设置了与之配套的固定系统。

三、公路运输

（一）公路运输的概念及特点

公路运输（Highway Transportation）是在公路上运送旅客和货物的运输方式，是交通运输系统的组成部分之一。主要承担短途客货运输，现代所用运输工具主要是汽车。因此，公路运输一般即指汽车运输。在地势崎岖、人烟稀少、铁路和水运不发达的边远和经济落后地区，公路为主要运输方式，起着运输干线作用。

公路运输的特点如下：

（1）点多、面广、货物零星。

（2）运距短、单程货多、单位运输成本较水路、铁路运输高。

（3）对鲜活商品、易腐商品的运输时间性强。

（4）运输任务不均衡，突击抢运的任务多。

（5）对边境贸易和跨国间的运输政策性强。

（二）公路运输的经营类别

（1）整车货物运输。根据公路货物运输的规定，一次货物运输在 3t 以上者可视为整车运输，如货物重量虽在 3t 以下，但不能与其他货物拼装运输，需单独提供车辆办理运输，则可视为整车运输。

（2）零担货物运输。公路零担货物按其性质和运输要求可分为普通零担货物和特种零担货物。普通零担货物指《公路价规》中列明的并适于零担汽车运输的普通货物。特种零担货物又分长、大、笨重零担货物，危险、贵重零担货物及特种鲜活零担货物等。

（3）特种货物运输。同普通货物相比，特种货物是指被运输货物本身的性质特殊，在装卸、储存、运送过程中有特殊要求，以保证货物完整无损及安全性。这种货物运输可分为大笨重货物运输、贵重货物运输、鲜活易腐货物运输和危险货物运输 4 种。

（4）集装化运输。又称为成组运输或规格化运输，是指以集装单位为运输单位的货物运输。集装化运输的主要形式是托盘运输和集装箱运输。

（5）包车货物运输。即把车辆包给托运人安排使用的货物运输方式。包车货运通常有计程包车运输和计时包车运输两种形式。

（三）公路运输中涉及的机力、设备简述

汽车是公路货物运输的主要运载工具，是指由本身的动力驱动，装有驾驶控制装置的在固定轨道以外的道路或自然地域上运输客、货或牵引其他车辆的车辆。

各种汽车有各种不同的用途，因此人们要将它们划分为不同的类型，有轿车、客车、货车、越野车、专用车、自卸车和牵引车等，类型里面还要根据车型细分，按照我国原国家标准规定各类汽车划分如下：

轿车按照发动机排量划分有微型轿车（1L 以下）、轻级轿车（1～1.6L）、中级轿车（1.6～2.5L）、中高级轿车（2.5～4L）、高级轿车（4L 以上）。

客车按照长度划分有微型客车（不超过 3.5m）、小型客车（3.5～7m）、中型客车（7～10m）

和大型客车（10m 以上）。

货车按照载重量划分有微型货车（1.8t 以下）、轻型货车（1.8～6t）、中型货车（6～14t）和重型货车（14t 以上）。

公路货物运输技术设施主要指的是道路及其附属设施，它是汽车货物运输的物质基础。道路是指主要供车辆行驶的工程结构物，由路基、路面、桥梁、涵洞和隧道及沿线附属设施等组成。根据我国公路技术标准规定，将公路划分为 5 个等级。

1. 高速公路

全部控制出入、专供汽车在分隔的车道上高速行驶的公路。主要用于连接政治、经济、文化上重要的城市和地区，是国家公路干线网中的骨架。一般年平均每昼夜汽车通过量为 2.5 万辆以上。

2. 一级公路

为供汽车分向、分车道行驶，并部分控制出入、部分立体交叉的公路，主要连接重要政治、经济中心，通往重点工矿区，是国家的干线公路。一般能适应按各种汽车折合成小客车的远景设计年平均昼夜交通量为 15000～30000 辆。

3. 二级公路

连接政治、经济中心或大工矿区等地的干线公路，或运输繁忙的城郊公路。一般能适应各种车辆行驶，二级公路一般能适应按各种车辆折合成中型载重汽车的远景设计年限年平均昼夜交通量为 3000～7500 辆。

4. 三级公路

沟通县及县以上城镇的一般干线公路。通常能适应各种车辆行驶，三级公路一般能适应按各种车辆折合成中型载重汽车的远景设计年限年平均昼夜交通量为 1000～4000 辆。

5. 四级公路

沟通县、乡、村等的支线公路。通常能适应各种车辆行驶，四级公路一般能适应按各种车辆折合成中型载重汽车的远景设计年限年平均昼夜交通量为：双车道 1500 辆以下；单车道 200 辆以下。

四、铁路运输

（一）铁路运输概念、特点及分类

铁路运输是指利用机车、车辆等技术设备沿铺设轨道运行的运输方式。

铁路运输是现代运输业的主要运输方式，与其他运输方式比较，具有运量大、速度快、安全可靠、运输成本低、运输准确性和连续性强、受气候影响较小、初期投资较大等一系列特点。

铁路货物运输按一批货物的重量、体积、性质、形状分为整车运输、零担运输和集装箱运输 3 种。

（1）整车运输。一批货物的重量、体积、性质或形状需要一辆或一辆以上铁路货车装运，即属于整车运输，简称为整车。

（2）零担运输。一批货物的重量、体积、性质或形状不需要一辆铁路货车装运，即属于零担运输，简称为零担。但是下列货物不得按零担托运：需要冷藏、保温或加温运输的货物；规定限定：按整车办理的危险货物；易于污染其他货物的污秽品；蜜蜂；不易计算件数的货物；未装容器的活动物；一件货物重量超过 2t，体积超过 3m³ 或长度超过 9m 的货物。

（3）集装箱运输。使用集装箱装运货物或运输空集装箱，称为集装箱运输。集装箱适于运输精密、贵重、易损的货物。凡适合集装箱运输的货物，都应按集装箱运输。

（二）铁路运输中涉及的机力、设备简述

铁路运输设计的机力、设备包括铁路线路、站场和铁路载运设备 3 部分。

1. 铁路线路

铁路线路是为了进行铁路运输所修建的固定路线，是铁路固定基础设施的主体。铁路线路分为正线、站线及特别用途线。正线是连接并贯穿分界点的线路，站线包括到发、调车线、牵出线、装卸线和段管线等。特别用途线包括站内和区间的安全线、避难线及到企业厂矿砂石场等地点的岔线。根据线路意义及其在整个铁路网中的作用，划分为 3 个等级。一级铁路：保证全国运输联系，具有重要政治、经济、国防意义和在铁路网中起骨干作用的铁路，远期国家要求的年输送能力大于 800 万吨；二级铁路：具有一定的政治、经济、国防意义，在铁路网中起联络、辅助作用的铁路，远期国家要求的年输送能力不小于 500 万吨；三级铁路：为某一地区服务，具有地方意义的铁路，远期国家要求的年输送能力小于 500 万吨。

2. 站场

站场是铁路运输的基本生产单位，包括各种铁路车站和作业场。按车站的等级可分为特等站和 1～5 等站；车站按技术作业性质可分为中间站、区段站和编组站；按运输对象可分为客运站、货运站和客货运站。

3. 铁路载运设备

铁路载运设备主要是指沿着固定轨道行驶，由电力、内燃机和蒸汽做动力的各种车辆。在铁路系统中，通常把有动力配置的车辆称为机车；没有动力配置的车辆就称为车辆。

（1）机车。机车是牵引或推送铁路车辆运行，而本身不装载营业载荷的自推进车辆，俗称火车头。按运送每吨公里消耗燃料量计算，机车是耗能最少的陆地运输工具。从原动力来看，机车可分为蒸汽机车、内燃机车和电力机车。

（2）车辆。铁路车辆是运送旅客和货物的工具。车辆一般不配置动力装置，需要联挂承列车后由机车牵引运行。根据用途，铁路车辆分为客车和货车两大类。

五、邮包及管道运输

（一）邮包运输概念及特点

邮包运输是一种简便的运输方式，具有"门到门"的特点。卖方只需按规定的时间将商品包裹送交邮局，付清邮资并取回收据，就完成了交货义务。邮件到达目的地后，收件只可凭邮局到件通知提取。一般适合于量轻体小的货物，邮件一般不能超过 20kg，长度不能超过 1m。

邮包运输的特点如下：

（1）具有广泛的国际性。国际邮包运输是在国与国之间进行的，在大多数情况下，国际邮件需要经转一个或几个国家。

（2）具有国际多式联运性质。国际邮包运输过程一般需要经过两个或两个以上国家邮政局，通过两种或两种以上不同的运输方式的联合作业才能完成。因此，可以认为国际邮包运输是国际多式联运的一种方式。

（3）具有手续简便、费用不高的特点。各国邮政机构普及于世界各地，邮件一般可在当地就近向邮政局办理，邮件到达目的地后，收件人也可在当地就近邮政局提取邮件。所以，邮包运输基本上可以说是"门到门"运输。

（二）管道运输概念、特点

管道运输是借助高压气泵的压力将管道内货物输往目的地的一种运输方式。管道运输与公路、铁路、水路等运输方式相比特点在于以下几点：

（1）运输通道与运输工具合二为一。管道既是运输通道，又是运输工具。

（2）运量大。一般一条 1200mm 直径的管道，一年可输油 4000 多万 t，一条 720mm 直径的输油管道，一年输油 2000 万 t 或输煤 1200 万 t。

（3）成本低。管道建成后运营能耗少，成本接近水运。

（4）运输漏损少，安全性好。

（5）受气候影响小，便于长期稳定运营。

（6）劳动生产率高。管道运输可实现远程控制，自动化程度高。

（7）专业化强。管道运输局限性大，只能输送特定货物，运输方向单一，与铁路公路相比，灵活性较差。

六、国际多式联运

（一）国际多式联运概念、特点

国际多式联运是一种以实现货物整体运输的最优化效益为目标的联运组织形式。它通常是以集装箱为运输单元，将不同的运输方式有机地组合在一起，构成连续的、综合性的一体化货物运输。通过一次托运，一次计费，一份单证，一次保险，由各运输区段的承运人共同完成货物的全程运输，即将货物的全程运输作为一个完整的单一运输过程来安排。然而，它与传统的单一运输方式又有很大的不同。

国际多式联运的特点如下：

1. 手续简单统一，节省人力、物力和有关费用

在国际多式联运方式下，无论货物运输距离有多远，无论使用几种运输方式完成对货物的运输，也不论运输途中经过多少次转换，所有一切运输事宜均由多式联运经营人负责办理。而托运人只需办理一次托运，订立一份运输合同，一次支付费用，一次保险，从而省去托运人办理托运手续的许多不便，同时，由于多式联运采用一份货运单证、统一运费，因而也可以简化制单和结算手续，节省人力和物力。此外，一旦运输过程中发生货损、货差，由多式联运经营人对全程运输负责，从而也可简化理赔手续，减少理赔费用。

2. 缩短货物运输时间，减少库存，降低货损、货差事故，提高货运质量

在国际多式联运方式下，各个运输环节和各种运输工具之间配合密切，衔接紧凑，货物所到之处中转迅速、及时，大大减少货物的在途停留时间，从根本上保证了货物安全、迅速、准确、及时地运抵目的地，因而也相应地降低了货物的库存量和库存成本。同时，多式联运是通过集装箱为运输单元进行直达运输，尽管货运途中须经多次转换，但由于使用专业机械装卸，且不涉及箱内货物，因而货损、货差事故大为减少，从而在很大程度上提高了货物的运输质量。

3. 降低运输成本，节省各种支出

由于多式联运可实行"门到门"运输，因此对货主来说，在将货物交由第一承运人以后即可取得货运单证，并据以结汇，从而提前了结汇时间。这不仅有利于加速货物占用资金的周转，而且可以减少利息的支出。此外，由于货物是在集装箱内进行运输的，因此，从某种意义上来看，可相应地节省货物的包装、理货和保险等费用的支出。

4. 提高运输管理水平，实现运输合理化

对于区段运输而言，由于各种运输方式的经营人各自为政、自成体系，因而其经营业务范围受到限制，货运量相应也有限。而一旦由不同的运输经营人共同参与多式联运，经营的范围可以大大扩展，同时可以最大限度地发挥其现有设备的作用，选择最佳的运输线路，组织合理化运输。

（二）国际多式联运经营人

多式联运经营人是指本人或通过其代表与发货人订立多式联运合同的任何人，他是事主，而不是发货人的代理人或代表或参加多式联运的承运人的代理人或代表，他负有履行合同的责任。多式联运经营人负责履行或者组织履行多式联运合同，对全程运输享有承运人的权利，承担承运人的义务。

多式联运经营人的基本条件如下：

（1）多式联运经营人本人或其代表就多式联运的货物必须与发货人本人或其代表订立多式联运合同，而且合同至少使用两种运输方式完成全程货物运输，合同中的货物系国际间的货物。

（2）从发货人或其代表那里接管货物时起即签发多式联运单证，并对接管的货物开始负有责任。

（3）承担多式联运合同规定的与运输和其他服务有关的责任，并保证将货物交给多式联运单证的持有人或单证中指定的收货人。

（4）对运输全过程所发生的货物灭失或损害，多式联运经营人首先对货物受损人负责，并应具有足够的赔偿能力。

（5）多式联运经营人应具有与多式联运相适应的技术能力，对自己签发的多式联运单证确保其流通性，并作为有价证券在经济上有令人信服的担保程度。

多式联运经营人责任形式如下：

1. 网状责任制

网状责任制，是指多式联运经营人尽管对全程运输负责，但对货运事故的赔偿原则仍按不同运输区段所适用的法律规定，当无法确定货运事故发生区段时则按海运法规或双方约定原则加以赔偿。目前，几乎所有的多式联运单据均采取这种赔偿责任形式。

2. 统一责任制

统一责任制是指多式联运经营人对货主赔偿时不考虑各区段运输方式的种类及其所适用的法律，而是对全程运输按一个统一的原则并一律按一个约定的责任限额进行赔偿。由于现阶段各种运输方式采用不同的责任基础和责任限额，因而目前多式联运经营人签发的提单均未能采取此种责任形式。

3. 经修订的统一责任制

经修订的统一责任制是介于统一责任制与网状责任制之间的责任制，也称混合责任制。

它在责任基础方面与统一责任制相同，在赔偿限额方面则与网状责任制相同。即多式联运经营人对全程运输负责，各区段的实际承运人仅对自己完成区段的运输负责。无论货损发生在哪一区段，多式联运经营人和实际承运人都按公约规定的统一责任限额承担责任。但如果货物的灭失、损坏发生于多式联运的某一特定区域，而对这一区段适用的一项国际公约或强制性国家法律规定的赔偿责任限额高于多式联运公约规定的赔偿责任限额时，多式联运经营人对这种灭失、损坏的赔偿应按照适用的国际公约或强制性国际法律予以确定。目前，《联合国国际货物多式联运公约》基本上采取这种责任形式。

（三）国际多式联运经营人与承运人及货运代理人的关系

国际多式联运经营人作为事主，不是发货人的代理人或代表，也不是参加国际多式联运的承运人的代理人或代表，它自身具备以下特征：

（1）多式联运经营人并不是货运代理人，它对全程运输享有承运人的权利，承担承运人的义务。

（2）国际多式联运经营人在以"本人"身份开展业务的同时，并不妨碍它同时也以"代理人"身份兼营有关货运代理业务，或者在一项国际多式联运业务中不以"本人"身份而是以其他诸如代理人、居间人等身份开展业务。在实际业务中，国际多式联运经营人通常向货主提供一揽子服务，在一项国际多式联运服务中，根据实际业务需要，它可能以本人、代理人、居间人等身份中的一种或几种与货主发生业务关系。国际多式联运经营人的这一特点，一方面有助于为货主提供优质的全方位服务，但另一方面也增加了对国际多式联运人身份识别的难度。

（3）国际多式联运经营人是"中间人"。国际多式联运经营人具有双重身份，它既以契约承运人的身份与货主签订国际多式联运合同，又以货主的身份与负责实际运输的各区段运输的承运人签订分运运输合同。

（4）国际多式联运经营人既可以拥有运输工具也可以不拥有运输工具。当国际多式联运经营人以拥有的运输工具从事某一区段运输时，它既是契约承运人，又是该区段的实际承运人。

【技能要点】

一、运输方式选择的因素及选择方法

组织国际物流，必须正确选择运输方式和管理组织方式。国际物流对运输方式的选择主要从以下几个方面考虑：

（1）运输成本。国际物流对运输方式选择上是首要考虑因素，其原因是如果运距太长，运费负担会较重。据统计，在外贸的价格中，物流费用占商品货价的 30%～40%，煤炭、矿石等低价值货物，这一比例更高。

（2）运行速度。国际物流速度也很重要，这主要有两个原因：一个原因是运距长，需时日较多，资金占用时间长，加快速度有利于解放占用的资金；另一个原因是速度慢会错过好的价值而使经济效益下降。

在各种物流形式中，航空货运有不容争议的高速度。在洲际运输中，用大陆桥运输取代海运，会获得提高物流速度的显著效果。

（3）货物的特点和性质。货物特点与性质有时对物流方式选择起决定性作用。经常是由于国际物流方式的限制，有些货物无法进入国际物流中而失去了市场时机。

一般来说，各种包装杂货可以选择各种物流方式，而诸如水泥、石油、沥青、危险品等，选择范围则较窄，如在国际物流中，选择汽车或飞机运输水泥显然是不恰当的。

（4）货物的数量。因为国际物流距离往往超出了汽车等运输工具的经济里程，大数量货物也不可能选择航空运输，所以在运输方式选择上会受到限制。

（5）物流基础设施条件。由于国家之间发展的不平衡，一个国家中可以选择的物流方式，到另一个国家可能因为缺乏采用这种方式的必要基础设施而不能采用。在选择时，如不考虑这个问题，是无法形成有效的物流系统的。

二、各种运输方式的比较与应用

各种运输方式的比较与应用如表 3-1 所示。

表 3-1　各种运输方式的比较与应用

运输方式	技术经济特点	运输对象
铁路	初始投资大，运输容量大，成本低廉，占用的土地多，连续性强，可靠性好	适合于大宗货物、件杂货等中长途运输
公路	机动灵活，适应性强，短途运输速度快，能源消耗大，成本高，空气污染严重，占用的土地多	适合于短途、零担运输，门到门的运输
水路	运输能力大，成本低廉，速度慢，连续性差，能源消耗及土地占用都较少	适合于中长途大宗货物运输、国际货物运输
航空	速度快，成本高，空气和噪声污染严重	中长途及贵重货物运输，保险货物运输
管道	运输能力大，占用土地少，成本低廉，连续输送	适合于长期稳定的液体、气体及浆化固体物质运输

【任务实施】

根据任务内容，首先分析即将运输物品的重量和体积，考虑装运的设备数量。安防设备每套 2kg，30000 套共计 60000kg，体积为 396m³。根据这项任务可以看出，运输路途长、数量多、体积大，但由于两个月一个物流周期，任务不紧急并且设备不易腐烂。所以可以选择利用集装箱进行成装设备，以便于运输与装卸搬运。集装箱在国际货运过程中分为 20 英尺和 40 英尺两种，根据安防设备的计算重量和体积，选择 40 英尺的集装箱比较合适。每批可装用 7 个集装箱即可。

任务需要将货物从太原运到阿尔及尔，因此可以主要利用水路运输和航空运输两种方式完成。水路运输能力大、价格低廉，虽然速度慢但本次任务要求两个月一批，在时间效率上并无特别紧急，同时货物性质也不易腐烂变质。所以选择水路运输比航空运输从各方面更为合适，并且运价也低廉。

水路运输确定后，下一步要考虑陆地与港口衔接地域的运输工具问题。根据始发地与目的地的地理位置，可以考虑海铁联运和海卡联运两种方式来实现：

（1）海铁联运路线。利用新亚欧大陆桥东起我国江苏省的连云港，西止荷兰的鹿特丹港，横贯中国、哈萨克斯坦、俄罗斯、乌克兰、波兰、德国及荷兰等30多个国家，跨越亚欧两大洲。然后从荷兰鹿特丹港通过海运到阿尔及尔港口。整条路线相对距离短，虽然利用大陆桥运输速度较快，但是价格高并且手续复杂。

（2）海卡联运路线。利用卡车装运货物从山西太原运达天津港，再从天津港利用海运经过东海－南海－印度洋－红海－地中海到阿尔及尔港口。该线路主要利用较长的海运路线完成运输，所以距离远、速度慢，但是价格便宜而且线路运营比较成熟。

经过以上两种方式的比较，根据任务货物运输的基本时效要求，可以确定海卡联运的方式应该是能够完成任务并且价格低廉的运输方式。

通过任务运输方式分析，可以看出选择运输方式过程需要考虑货物品种、运输期限、运输距离、运输成本等几个因素。这样才能找到合理的运输方式。

【知识链接】

任务中运用了大陆桥运输的方式进行分析运输合理方式选择问题，虽然任务中合理运输方式并不是大陆桥运输，但是应该掌握大陆桥运输的含义与特点：

大陆桥运输（Land Bridge Transport）是指以横贯大陆上的铁路、公路运输系统作为中间桥梁，把大陆两端的海洋连接起来形成的海陆联运的连贯运输。

所谓大陆桥（Landbridge）运输主要是指国际集装箱过境运输，它是国际集装箱多式联运的一种特殊形式。广义的大陆桥运输还包括小路桥运输和微型路桥运输。大陆桥运输是一种主要采用集装箱技术，由海、铁、公、航组成的现代化多式联合运输方式，是一个大的系统工程。

大陆桥运输特点如下：

（1）大陆桥运输范畴，采用海陆联运方式，全程有海运段和陆运段组成。

（2）比采用海运缩短路程，但增加了装卸次数。所以在某地域大陆桥运输能否发展，主要取决于它与全程海运比较在运输费用、运输时间等方面的综合竞争度。

（3）比全程海运运程短，但需增加装卸次数。在某一区域大陆桥运输能否存在和发展，主要取决于它与全程海运相比在运输费用和运输时间等方面的综合竞争力。

大陆桥运输的优势如下：

（1）缩短了运输里程。

（2）降低了运输费用。

（3）加快了运输速度。

（4）简化作业手续。

（5）保证了运输安全，简化了货物的包装。

任务二　运输路线的制定

【任务引入】

承接任务一的背景资料，确定以海卡联运的方式来完成运输任务。那么国内段的卡车运输路线如何设置，国际海运线路如何安排，假设国内安防设备分布在西安、包头和承德三地，在太原、廊坊均有专用包装进行打包、贴标签等作业，那么如何制定国内运输行程，并通过天津港经由哪些港口到达阿尔及尔港口。

【任务分析】

本任务实施过程应该考虑路线选择的经济效益，防止不合理运输现象的出现。达到运输全过程经济且安全高效。除考虑经济效益外，能够利用简单的计算完成货物调运方案的设计，并考虑运经路线的各种自然因素和社会因素，寻找出最合理的运输路线。

【必备知识】

一、国内主要公路干道运输

"五横七纵"是国内公路网络，是我国规划建设的以高速公路为主的公路网主骨架，总里程约 3.5 万公里。"五纵"指同江－三亚、北京－珠海、重庆－北海、北京－福州、二连浩特－河口。"七横"指连云港－霍尔果斯、上海－成都、上海－瑞丽、衡阳－昆明、青岛－银川、丹东－拉萨、绥芬河－满洲里。

根据国民经济和社会发展战略部署，中华人民共和国交通部于"八五"计划期间提出了公路建设的发展方针和长远目标规划。该规划的内容为：从 1991 年开始到 2020 年，用 30 年左右的时间，建成 12 条长 35000km "五纵七横"国道主干线，将全国重要城市、工业中心、交通枢纽和主要陆上口岸连接起来并连接所有目前 100 万以上人口的特大城市和绝大多数目前在 50 万以上人口的中等城市，逐步形成一个与国民经济发展格局相适应，与其他运输方式相协调，主要由高等级公路（高速、一级、二级公路）组成的快速、高效、安全的国道主干线系统。在技术标准上大体以京广线为界，京广线以东地区经济发达，交通量大，以高速公路为主。以西地区交通量较小，以一、二级公路为主。

其中，"五纵"约为 15590km，由下列 5 条自北向南纵向高等级公路组成：
- 同江－三亚，长约 5700km。
- 北京－福州，长约 2540km。
- 北京－珠海，长约 2310km。
- 二连浩特－河口，长约 3610km。
- 二连浩特－太原－西安－成都－昆明－河口－重庆－湛江，长约 1430km。

"七横"总里程约 20300km，由以下 7 条自东向西横向高等级公路组成：
- 绥芬河－满洲里，长约 1280km。
- 丹东－拉萨，长约 4590km。
- 青岛－银川，长约 1610km。
- 连云港－霍尔果斯，长约 3980km。
- 上海－成都，长约 2770km。
- 上海－瑞丽，长约 4900km。
- 衡阳－昆明，长约 1980km。

该国道主干线系统建成后，将以占全国 2%的公路里程承担占全国 20%以上的交通量，在大城市间、省际间、区域间形成 400～500km 当日往返、800～1000km 当日直达的现代化高等级公路网络，并将带来相当可观的经济效益。据测算，到那时每年可节省当前全国公路运输柴油消耗量的1/10，降低运输成本和减少客货在途时间所带来的直接效益达400～500亿元，间接效益达2000亿元以上。

二、国内主要内河水路运输

在我国960多万平方公里的土地上，有着丰富的水资源。分布着天然河流5万余条，大小湖泊900多个，可通航的河流有5800多条，通航里程10.8万km。中国有世界著名的三大河之一——长江。长江水系的通航的河流700多条，通航里程7多万km，大约占全国内河航道总里程的70%。

中国最南方的水道——珠江，是珠江干线、西江、北江、东江的总称，是中国第五大江，其流量及航运运量仅次于长江，居第二位，水运条件也很优越，珠江水系现有通航河流988条，通航里程1.3万km。

中国有世界上最古老的人工运河——京航运河。全长1747km，通航1044km，横跨北京、天津两市，直穿河北、山东、江苏、浙江4省。纵贯钱塘江、长江、淮河、黄河、海河5大水系，是中国国内水上运输的大动脉，也曾是煤炭重要的水上运输通道。

中国北方最重要的边境河流——黑龙江水系，水资源充沛，水流平稳，泥沙含量少，航行条件比较好，黑龙江水系包括黑龙江、松花江、第二松花江、嫩江、乌苏里江、牡丹江、兴凯湖、镜泊湖等。通航里程逾7000km。中国国内水上运输虽然历史悠久，自然条件优越，但江河湖海对发展交通运输资源方面被忽视，致使国内水上运输的潜在优势未能很好地发挥，造成国内水上运输发展比较缓慢的现状。

三、国际主要海运港口及航线简介

（一）国际主要海运港口

世界上的国际贸易海港约有2500多个，其中吞吐量超过1000万t的有100多个，5000万t以上有20多个。其中较著名的有吞吐量居世界第一的荷兰鹿特丹港，年吞吐量在3亿t以上。美国的纽约港和新奥尔良港、日本的神户港和横滨港、德国的汉堡港、比利时的安特卫普港、新加坡的新加坡港、法国的马赛港和英国的伦敦港均为世界著名大港，在世界货物贸易运输中占有重要地位。

1. 鹿特丹港

该港位于莱茵河和马斯河入海的三角洲，濒邻世界海运最繁忙的多佛尔海峡，是西欧水路交通的要道，是荷兰和欧盟的货物集散中心，运入西欧各国的原油、石油制品、谷物、煤炭、矿石等都经过这里，有"欧洲门户"之称。该港是国际间水、陆、空交通的重要枢纽，现有约300多条远洋航线连接世界各地，每年约有3.5万艘次远洋货轮在这里停靠，是世界上最大的商品集散中心。

2. 纽约港

位于纽约州东南部哈得逊河口东岸，濒邻大西洋，包括哈得逊河下游48km长的水线，长岛海峡沿岸逾30km的海岸线，以及斯塔腾岛西边32km的水面。这里海岸曲折，港宽水深，潮差仅1.2～1.5m。由于有墨西哥湾暖流的影响，港口全年不冻，是大西洋沿岸一个天然良港。

3. 神户港

神户是日本第一大港。港口共分 6 个区域，第一、二区域和其他区域之间被 5 个防波堤隔开。

4. 汉堡港

汉堡港距易北河流入北海的入海口 110km，航道水深 11m 以上，大型海轮通航无阻。它有 300 多条国际海运航线与世界各主要港口联系，素有"德国通向世界的门户"之称。

5. 安特卫普港

安特卫普港位于比利时北部，斯海尔德河下游，距北海 89km，是比利时的第二大工业中心，北欧北部的贸易中心，也是世界著名大港之一，吞吐量在 9000 万 t～1 亿 t 之间，可容纳 10 万 t 级的船舶泊靠装卸货物，吃水 47 英尺的船可自由进出。

6. 横滨港

西、南、北三面丘陵环绕，受强风影响很小，是日本天然良港之一。港口被两个半岛所包围，其区域接近 2 平方英里，海底是带有泥、贝壳的沙底。进口货物主要是原油，约占 60%。

7. 新奥尔良港

新奥尔良港是美国南部路易斯安那州大商户，在密西西比河畔，该河离墨西哥的入海处 110 海里。新奥尔良港既是深水远洋港口，又是内河航运集散地。港口南通墨西哥湾，内与密西西比、密苏里、俄亥俄等河相连，腹地广阔，是美国河、海、陆联运中心。

8. 马赛港

位于法国南部地中海利翁湾东岸，背山面海，港深水阔，既无沙泥淤塞，又不为潮汐涨落所限，是地中海沿岸第一天然良港。

9. 伦敦港

伦敦是英国首都，政治、文化、经济、交通中心，世界十大城市之一。伦敦位于英格兰东南部，泰晤士河下流延伸达 69km，进口货物的一半是由驳船运至沿岸码头和工厂。伦敦港也是西北欧最大的集装箱港，年装卸货量超过 6000 万 t，经由伦敦进口的货物占英国进口额的 80%。

（二）国际主要海运航线

世界各地水域，在港湾、潮流、风向、水深及地球球面距离等自然条件的限制下，可供船舶航行的一定路径成为航路。海上运输运营为达到最大的经济效益在许多不同航路中所选定的运营通路称为航线。世界主要几大航线包括以下几个：

1. 太平洋航线

（1）远东—北美西海岸航线。该航线包括从中国、朝鲜、日本、苏联远东海港到加拿大、美国、墨西哥等北美西海岸各港的贸易运输线。从我国的沿海地各港出发，偏南的经大隅海峡出东海；偏北的经对马海峡穿日本海后，或经清津海峡进入太平洋，或经宗谷海峡，穿过鄂霍茨克海进入北太平洋。

（2）远东—加勒比、北美东海岸航线。该航线常经夏威夷群岛南北至巴拿马运河后到达。从我国北方沿海港口出发的船只多半经大隅海峡或经琉球庵美大岛出东海。

（3）远东—南美西海岸航线。从我国北方沿海各港出发的船只多经琉球庵美大岛、硫黄列岛、威克岛、夏威夷群岛之南的莱恩群岛，穿越赤道进入南太平洋，至南美西海岸各港。

（4）远东—东南亚航线。该航线是中、朝、日货船去东南亚各港，以及经马六甲海峡去印度洋、大西洋沿岸各港的主要航线。东海、台湾海峡、巴士海峡、南海是该航线船只的必经之路，航线繁忙。

（5）远东—澳大利亚，新西兰航线。远东至澳大利亚东南海岸分两条航线。中国北方沿海港口，到澳大利亚东海岸和新西兰港口的船只，需走琉球久米岛、加罗林群岛的雅浦岛进入所罗门海、珊瑚海；中澳之间的集装箱船需在香港加载或转船后经南海、苏拉威西海、班达海、阿拉弗拉海，后经托雷斯海峡进入珊瑚海。中、日去澳大利亚西海岸航线去菲律宾的居民都洛海峡、望加锡海峡及龙目海峡进入印度洋。

（6）澳、新—北美东西海岸航线。由澳、新至北美海岸多经苏瓦、火奴鲁鲁等太平洋上重要航站到达。至北美东海岸则取道社会群岛中的帕皮提，过巴拿马运河而至。

2. 大西洋航线

（1）西北欧—北美东海岸航线。该航线是西欧、北美两个世界工业最发达地区之间的原燃料和产品交换的运输线，运输极为繁忙，船舶大多走偏北大圆航线。该航区冬季风浪大，并有浓雾、冰山，对航行安全有威胁。

（2）西北欧、北美东海岸—加勒比航线。西北欧—加勒比航线多半出英吉利海峡后横渡北大西洋。它同北美东海岸各港出发的船舶一起，一般都经莫纳、向风海峡进入加勒比海。除去加勒比海沿岸各港外，还可经巴拿马运河到达美洲太平洋岸港口。

（3）西北欧、北美东海岸—地中海，苏伊士运河—亚太航线。西北欧、北美东海—地中海—苏伊士航线属世界最繁忙的航段，它是北美、西北欧与亚太海湾地区间贸易往来的捷径。该航线一般途经亚速尔、马德拉群岛上的航站。

（4）西北欧、地中海—南美东海岸航线。该航线一般经西非大西洋岛屿—加纳利，佛得角群岛上的航站。

（5）西北欧、北美东海—好望角、远东航线。该航线一般是巨型油轮的油航线。佛得角群岛、加拿利群岛是过往船只停靠的主要航站。

（6）南美东海—好望角—远东航线。这是一条以石油、矿石为主的运输线。该航线处在西风漂流海域，风浪较大。一般西航偏北行，东航偏南行。

3. 印度洋航线

印度洋航线以石油运输线为主，此外有不少是大宗货物的过境运输。

（1）波斯湾—好望角—西欧、北美航线。该航线主要由超级油轮经营，是世界上最主要的海上石油运输线。

（2）波斯湾—东南亚—日本航线。该航线东经马六甲海峡（20万t载重吨以下船舶可行）或龙目，望加锡海峡（20万t载重吨以上超级油轮可行）至日本。

（3）波斯湾—苏伊士运河—地中海—西欧，北美航线。该航线目前可通行载重大于30万t级的超级油轮。

除了以上3条油运线之外，印度洋其他航线还有：远东—东南亚—东非航线；远东—东南亚，地中海—西北欧航线；远东—东南亚—好望角—西非，南美航线；澳新—地中海—西北欧航线；印度洋北部地区—欧洲航线。

四、我国国际铁路联运的主要线路

（1）上海、杭州—阿拉山口/多斯特克—哈萨克斯坦、乌兹别克斯坦、吉尔吉斯坦、塔吉克斯坦、土库曼斯坦中亚五国、俄罗斯。

（2）上海、杭州－满洲里/后贝加尔－俄罗斯（东部地区）、白俄罗斯、乌克兰、阿塞拜疆、立陶宛、拉托维亚、爱沙尼亚及其他东欧地区。

（3）上海、杭州－阿拉山口/多斯特克－俄罗斯（西部地区）。

（4）上海、杭州－二连/扎门乌德－蒙古。

五、大陆桥运输

1. 北美大陆桥

北美大陆桥包括美国大陆桥和加拿大大陆桥。美国大陆桥运输始于 1967 年，它包括两条路线，一是连接太平洋与大西洋的路线，一是连接太平洋与墨西哥湾的路线。加拿大大陆桥运输始于 1979 年开通使用，与美国大陆桥是平行的，是连接太平洋与大西洋的大陆通道。

2. 西伯利亚大陆桥

西伯利亚大陆桥即远东－欧洲大陆桥，是当今世界上最长的一条大陆桥运输线，由俄罗斯方面担任总经营人，签发货物过境许可证，签发统一全程联运提单，承担全部联运责任，以用户委托、承运的接力方式实行联运。

3. 新亚欧大陆桥

亚欧第二大陆桥，也称新亚欧大陆桥。该大陆桥东起中国的连云港，西至荷兰鹿特丹港，全长 10837km，其中在中国境内 4143km，途径中国、哈萨克斯坦、俄罗斯、白俄罗斯、波兰、德国和荷兰 7 个国家，可辐射到 30 多个国家和地区。1990 年 9 月，中国铁路与哈萨克铁路在德鲁日巴站正式接轨，标志着该大陆桥的贯通。1991 年 7 月 20 日开办了新疆－哈萨克斯坦的临时边贸货物运输。1992 年 12 月 1 日由连云港发出首列国际集装箱联运"东方特别快车"，经陇海、兰新铁路，西出边境站阿拉山口，分别运送至阿拉木图、莫斯科、圣彼得堡等地，标志着该大陆桥运输的正式开办。近年来，该大陆桥运量逐年增长，并具有巨大的发展潜力。

六、物流运输合理化

物流运输合理化就是在保证物资流向合理的前提下，在整个运输过程中，确保运输质量，以适宜的运输工具、最少的运输环节、最佳的运输线路、最低的运输费用使物资运至目的地。其意义体现在以下几个方面：

（1）物流运输合理化，可以充分利用运输能力，提高运输效率，促进各种运输方式的合理分工，以最小的社会运输劳动消耗，及时满足国民经济的运输需要。

（2）物流运输合理化，可以使货物走最合理的路线，经最少的环节，以最快的时间，取最短的里程到达目的地，从而加速货物流通，既可及时供应市场，又可降低物资部门的流通费用，加速资金周转，减少货损货差，取得良好的社会效益和经济效益。

（3）物流运输合理化，可以消除运输中的种种浪费现象，提高商品运输质量，充分发挥运输工具的效能，节约运力和劳动力；否则，不合理运输将造成大量人力、物力、财力浪费，并相应地转移和追加到产品中去，人为地加大了产品的价值量，提高产品价格，从而加重需求方的负担。

【技能要点】

一、影响运输路线制定的因素

物流运输路线制定主要是由各种经济的、技术的和社会的因素相互影响和作用，主要有：

（1）运输距离。在运输时间、运输货损、运费、车辆周转等运输的若干技术经济指标，都与运输距离有一定比例关系，运输距离长短是运输是否合理的一个最基本因素。因此，组织货物运输时，首先要考虑运输距离，尽可能实现运输路径优化。

（2）运输环节。因为运输业务活动，需要进行装卸、搬运、包装等工作，多一道环节，就会增加起运的运费和总运费。因此，减少运输环节，尤其是同类运输工具的运输环节，对合理制定运输路线有促进作用。

（3）运输时间。"时间就是金钱"，对于运输过程来说，它影响货物到达的时间，及时到达目的地将获得销售机会，实现效益利润。在制定运输路线时也要考虑到这一点。

（4）运输费用。运输在全部物流中费用所占比例，是衡量物流经济效益的重要指标，也是组织合理制定运输路线的目的之一。

（5）其他因素。运输路线的制定还要结合当地的自然条件、地域文化等条件综合考虑，避免由于不能掌握足够信息，造成运输途中的突发事件影响了运输进度。

二、运输路线的制定方法

输路线的选择影响到运输设备和人员的利用，正确地制定运输路线可以降低运输成本，因此，运输路线的制定在运输方案制定中是一个重要领域。运输路线的制定方法有最短路线法、经验试探法、多起讫点问题的决策法等。本任务仅以最短路线法来加以说明。

最短路线法是对分离的、单一始发点和终点的网络运输路线选择问题，最简单和直观的方法。网络由节点和线组成，点与点之间由线连接，先代表点与点之间运行的成本。除始发点外，所有节点都被认为是未解的，即均未确定是否在选定的运输路线上。始发点作为已解的点，计算从原点开始。

计算方法如下：

（1）第 N 次迭代的目标。寻求第 N 次最近始发点的节点，重复 $N=1,2,\cdots$，直到最近的节点是始发点为止。

（2）第 N 次迭代的输入值。$N-1$ 个最近始发的节点是由以前的迭代根据离始发点最短路线和距离计算而得的。这些节点及始发点称为已解的节点，其余的节点是尚未解的点。

（3）第 N 个最近节点的候选点。每个已解的节点及其候选点之间的距离和从始发点到该已解点之间的距离加起来，总距离最短的候选点即是第 N 个最近的节点。这就是始发点到达该点最短距离的路径。

例如，如图 3-1 所示是一张高速公路网示意图，其中 A 是始发点，J 是终点，B、C、D、E、F、G、H、I 是网络中的节点，节点与节点之间以线路连接，线路上标明了两个节点之间的距离，以运行时间（分）表示。要求确定一条从原点 A 到终点 J 的最短的运输路线。

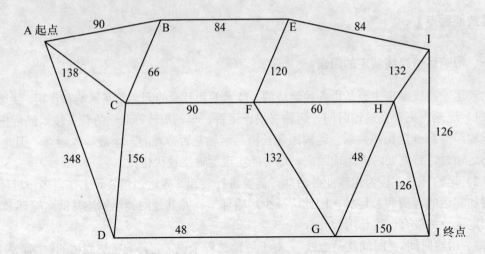

图 3-1　高速公路网示意图

　　首先列出一张表 3-2 所示的表格。第一个已解的节点就是起点或 A 点。与 A 点直接连接的未解的节点有 B、C 和 D 点。第一步，可以看到 B 点是距 A 点最近的节点，记为 AB。由于 B 点是唯一选择，所以它成为已解的节点。

表 3-2　计算表格

步骤	直接连接到未解节点的已解节点	与其直接连接的未解节点	相关总成本	第 N 个最近节点	最小成本	最新连接
1	A	B	90	B	90	AB*
2	A	C	138	C	138	AC
	B	C	90+66=156			
3	A	D	348			
	B	E	90+84=174	E	174	BE*
4	A	D	348			
	C	F	138+90=228	F	228	CF
	E	I	174+84=258			
5	A	D	348			
	C	D	138+156=294			
	E	I	174+84=258	I	258	EI*
	F	H	228+60=288			
6	A	D	348			
	C	D	138+156=294			
	F	H	228+60=288	H	288	FH
	I	J	258+126=384			

续表

步骤	直接连接到未解节点的已解节点	与其直接连接的未解节点	相关总成本	第 N 个最近节点	最小成本	最新连接
7	A	D	348			
	C	D	138+156=294	D	294	CD
	F	G	288+132=360			
	H	G	288+48=336			
	I	J	258+126=384			
8	H	J	288+126=414			
	I	J	258+126=384	J	384	IJ*

注: *号表示最小成本线。

随后，找出距 A 点和 B 点最近的未解的节点。只要列出距各个已解的节点最近的点和连接点，有 A-B、C-D，记为第二步。注意，从起点通过已解的节点到某一节点所需的时间应该等于到达这个已解点的最短时间加上已解点与未解点之间的时间，也就是说，从 A 点经过 B 点到达 C 点的距离为 AB+BC=90+66=156 分，而从 A 直达 C 的时间为 138 分。现在 C 也成了已解的节点。

第三次迭代要找到与各已解点直接连接的最近的未解节点。如表 3-2 所示，有 3 个候选点，从起点到这 3 个候选点 D、E、F 所需的时间，相应为 348 分、174 分、228 分，其中连接 BE 的时间最短，为 174 分，因此 E 点就是第三次迭代的结果。

重复上述过程直到到达终点 J，即第八步。最小的路线时间是 384 分，连线在表 3-2 上以*符号标出者，最优路线为 A-B-E-I-J。

在节点很多时用手工计算比较繁杂，如果把网络的节点和各年限的有关数据存入数据库中，最短路线方法就可以用电子计算机求解，绝对的最短距离路径并不能说明穿越网络的最短时间，因为该方法没有考虑各条路线的运行质量。因此，对运行时间和距离都设定权数就可以得出比较具有实际意义的路线。

【任务实施】

本任务根据确定的海卡联运路线，进一步对国内路段和国际路段的运输进行深化分析。在国内路段的运输中，任务中说明了太原的安防设备的配件分布在承德、包头和西安 3 地，并且太原和廊坊有打包、贴标签等包装材料和最后工序。因此，在规划国内路段的运输过程时，需要利用高效且合理的运输线路完成内陆运输段。根据承德、包头和西安 3 地的地理位置，以及太原、廊坊的具体位置，可以规划出两个方案：

方案一：由承德－包头－西安－太原至天津港。

方案二：由西安－包头－承德－廊坊至天津港。

这两个方案根据图 3-2 可以看出方，案一的运输方案明显存在倒流现象，是不合理运输的一种。因此，在其他因素均无问题的情况下应该选择方案二作为国内段的运输线路。

图 3-2　运输区段地图

国际海运路线考虑到一批只有 7 个大箱的运量,在时间要求并不紧迫的情况下,选择天津港到地中海航线的班轮运输就可以实现运抵目的地。

【知识链接】

物流不合理运输是针对合理运输而言的。不合理运输是违反客观经济效果,违反商品合理流向和各种动力的合理分工,不充分利用运输工具的装载能力,环节过多的运输是导致运力紧张、流通不畅和运费增加的重要原因,不合理的运输,一般有以下几个方面:

1. 对流运输

对流运输是指一种物资或两种能够相互代用的物资,在同一运输线或平行线上,做相对方向的运输,与相对方向路线的全部或一部分发生对流。对流运输又分两种情况:明显的对流运输,即在同一运输线上对流。如一方面把甲地的物资运往乙地,而另一方面又把乙地的同样物资运往甲地,产生这种情况大都是由于货主所属的地区不同、企业不同所造成的。二是隐蔽性的对流运输,即把同种物资采用不同的运输方式在平行的两条路线上,朝着相反的方向运输。

2. 倒流运输

倒流运输是指物资从产地运往销地,然后又从销地运回产地的一种回流运输现象。倒流运输有两种形式:一是同一物资由销地运回产地或转运地;二是由乙地将甲地能够生产且已消费的同种物资运往甲地,而甲地的同种物资又运往丙地。

3. 迂回运输

迂回运输是指物资运输舍近求远绕道而行的现象。物流过程中的计划不同、组结不善或调运差错都容易出现迂回现象。

4. 重复运输

重复运输是指某种物资本来可以从起运地一次直运达到目的地,但由于批发机构或商业仓库设置不当,或计划不周,人为地运到中途地点(如中转仓库)卸下后,又二次装运的不合理现象,重复运输增加了一道中间装卸环节,增加了装卸搬运费用,延长了商品在途时间。

5. 过远运输

过远运输是指舍近求远的运输现象。即销地本可以由距离较近的产地供应物资,却从远地采购进来；产品不是就近供应消费地，却调给较远的其他消费地；违反了近产近销的原则。

6. 运力选择不当

选择运输工具时，未能运用其优势，如弃水走陆（增加成本）。铁路和大型船舶的过近运输，运输工具承载能力不当等。

7. 托运方式选择不当

如可以选择整车运输却选择了零担，应当直达却选择了中转运输，应当中转却选择了直达等，没有选择最佳托运方式。

任务三　制定运输方案

【任务引入】

承接前两个任务，确定运输方式和运输路线后，请根据任务周期批次和货物的运量，规划一个完整的运输方案。

【任务分析】

本任务的基本思路是根据客户的要求W物流公司两个月一批的货物完成太原到阿尔及尔的货物运输过程。两个月为一个周期进行合理运输达到优化运输线路，实现最低成本的目的。

【必备知识】

一、运输合理化

运输合理化是一个系统分析过程，常采用定性和定量相结合的方法，对运输的各个环节和总体进行分析研究，研究的主要内容和方法主要有以下几点：

1. 合理选择运输方式

各种运输方式都有各自的使用范围和不同的技术经济特征，选择时应进行比较和综合分析。首先，要考虑运输成本的高低和运行速度的快慢，甚至还要考虑商品的性质、数量的大小、运距的远近、货主需要的缓急及风险程度。

2. 合理选择运输工具

根据不同商品的性质、数量选择不同类型，额定吨位及对温度、湿度等有要求的运输车辆。

3. 正确选择运输线路

运输线路的选择，一般应尽量安排直达、快速运输，尽可能缩短运输时间，否则可安排沿路和循环运输，以提高车辆的容积利用率和车辆的里程利用率，从而达到节省运输费用、节约运力的目的。

4. 提高货物包装质量并改进配送中的包装方法

货物运输线路的长短、装卸次数的多少都会影响到商品的完好，所以，应合理地选择包装物料，以提高包装质量。另外，有些商品的运输线路较短，且要采取特殊放置方法，则应改变相应的包装。货物包装的改进，对减少货物损失、降低运费支出、降低商品成本有明显的效果。

5. 提高运输工具的实载率

实载率的含义有两个：一是单车实际载重与运距之乘积和标定载重与行驶里程之乘积的比率，在安排单车、单船运输时，它是判断装载合理的重要指标；二是车船的统计指标，即在一定时期内实际完成的货物周转量占载重吨位与形式公里乘积的百分比。提高实载率如配载运输等，可以充分利用工具的额定能力，减少空驶和不满载行驶的时间，减少浪费，从而求得运输的合理化。

6. 减少劳力投入，增加运输能力

运输的投入主要是能耗和基础设施的建设，在运输设施固定的情况下，尽量减少能源动力投入。从而大大节约运费，降低单位货物的运输成本，达到合理化的目的。如在铁路运输中，在机车能力允许的情况下，多加挂车皮；在内河运输中，将驳船编成队行，由机运船顶推前进；在公路运输中，实行汽车挂车运输，以增加运输能力等。

7. 发展社会化的运输体系

运输社会化的含义是发展运输的大生产优势，实行专业化分工。打破物流企业自成运输体系的状况。单个物流公司车辆自由，自我服务，不断形成规模，且运量需求有限，难以自我调剂，因而经常容易出现空缺、运力选择不当、不能满载等浪费现象，且配套的接、发货设施、装卸搬运设施也很难有效地运行。所以浪费颇大，实行运输社会化，不但可以追求组织效益，而且可以追求规模效益，所以发展社会化的运输体系是运输合理化的非常重要的措施。

8. 开展中短距离铁路、公路分流

在公路运输经济里程范围内，应利用公路运输。这种运输合理化表现主要有两点：一是对于比较紧张的铁路运输，用公路分流后，可以得到一定程度的缓解，从而加大这一区段的运输通过能力；而是充分利用公路"门到门"和在中途运输的速度快且灵活的优势，实现铁路运输难以达到的水平。在杂货、日用百货及煤炭等货物运输中较为普遍的运用公路运输。一般认为，公路的经济里程为 200～500km，随着高速公路的发展、高速公路网的形成，新型与特殊货车的出现，公路的经济里程有时可达 1000km 以上。

9. 尽量发展直达运输

直达运输就是在组织货物运输过程中，越过商业、物资仓库环节或交通中转环节，把货物从产地或起运直接运到销地或用户，以减少中间环节。直达的优势，尤其是在一次运输批量和用户一次需求量达到了一整车时表现最为突出。此外，在生产资料、生活资料运输中，通过直达，建立稳定的产销关系和运输系统，有利于提高运输的计划水平。

10. 配载运输

配载运输是充分利用运输工具载重量和容积，合理安排装载的货物及方法以求合理化的一种运输方式。配载运输往往是轻重货物合理配载，在以重质货物运输为主的情况下，同时搭载一些轻泡货物，如海运矿石、黄沙等重质货物，在上面捎运木材、毛竹等，在基本不增加运力的情况下，在基本减少重质货物运输的情况下，解决了轻泡货物的搭运，因而效果明显。

11. 提高技术装载量

依靠科技进步是运输合理化的重要途径。它一方面是最大限度地利用运输工具的载重吨位，另一方面是充分使用车船装载容量。其主要做法有以下几种：专用散装及罐车，解决了粉状、液体物运输损耗大，安全性差等问题；袋鼠式车皮，大型托挂车解决了大型设备整体运输的问题；集装箱船比一般船能容纳更多的箱体，集装箱高速直达加快了运输速度等。

12. 进行必要的流通加工

有不少产品由于产品本身形态及特性问题，很难实现运输的合理化，如果进行恰当加工，就能够有效解决合理运输的问题，如将造纸木材在产地加工成纸浆后压缩体积。

二、承运人的选择

承运人选择是在企业运输业务外包决策中面临的一个基本问题。运输在企业经营和流通活动中的重要性要求企业必须慎重选择承运人。选择了一个好的承运人，可以减少企业在运输设施上的投资，集中资源发展自己的核心竞争力，从而降低运输成本和风险。而且选择优秀的承运人可以充分利用运输承运人在运输网络方面的优势，开拓市场，提高企业的竞争力。相反，如果选择了一个不合适的承运人，则可能会导致运输系统不稳定、运输时间增加、货损率上升甚至公司机密泄露等。这不仅会增加企业的成本，还将损害企业的形象，导致客户流失乃至减少企业的市场份额。

货主选择承运人的方法因货物类别、货物批量大小、运输时间要求、关注重点和获取承运人信息多少的不同而有很大差别。现有承运人选择的方法主要包括服务质量比较法、运输价格比较法、综合因素法和层次分析法。

（1）质量比较法。客户在付出同等运费的情况下，总希望得到好的服务，因此，服务质量往往成为客户选择不同运输服务商的首要标准。质量比较法主要通过比较运输质量和比较服务理念两个方面来衡量。

（2）运输价格比较法。各运输服务商为了稳定自己的市场份额，都会努力提高服务质量，而随着竞争的日趋激烈，对于某些货物来说，不同的运输服务商所提供的服务近乎相同，因此运价很容易成为各服务商的最后竞争手段。于是客户在选择时，如面对几乎相同的服务质量，或有些客户对服务质量要求不高时，运输价格成为了另一个重要的决策准则。

（3）综合因素法。客户在选择运输服务商时会同时考虑多个因素，如服务质量、运输价格、服务商的品牌、服务商的经济实力和服务商的服务网点数量等。结合以上多种因素进行打分加总得到的就是综合分数。综合分数较高的服务商竞争实力较强，容易受到客户的青睐。

（4）层次分析法。根据具有题解结构的目标、子目标、约束条件、部门等来评价方案，采用两两比较的方法确定判断矩阵，然后把判断矩阵的最大特征根对应的特征向量的分量作为相应的系数，最后综合给出各方案的权重。由于该方法让评价者对照相对重要性函数表，给出因素两两比较的重要性等级，因而可靠性高、误差小，不足之处是遇到因素众多、规模较大的问题时，该办法容易出现问题，如判断矩阵难以满足一致性要求，往往难以进一步对其分组。

【技能要点】

运输方案的制定根据物流运输过程采取自营或外包的策略不同，物流运输方案所涉及的内容是有差异的。如果物流运输采取自营策略，则物流运输方案的内容有货物运输计划的编制、运输方式的选择、运输路线的选择与优化、运输工具的选择及需求量的确定及物流运输成本的预测。而采取外包策略进行物流运输，则物流运输方案主要涉及运价的谈判和运输服务商的选择。

综合来看，物流运输方案制定主要包括货物运输量和所需运输工具的确定、运输方式的选择、运输路线的选择、运输服务商的选择、预测运输成本等问题。

【任务实施】

本任务根据运输方案制定的要求分别进行分析。

货物运输量及运输工具的确定：货物的总体积为 396m³/批，总重量为 60000kg/批，因此，根据 20 英尺和 40 英尺的箱型载重与容积标准：

20 尺柜：内容积为 5.69m×2.13m×2.18m，配货毛重为 17.5t，体积为 24~26m³。

40 尺柜：内容积为 11.8m×2.13m×2.18m，配货毛重为 22t，体积为 54m³。

40 尺高柜：内容积为 11.8m×2.13m×2.72m，配货毛重一般为 22t，体积为 68m³。

应该选择 40 英尺高柜比较合适，一批货正好适用 6 个 40 尺高柜进行承装货物。

运输方式选择及路线优化：40 英尺集装箱拖挂车 6 辆完成内陆运输。从西安搭载配件到包头接运配件到承德，汇总配件进行组装成品。再将成品货物运载到廊坊进行包装、贴标签等工序，最后将 30000 套安防设备运抵天津港发运。经过天津港－地中海航线的运输直接到阿尔及尔港卸货。

运输成本包括固定成本（运输工具、运输设施、信息系统的购置成本以及固定资产折旧费、财产保险费、运输管理人员工资和职工培训费等）、变动成本（根据运输量直接产生的燃料费用、装卸费用等）、联合成本和公共成本。根据任务可知：运输成本=固定成本+变动成本+联合成本和公共成本。

【知识链接】

影响运输成本的主要因素有运输量、运输距离、运输速率是决定运输成本的重要因素。除了这些因素外，运输成本还与运输工具的积载能力、搬运方式、货物易损性及市场因素有密切关系。

1. 积载能力因素

积载能力因素是指由于产品的具体尺寸、形状及其对运输工具的空间利用程度的影响。

2. 搬运方式

物品在运输过程中通常要用刚性容器或承载工具进行成组，形成运输单元，以提高搬运效率，同时也保护商品，减少货损货差，降低运输成本。

3. 物品易损性

有些物品具有易损、易腐、易自燃、易自爆等特性，容易造成损坏风险和导致索赔事故，运输这些商品除需要特殊的运输工具和运输方式外，承运人还必须通过货物保险来预防可能发生的索赔，从而增加了运输成本。

4. 市场因素

市场因素是指物流运输的起点与终点之间相向运输的货物量是否平衡，如果不平衡，必然会出现返空的现象，这就会造成运力的浪费。

综合技能实训

【实训任务背景】

现有一批货物从深圳发货，两天出货一次，要求 6 天内所有城市全部到货，作出价格最优的运输方案。

货物信息如表 3-3 所示。

表 3-3　货物信息

序号	货品名	数量	收件人	目的地	件数
1	奋达 A510	音箱 4000	王亚平	太原	140
2	奋达 A510	音箱 3000	马中锋	武汉	100
3	奋达 A510	音箱 3000	刘晓东	朝阳	100
4	奋达 A510	音箱 3000	刘莉莉	漯河	100
5	奋达 A510	音箱 3000	王凤玉	大庆	140
6	奋达 A510	音箱 3000	齐小红	鸡西	100
7	奋达 A510	音箱 4000	于风雨	晋城	140
8	奋达 A510	音箱 4000	刘喜富	七台河	140
9	奋达 A510	音箱 4000	李广利	包头	140
10	奋达 A510	音箱 4000	足立理	贵阳	140
11	奋达 A510	音箱 4000	熊富华	渭南	100

【实训任务要求】

制作合理的运输方案：要求选择合适的运输方式；确定运输工具的需要量；选择合适的运输服务商；具体操作过程。

答案：

一、基本思路（目标）

主要有两条：一是满足客户的需求，例如，从深圳发货，两天出货一次，要求 6 天内所有城市全部到货；二是优化配送，实现成本最低化。

二、运输方式的选择

主要运输方式有公路、水路、铁路、航空及多式联运等。

就所给的产品情况来判断，应该以公路和铁路运输方式为主，但不排除可能还要少量的航空运输，主要是 6 天到货的前置时间，有远的城市，可能通过公路或铁路达不到客户的要求。

三、运营模式

运输的运营模式有两种选择：一是自行组织运输；二是外包运输业务。

由于业务分布在全国各地，虽然货运量较均匀（100～140 件），且货物接收地分散，建议以外包为主，即由零担专线的物流园区内的专线托运部负责具体的运输与配送业务。当然，如果是货运量稳定，能成为整车，也不排除相距不远的局部城市的货物配送由企业自己负责运输业务。

四、车辆大小的配匹

上述案例中，没有明确的货物体积情况，但音箱肯定是普货，加上各城市的距离均不近，所以，除铁路运输外，公路运输还应考虑车箱体积的充分利用。各城市与深圳均距离较远，干线运输为主，可以考虑货运汽车以半挂车、整车拖挂车为主。城区配送，可以交给当地城市的配送中心负责完成，如果道路运输条件允许，最好能直接交货给客户。

五、线路的优化

干线运输线路优化可以采用最短路径法、循环路径法、基于仿真系统的算法模型等，本案例采用最短路径法较为合适。

六、成本核算（以公路运输为参照物）

自营成本的构成主要有：固定费用，包括车辆折旧、人员薪酬、管理费用、证照费用、定期保养费用、利息支出等；变动费用，包括燃油费、路桥费、仓储租费、修理费、保养费（随路程）、税费、业务提成、补贴、当地配送费等。

项目四　国际海上货物运输代理业务

【项目目标】

海运是国际货物运输最主要的一种运输方式。国际海洋货物运输分为班轮运输和租船运输两种方式，其中班轮运输又包括杂货班轮运输和集装箱班轮运输。作为一名国际货运代理人，必须要了解海洋货物运输中有关航线、港口、船舶、货物等基本常识，掌握班轮运输和租船运输业务流程，同时熟悉各类货运单证及其填制技巧。通过本项目的学习，希望能够了解一些海运常识，掌握集装箱班轮运输、杂货班轮运输及租船运输代理业务的操作流程，能够较熟练地填制各类货运单证，并掌握班轮运费的计算标准和方法。

【项目技能要求】

1. 班轮进出口运输代理流程
2. 班轮运费的计算
3. 海洋运输及代理业务单据的缮制
4. 租船运输代理的业务流程
5. 租船合同的识读

任务一　杂货班轮代理业务

【任务引入】

上海国际贸易公司和日本大阪的 TKAMLA 公司于 2006 年 3 月 1 日签订了一份"中国绿茶"的 CIF 出口合同。上海国际贸易公司委托上海外轮代理公司为其代理该批货物的出口货运业务。上海国际贸易公司提供的资料显示：

（1）货物描述。FFCHINESE GREEN TEA

ART NO.555	100 KGS	140KGS	20CARTONS
ART NO.666	110 KGS	132KGS	22CARTONS
ART NO.777	120 KGS	144KGS	24CARTONS

总毛重：416KGS　　总尺码：13.2CBMS

（2）唛头。　　T.C

TXT264

OSAKA

C/NO.1-66

（3）装运港。SHANGHAI, CHINA；目的港：OSAKA, JAPAN。

（4）商业发票号：TW0522。

上海外轮代理公司如何完成该批货物的杂货班轮运输代理业务呢？

【任务分析】

要完成此次杂货班轮运输代理业务，首先需要熟悉杂货班轮出口业务的特点及业务流程；其次要熟练掌握业务中各类单据的填制。另外，由于国际货物运输领域涉及的当事人很多，明确业务中各类角色在业务环节中的地位及其协作关系，是顺利完成业务的前提。下面就来介绍杂货班轮运输代理业务中的必要知识和技能。

【必备知识】

一、班轮运输的概念及特点

（一）班轮运输的概念

班轮通常是指具有固定航线、沿途停靠若干固定港口、费率相对固定，按照事先规定的时间表航行的船舶。对于停靠的港口，不论货物数量多少，一般都可接受托运。

班轮运输，也称定期船运输，是指班轮航运公司将船舶按事先制定的船期表，在特定航线的各既定挂靠港口之间，经常地为非特定的众多货主提供规则的、反复的货物运输服务，并按运价本或协议运价的规定计收运费的一种营运方式。

（二）班轮运输的特点

班轮运输具有以下一些特点：

（1）在杂货班轮运输中，除非定有协议可允许托运人在船边交货和收货人在船边提货外，通常承运人是在装货港指定的码头仓库接收货物，并在卸货港的码头或仓库向收货人交付货物。在集装箱班轮运输中，通常承运人是在装货港集装箱堆场接收货物，并在卸货港集装箱堆场交付货物。拼箱货则由集拼经营人在装货港集装箱货运站接收货物，并在卸货港集装箱货运站交付货物。

（2）班轮公司一般负责包括装货、卸货和理舱在内的作业和费用，在杂货班轮运输中，班轮公司通常不负担仓库至船边或船边至仓库搬运作业的费用；在集装箱班轮运输中，由于运输条款通常为 CY/CY（堆场/堆场），所以班轮公司理应负担堆场至船边或船边至堆场搬运作业的费用。

（3）承运人与货主之间在货物装船之前通常不书面签订具有详细条款的运输合同。在杂货班轮运输中，通常是在货物装船后，由承运人或其代理人签发提单；在集装箱班轮运输中，除通常由承运人或其代理人签发提单外，还可以根据需要签发海运单。这些单证上记有详细的有关承运人、托运人或收货人的责任以及权利和义务的条款。

（4）承运人与货主之间不规定装卸时间，也不计算滞期费和速遣费。在堆场或货运站交接货物的情况下，会约定交接时间，而不规定装、卸船时间；在船边交货或提取货物时，也仅约定托运人或收货人需按照船舶的装卸速度交货或提取货物，否则，货方应赔偿船方因降低装卸速度或中断装卸作业所造成的损失。

二、杂货班轮运输

杂货班轮运输的货物以件杂货为主，还可以运输一些散货、重大件等特殊货物。对货主而言，杂货班轮运输具有以下优点：

（1）特别适应小批量零星件杂货对海上运输的需要。货主或货运代理（简称货代）能够随时向班轮公司托运，而不论货物的批量大小，因此可以节省货物等待集中的时间和仓储的费用。

（2）能满足各种货物对海上运输的要求，并能较好地保证货运质量。

（3）能及时、迅速地将货物发送和运达目的港。由于货主和货代能根据船期表预知货物的发运和到达时间，因此能保证货物的供需要求。

（4）通常班轮公司都负责转运工作。货主或货代可以要求班轮公司安排货物的转运工作，从而满足货物运输的特殊需要。

三、杂货班轮货运程序

从事杂货班轮运输的船舶按照船期表营运，通常挂靠港口较多，货物装卸作业频繁，所承运货物的种类多，票数也多，船舶在港停泊时间较短，出现货运质量事故的情况比较复杂。因此，杂货班轮运输中必须建立一套行之有效的程序。

（一）货物出运

杂货班轮运输的第一个环节是办理货物出运手续。对托运人及其代理人而言，他们需要选择班轮公司，办理货物托运手续以及与班轮公司进行货物交接。反过来，在这个环节，班轮公司的主要工作包括揽货、接受订舱以及确定航次货运任务等内容。

1. 揽货

船公司为使自己所经营的船舶在载重量和载货舱容两方面均能得到充分利用，以期获得最好的经营效益，会通过各种途径从货主那里争取货源，揽集货载。有关揽货的具体内容可参见本书项目二。

2. 订舱

订舱是指托运人或其代理人向承运人或其代理人预订舱位的行为。托运人订舱时，需要填写订舱委托书，而承运人或其代理人如能接受托运人的订舱请求，便会发出一份订舱确认书。依据有关的法律规定，订舱委托书可视为要约，而订舱确认书可视为承诺。托运人一旦收到班轮公司的订舱确认书，就意味着托运人与承运人之间的货物运输契约关系成立。

在实践中，订舱可分为出口地订舱、进口地订舱和异地订舱等多种形式。

（1）出口地订舱。出口地订舱是指在货物的出口地或装船港，由发货人或其代理直接向所在地承运人或其代理进行的订舱。在国际贸易中，如果货物以 CIF 价格术语成交，此时需由出口商安排货物运输。所以，订舱工作多数会在货物出口地由出口商办理。

（2）进口地订舱。进口地订舱是指在货物的进口港或目的地，由收货人或其代理通过承运人在进口港货物目的地的代理进行的订舱。在国际贸易中，如果货物以 FOB 价格术语成交，则货物运输由进口商安排。此时，订舱工作很可能在货物进口地由进口商办理。在实践中，往往将这类货物称为"指定货"。

（3）异地订舱。异地订舱是指发货人在货物产地或非装运港（地）的其他地方直接向出口地的承运人或其代理进行的订舱。

（二）货物装船与卸船

1. 货物装船作业的形式

（1）现装或直接装船。杂货班轮运输中，除另有约定外，一般都规定托运人应将其托运的货物送至船边，如果船舶是在锚地或浮筒作业，托运人还应用驳船将货物驳运至船边，然后进行货物的交接和装船作业。对于某些特殊货物，如危险货物、鲜活货、贵重货、重大件货物等，通常采取由托运人将货物直接送至船边交接装船的形式，即采取现装或直接装船的方式。

（2）仓库收货，集中装船。由于在杂货班轮运输中，船舶承运的货物种类多、票数多、包装式样多、挂靠港口多等原因，如果要求每个托运人都将自己托运的货物直接送至码头船边，就可能发生待装的货物不能按规定的装船先后次序送至船边的情况，从而使装货现场发生混乱，影响装货效率的现象。由此而产生的结果是延长了船舶在港的停泊时间，延误船期，也容易造成货损、货差现象。因此为了提高装船效率，加速船舶周转，减少货损、货差现象，在杂货班轮运输中，对于普通货物的交接装船，通常采用由班轮公司在各装货港指定装船代理人，由装船代理人在各装货港的指定地点（通常为港口码头仓库）接受托运人送来的货物，办理交接手续后，将货物集中整理，并按次序进行装船的形式，即所谓的"仓库收货，集中装船"的形式。

不论是直接装船还是集中装船，托运人都应承担将货物送至船边的义务，而作为承运人的班轮公司的责任则是从装船时开始，除非承运人与托运人之间另有不同的约定。具体而言，即便是"仓库收货，集中装船"的情况下，船公司的责任期间也并没有延伸至仓库收货时。

2. 货物卸船交货的形式

（1）直接卸货。在杂货班轮运输中，直接卸船交货是指将船舶所承运的货物在提单所载明的卸货港从船上卸下，并在船边交给收货人同时办理货物的交接手续。对于危险货物、重大件货物等特殊货物，通常采取由收货人办妥进口手续后来船边接收货物，并办理交接手续的现提形式。

（2）集中卸船，仓库交货。在实际业务中，如果各个收货人在船抵达后都同时来到码头船边接收货物，同样会使卸货现场十分混乱，影响卸货效率，延长船舶在港停泊时间。所以，为使船舶在有限的停泊时间内迅速将货卸完，实际过程中通常由船公司指定装卸公司作为卸货代理人，由卸货代理人总揽卸货和接收货物并向收货人实际交付货物的工作。因此，在杂货班轮运输中，对于普通货物，通常采取先将货物卸至码头仓库，进行分类整理后，再向收货人交付的所谓"集中卸船，仓库交付"的形式。

与装船的情况相同，在杂货班轮运输中，不论采取怎样的卸船交货的形式，船公司的责任都是以船边为责任界限，而且卸货费用也是按这样的分界线来划分的。综上所述，在杂货班轮运输中，承运人对承运货物的责任期间可以概括为"船舷至船舷"或"钩至钩"。

（三）提取货物

在杂货班轮运输实践中，多采用"集中卸船，仓库交付"的形式。所以，通常是收货人先取得提货单，为货物办理进口手续后，再凭提货单到堆场、仓库等存放货物的现场提取货物。而收货人只有在符合法律规定及航运惯例的前提条件下，才能取得提货单。

在使用提单的情况下收货人必须把提单交回承运人，并且该提单必须经适当正确的背书，否则船公司没有交付货物的义务。除此之外，收货人还须付清所有应该支付的费用，如到付的运费、共同海损分担费等，否则船公司有权根据提单上的留置权条款的规定，暂时不交付货物，直至收货人付清各项应付的费用。如果收货人拒绝支付应付的各项费用而使货物无法交付时，船公司还可以经卸货港所在地法院批准，对卸下的货物进行拍卖，以拍卖所得价款充抵应收取的费用。因此，货运代理人应及时与收货人联系，取得经正确背书的提单，并付清应该支付的费用，以便换取提货单，并在办理了进口手续后提取货物。

在已经签发了提单的情况下，收货人要取得提货的权利，必须以交出提单为前提条件。但是在实际过程中由于提单邮寄延误，或者作为押汇的跟单票据的提单未到达进口地银行，或者虽然提单已到达进口地银行，而因为汇票的兑现期限的关系，在货物已运抵卸货港的情况下，收货人还无法取得提单，也就无法凭提单来换取提货单提货。此时，按照一般的航运习惯，收货人就会开具由一流银行签署的保证书，以保证书交换提货单后提货。船公司同意凭保证书交付货物是为了能尽快交货，而且除有意欺诈外，船公司可以根据保证书将因凭保证书交付货物而发生的损失转嫁给收货人或保证银行。但是，由于违反运输合同的义务，船公司对正当的提单持有人仍负有赔偿一切损失责任的风险。因此，船公司会及时要求收货人履行解除担保的责任，即要求收货人在取得提单后及时交给船公司，以恢复正常的交付货物的条件。实际过程中，船公司要求收货人和银行出具的保证书的形式和措辞虽各不相同，但主要内容都包括因不凭提单提货，收货人和保证银行同意下列条件：

1）不凭提单提取货物，收货人和银行保证赔偿并承担船公司及其雇员和代理人因此承担的一切责任和遭受的一切损失。

2）对船公司或其雇员或其代理人因此被起诉而提供足够的法律费用。

3）对船公司的船舶或财产因此被扣押或羁留或遭到这种威胁而提供所需的保释金或其他担保以解除或阻止上述扣押或羁留，并赔偿船公司由此所遭受的一切损失、损害或费用。

4）收到提单后换回保证书。

5）对于上述保证内容由收货人和银行一起负连带责任。

提单上的卸货港一栏内有时会记载两个或两个以上可供货主选择的卸货港名称，因此货主在货物装船前尚未确定具体的卸货港，这样在办理货物托运时提出选择卸货港交付货物的申请，并在船舶开航后从提单上所载明的选卸港范围内选定对自己最为方便或最为有利的卸货港，最后在这个港口卸货和交付货物。这种由货主选择卸货港交付的货物称为"选港货"。由于为"选港货"签发的提单中的卸货港一栏内已明示了卸货港的范围，如"option Kobe/Yokohama"，所以收货人在办理提货手续时，只要交出一份提单即可。但是货主必须在船舶自装货港开航后，抵达第一个选卸港之前的一定时间以前（通常为24h或48h），把决定的卸货港通知船公司及被选定卸货港船公司的代理人，否则船长有权在任何一个选卸港将货物卸下，并认为船公司已履行了对货物运送的责任。

如果收货人认为有必要将货物改在提单上载明的卸货港以外的其他港口卸货交付，则可以向船公司提出变更卸货港的申请。但是，所变更的卸货港必须是在船舶航次停靠港口范围之内，并且必须在船舶抵达原定卸货港之前或到达变更的卸货港（需提前卸货时）之前提出变更卸货港交付货物的申请。由于变更卸货港交付货物是在提单载明的卸货港以外的其他港口卸货和交付货物，所以收货人必须交出全套提单才能换取提货单提货。而且，在船公司根据积载情况，考虑变更卸货港卸货和交付货物对船舶营运不会产生严重影响，并接受货主变更卸货港的申请，收货人还应负担因这种变更而发生货物的翻舱、捣载费、装卸费以及因变更卸货港的运费差额和有关手续费等费用。

四、杂货班轮货运单证的名称及作用

在杂货班轮运输中，从办理货物托运手续开始，到货物装船、卸船、直至货物交付的整个过程，都需要编制各种单证。这些单证是在货方（包括托运人和收货人）与船方之间办理货物交接的证明，也是货方、港方、船方等有关单位之间从事业务工作的凭证，又是划分货方、港方、船方各自责任的必要依据。

在这些单证中，有的是受国际公约和各国国内法规约束的，有的则是按照港口当局的规定和航运习惯而编制使用的。尽管这些单证种类繁多，而且因各国港口的规定会有所不同，但主要单证是基本一致的，并能在国际航运中通用。在集装箱班轮运输中，除了一些集装箱运输使用的专门的单证外，也使用这些单证，只不过是在单证中另外加上有关集装箱运输的内容而已。目前国际上通用的及我国航行于国际航线船舶所使用的主要单证有以下几种：

（一）在装货港编制使用的单证

1. 海运出口货物代运委托单

海运出口货物代运委托单（简称委托书）是委托方（出口企业）向被委托方（货运代理人）提出的一种"要约"，被委托方一经书面确认就意味着双方之间委托代理关系的成立，因此委托书应由委托单位盖章，使之成为有效的法律文件。货运代理人接到委托书后，如不能接受或某些要求无法满足，应及时作出反应，以免耽误船期，承担不必要的法律责任。

委托书是货运代理人的工作依据。因此，委托方应根据国际贸易合同或信用证内容，在委托书中详细列明办理托运所需的资料、注意事项及工作要求等。在实践中，委托书没有统一的格式。

2. 装货联单

货运代理人接受委托后，一般会以口头形式向班轮公司预订舱位，如果班轮公司对这种要约表示承诺，则运输合同关系即告成立。但是，按照国际航运界的通常做法，托运人还需要向班轮公司提交详细记载有关货物情况及运输要求等内容的书面凭证。在业务实践中，一般是由货运代理人根据委托人提供的委托书，向船舶代理人申请托运，然后填写装货联单并提交给船舶代理人。

杂货班轮运输中使用的装货联单是在装货单（Shipping Order）和大副收据（Mate's Receipt）基础上发展而成的一种多功能单据，一般为一套 10 联（沿海各大港口不尽相同，如上海为一套 9 联，天津为一套 6 联），长短联配套使用。虽然我国各个港口使用的装货联单的组成不尽相同，但主要都是由托运单（Booking Note，B/N）及其留底（Counterfoil）、装货单（Shipping Order，S/O）和收货单（Mate's Receipt，M/R）等各联组成的。

（1）托运单。托运单也称订舱单，是托运人根据贸易合同或信用证的条款内容填写的（实践中通常是货运代理人根据托运人提供的委托书来填写），向承运人或其代理人办理货物托运的书面凭证。经承运人或其代理人对该单的签认，即表示已接受这一托运，承运人与托运人之间的货物运输合同关系即告成立。托运单的主要内容包括托运人、收货人、通知人、装货港及目的港、预配船名及航次、货名、件数及包装、重量、尺码等内容。

（2）装货单。装货单在业务中也称"下货纸"，是由托运人（实践中通常是货运代理人）填制交班轮公司或其代理审核并签章后据以要求船长将货物装船承运的凭证。由于托运人必须在办理了货物出口海关手续后，才能要求船长将货物装船。因此装货单也常称为"关单"。

签发装货单时，船公司或其代理人会按不同港口分别编制装货单号（最终的提单号基本上与装货单号相同）。签发装货单后，船、货、港各方都需要一段时间来编制装货清单、积载计划、办理货物报关、查验放行、货物集中等待装船等准备工作，因此，对每一航次在装船开始前的一定时间应截止签发装货单。若在截止签发装货单日之后再次签发装货单，则称之为"加载"。通常只要还没有最后编妥积载计划，或积载计划虽已编妥，但船舶的舱位尚有剩余，并且不影响原积载计划的执行时，船方都会设法安排"加载"。

（3）收货单。收货单又称"大副收据"，是指某一票货物装船后，由船上大副签发给托运人的用以证明货物船方已收到该票货物并已装船的凭证。

每票货物全部装船后，现场理货员即核对理货计数单的数字，在装货单上签注实际装货数量、装船位置、装船日期并签名，再由理货长审查并签名，证明该票货物如数装船无误，然后随同收货单一起交船上大副，大副审核属实后，在收货单上签字，留下装货单，将收货单退给理货长转交托运人或货运代理人。货运代理人取得经大副签署的收货单后，即可凭以向班轮公司或其代理人换取已装船提单。

大副在签署收货单时，会认真检查装船货物的外表状况、货物标志、货物数量等情况。如果货物外表状况不良，出现标志不清，有水渍、油渍或污渍，数量短少，货物损坏等情况时，大副就会将这些情况记载在收货单上。这种记载称为"批注"，习惯上称为"大副批注"。有"大副批注"的收货单称为"不清洁收货单"，无"大副批注"的收货单称为"清洁收货单"。

3. 装货清单

装货清单是船公司或其代理人根据装货单留底，将全船待装货物按目的港和货物性质分类，依航次靠港顺序排列编制的装货单的汇总清单。其内容包括装货单编号、货名、件数、包装形式、毛重、尺码及特种货物对装运的要求或注意事项等。

装货清单是船上大副编制积载计划的主要依据。装货清单又是供现场理货人员进行理货、港方安排驳运、进出库场以及承运人掌握托运人备货情况等的业务单据。如有增加或取消货载的情况发生，船公司或其代理人须及时编制"加载清单"或"取消货载清单"，并及时通知船上。

4. 载货清单

载货清单也称为"舱单"，是在货物装船完毕后，根据大副收据或提单编制的一份按卸货港顺序逐票列明全船实际载运货物的汇总清单。

载货清单是国际航运实践中一份非常重要的通用单证。船舶办理报关手续时，必须提交载货清单。载货清单是海关对进出口船舶所载货物进出国境进行监管的单证。如果船载货物在载货清单上没有列明，海关有权依据海关法的规定进行处理。载货清单又是港方及理货机构安排卸货的单证之一。在我国，载货清单还是出口企业在办理货物出口后，申请退税，海关据以办理出口退税手续的单证之一。因此，在船舶装货完毕离港前，船方应由船长签认若干份载货清单，并留下数份随船同行，以备中途挂港或到达卸货港时办理进口报关手续时使用。另外，进口货物的收货人在办理货物进口报关手续时，载货清单也是海关办理验放手续的单证之一。

5. 配载图和积载图

货物配载图（Cargo Plan）又称为货物配载计划，是以图示形式表明拟装货物的计划装舱位置的货物受载计划图。

货物配载图是大副在开始装船前，按照船公司或其代理人交来的装货清单编制的，它是向现场理货员和装卸公司指明货物计划装舱位置的。根据这个配载计划，可以使港口和装卸公司等各个方面按照配载计划的要求来安排船舶的装船工作，使装船工作能按照既定顺序，有条不紊地进行。因此，它是装船作业中一份十分重要的资料。

在实际装船过程中，因多种原因，有时无法完全按计划装载，比如计划货载有变动，或临时安排了新的任务，或因实际货载的尺码与提供的资料不一致，或因某种货物未能按时集中，不得不改变积载顺序等，都会使货物的实际积载情况与原定的配载图不一致。因此，当货物全部装船后，应按照货物实际的积载情况，重新绘制货物积载图（Stowage Plan）。

积载图既是船方进行货物运输、保管和卸货必备的资料，也是卸货港安排卸货作业和现场理货的依据。它还是货方核查承运人是否妥善管理货物的依据。

6. 危险货物清单

危险货物清单是专门列出船舶所载全部危险货物的明细表。它的内容主要包括船名、航次、装货港、卸货港、提单号、货名、数量、货物性质和装舱位置等。

按照一般港口的规定，凡船舶装运危险货物时，船方应向有关部门（我国海事局）申请派员监督装卸。危险货物按照规定装船完毕后，监装部门即发给船方一份"危险货物安全装载证明单"。这也是船舶装运危险货物时的必备单证之一。

除上述主要单证外，为了提高运输效率和效益，还会使用其他一些单证，如重大件清单、剩余舱位报告、积载检验报告等。

（二）在卸货港编制使用的单证

1. 过驳清单

过驳清单是采用驳船作业时，作为证明货物交接和表明所交货物实际情况的单证。过驳清单是根据卸货时的理货单证编制的，其内容包括驳船名、货名、标志、号码、包装、件数、卸货港、卸货日期、舱口号等，并由收货人、卸货公司、驳船经营人等收取货物的一方与船方共同签字确认。

2. 货物溢短单

货物溢短单是指一票货物所卸下的数字与载货清单上所记载的数字不符，发生溢卸或短卸的证明单据。货物溢短单由理货员编制，并且必须经船方和有关方（收货人、仓库）共同签字确认。

3. 货物残损单

货物残损单是指卸货完毕后，理货员根据卸货过程中发现的货物破损、水湿、水渍、渗漏、霉烂、生锈、弯曲变形等情况记录编制的，证明货物残损情况的单据。货物残损单必须经船方确认。

以上3种单据通常是收货人向船公司提出损害赔偿要求的证明材料，也是船公司处理收货人索赔要求的原始材料和依据。所以，船方在签字时会认真核对，情况属实才能给予签认。

4. 提货单

提货单（Delivery Order，D/O）又称小提单。它是收货人凭以向现场（码头仓库或船边）提取货物的凭证。提货单的内容基本与提单所列内容相同。但提货单的性质与提单完全不同，它只不过是船公司指令码头仓库或装卸公司向收货人交付货物的凭证，不具备流通及其他作用。因此，提货单上一般记有"禁止流通"字样。

【技能要点】

一、杂货班轮出口代理业务流程

在前面讲述了杂货班轮货运的一般流程，这里将站在货运代理人的角度，分别讲述出口和进口货运代理业务的具体流程，如图4-1所示。

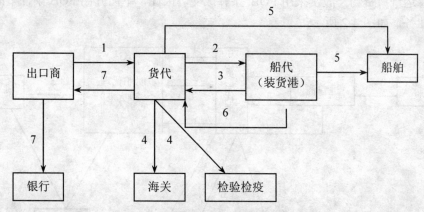

图4-1 杂货班轮出口代理业务流程图

（一）接受货主订舱委托

出口企业根据合同或信用证填制海运出口货物代运委托书，随附商业发票、装箱单等必要单据，委托货运代理企业订舱，有时还委托其代理报关及货物储运等事宜。

（二）订舱

货代根据出口企业的海运出口货物代运委托书，向船公司在装货港的代理人（也可以直接向船公司或其营业所）提出货物装运申请，缮制并递交托运单，随同商业发票、装箱单等单据一同向船公司或船舶代理人办理订舱手续。

（三）船公司确认订舱

船公司同意承运后，则在托运单上编号（一般就是将来的提单号），填上船名、航次，并签署。同时，将配舱回单、装货单等与托运人有关的单据退还给货运代理。货代应按照船公司要求，及时将货物送至指定的港口仓库。

（四）出口报关报检

货代持船公司签署的装货单以及报关所需的全套必要文件，向海关办理货物出口报关、验货放行手续。货代也可接受货主委托，代办货物的出口检验。海关查验后，如同意放行，则在装货单上盖放行章，并将装货单退还货运代理人。

（五）货物装船

货运代理人根据船公司的指示，将海关放行的货物送至指定地点准备装船。

（六）换取正本提单

货物装船完毕，船上的大副签发收货单并转交给货运代理人。货运代理人持大副收据到船公司在卸货港的代理人处付清运费（运费预付情况下），换取正本已装船海运提单。

（七）将提单交货主

货运代理在向出口企业转交海运提单前，一般会要求出口企业付清运费及相关费用。出口企业凭已装船提单才能办理结汇。

二、杂货班轮进口代理业务流程

当货物以 FOB 等贸易条件进口时，就由买方承担运输任务，业务中称为"买方派船"。现在我国海运进口货物一般常采用 FOB 条件成交。因此，下面介绍 FOB 条件下的进口货物运输代理业务，如图 4-2 所示。

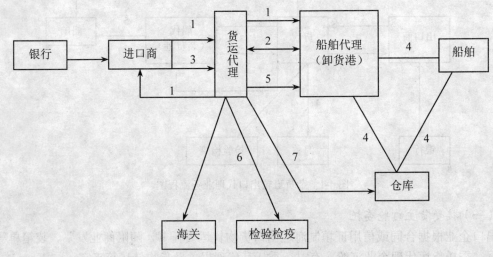

图 4-2　杂货班轮进口代理业务流程图

（一）根据货主委托订舱

以 FOB 成交的进口合同，由买方负责租船订舱。在合同规定交货前一定时期内，卖方应将预计装运日期通知买方。买方接到通知后，及时书面委托货运代理办理租船订舱手续。货代在订妥舱位后，及时将船名、航次、船期通知买方，以便其向卖方发出派船通知。同时货代还要通知装货港船务代理，及时与卖方或其货运代理联系，按时将备妥货物发到装货港，以便船货衔接。

（二）掌握船舶动态

为了正确掌握到货时间，要经常收集船舶动态资料。资料可以从船期表、报纸上刊登的船期公告、有关船舶动态和船务周刊等杂志、发货人的装船通知及收到的各项单证中取得。船舶动态包括船名、船籍、船舶性质、装卸港顺序、预计抵港日期、船舶吃水及货物名称、数量等。进出货物的转船信息至关重要，关键是掌握二程船信息。通常情况下，转船货只确定转船港，而没有确定二程船名，货运代理可以从港区通报及船公司、船务代理去寻找。而且凡是转船货，在舱单上也要注明一程船名、提单号、装运港及装船日期，这样从舱身上列有转船货的船即为进口方要找的二程船，但也应注意有关品名件数，原来一批货，转船时有否分批，这样可以让出口方船务代理发二程船信息到卖方，再传真给进口方，然后由进口方可在目的港的船公司船代中查询，并要求他们一有二程船转出中转港或到港就用电话、传真通知买方或买方货代。如预计该到又没有任何信息要立即与买方、一程船船公司进一步联系，以免发生到货后滞报、漏报、压港，甚至超期而被海关没收。

（三）汇集单证

各项进口单证，是进口货物在卸船、报关、报验、接交和疏运各环节中必不可少的，因此必须及时收集整理备用。这些单证包括商务单证和船务单证两大类。商务单证有信用证副本、合同副本、发票、提单、装箱单、品质证明书等；船务单证则有舱单、货物积载图、租船合同或提单副本、超长超重的大件货物清单和危险品清单等。以上单证来源于银行、国外发货人、装货港代理、港口船务代理公司，也有随船进港带来的。把收到的各种单证，进行审检、归类或复制，以便货物进口时运用。

（四）监督卸货

按我国港口规定，由船方申请外轮理货公司代表船方与港区交接货物。货运代理则代表买方在现场监卸。理货人员与监卸人员互相配合，把好货物的数量和质量关，要求港区按票卸货，严禁不正常操作和混卸，并且要分清原残与工残。船货卸完后，由船方同理货组长向港区办理交接手续。有关货物溢短残损，要由船方签证。

（五）换取提货单

如前所述，在班轮运输实践中，通常是先凭正本经背书后的提单、装箱单、发票、合同、商检证明等到船务代理公司换取提货单，然后再办理进口报关手续。

（六）进口报关报检

进口货物到港后，首先要填制"进口货物报关单"，随附提单副本、发票、装箱单或重量单、销售合同，有的还要提供品质检验证书、原产地证书、进口许可证、危险品说明书等有关单证，向海关报关。经海关核准无误或查验无误后，才准予放行。

（七）提货

危险货物一般要求在船边现提货物。进库待提货物，应凭海关放行提单、提货单向港区提货。提货时要认真核对货物的包装、唛头、件数等，如有不符，要取得港方的有效证明。一旦货物离港，港方的责任即告终止。

（八）代运并交付货物

对在卸货港没有运力的进口单位，货代可接受进口公司委托，办理接交，安排运力，将货物转运到收货人指定地点，称为进口代运。进口代运协议可以是临时的，也可以是长期的。长期委托协议一般 1～3 年，到期双方无异议，自动延长。进口代运方便了收货人，节省收货人的人力和物力，同时加快了港口疏运工作。

三、杂货班轮运输主要单证的缮制说明

（一）托运单

托运单的缮制依据是国际贸易合同或信用证（或者是委托人的托运委托书）。以下就托运单的主要内容进行说明（表 4-1）。

表 4-1　托运单

托运人

Shipper＿＿＿＿＿＿＿＿

编号　　　　　　　　　　　船名

No. ＿＿＿＿＿＿＿＿　　　S/S ＿＿＿＿＿＿＿＿＿

目的港

For ＿＿＿＿＿＿＿＿＿＿

标记及号码 Marks & No.	件数 Quantity	货名 Description of Goods	重量千克　Weight（kg）	
			净重 Net	毛重 Gross
共计件数（大写） Total Number of Packages in Writing			运费付费方式	
运费 计算		尺码 Measurement		
备注				
通知		可否转船		可否分批
收货人		装期		有效期
		金额		提单张数
配货要求		银行编号		信用证号

（1）托运人。一般情况下，填写出口公司的名称和地址。

（2）编号。一般填写商业发票的号码。

（3）船名。即配载的船名和航次，由班轮公司配载后填写。

（4）目的港。目的港港口名称必须明确具体，遇有同名港，必须加注国家、地区、州名或城市名。如果信用证规定目的港为选择港，则应在同一航线、同一航次挂靠的港口中选择，数量最多不超过 3 个。

（5）标记及号码。此栏填写信用证或合同种规定的唛头，买卖合同或信用证中没有规定唛头，可填写 N/M。

（6）件数。注意托运单中的数量是指最大包装的件数。

（7）货名。这一栏的内容允许只写货物的大类名称或统称。用中英文两种文字填写，英文应该与信用证一致。

（8）重量。重量应分别计算毛重和净重。

（9）尺码。该栏目填写该批货物的尺码总数，一般单位为 m^3。

（10）运费付费方式。注明该批货物的运输支付方式是"运费预付"还是"运费到付"。

（11）可否转船、可否分批、装期、有效期。按照合同或信用证的相关内容填写。

（12）通知人。在信用证支付条件下，依据信用证条款填写；其他情况下，依据贸易的实际情况填写。通知人的作用就是及时接受船方发出的到货通知并将该通知转告真实收货人。

（13）收货人。在信用证支付条件下，依据信用证条款填写；其他情况下，依据贸易的实际情况填写，通常填写进口商的名称和地址。

（14）提单张数。是指班轮公司出具提单的份数。一般正本提单一式 3 份，3 份正本提单同时有效。提单副本的份数，一般取决于托运人留存和寄单的需要。

（15）备注。有关订舱、配舱、装运等的特殊要求可以在这一栏注明。

（二）装货单

（1）编号。签发装货单时，船公司或其代理人会按不同港口分别编制装货单号（最终的提单号基本上与装货单号相同）。

（2）日期、时间、装入何舱、实收、签名。一票货物装船完毕，理货员在装货单上签注实际装货数量、装船位置、装船日期并签名，再由理货长审查并签名，证明该票货物如数装船无误。装货单如表 4-2 所示。

表 4-2　装货单

托运人
Shipper_____

编号　　　　　　　　　　　　　　船名
No. _____　　　　　　　S/S _____

目的港
For _____

兹将下列完好状况之货物装船后希签署收货单
Receive on board the under mentioned goods apparent in good order and condition and sign the accompanying receipt for the same.

标记及号码 Marks & No.	件数 Quantity	货名 Description of Goods	重量千克　Weight（kg）	
			净重 Net	毛重 Gross
共计件数（大写） Total Number of Packages in Writing				

日期　　　　　　　　　　　　　　时间
Date _____　　　　　　Time _____

装入何舱
Stowed _____

实收
Received _____

理货员签名　　　　　　　　　　　经办员
Tallied By _____　　　　Approved By _____

（三）收货单

（1）收货单的内容与装货单基本相同，如表 4-3 所示。

（2）该单据在货物装船完毕后，由理货员填写，然后由大副核实无误之后签字。

表 4-3　收货单

托运人

Shipper_____

编号　　　　　　　　　　　　　　　　船名

No. _____　　　　　　　S/S _____

目的港

For _____

下列完好状况之货物业已收妥无损

Received on board the following goods apparent in good order and condition:

标记及号码 Marks & No.	件数 Quantity	货名 Description of Goods	重量千克　Weight（kg）	
			净重 Net	毛重 Gross
共计件数（大写） Total Number of Packages in Writing				

日期　　　　　　　　　　　　　　　　时间

Date _____　　　　　　Time _____

装入何舱

Stowed _____

实收

Received _____

理货员签名　　　　　　　　　　　　　大副签名

Tallied By _____　　　　Chief Officer _____

四、杂货班轮运费的核算

班轮运价是班轮公司承运单位货物的价格，而班轮运费则是班轮公司为根据运输契约完成货物运输而向托运人收取的报酬。

（一）班轮运价的分类

1. 根据运价的制定者划分

（1）班轮公会运价。它是指由班轮公会统一制定的供公会会员公司使用的运价。这种运价的调整和修改由班轮公会决定，任何一家会员公司都无权单独调整或修改。这种运价在公会内部是一种具有垄断性的运价。

（2）班轮公司运价。它是指由经营班轮运输的船公司自行制定并负责调整和修改的运价。如果该班轮公司加入班轮公会，则需执行公会运价。如中国远洋运输总公司 1993 年开始执行的《中国远洋运输公司第 1 号运价表》和供中美航线使用的《中国远洋运输公司第 17 号运价表》。

（3）双边运价。它是指出船方和货方共同制定、共同遵守的运价。这种运价通常是由有势力的货方与某些班轮公司共同制定的，如《中国对外贸易运输公司第 3 号运价表》即属于此种运价。

2. 按收费方法不同划分

（1）单项费率运价。它是指分别对各种不同商品在不同航线上逐一制定的运价。此种运价使用比较方便。根据商品的名称及所运输的航线，即可直接查找出该商品在该航线上运输的运价。中国远洋运输总公司的《中国远洋运输公司美国航线第 17 导运价表》、中国香港华夏运输有限公司的《华夏 8 号运价表》都属于这种运价。

（2）等级运价。它是指先将商品划分成若干个等级，然后分别为不同等级的商品制定不同航线的运价。这种运价本中附有"商品分级表"。计算运费时，首先根据商品的名称在"商品分级表"中查找出该商品所属的等级，然后再从该商品的运输航线或运抵港口的"等级费率表"中查出该等级商品的费率便可得出该商品的运价。

（3）航线运价。它是指按航线、商品名称或等级所制定的运价。这种运价不考虑运输距离远近，只要起运港和目的港在同一航线上就收取同样的运价。

（二）班轮运费的结构

班轮运费包括基本运费和附加运费两部分。基本运费是对任何一种托运货物计收的运费，附加运费则是根据货物种类或不同的服务内容，视不同情况而加收的运费。附加费可以按每一计费吨加收，也可以按基本运费的一定比例计收。

1. 基本运费

基本运费是指对每批货物所应收取的最基本的运费，是整个运费的主要构成部分。它根据基本运价和计费吨计算出来。

2. 附加运费

附加运费是指在基本运费基础上，班轮公司根据不同航线的具体情况额外收取的运费，也称为附加费。附加费是对运输过程中额外支出的补充，也是班轮公司调整航线运价的灵活手段。附加费名目繁多，主要有：

（1）超重附加费。它是指每件货物毛重超过规定重量时所加收的附加运费。

（2）超长附加费。它是指每件货物长度超过规定长度时加收的附加运费。

（3）直航附加费。它是指托运人要求将货物直航运至非基本港时所加收的附加费。

（4）转船附加费。它是指货物需在中途港转船时所加收的附加运费。

（5）港口附加费。它是指班轮公司对情况复杂、装卸效率低或港口费用高的港口加收的附加运费。

（6）燃油附加费。它是指在国际燃料市场价格上涨时加收的附加运费。

（7）选港附加费。它是指托运人有选择卸货港要求时所加收的附加运费。

（8）变更卸货港附加费。它是指在运输途中货方要求变更原卸货港口时加收的附加运费。

（9）港口操作费。它是指为货物装卸在港口内的某些操作而加收的费用。

此外，班轮运输中还有诸如港口拥挤附加费、季节附加费、原产地接货费等其他多种附加费。在集装箱班轮运输中，还有一些关于运输费用的概念，如整体费率上调、目的地交货费等。

（三）班轮运费的计费标准

根据货物的不同情况，班轮公司计收运费时采用不同的计费标准。这些标准主要如下：

（1）按货物的毛重计收。在运价表中以"W"字母表示。一般以 1t 为计算单位。

（2）按货物的体积计收。在运价表中以"M"字母表示，一般以 $1m^3$ 为计算单位。

（3）按货物的毛重或体积，择大者计收。在运价表中以"W/M"字母表示。

（4）按货物的价格计收。在运价表中以"Ad Val"表示。

（5）按货物毛重或体积或价值三者中最高者计收。在运价表中以"W/M or Ad Val"表示。

（6）按货物的件数计收。

另外，不同的班轮公司还制定有不完全相同的起码运费标准。

（四）杂货班轮运费的计算

1. 计算公式

我们知道，班轮运费由基本运费和各项附加运费组成，杂货班轮运费的计算也遵循这一原则。

（1）基本运费的计算。基本运费的计算公式为

$$F = F_b + \sum S$$

式中，F 为运费总额；F_b 为基本运费；S 为某一项附加费。其中，基本运费是所运货物的数量（重量或体积）与规定的基本费率的乘积，即

$$F_b = f \cdot Q$$

式中，f 表示基本费率；Q 表示货运量（重量吨或容积吨）。

（2）附加运费的计算。这里所说的附加费是各项附加费的总和。在多数情况下，附加费按基本运费的一定百分比计收。其公式为

$$\sum S = (S_1 + S_2 + \cdots + S_n) \cdot F_b$$

其中，S_1，S_2，$\cdots$，S_n 为各项附加费率。

如果附加费按每一运费吨（重量吨或容积吨）加收，则附加费总额的计算公式为

$$\sum S = (S_1 + S_2 + \cdots + S_n) \cdot Q$$

（3）运费总额的计算。

$$\begin{aligned} F &= F_b + \sum S \\ &= fQ + (S_1 + S_2 + \cdots + S_n) \cdot f \cdot Q \\ &= (1 + S_1 + S_2 + \cdots + S_n) \cdot f \cdot Q \end{aligned}$$

或者

$$F = F_b + \sum S$$
$$= fQ + (S_1 + S_2 + \cdots + S_n) \cdot Q$$

2. 计算步骤

（1）审查托运人提供的货物名称、重量、尺码、装货港、卸货港、是否需要转船等，确定所属航线、是否是基本港等。

（2）根据货物名称，从商品分级表中查出该货物所属的等级及计费标准。

（3）根据所属航线的等级费率表，找出该等级商品的基本费率。

（4）查找各项附加费的费率及计费办法。

（5）将各项数据代入公式计算。

例题　某轮从青岛港装载 100 箱中药材经鹿特丹转运到利物浦，计算应收多少运费？

解：（1）该票货物的运输航线属于中国/欧洲、地中海航线，并从航线费率表中得知，利物浦是该航线的非基本港。

（2）查商品分级表（表 4-4）得知，中药材（箱）属于 10 级，计算标准为 W/M。

表 4-4　商品分级表（节录）

SCALE OF COMMODITY CLASSIFICATION

货名	COMMODITY	等级 Class W/M	货名	COMMODITY	等级 Class W/M
飞机及零件	Air crafts & Spare parts	13	染料、颜料（非危险）	Dyestuffs, Pigments（N.H.）	10
鹿茸	Antler	Ad. Val	绣花制品	Embroidered Goods	13
竹制品	Bamboo Products	8	中药材（捆、袋、筐装）	Medicines, Chinese Raw（in Bales of Baskets）	6
猪鬃	Bristles	15	中药材（箱装）	Medicines, Chinese Raw（in Cases）	10
未列明梁谷	Cereals, N.O.E.	4	麝香	Musk	Ad. Val or W/M
荞麦	Buckwheat	3	活牲畜	Livestock	Negotiate
面粉	Flour	5	水仙花	Narcissus	7
高粱	Kaoliang（Sorghum）	3	光学仪器	Instruments, Optical	13
玉米	Maize	4	人参	Ginseng	Ad. Val
谷穗	Millet Sprays	2	炮竹、烟花	Fire Crackers & Fire works	17

（3）查中国/欧洲、地中海航线等级费率表（表 4-5）可知，10 级商品的基本费率为 USD96.00（F/T）。

（4）查中国/欧洲、地中海航线附加费率表（表 4-6）可知，利物浦转船附加费为 USD64.00（F/T），利物浦的港口附加费为 USD7.00（F/T），卸货附加费为 USD28.00（F/T）。

表 4-5　中国/欧洲、地中海航线等级费率表

中国远洋运输集团第一号运价表 COSCO GROUP TARIFF NO.1	Page	181
	Rev:	
	Efft. Date	
	Corr. No.	

中国—欧洲、地中海航线　CHINA-EUROPE－MEDITERRANEAN SERVICE

中国基本港：广州、上海、青岛、新港、大连

China Base Ports：Guangzhou，Qingdao，Shanghai，Xingang，Dalian

欧洲基本港：安特卫普、鹿特丹、汉堡、亚历山大、热那亚

Europe Base Ports：Antwerp，Rotterdam，Hamburg，Alexandria，Genoa

等级费率表　Scale of Rates		IN USD（F/T）
等级　CLASS	费率　Rates	
	西行　Westbound	东行　Eastbound
1	63.00	33.00
2	66.00	34.00
3	70.00	36.00
4	76.00	39.00
5	80.00	42.00
6	82.00	44.00
7	86.00	47.00
8	90.00	50.00
9	92.00	53.00
10	96.00	57.00
11	101.00	62.00
12	108.00	67.00
13	115.00	73.00
14	120.00	80.00
15	126.00	85.00
16	128.00	93.00
17	130.00	94.00
18	140.00	100.00
19	151.00	114.00
20	173.00	130.00
Ad. Val	2%	2%

注：*装在杂货船上的散油，出口至热那亚港加收港口附加费 USD 5.00F/T。

表 4-6　中国/欧洲、地中海航线附加费率表

中国远洋运输集团第一号运价表 COSCO GROUP TARIFF NO.1	Page	184
	Rev:	
	Efft. Date	
	Corr. No.	

中国－欧洲、地中海航线　CHINA-EUROPE－MEDITERRANEAN SERVICE

中国基本港：广州、上海、青岛、新港、大连
China Base Ports：Guangzhou，Qingdao，Shanghai，Xingang，Dalian
欧洲基本港：安特卫普、鹿特丹、汉堡、亚历山大、热那亚
Europe Base Ports：Antwerp，Rotterdam，Hamburg，Alexandria，Genoa

等级费率表 Scale of Rates		IN USD（F/T）
港口　Port	直航附加费 Direct Additional	转船附加费 Transhipment Additional（on basic rate）
Honfleur		135.00 VIA ROTTERDAM
Immingham *	2.70	80%
Iskenderun *	6.90	80%
Istanbul *	6.10	120%
Izmir *	6.10	80%
Karlsham		116.00 VIA HAMBURG
Kilingholme		34.00 VIA ROTTERDAM
Kotka	9.55	93.00 VIA HAMBURG
Landakrona		48.00 VIA HAMBURG
Las palmas	8.00	95%
Lattakia *	.	100%
Leghorn	No Add	100%
Le Havre		140.00 VIA ROTTERDAM
Lisbon		73.00 VIA HAMBURG
		156.00 VIA ROTTERDAM
Liverpool *	35%	64.00 VIA ROTTERDAM
London *	35%	48.00 VIA ROTTERDAM
Malmo	3.45	48.00 VIA HAMBURG
		109.00 VIA ROTTERDAM

续表

Malta	No Add	95%
Marseilles *		128.00 VIA ROTTERDAM

注：* 装在杂货船上的散油，出口至马赛、热那亚港加收港口附加费 USD5.00F/T。

　　* 利物浦港口附加费 USD7.00F/T，卸货附加费 USD28.00F/T。

　　* 伦敦、伊明翰港口附加费 USD7.00F/T。

　　* 伊斯肯德伦、伊兹梅尔港口附加费 USD7.00F/T。

　　* 拉塔基亚港口拥挤附加费 10%，1992 年 10 月 22 日生效。

　　* 伊斯坦布尔港口附加费 USD7.00F/T，拥挤附加费 10%，1992 年 1 月 22 日生效。

（5）代入公式计算得

$$F = F_b + \sum S$$
$$= 96 \times 100 + (64+7+28) \times 100$$
$$= 19500.00 （USD）$$

【任务实施】

一、操作步骤

上海外轮代理公司完成上述代理任务的步骤如下：

（1）上海外轮代理公司（以下简称上海外代）向中海集装箱运输股份有限公司（以下简称中海集运）在上海港的代理人（以下简称装运港船代）订舱，填写装货联单。中海集运即是此次运输的承运人。

（2）装运港船代核对托运单、装货单等填写无误后，签发装货单，确认订舱。填写的船名为 PUDONG V.503，装货单号为 HJSHBI142939。

（3）上海外代根据货主上海国际贸易公司提供的委托书、贸易合同、商业发票、装箱单等，分别填写出境货物报检单、出口货物报关单，替货主办理出口货物的报关报检。完成后，商品检验机构签发通关单，海关在装货单上签章。

（4）如果货主除委托上海外代代办订舱、报关、报检、拖货等事宜外，还委托其代办保险的话，上海外代还需填写投保单，向保险公司投保。

（5）装运港船代根据装货联单中的托运单留底联编制装货清单，然后，PUDONG 号船长或大副编制货物积载计划交船代、码头、理货公司，准备货物装船。

（6）装船完毕，大副核实无误后签发收货单。理货长将收货单交上海外代，上海外代凭收货单向装运港船代换取已装船提单。

（7）上海外代与货主结清费用，将提单交给货主上海国际贸易公司，以便其交单结汇。

二、单据填写

根据本例有关资料，托运单、装货单填写如表 4-7、表 4-8 所示。

表 4-7　海运出口托运单

中国外轮代理公司
CHINA OCEAN SHIPPING AGENCY

上海外代
留底

托运人 Shipper　　　SHANGHAI INTERNATIONAL TRADE CORPORATION

编号 No.　　　　TW0522　　　　　　　船名 S/S　　　PUDONG V.503

目的港 For　　　OSAKA, JAPAN

标记及号码 Marks & No.	件数 Quantity	货名 Description of Goods	重量（kg）Weight	
			净重 Net	毛重 Gross
T.C		CHINESE GREEN TEA		
TXT264	20CTNS	ART NO.555	100KGS	140KGS
OSAKA	22CTNS	ART NO.666	110KGS	132KGS
C/NO.1-66	24CTNS	ART NO.777	120KGS	144KGS
TOTAL	66CTNS		330KGS	416KGS

共计件数（大写）Total Number of Packages in Writing SAY SIXTY SIX CARTONS ONLY	运费付费方式 FREIGHT PREPAID

运费 计算		尺码 Measurement	13.2CBMS
备注			
通知		可否转船	可否分批
收货人		装期	有效期
		金额	提单张数
配货要求		银行编号	信用证号

表 4-8　装货单

中国外轮代理公司

CHINA OCEAN SHIPPING AGENCY

装货单　　　　　　　　　　　　　　　上海外代

托运人 Shipper　　　SHANGHAI INTERNATIONAL TRADE CORPORATION

编号　No.　HJSHBI142939　　　　　船名 S/S　　　PUDONG V.503

目的港　　　　　　For　　　　OSAKA, JAPAN

兹将下列完好状况之货物装船后希签署收货单

Receive on board the under mentioned goods apparent in good order and condition and sign the accompanying receipt for the same.

标记及号码 Marks & No.	件数 Quantity	货名 Description of Goods	重量（kg）　Weight	
			净重 Net	毛重 Gross
T.C		CHINESE GREEN TEA		
TXT264	20CTNS	ART NO.555	100KGS	140KGS
OSAKA	22CTNS	ART NO.666	110KGS	132KGS
C/NO.1-66	24CTNS	ART NO.777	120KGS	144KGS
TOTAL	66CTNS		330KGS	416KGS
共计件数（大写） Total Number of Packages in Writing 　SAY SIXTY SIX CARTONS ONLY				

日期　Date _____　　　　　时间 Time _____

装入何舱　Stowed _____

实收　Received _____

理货员签名　　　　　　　　　　　　经办员签名

Tallied By _____　　　　Approved By _____

注：装货单中日期、时间、装入何舱、实收等内容，是在装船完毕后由理货员如实填写。

【知识链接】

一、海运货物的分类

　　国际货物运输的对象就是国际货物运输部门承运的各种进出口货物，如原料、材料、工农业产品、商品及其他产品等。它们的形态和性质各不相同，对运输、装卸、保管也各有不同的要求。从国际货物运输的需要出发，可以从货物的形态、性质、重量、运量等几个不同的角度进行分类。

（一）从货物形态的角度分类

1. 包装货物

为了保证有些货物在装卸运输中的安全和便利，必须使用一些材料对它们进行适当的包装，这种货物就叫包装货物。按照货物包装的形式和材料，通常可分为箱装货物、桶装货物、袋装货物、捆装货物，以及如卷筒状、编筐状、坛罐瓶状等多种形状的包装货物。

2. 裸装货物

它又称无包装货物。不加包装而成件的货物称为裸装货物。裸装货物通常是不便于包装，且不包装也不影响货运质量。常见的有各种钢材、生铁、有色金属及车辆和一些设备等。有些裸装货物在运输过程中，需要采取防止水湿锈损的安全措施。

3. 散装货物

它又称散装。在运输中，没有包装、一般无法清点件数的粉状、颗粒状或块状货物。这种大批量的低值货物，不加任何包装，采取散装方式，以利于使用机械装卸作业进行大规模运输，把运费降到最低的限度。这种散装货物包括干质散装货物和液体散装货物，如煤炭、铁矿、磷酸盐、木材、粮谷、工业用盐、硫磺、化肥和石油等。

（二）从货物性质的角度分类

1. 普通货物

（1）清洁货物。指清洁、干燥货物，这种货物在运输保管过程中，不能混入杂质，也不能被玷污，如茶叶、棉纺织品、粮食、陶瓷器、各种日用工业品等。

（2）液体货物。指盛装于桶、瓶、坛内的流质或半流质货物，如油类、酒类、药品、普通饮料等。

（3）粗劣货物。指具有油污、水湿、扬尘和散发异味等特性的货物，如包装外表有油腻的桶装油类、生皮、盐渍货物、水泥、烟叶、化肥、矿粉、颜料等，这种货物由于易造成其他货物污损，所以又称之为污染性货物。

2. 特殊货物

（1）危险货物。指具有易燃、爆炸、毒害、腐蚀和放射性性质的货物据危险货物运输规则，它又分若干大类与小类。

（2）易腐、冷藏货物。指常温条件下易腐变质或指定以某种低温条件运输的货物，如果菜、鱼类、肉类等。

（3）贵重货物。指价值高昂的货物，如金、银、贵重金属、货币、高价商品、精密器械、名画、古玩等。

（4）鲜活、植物。指具有正常生命活动，在运输中需要特殊照顾的动、植物。

（三）从货物重量和体积的角度分类

按照货物的重量和体积比例的大小来划分，可分为重量货物和体积货物两种。根据国际上统一的划分标准，凡 1t 重量的货物，体积如小于 40 立方英尺或 $1m^3$，这种货物就是重量货物；凡 1t 重量的货物，体积如大于 40 立方英尺或 $1m^3$，这种货物就是体积货物，也称为轻泡货物。货物的这种划分，对于安排货载和计算运费具有十分重要的意义。

（四）从货物运量大小的角度分类

1. 大宗货物

同批（票）货物的运量很大者，称为大宗货物。如化肥、粮谷、煤炭等。大宗货物占世界海运总量的 75%～80%，由于大宗货物批量大，在运量构成中，所占百分比也较大。

2. 件杂货物

大宗货物之外的货物称为件杂货物。它一般具有包装，可分件点数，约占世界海运总量的 25%，但其货价要占到 75%。

3. 长大笨重货物

在运输中，凡单件重量超过限定数量的货物称为重件货物或超重货物；凡单件某一体积（尺码）超过限定数量的货物称为长大货物或超长货物。一般情况下，超长的货物往往又是超重的，超重的货物中也有一些是属超长的。所以，这类货物统称为长大笨重货物。

此外，还有从货物价值的角度来分类，将货物分为高值货、低值货和贵重货物。还有从货物运输工具与承载量的关系来分类，将货物分为整箱货物、拼箱货物和零担货物。

二、海运事故的索赔与理赔

在海上货物运输工作中，常会出现货损、货差的现象，在这样的情况下，就产生了索赔的工作。索赔是一个严格、复杂的工作，做好这项工作对维护国家信誉和企业的经济利益具有重要的意义。

处理索赔的主要依据是租船合同和提单。班轮运输中，船公司一般均参照国际上通用的《海牙规则》拟定。租船运输中，原则上是按租船合同条款处理索赔，但一般仍不脱离《海牙规则》的基本精神。

（一）索赔单证

索赔人在提出索赔时，应首先承担证明其收到的货物并不是在提单上所记载的货物状态下接受的举证责任。作为举证的手段，索赔人要出具货运单证、检验证书、商业票据和有关记录等，以便证明货损的原因、种类、损失规模及程度，以及货损的责任。海运货损索赔中使用的主要单证有以下几种：

1. 提单正本

提单作为承运人接受货物的收据，既是交付货物给收货人时的凭证，也是确定承运人与收货人之间责任的证明，是收货人提出索赔依据的主要单证。提单的货物收据作用，表明了承运人所收货物的外观和数量，交付货物时，与原货物收据的外观数量不符的就可认为存在货差。提单条款规定了承运人的权利、义务、赔偿责任和免责项目，是处理承运人和货主之间争议的主要依据。

2. 卸货港理货单

卸货港理货单或货物溢短单、残损单等卸货单证是证明货损或货差发生在船舶运输过程中的重要单证。如果这些卸货单证上批注了货损或货差情况，并经船舶大副签认，而在收货单上又未做出同样的批注，就证明了这些货损或货差是发生在运输途中的。

3. 复查单

船方对所卸货物件数或数量有疑问时，一般要求复查或重新理货，并在证明货物溢短的单证上做出"复查"或"重理"的批注。这种情况下索赔时，必须同时提供复查结果的证明文件或理货人签发的重理单，并以此为依据证明货物是否有短缺。

4. 货物残损检验报告

在货物受损的原因不明显或不易区别，或无法判定货物的受损程度时，可以申请具有公证资格的检验人对货物进行检验。在这种情况下，索赔时必须提供检验人检验后出具的"货物残损检验证书"。

5. 商业发票

商业发票是贸易中由卖方开出的一种商业票据。它是计算索赔金额的主要依据。

6. 装箱单

装箱单也是一种商业票据，列明了每一箱内所装货物的名称、件数、规格等。用以确定损失程度。

7. 修理单

修理单用来表明被损坏的仪器设备、机械等货物的修理所花费的费用。

8. 有关的文件证明索赔的起因和索赔数目的计算依据

9. 权益转让证书

除了以上所述单证外，其他能够证明货运事故的原因、损失程度、索赔金额、责任所在的单证都应提供。如有其他能够进一步说明责任人责任的证明，如船长或大副出具的货损报告，或其他书面资料也应提交。索赔案件的性质、内容不同，所需要的索赔单证和资料也就不同。对于提供何种索赔单证并没有统一规定。总之，索赔单证必须齐全、准确，内容一致，不能自相矛盾。

（二）索赔程序

1. 发出索赔通知

根据我国《中华人民共和国海商法》和有关的国际公约，如《海牙规则》、《海牙—维斯比规则》、《汉堡规则》以及各承运人的提单条款规定，货损事故发生后，根据运输合同或提单有权提货的人，应在承运人或承运人的代理人、雇佣人交付货物当时或规定的时间内，向承运人或其代理人提出书面通知，声明保留索赔的权利，否则承运人可免除责任。

关于发出索赔通知的时限，我国《中华人民共和国海商法》第81条第1款规定："承运人向收货人交付货物时，收货人未将货物灭失或者损坏的情况书面通知承运人的，此项交付视为承运人已经按照运输单证的记载交付以及货物状态良好的初步证据。"该条的第2款又规定："货物灭失或者损坏的情况非显而易见的，在货物交付的次日起连续7日内，集装箱货物交付的次日起15日内，收货人未提交书面通知的，适用前款规定。"

《海牙规则》则规定："根据运输契约有权收货的人，除非在卸货港将货物灭失和损害的一般情况，于货物被移交他监督之前或者当时（如果灭失或损害不明显，则在3天之内），已用书面通知承运人或其代理人，这种移交便应作为承运人已经按照提单规定交付货物的证据。"

不过，根据规则、法律、国际公约、提单条款及航运习惯，一般都把交付货物时是否提出货损书面通知看作是按提单记载事项将货物交付给收货人的初步证据。也就是说，即使收货人在接受货物时未提出货损书面通知，以后，在许可的期限内仍可根据货运单证（过驳清单、卸货记录、货物溢短单或残损单等）的批注，或检验人的检验证书，作为证据提出索赔。同样，即使收货人在收货时提出了书面通知，在提出具体索赔时，也必须出具原始凭证，证明其所收到的货物不是清洁提单上所记载的外表良好的货物。因而，索赔方在提出书面索赔通知后，应尽快地备妥各种有关证明文件，在期限内向责任人或其代理人正式提出索赔要求。

在某些情况下，索赔人在接受货物时可以不提出货损书面通知。例如，货物交付时，收货人已经会同承运人对货物进行了联合检查或检验的，无需就所查明的灭失或者损坏的情况提交书面通知。

2. 提交索赔申请书

索赔申请书或索赔清单是索赔人向承运人正式要求赔偿的书面文件。其提出意味着正式提出了索赔要求。因此，如果索赔方仅仅提出货损通知、而没有递交索赔申请书或索赔清单，或出具有关的货运单证，则可解释为没有提出正式索赔要求，承运人就不会受理货损、货差的索赔，即承运人不会进行理赔。

索赔申请书或索赔清单没有统一的格式和内容要求，主要内容应包括以下几点：

（1）索赔人的名称和地址。

（2）船名、抵达卸货港日期、装船港及接货地点名称。

（3）货物名称、提单号等有关情况。

（4）短缺或残损情况、数量。

（5）索赔日期、索赔金额、索赔理由。

对于正式索赔，有一个时效问题。如果提出索赔超过了法律或合同规定的时效，则就丧失了索赔的权利。因此，确定时效时，应当考虑以下几点：

（1）检查提单背面的条款，确定适用的法律或公约。

（2）根据适用的法律，确定时效的期间。

（3）索赔接近时效届满时，是否要求事故责任人以书面形式延长时效。

（4）注意协商延长的时效，是否为适用法律所承认。

3. 提出诉讼

从法律的角度讲，索赔可以通过当事人双方之间的协调、协商，或通过非法律机关的第三人的调停予以解决。但是，这种协商、调停工作并不能保证出现结果，最后，只能通过法律手段加以解决。也就是要提起诉讼。

法律对涉及索赔的诉讼案件规定了诉讼时效。因此，不管是否向货损事故的责任人提出了索赔与否，在无望解决问题的前提下，索赔人应在规定的诉讼时效届满之前提起诉讼；否则，就失去了起诉的权利，往往也失去了索赔的权利和经济利益。

《海牙规则》和《海牙—维斯比规则》关于诉讼时效，规定期限为 1 年。英国的判例表明，在 1 年内向有管辖权的法院提起诉讼，即可保护时效。但最好是向有最终管辖权的法院提出。

我国《中华人民共和国海商法》第 257 条规定："就海上货物运输向承运人要求赔偿的请求权，时效期为 1 年，自承运人交付或者应当交付货物之日起计算。"

除协商不成提起诉讼外，在一定条件下还可以通过仲裁的手段解决纠纷。仲裁的主要问题包括仲裁协议的有效性、仲裁程序的合法性、仲裁的司法监督等。目前，我国调整仲裁的法律主要是 1995 年颁布的《中华人民共和国仲裁法》。中国海事仲裁委员会是我国目前的海事仲裁常设机构。

（三）索赔权利的保全措施

为了保证索赔得以实现，需要通过一定的法律程序来采取措施，使得货损事故责任人对仲裁机构的裁决或法院的判决的执行履行责任，这种措施就称为索赔权利的保全措施。

索赔人采取的保全措施主要有提供担保和扣船两种。

1. 提供担保

提供担保是指使货损事故责任人对执行仲裁机构的裁决或法院的判决提供的担保。主要有现金担保和保函担保两种形式。

（1）现金担保。由货损事故责任人提供一定数额的现金，并以这笔现金作为保证支付赔偿金的招保。现金担保在一定期间内影响着责任人的资金使用，因此较少采用。在实际业务中通常都采用保函担保的形式。

（2）保函担保。保函担保是使用书面文件的担保形式。保函可由银行出具，也可由事故责任人的保赔协会等出具。银行担保的保函比较安全可靠。保函中一般应包括受益人、担保金额、造成损失事故的船名及国籍、有效期、付款条件（应写明根据什么条件付款，如规定根据商检证书、仲裁机关裁定或法院判决书等）、付款时间和地点。

2. 扣船

在已明确判定由承运人负担货损事故责任的情况下，但又不能得到可靠的担保时，索赔人或货物保险的保险公司，可以按照法律程序，向法院提出扣船请求，并由法院核准执行扣船。

扣船的目的是通过对船舶的临时扣押，保证获得承运人对承运人责任的货损赔偿的担保。这样可避免货损赔偿得不到执行的风险。在承运人按照要求提供保证承担赔偿责任的担保后，应立即释放被扣船舶。

同样，扣船也会带来风险。如果法院判决货损责任不在承运人，则因不正确的扣船而给承运人带来的经济损失，要由提出扣船要求的索赔人承担。同时也会产生其他不必要的纠纷和负面影响。因此，一些国家如欧洲大陆国家及日本，规定索赔人提出扣船要求时，必须提供一定的担保作为批准扣船的条件。我国《中华人民共和国海事诉讼特别程序法》中也对此也做出了相应规定。

（四）权益转让

权益转让就是收货人根据货物保险合同从保险公司得到赔偿后，将自己的索赔权利转让给保险公司，由保险公司出面向事故责任人或其代理人提出索赔的行为。

权益转让的证明文件就是《权益转让证书》。它表明收货人已将索赔权益转让给保险公司。保险公司根据《权益转让证书》取得向事故责任人提出索赔的索赔权，和以收货人名义向法院提出索赔诉讼的权利。

任务二　集装箱班轮代理业务

【任务引入】

大连化工进出口公司与韩国 DADAI 公司于 2004 年 8 月 20 日签订了一份"电动叉车"的 FOB 进口合同。大连化工进出口公司委托大连外轮代理公司为其代理该批货物的集装箱整箱进口货运业务。相关单据显示如表 4-9 所示的信息。

表4-9　运输单据显示信息

收货单位	大连化工进出口公司	经营单位	大连化工进出口公司
提运单号	EEW7865435	运输方式	江海
运输工具名称	EAST EXPRESS V.151E	包装种类	纸箱
合同号	OOXFFG-78017KR	成交方式	FOB
件数	9	进口口岸	大连海关
境内目的地	大连	唛头	OOXFFG-78017KR
起运国	荷兰	单价	17951
装运港	鹿特丹	币制	USD
集装箱号	SCZU7854343	征免性质	一般征免
商品名称	B3OS FORKLIFT TRUCK	用途	企业自用
运费	2050	保险费	1346
毛重	15025 KGS	净重	15025 KGS

大连外轮代理公司如何完成该批货物的集装箱运输代理业务呢？

【任务分析】

要完成此次集装箱班轮运输代理业务，首先需要熟悉集装箱运输相关知识，掌握进口运输代理业务的特点及业务流程，其次要熟练掌握集装箱运输业务中的各类单据的填制。另外，对于集装箱运输中的诸多角色、各类角色在业务环节中的地位及其协作关系，也要有较为清晰的认识。下面介绍集装箱班轮运输代理业务中的必要知识和技能。

【必备知识】

一、集装箱定义、类型及其标准化

（一）集装箱的定义

目前，许多国家（包括我国在内）基本上采用国际标准化组织 ISO 对集装箱的定义。认为集装箱是一种运输设备，它应具备以下条件：

（1）具有足够的强度，可长期反复使用。

（2）装有便于装卸和搬运的装置，特别是便于从一种运输方式转移到另一种运输方式。

（3）便于货物的装满和卸空。

（4）适于一种或多种运输方式运送货物，无需中途换装。

（5）内容积为 $1m^3$ 或 $1m^3$ 以上。

简而言之，集装箱是具有一定强度、刚度和规格，专供周转使用的大型装货容器。

（二）集装箱的类型

集装箱分类可以有很多种方法，如按照制造材料可以将集装箱分为钢质集装箱、铝合金集装箱、玻璃钢质集装箱、薄壳式集装箱等；按照结构可以分为内柱式集装箱、折叠式集装箱等。这里主要以集装箱的用途进行分类。

1. 干货集装箱

这种集装箱也称为杂货集装箱，用来运输无需控制温度的件杂货，使用范围很广。常用的有 6.1m（20ft）和 12.2m（40ft）两种。其结构特点是常为封闭式。一般在一端或侧面设有箱门，箱内设有一定的固货装置，使用时一般要求清洁，水密性好。对装入这种集装箱的货物要求有适当的包装，以便充分利用集装箱的箱容。

2. 开顶集装箱

这种集装箱的箱顶可以方便地取下、装上。箱顶有硬顶和软顶两种。硬顶是用薄钢板制成的，利用起重机械进行装卸作业。软顶一般是用帆布、塑料布或涂塑布制成，开顶时只要向一端卷起就可以了。这种集装箱适于装载大型货物和重货，如钢铁、木材，特别是像玻璃板等易碎的重货，利用吊车从顶部吊入箱内不易损坏，而且也便于在箱内固定。

3. 通风集装箱

通风集装箱一般在其侧壁或顶壁上设有若干供通风用的窗口，适用于装运有一定通风和防汗湿要求的杂货，如原皮、水果、蔬菜等。如果将通风窗口关闭，可作为杂货集装箱使用。

4. 台架式集装箱

这种集装箱是没有箱顶和侧壁，甚至连端壁也去掉而只有底板和 4 个角柱的集装箱。这种集装箱可以从前后、左右及上方进行装卸作业，适合装载长大件和重货件，如重型机械、钢材、钢管、木材、钢锭等。台架式的集装箱没有水密性，怕水湿的货物不能装运，或用帆布遮盖装运。

5. 平台式集装箱

这种集装箱是在台架式集装箱上再简化而只保留底板的一种特殊结构集装箱。主要用于装卸长、重大件货物。如重型机械、钢材、整件设备等。平台的长度与宽度与国际标准集装箱的箱底尺寸相同，可使用与其他集装箱相同的紧固件和起吊装置。这一集装箱的采用打破了过去一直认为集装箱必须具有一定容积的概念。

6. 冷藏集装箱

冷藏集装箱是以运输冷冻食品为主，能保持所定温度的保温集装箱。它是专为运输如鱼、肉、新鲜水果、蔬菜等食品而特殊设计的。目前国际上采用的冷藏集装箱基本上分两种：一种是集装箱内带有冷冻机的，称为机械式冷藏集装箱；另一种箱内没有冷冻机而只有隔热结构，即在集装箱端壁上设有进气孔和出气孔，箱子装在船舱中，由船舶的冷冻装置供应冷气，这种叫做离合式冷藏集装箱（又称外置式冷藏集装箱）。

7. 罐式集装箱

这种集装箱专门用来装运液体货，如酒类、油类、化学品等液体货物。它由罐体和框架两部分组成，罐体用于装液体货。框架用来支承和固定罐体。罐体的外壁采用保温材料以使罐体隔热，内壁一般要研磨抛光以避免液体残留于壁面。为了降低液体的黏度，罐体下部还设有加热器，对罐体内温度可以通过安装在其上部的温度计观察到，罐顶设有装货口，罐底设有排出阀。装货时货物由罐顶部装货口进入，卸货时则由排货孔流出或从顶部装货孔吸出。

8. 汽车集装箱

这种集装箱专门用来装运小型汽车。其结构特点是无侧壁，仅设有框架和箱底。为了防止汽车在箱内滑动，箱底专门设有绑扎设备和防滑钢板。大部分汽车集装箱被设计成上下两部分，可以装载两辆小汽车。

9. 动物集装箱

这是一种专门用来装运鸡、鸭、猪等活牲畜的集装箱。为了避免阳光照射，动物集装箱的箱顶和侧壁是用玻璃纤维加强塑料制成的。另外，为了保证箱内有较新鲜的空气，侧面和端面都有用铜丝网制成的窗，以求有良好的通风。侧壁下方设有清扫口和排水口，并配有上下移动的拉门，可把垃圾清扫出去。还装有喂食口。动物集装箱在船上一般应装在甲板上，因为甲板上空气流通，便于清扫和照顾。

10. 服装集装箱

这种集装箱的特点是：在箱内上侧梁上装有许多根横杆，每根横杆上垂下若干条皮带扣、尼龙带扣或绳索，成衣利用衣架上的钩直接挂在带扣或绳索上。这种服装装载法属于无包装运输，它不仅节约了包装材料和包装费用，而且减少了人工劳动，提高了服装的运输质量。

11. 散货集装箱

这种集装箱用于装运粉状或粒状货物，如大豆、大米、各种饲料等。在箱顶部设有 2～3 个装货口，在箱门的下部设有卸货口。使用集装箱装运散货，一方面提高了装卸效率，另一方面提高了货运质量，减轻了粉尘对人体和环境的侵害。

（三）集装箱标准化

在集装箱运输早期，由于集装箱的规格不一，阻碍了集装箱的交换使用，影响了集装箱的运输效率。因此，一些国家和组织开始进行集装箱标准化工作。1933 年，"国际铁路联盟"制定了集装箱标准。当时欧洲地区铁路上就使用这种集装箱标准。1959 年，美国国际运输协会建议采用 2.44m×2.44m×6.07m（8 英尺×8 英尺×20 英尺）和 2.44m×2.44m×12.19m（8 英尺×8 英尺×40 英尺）型集装箱。1964 年，美国标准协会采用了 2.44m×2.44m×3.05m（8 英尺×8 英尺×10 英尺）、2.44m×2.44m×6.07m（8 英尺×8 英尺×20 英尺）、2.44m×2.44m ×9.14m（8 英尺×8 英尺×30 英尺）、2.44m×2.44m×12.19m（8 英尺×8 英尺×40 英尺）型集装箱作为国家标准集装箱。

1961 年 6 月，国际标准化组织建立了 104 技术委员会以后，国际集装箱标准化就以 104 技术委员会为中心开展工作。30 多年来，104 技术委员会对制定国际集装箱标准做了很大的努力，作出了重大贡献，对推动国际集装箱运输发展起了决定性作用。

目前世界上通用的是国际标准集装箱，也就是按照国际标准化组织第 104 技术委员会标准制定的集装箱。现行的国际标准为第 1 系列，共 13 种，如表 4-10 所示。目前，在海上运输中经常使用的是 IAA 型和 ICC 型集装箱。

表 4-10 第一系列集装箱规格尺寸和总重量

规格 ft	箱型	长		宽		高		最大总重量	
		公制 mm	英制 ft in	公制 mm	英制 ft in	公制 mm	英制 ft in	kg	LB
40	1AAA 1AA 1A 1AX	12192	40'	2438	8'	2896 2591 2438 <2438	9'6" 8'6" 8' <8'	30480	67200
30	1BBB 1BB 1B 1BX	9125	29'11.25"	2438	8'	2896 2591 2438 <2438	9'6" 8'6" 8' <8'	25400	56000

规格 ft	箱型	长		宽		高		最大总重量	
		公制 mm	英制 ft in	公制 mm	英制 ft in	公制 mm	英制 ft in	kg	LB
20	1CC 1C 1CX	6058	19'10.5"	2438	8'	2591 2438 <2438	8'6" 8' <8'	24000	52900
10	1D 1DX	2991	9'9.75"	2438	8'	2438 <2438	8' <8'	10160	22400

二、集装箱货物的交接

（一）整箱货、拼箱货

1. 整箱货

整箱货（Full Container Cargo Load，FCL）是指由发货人负责装箱、计数、填写装箱单，并由海关加铅封的货物。

整箱货通常只有一个发货人和收货人。整箱货的拆箱，一般由收货人办理。但也可以委托承运人在货运站拆箱。承运人不负责箱内的货损、货差，除非货方举证确属承运人责任事故的损害，承运人才负责赔偿。承运人对整箱货以箱为交接单位，只要集装箱外表与收箱时相似和铅封完整，承运人就完成了承运责任。整箱货提运单上要加上"托运人装箱、计数并加铅封"的条款。

2. 拼箱货

拼箱货（Less than Container Load，LCL）是指装不满一整箱的小票货物。

这种货物通常是由承运人分别揽货并在集装箱货运站或内陆站集中，而后将两票或两票以上的货物拼装在一个集装箱内，而且要在目的地的集装箱货运站或内陆站拆箱分别交货。对于这种货物，承运人要负担装箱与拆箱作业，装拆箱费用仍向货方收取。承运人对拼箱货的责任，基本上与传统杂货运输相同。

（二）集装箱货物的交接地点

在集装箱运输中，根据实际交接地点不同，集装箱货物的交接有多种方式，在不同的交接方式中，集装箱运输经营人与货方各自承担的义务、责任不同，集装箱运输经营人的运输组织内容、范围也不同。

1. 集装箱码头堆场

集装箱码头堆（Container Yard，CY）场包括集装箱前方堆场（Marshalling Yard）和集装箱后方堆场（Container Yard）。

集装箱前方堆场在集装箱码头前方，是为加速船舶装卸作业暂时堆放集装箱的场地。集装箱后方堆场是重箱或空箱进行交接、保管和堆存的场所。有些国家不分前方堆场或后方堆场，统称为堆场。

在集装箱码头堆场交接的货物都是整箱交接。在发货港集装箱码头堆场交接意味着发货人自行负责装箱及集装箱到发货港集装箱码头堆场的运输。在卸货港集装箱码头堆场交接意味着收货人自行负责集装箱货物到最终目的地的运输和拆箱。

2. 集装箱货运站

集装箱货运站（Container Freight Station，CFS）是处理拼箱货的场所。它办理拼箱货的交接、配箱积载后，将集装箱送往集装箱堆场，还接受集装箱堆场交来的进口货箱，并对其进行拆箱、理货、保管，最后转交给收货人。

集装箱货运站一般包括集装箱装卸港的市区货运站、内陆城市和内河港口的内陆货运站和中转站。在起运地集装箱货运站交接意味着发货人自行负责将货物送到集装箱货运站。在到达地集装箱货运站交接意味着收货人自己到集装箱货运站提取货物，并自行负责提货后的事宜。

3. 发货人或收货人的工厂或仓库（即门，Door）

在发货人或收货人的工厂或仓库交接的货物都是整箱交接。一般意味着发货人或收货人自行负责装箱或拆箱。

（三）集装箱货物的交接方式

1. 门到门（Door to Door）交接方式

一般是货物批量较大、能装满一箱的货主，把空箱拉到自己的工厂仓库装箱后，由海关在工厂仓库内加封验收，运输经营人在发货人工厂或仓库整箱接货，然后把整箱运到集装箱码头堆场，等待装船。在目的港，由运输经营人负责把货物运到收货人的工厂或仓库整箱交货，收货人在其工厂或仓库整箱接货。门到门的集装箱运输一般均为整箱货运输。运输经营人负责全程运输。

2. 门到场（Door to CY）交接方式

发货人负责装箱并在其工厂或仓库整箱交货，运输经营人在发货人工厂或仓库整箱接货，并负责运抵卸货港，在集装箱堆场整箱交货，收货人负责在卸货港集装箱堆场整箱提货。这种交接方式表示承运人不负责目的地的内陆运输。门到场交接方式下，货物也都是整箱交接。

3. 门到站（Door to CFS）交接方式

发货人负责装箱并在其工厂或仓库整箱交货，运输经营人在发货人工厂或仓库整箱接货，并负责运抵卸货港集装箱货运站，经拆箱后按件向各收货人交付。门到站交接方式下，运输经营人一般是以整箱形态接受货物，以拼箱形态交付货物。

4. 场到门（CY to Door）交接方式

发货人负责装箱并运至装货港集装箱堆场整箱交货，运输经营人在装货港集装箱堆场整箱接货，并负责运抵收货人工厂或仓库整箱交货，收货人在其工厂或仓库整箱接货。场到门交接方式下，货物也都是整箱交接。

5. 场到场（CY to CY）交接方式

发货人负责装箱并运至装货港集装箱堆场整箱交货，运输经营人在装货港集装箱堆场整箱接货，并负责运抵卸货港集装箱堆场整箱交货，收货人负责在卸货港集装箱堆场整箱提货。场到场交接方式下，货物的交接形态一般都是整箱交接，运输经营人不负责内陆运输。

6. 场到站（CY to CFS）交接方式

发货人负责装箱并运至装货港集装箱堆场整箱交货，运输经营人在装货港集装箱堆场整箱接货，并负责运抵卸货港集装箱货运站或内陆货运站拆箱按件交货，收货人负责在卸货港集装箱货运站按件提取货物。场到站交接方式下，运输经营人一般是以整箱形态接受货物，以拼箱形态交付货物。

7. 站到站（CFS to CFS）交接方式

发货人负责将货物运至集装箱货运站按件交货，运输经营人在集装箱货运站按件接收货物并装箱，负责运抵卸货港集装箱货运站拆箱后按件交货，收货人负责在卸货港集装箱货运站按件提取货物。站到站交接方式下，货物的交接形态一般都是拼箱交接。

8. 站到场（CFS to CY）交接方式

发货人负责将货物运至集装箱货运站按件交货，运输经营人在集装箱货运站按件接收货物并装箱，负责运抵卸货港集装箱堆场整箱交货。收货人负责在卸货港集装箱堆场整箱提货。站到场交接方式下，运输经营人一般是以拼箱形态接收货物，以整箱形态交付货物。

9. 站到门（CFS to Door）交接方式

发货人负责将货物运至集装箱货运站按件交货，运输经营人在装货港集装箱货运站按件接收货物并装箱，负责运抵收货人工厂或仓库整箱交货，收货人在其工厂或仓库整箱接货。站到门交接方式下，运输经营人一般是以拼箱形态接收货物，以整箱形态交付货物。

以上 9 种交接方式，是集装箱运输中货物交接的基本方式。除装货港码头堆场（货运站）到卸货港码头堆场（货运站）的交接方式适用于单一海洋运输外，其他交接方式都是集装箱货物多式联运下的交接方式。

三、集装箱班轮货运单证的名称及作用

在 20 世纪 80 年代，我国各口岸基本上采用的是传统的货运单证。随着集装箱运输的发展，交通部于 1989 年在上海口岸主持了"国际集装箱运输系统（多式联运）工业性试验"，于 1991 年完成并通过国家鉴定验收。1990 年 12 月 5 日，国务院第 68 号令发布了《中华人民共和国海上国际集装箱运输管理规定》，交通部又于 1992 年 6 月 9 日以第 35 号令发布了《中华人民共和国海上国际集装箱运输管理规定实施细则》，上述的规定和实施细则自 1992 年 7 月 1 日起施行。从此以后，我国各口岸的集装箱货物运输的主要单证基本上统一起来。它们与传统的货运单证相比，既有相同之处又有一定的差异。在集装箱货物进出口业务中，除采用了与传统的散杂货运输中相同的商务单证（如商业发票、报关单、检验检疫证书、磅码单、提单等）以外，在船务单证中根据集装箱运输的特点，采用了空箱提交单、设备交接单、场站收据、集装箱装箱单、提货通知书、到货通知书及交货记录等单证。

（一）集装箱货物托运单（场站收据）

场站收据（Dock Receipt，D/R）是由发货人或其代理人编制，是承运人签发的，证明船公司已从发货人处接收了货物，并证明当时货物状态，船公司对货物开始负有责任的凭证，托运人据此向承运人或其代理人换取待装提单或装船提单。它相当于传统的托运单、装货单、收货单等一整套单据，共有 10 联（有的口岸有 7 联）。各联作用如下：

第 1 联：集装箱货物托运单（货主留底）。

第 2 联：集装箱货物托运单（船代留底）。

第 3 联：运费通知（1），船公司向托运人收运费依据。

第 4 联：运费通知（2），船公司留底。

第 5 联：装货单，即场站收据副本（1），盖有船公司或其代理人的图章，表示确认订舱，是船公司发给船上负责人员和集装箱装卸作业区接受装卸的指令。报关时海关查核后在此联盖放行章，船上大副凭以收货。此外，此联还包括缴纳出口港务费申请书附页。

第 6 联：大副联，即场站收据副本（2）。

第 7 联：场站收据正本，俗称黄联，在货物装船后由船上大副签字（通常由集装箱码头堆场签章），退回船公司或其代理人，据以签发提单。

第 8 联：货代留底。

第 9 联：配舱回单（1），船公司签章后，退给货运代理，货运代理退给货主。

第 10 联：配舱回单（2），船公司签章后，退给货运代理，由货运代理保存。

以上 10 联，船公司或其代理接受订舱后，在托运单上加填船名、航次及编号（此编号俗称关单号，与该批货物的提单号基本保持一致），并在第 5 联装货单上盖章，表示确认订舱。然后将 2～4 联留存，第 5 联以下全部退还货代公司。货代将第 5 联、第 5 联附页、第 6 联、第 7 联共 4 联拆下，作为报关单证之用。第 9 或第 10 联交货主做配舱回执，其余供内部各环节使用。

（二）集装箱设备交接单

集装箱设备交接单（Equipment Interchange Receipt）简称设备交接单（Equipment Receipt，E/R），是进出港区、场站时，用箱人、运箱人与管箱人或其代理人之间交接集装箱及其设备的凭证。

设备交接单分出场（港）设备交接单和进场（港）设备交接单两种，各有 3 联，分别为管箱单位（船公司或其代理人）留底联；码头、堆场联；用箱人、运箱人联。

设备交接单位的各栏分别由管箱单位的船公司或其代理人，用箱人或运箱人，码头、堆场的经办人填写。船公司或其代理人填写的栏目有用箱人／运箱人、船名／航次、集装箱的类型及尺寸、集装箱状态（空、重箱）、免费使用期限和进（出）场目的等。由用箱人、运箱人填写的栏目有：运输工具的车号；如果是进场设备交接单，还须填写来自地点、集装箱号、提单号、铅封号等栏目。由码头、堆场填写的栏目有集装箱进／出场日期、检查记录，如果是出场设备交接单，还须填写所提集装箱号和提箱地点等栏目。

设备交接单既是分清集装箱设备交接责任的凭证，在集装箱外表无异状，且铅封完好的情况下，它也是证明箱内货物交接无误的凭证。如发现集装箱设备有异常时，应把异常情况摘要记入设备交接单上，由经办人双方签字各执一份。

（三）集装箱装箱单

集装箱装箱单是详细记载每一个集装箱内所装货物名称、数量、尺码、重量、标志和箱内货物积载情况的单证，对于特殊货物还应加注特定要求，比如对冷藏货物要注明对箱内温度的要求等。

它是集装箱运输的辅助货物舱单，其用途很广，主要用途有以下几个方面：

（1）是发货人向承运人提供集装箱内所装货物的明细清单。

（2）在装箱地向海关申报货物出口的单据，也是集装箱船舶进出口报关时向海关提交的载货清单的补充资料。

（3）作为发货人，集装箱货运站与集装箱码头之间的货物交接单。

（4）是集装箱装、卸两港编制装、卸船计划的依据。

（5）是集装箱船舶计算船舶吃水和稳定性的基本数据来源。

（6）在卸箱地作为办理集装箱保税运输手续和拆箱作业的重要单证。

（7）当发生货损时，是处理索赔事故的原始依据之一。

集装箱装箱单每一个集装箱一份，一式 5 联，其中：码头、船代、承运人各 1 联；发货人、装箱人 2 联。集装箱货运站装箱时由装箱的货运站缮制；由发货人装箱时，由发货人或其代理人的装箱货运站缮制。

发货人或货运站将货物装箱，缮制装箱单一式 5 联后，连同装箱货物一起送至集装箱堆场。集装箱堆场的业务人员在 5 联单上签收后，留下码头联、船代联和承运人联，将发货人、装箱人联退还给送交集装箱的发货人或集装箱货运站。发货人或集装箱货运站联除自留一份备查外，将另一份寄交给收货人或卸箱港的集装箱货运站，供拆箱时使用。

对于集装箱堆场留下的 3 联装箱单，除集装箱堆场自留码头联，据此编制装船计划外，还须将船代联及承运人联分送船舶代理人和船公司，据此缮制积载计划和处理货运事故。

（四）"交货记录"联单

交货记录（Delivery Record）共 5 联：到货通知书 1 联；提货单 1 联，费用账单 2 联，交货记录 1 联。

1. 到货通知书

到货通知书是在卸货港的船舶代理人在集装箱卸入集装箱堆场，或者移至集装箱货运站，并办好交接准备后，向收货人发出的要求收货人及时提取货物的书面通知。收货人需持正本提单和到货通知书至船公司或其代理处付清运费，换取其余 4 联。

2. 提货单

提货单是船公司或其代理人指示负责保管货物的集装箱货运站或集装箱堆场的经营人，向提单持有人交付货物的非流通性单据。

集装箱运输中，收货人在凭到货通知书和正本提单换取剩余 4 联后，先随同进口货物报关单到海关办理货物进口通关，海关核准放行后，在提货单上盖放行章。收货人再持单到集装箱堆场或货运站，场站留下提货单和 2 联费用账单，在交货记录上盖章，收货人凭交货记录提货。

3. 交货记录

船公司或其代理人向收货人或其代理人交货时，双方共同签署的，证明双方间已进行货物交接和载明其交接状态的单据，叫交货记录。

在集装箱运输中，船公司的责任是从接受货物开始到交付货物为止。因此，场站收据是证明船公司责任开始的单据，而交货记录是证明责任终了的单据。

4. 费用账单

费用账单是场站凭此向收货人结算费用的单据。

【技能要点】

一、整箱货出口代理业务流程

（一）货代接受委托

在集装箱班轮货物运输过程中，货主一般都委托货运代理人为其办理有关的货运业务。在确立委托代理关系时，双方会签订一份货运代理委托书。委托书具体内容同任务一。

（二）订舱

货代接受委托后，应根据货主提供的委托书、贸易合同或信用证，填制场站收据向船公司或其代理人申请订舱。船方一旦接受订舱，就会着手编制定舱清单，然后分送集装箱码头堆场、空箱堆场等有关部门，并将据此安排办理空箱及货运交接等工作。

（三）提取空箱

在订舱后，货运代理人应提出使用集装箱的申请，船方会给予安排并发放集装箱设备交接单。凭设备交接单，货代就可以安排提取所需的集装箱。

在整箱货运输时，通常是由货代安排集装箱卡车运输公司（集卡车队）到集装箱空箱堆场领取空箱。也可以由货主自己安排提箱。无论由谁安排提箱，在领取空箱时，提箱人都应与集装箱堆场办理空箱交接手续，并填制设备交接单。

（四）货物装箱

整箱货的装箱工作大多是由货代安排进行，并可以在货主的工厂、仓库装箱或是由货主将货物交由货代的集装箱货运站装箱。当然，也可以由货主自己安排装箱。

装箱人应根据订舱清单的资料，并核对场站收据和货物装箱情况，填制集装箱货物装箱单。

（五）整箱货交接签证

由货代或货主自行负责装箱并加封标志的整箱货，通过内陆运输运至承运人的集装箱码头堆场，并由码头堆场根据订舱清单，核对场站收据和装箱单接受货物。整箱货出运前也应办理有关出口手续。

集装箱码头堆场在验收货箱后，即在场站收据上签字，并将签署的场站收据交还给货代或货主。货代或货主可以凭借经签署的场站收据要求承运人签发提单。

（六）装船

集装箱码头堆场或集装箱装卸区根据接受待装的货箱情况，制定出装船计划，等船靠泊后即行装船。

（七）换取提单

货代或货主凭签署的场站收据，在支付了预付运费后（在预付运费的情况下），就可以向承运人或其代理人换取提单。货主取得提单后，就可以去银行结汇。

二、整箱货进口代理业务流程

（一）货代接受委托

货代接受收货人的委托，代办集装箱整箱货的进口货运业务。根据具体的委托协议，货代可以代办订舱、进口报关、保险、货物装卸、储运等多种业务。

（二）卸货地订舱

如果货物以 FOB 价格条件成交，货代接受收货人委托后，就负有订舱的责任，并有将船名、航次、装船日期通知发货人的义务。特别是在采用特殊集装箱运输时，更应尽早预订舱位。

（三）接运工作

接运工作主要包括及时掌握船舶到港时间、及时告知收货人、汇集进口报关报检以及提货所需单证、及时接货等。具体内容参见任务一相关内容。

（四）报检报关

如前所述，集装箱货物运抵卸货港，卸至集装箱堆场后，船舶代理人会发出到货通知书。货代应该持正本提单及到货通知书前去办理。

（五）监管转运

进口货物入境后，一般在港口报关放行后再转运。但经收货人要求，经海关核准也可运往另一设关地点办理海关手续，称为转关运输。

（六）提取货物

货代向货主交货有两种情况：一是象征性交货，即以单证交接，货物到港经海关验放，并在提货单上加盖海关放行章，将该提货单交给货主，即完成交货；二是实际交货，即除完成报关放行外，货运代理人负责向港口装卸区办理提货，并将货物运至货主指定地点，交给货主。集装箱运输中的整箱货通常还需要负责空箱的还箱工作。以上两种工作都应做好交货工作的记录。

三、拼箱货货运代理流程

有条件的货代公司能够接受客户尺码或重量达不到整箱要求的小批量货物，把不同收货人、同一卸货港的货物集中起来，拼成一个整箱。这种做法称为集拼（Consolidation）。

从事集拼业务的国际货代企业签发自己提单（House B/L），通常被视为承运人。如果只经营海运区段的拼箱业务，则是无船承运人。集拼经营人有双重身份，对货主而言，他是承运人；而对真正承运货物的集装箱班轮公司而言，他又是货物托运人。

集拼的每票货物各缮制一套场站收据，然后再附一套汇总的场站收据。汇总的场站收据上的货名可以是"集拼货物"，数量、重量、尺码是汇总数。货物出运后，船公司或其代理按总单签一份海运提单（Master B/L），托运人是货代公司，收货人是货代公司在卸货港的代理人。然后，货代公司给各个货主签发自己的提单，提单号采用 Master B/L 上的号，尾部分别缀以 A、B、C、D 等。具体流程如图 4-3 所示。

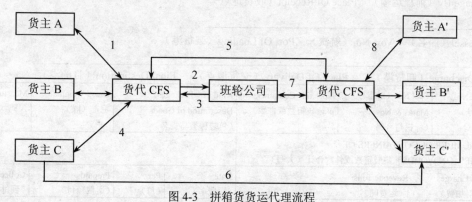

图 4-3　拼箱货货运代理流程

图注：

（1）A、B、C 等不同货主（发货人）将不足一个集装箱的货物交集拼经营人。

（2）集拼经营人将拼箱货拼装成整箱货后，向班轮公司办理整箱货物运输。

（3）整箱货装船后，班轮公司签发 B/L 或其他单据（如海运单）给集拼经营人。

（4）集拼经营人在货物装船后也签发自己的提单（H B/L）给每一个货主（发货人）。

（5）集拼经营人将货物装船及船舶预计抵达卸货港等信息告知其卸货港的机构（代理人），同时，还将班轮公司 B/L 及 H B/L 的复印件等单据交卸货港代理人，以便向班轮公司提货和向收货人交付货物。

（6）货主之间办理包括 H B/L 在内的有关单证的交接。

（7）集拼经营人在卸货港的代理人凭班轮公司的提单等提取整箱货。

（8）A'、B'、C' 等不同货主（收货人）凭 H B/L 等在 CFS 提取拼箱货。

四、集装箱班轮运输主要单证的缮制说明

（一）集装箱货物托运单

集装箱货物托运单除了以"场站收据"代替"大副收据"来换取正本提单外，其他各联的作用及内容与传统杂货班轮运输的托运单基本相同，如表 4-11 所示。填写时需要特别注意以下几点：

（1）集装箱号：应列明所有集装箱编号。

（2）D/R 编号：即提单号。

（3）箱数或件数：一般为集装箱内所装货物的包装件数，如 800 CARTONS。

（4）"场站收据"的收货方式（Service Type on Receiving）和交货方式（Service Type on Delivery）：应根据运输条款如实填写 CY 或 CFS，同一单不得出现两种或以上的收货、交货方式。

表 4-11　集装箱货物托运单

Shipper（发货人）

D/R NO.（编号）

Consignee（收货人）

Notify Party（通知人）

集装箱货物托运单
货主留底　第一联

Pre-Carriage By（前程运输）　Place Of Receipt（收货地点）

Ocean Vessel（船名）　Voy. No.（航次）　Port Of Loading（装货港）

Port Of Discharge（卸货港）　Place Of Delivery（交货地点）　Final Destination（目的港）

Container No.（集装箱号）	Seal No.（封志号）Marks & Nos.（标记与号码）	No. of Containers or pkgs（箱数或件数）	Kind of Packages; Description of Goods（包装种类与货名）	Gross Weight 毛重（kg）	Measurement 尺码（m³）
TOTAL NUMBER OF CONTAINERS OF PACKAGES（IN WORDS）集装箱数或件数合计（大写）					
Freight & Charges（运费与附加费）　Revenue Tons（运费吨）			Rate（运费率）　Per（每）　Prepaid（运费预付）　Collect（到付）		
Ex Rate（兑换率）	Prepaid at（预付地点）		Payable at（到付地点）	Place of Issue（签发地点）	
	Total Prepaid（预付总额）		No. of Original B（S）/L（正本提单份数）		
Service Type on Receiving □CY　□CFS　□DOOR		Service Type on Delivery □CY　□CFS　□DOOR	Reefer-Temperature Required（冷藏温度）	℉	℃
Type Of Goods（种类）	□Ordinary,（普通）　□Reefer,（冷藏）　□Dangerous,（危险品）　□Auto.（裸装车辆）□Liquid,（液体）　□Live animal,（活动物）　□Bulk,（散货）　□____		危险品	Class Property I MDG Code Page UN No.	
可否转船：	可否分批：				
装　期：	有效期：				
金额：	制单日期：				

（二）集装箱装箱单

集装箱装箱单（见表4-12）的很多内容都已经很熟悉了，如船名、航次、装货港、卸货港、包装及件数、毛重、尺码、唛头、货物描述等。项目比较特殊，需要注意的几个地方包括：

（1）冷藏温度。如果是需要冷藏的货物，需要在此处反映货物对于温度的要求。

（2）等级、危规代码、联合国编号、闪点。如果货物是危险货物，必须要在装箱单上填写这4项内容。首先要指明危险货物的性质和类别。如氧化剂属于第5.1类（Class 5.1）；其次要注明《国际危规》页码和联合国危险品编号，如硝酸钾页码为5171，磷酸编号为1805。最后，易燃液体必须注明闪点。当然，危险品运输在操作上还有相当多的规范，由于篇幅有限，本书不具体讲述。

（3）箱号、封号、箱型、箱类。此栏要求分别写入货柜号码、封条号码、集装箱类型。常见的柜型有20英尺普通柜（20'GP）、40英尺普通柜（40'GP）、40英尺高柜（40'HQ）等。

表4-12 集装箱装箱单

Reefer Temperature Required 冷藏温度				CONTAINER LOAD PLAN 装箱单			
Class 等级	IMDG Page 危规页码	UN No. 联合国编号	Flashpoint 闪点				

Ship's Name/ Voy. No. 船名/航次	Port of Loading 装港	Port of Discharge 卸港	Place of Delivery 交货地	SHIPPER'S/PACKER'S DECLARATIONS We hereby declare that the container has been thoroughly cleaned without any evidence of cargoes of previous shipment prior to banning and cargoes have been properly stuffed and secured.			
Container No. 箱号	Bill of loading No. 提单号	Packages&Packing 件数与包装	Gross Weight 毛重	Measurements 尺码	Description of Goods 货名	Mark & No. 唛头	
Seal No. 封号							
Cont Size 箱型 20'30'40'	Cont Type 箱类 GP=普通箱 TK=油罐箱 RF=冷藏箱 PF=平板箱 OT=开顶箱 HC=高箱 FR=框架箱 HT=挂衣箱						
ISO Code For Container Size/Type. 箱型/箱类 ISO 标准代码							
Packer's Name/Address 装箱人名称/地址 Tel No.电话号码							
Packing Date 装箱日期	Received By Drayman 驾驶员签收及车号	Total Packages 总件数	Total Cargo Wt 总货重	Total Meas 总尺码			Remarks 备注
Packed By 装箱人签名	Received By Terminals/Date of Receipt 码头收箱签收和收箱日期		Cont Tare Wt 集装箱皮重	Cgo/Cont Total Wt 箱/货总重量			

五、集装箱班轮运费的核算

（一）集装箱班轮运输各环节的费用构成

集装箱班轮运输中运费的计算原则与杂货班轮运输中运费的计算原则基本相似，不同的是运输费用的构成。在集装箱运输中，由于货物的交接方式和地点与传统海上运输有所不同，使海上承运人负责的运输区间从海上延伸到陆上。集装箱班轮运输的费用结构变得更复杂。

根据货物交接方式和地点，将集装箱运输的全过程分为发货地内陆运输、装运港港区运输与作业、海上运输、卸货港港区运输与作业、收货地内陆运输 5 个区段。交接方式不同，集装箱运输承运人应收取的费用也不同。下面以图 4-4 来说明。

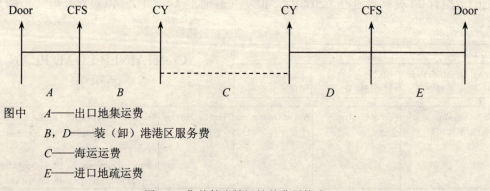

图中   *A*——出口地集运费
            B，*D*——装（卸）港港区服务费
            C——海运运费
            E——进口地疏运费

图 4-4   集装箱班轮运输的费用构成

由图 4-4 可知，货物在哪儿交接以及货物是整箱还是拼箱等问题都会影响集装箱运输的运费构成。下面将介绍除海运运费以外其他几个环节的费用。

1. 集运费与疏运费（*A*、*E*）

它是指将货物由发货地运往集装箱码头堆场或由集装箱码头堆场运往交货地的费用。其中经由陆路的运输费用称为内陆运输费，经由水路的运输费用称为集散运输费。

（1）内陆运输费。内陆运输费有两种情况，一种由承运人负责运输，另一种由货主自己负责运输。如由承运人负责内陆运输，其费用则根据承运人的运价本和有关提单条款的规定来确定。主要包括：①区域运费，承运人按货主的要求在所指定的地点间，进行重箱或空箱运输所收取的费用；②无效拖运费，承运人将集装箱按货主要求运至指定地点，而货主却没有发货，且要求将箱子运回，一旦发生这种情况，承运人将收取全部区域费用，以及货主宣布运输无效后可能产生的任何延迟费用；③变更装箱地点，如承运人应货主要求同意改变原集装箱交付地点，货主要对承运人由此而引起的全部费用给予补偿；④装箱时间与延迟费；⑤清扫费，使用箱子结束后，货主有责任清扫箱子，将清洁无味的箱子归还给承运人。如此项工作由承运人负责，货主仍应负责其费用。

如果内陆运输由货主自己负责时，承运人则可根据自己的选择和事先商定的协议，在他所指定的场所将箱子或有关机械设备出借给货主，并按有关规定计收费用。在由货主自己负责内陆运输时，货主对其从得到集装箱时起至归还箱子时止整个期间所产生的费用负责。

（2）集散运输费。集散运输又叫支线运输，是由内河、沿海的集散港至集装箱出口港之间的集装箱运输。一般情况下，集装箱在集散港装船后，即可签发集装箱联运提单，承运人为这一集散而收取的费用称集散运输费。

2. 装（卸）港港区服务费（*B*、*D*）

由于整箱货和拼箱货的交接地点和方式不同，货物在港区或者发生堆场服务费，或者发生货运站服务费。

（1）堆场服务费。堆场服务费也叫码头服务费，包括在装船港堆场接收出口的整箱货，以及堆存和搬运至装卸桥下的费用。同样，在卸船港包括从装卸桥接收进口箱，以及将箱子搬运至堆场和堆存的费用，也一并包括在装卸港的有关单证费用。堆场服务费一般分别向发货人、收货人收取。

（2）货运站服务费。拼箱货经由货运站时发生的各种操作费用，可能会包括以下各项费用：①将空箱从堆场运至货运站；②将装好货的重箱从货运站运至堆场（装船港）；③将重箱从堆场运至货运站（卸船港）；④理货；⑤签发场站收据、装箱单；⑥在货运站货运地正常搬运；⑦装箱、拆箱、封箱、做标记；⑧一定期限内的堆存；⑨必要的分票与积载；⑩提供箱子内部货物的积载图。

总之，经过以上分析可以看出，传统的班轮运费只是海运段的服务费，而在集装箱运输下，承运人一般负责安排货物的全程运输。所以，收取的运费中除了海运费，还可能包括内陆运输费、港区服务费等费用。从总体上说，集装箱运费是海运费加上各种与集装箱运输有关的费用所组成的。

（二）集装箱班轮海运费的计算

集装箱班轮海运费也包括基本运费和附加运费两部分。

1. 拼箱货海运运费的计算

拼箱货海运运费的计算方法基本与杂货班轮运费的计算方法相同。其中，基本运费的计算依据班轮运价表，根据航线、货物等级和不同的计费标准来计算得出。具体计算方法可以参见任务一中的相关内容。

拼箱货运费计算中应注意以下几个问题：

（1）承运人运价本中规定 W/M 费率后，基本运费与拼箱服务费均按货物的重量和尺码计算，并按其中价高者收费。

（2）由于拼箱货是由货运站负责装、拆箱，承运人的责任仅限于从装箱的货运站开始到拆箱的货运站为止这一阶段，接收货物前和交付货物后的责任不应包括在运费之内。

（3）由于拼箱货涉及不同的收货人，因此拼箱货不能接受货主提出的有关选港或变更目的港的要求，而在拼箱海运费中也就没有选港附加费和变更目的港附加费。

（4）拼箱货起码运费按每份提单收取，计费时不足 1t 或 1m³ 的按 1 个计费吨收费。

（5）对符合运价本中有关成组货物的规定和要求并按拼箱货托运的成组货物，一般给予运价优惠，计费时应扣除托盘本身的重量或尺码。

2. 整箱货海运运费的计算

在整箱货运输中，大多数公司均已采用以箱为单位的计费方式，实行包箱费率。包箱费率是船公司根据自身情况，以不同类型的集装箱为计费单位确定整箱货的不同航线包干费。整箱货包箱费率通常包括集装箱海上运输费用及装卸港口码头装卸费用。目前整箱货运费计收主要采用以下方法：

（1）FAK 包箱费率。FAK 包箱费率是只分箱型、不分箱内货物种类（指普通货物）也不计箱内所装货物重量（在本箱型的规定重量限额内）统一收取的包箱基本运价。在采用包箱费率的航线上，对一般普通货物通常不分等级，但对特殊货物通常再分为 4 种：一般化工品、半危险品、全危险品和冷藏货物。

（2）FCS 包箱费率。FCS 包箱费率是按不同货物等级制定的包箱费率。货物等级也是 1～20 级，但级差较小。一般低价货费率高于传统运输费率，高价货则低于传统费率；同一等级货物，实重货运价高于体积货运价。

（3）FCB 包箱费率。既按不同货物等级或货类，又按计算标准制定的费率。同一级费率因计算标准不同，费率也不同。

以上主要介绍了集装箱班轮海运费中基本运费的计算办法。集装箱班轮运输中的附加费与杂货班轮运输基本一致。常见的集装箱海运附加费有超重、超长附加费（仅拼箱货适用）、燃油附加费、币值附加费、港口拥挤附加费和选港附加费（仅整箱货适用）等。

3．特殊货物海运运费的计算

一些特种箱或者特殊货物，如成组货物、家具、行李及服装等，使用集装箱装运时，在运费计算上还有一些特别的规定。

（1）特种箱。特种箱通常指高箱、开顶箱、平板箱、框架箱等有别于普通干货箱的箱型。由于装卸及处理上的特殊原因，这类集装箱一般会在普通箱 ＣＹ/ＣＹ 条款的基础上再加收一定百分比的运费。如 40 英尺高箱比普通箱高出 1 英尺，故其费率通常为 40 英尺普通箱 ＣＹ/ＣＹ运价的 110%。

（2）成组货物。对于符合运价本中有关规定和要求，并按拼箱货托运的成组货物，班轮公司通常会在运费上给予其一定的优惠。具体来说，就是在计算运费时扣除货板本身的重量和体积，但扣除值不能超过成组货物（货物加货板）重量或体积的 10%，超出部分仍按货板上货物所适用的费率计收运费。而且，整箱托运的成组货物不能享受优惠运价。

（3）服装。当服装以挂载的方式装入集装箱内进行运输时，承运人通常仅接受整箱"堆场—堆场"（ＣＹ/ＣＹ）的运输交接方式，同时货主应提供必要的服装装箱物料，如衣架等。运费按集装箱内容积的 85%计算。如果箱内除挂载的服装外还装有其他货物，服装仍按箱内容积的 85%计收运费，其他货物则按实际体积计收运费，若两者的总计费体积超过箱容的100%，超出部分免收运费。在这种情况下，货主应提供经承运人同意的公证机构所出具的货物计量证书。

（4）回运货物。回运货物是指在卸货港或交货地卸货后，又在一定时间内由原承运人运回原装货港或发货地的货物。对于回运货物，承运人一般会给予运费优惠。例如，若货物在卸货港或交货地卸货后的 6 个月内由原承运人运回原装货港或发货地，整箱货（原箱）的回程运费按原运费的 85%计收，拼箱货的回程运费则按原运费的 90%计收。但是，货物在卸货港或交货地滞留期间所发生的一切费用均由申请方负担。

4．滞箱费

滞箱费是指在集装箱货物运输中，货主未在规定的免费堆存时间内前往指定的集装箱堆场或集装箱货运站提取货物及交还集装箱，而由承运人向货主收取的费用。实践中也称其为滞期费，滞期费按天计算。

【任务实施】

一、操作步骤

大连外轮代理公司完成上述代理任务的步骤如下：

（1）大连化工进出口公司（以下简称收货人）与大连外轮代理公司（以下简称大连外代）签订海运托运委托书，在委托书中明确代办事项的范围。

（2）由于成交的价格条件是 FOB，由买方大连化工进出口公司负责订舱。具体而言，要由大连外代在卸货地（大连）订舱。大连外代于是向中国远洋运输总公司在大连的代理人订舱。确认货物装一个 20 英尺标准集装箱，船名为 EAST EXPRESS V.151E，装船日期为 2004 年 10 月 15 日，装运港为荷兰鹿特丹。

（3）接着，大连外代及时将船名、航次、装运日期等信息通知买卖双方及装货港船代。

（4）中远的 EAST EXPRESS 号轮抵达装货港鹿特丹后，发货人（韩国 DADAI 公司）将货物交给中远在装运港的代理。货物装船后，发货人取得有关的运输单证。发货人与收货人办理交单结汇。

（5）大连外代在订舱后就应随时关注 EAST EXPRESS 号抵港时间，收集货物进口报关报检所需资料，还要掌握该货物进口所需缴纳关税、进口海关监管条件等内容，为货物到港提货做好准备。

（6）船舶抵达大连港后，中远在大连港船代负责安排卸货。船代向大连外代发到货通知。大连外代收到到货通知后，应及时持正本海运提单至中远或其代理处，付清运费并换取提货单等。接下来，在完成货物的报关报检手续后，至大连港集装箱堆场提货。

（7）将整箱货运至货主指定地点，在货主开箱卸货后，将空箱送回堆场。

二、单据填写

根据本例有关资料，集装箱货物托运单填写如表 4-13 所示。

【知识链接】

一、班轮提单

（一）提单的定义及作用

提单是承运人或其代理人在收到有关承运货物时签发给托运人的一种单证。我国《中华人民共和国海商法》给提单的定义是："提单是指用以证明海上货物运输合同和货物已经由承运人接收或者装船，以及承运人保证据以交付货物的单证"。

提单具有 3 项主要的功能或作用：

（1）提单是海上货物运输合同的证明。

（2）提单是证明货物已由承运人接管或已装船的货物收据。

（3）提单是承运人保证凭此交付货物的凭证。

表 4-13　集装箱货物托运单

Shipper（发货人）

　DADAI CO. LTD, SEOUL, KOREA

Tel: 82-2-3481-4343　　　Fax: 82-2-3481-4344

D/R NO.（编号）

EEW7865435

Consignee（收货人）

DALIAN CHEMICAL IMPORT AND EXPORTCORPORATION

BUILDING NO.15, SANQU, ANZHENXILI

DALIAN, CHINA

Notify Party（通知人）

　TO ORDER

集装箱货物托运单　第
货主留底　　一
联

Pre-Carriage By（前程运输）　Place Of Receipt（收货地点）

Ocean Vessel（船名）　Voy. No.（航次）　Port Of Loading（装货港）

EAST EXPRESS　　V.151E　　　　ROTTERDAM

Port Of Discharge（卸货港）　Place Of Delivery（交货地点）　Final Destination（目的港）

DALIAN

Container No. （集装箱号）	Seal No.（封志号） Marks & Nos. （标记与号码）	No. of Containers or pkgs（箱数或件数）	Kind of Packages; Description of Goods （包装种类与货名）	Gross Weight 毛重（kg）	Measurement 尺码（m³）
SCZU7854343	OOXFFG-78017KR	9 CARTONS IN ONE CONTAINER	B3OS FORKLIFT TRUCK	15025	21.5

TOTAL NUMBER OF CONTAINERS OF PACKAGES（IN WORDS）（集装箱数或件数合计（大写））		SAY NINE CARTONS ONLY			
Freight & Charges （运费与附加费）	Revenue Tons （运费吨）	Rate （运费率）	Per （每）	Prepaid （运费预付）	Collect （到付）
Ex Rate（兑换率）	Prepaid at（预付地点）	Payable at（到付地点） DALIAN,CHINA		Place of Issue（签发地点） DALIAN, CHINA	
FREIGHT COLLECT	Total Prepaid （预付总额）	No. of Original B（S）/L （正本提单份数）		THREE	

Service Type on Receiving √ □CY　□CFS　□DOOR		Service Type on Delivery √ □CY　□CFS　□DOOR		Reefer-Temperature Required （冷藏温度）	℉	℃
Type Of Goods （种类）	□Ordinary, □Reefer, □Dangerous, □Auto. （普通）　√（冷藏）　（危险品）　（裸装车辆） □Liquid,　□Live animal,　□Bulk, □_____ （液体）　（活动物）　（散货）		危险品	Class Property I MDG Code Page UN No.		
可否转船: NOT ALLOWED	可否分批: NOT ALLOWED					
装 期: BEFORE 2004-11-01	有效期:					
金额:	制单日期: 2004-08-25					

（二）提单的种类

1. 按货物是否已装船分类

（1）已装船提单。指货物全部装船后，由承运人或其代理人向托运人签发的、表明货物已经装船的提单。该提单上除了载明其他通常事项外，还须注明装运货物的船舶名称和货物实际装船完毕的日期。

（2）收货待运提单。指承运人虽已收到货物但尚未装船，应托运人要求而向其签发的提单。

2. 按收货人的抬头不同分类

（1）记名提单。它是指在提单"收货人"一项内具体填上特定的收货人名称的提单。记名提单只能由提单上所指定的收货人提取货物。

（2）不记名提单。它是指记名应向提单持有人交付货物的提单。托运人在"收货人"一栏只填写"交与持有人"。这样，谁持有提单，谁就有权提货，不需要任何背书手续即可转让。

（3）指示提单。它是指在提单"收货人"一栏内只填写"凭指示"或"凭某人指示"字样的一种提单。前者一般应视为托运人的指示，只有当托运人作出背书后才可转让于其他人；后者按照发出指示的人不同可分为托运人指示、收货人指示和银行指示等情况。

3. 按对货物外表状况有无批注分类

（1）清洁提单。它是指没有任何有关货物残损、包装不良或其他有碍于结汇的批注的提单。

（2）不清洁提单。它是指承运人在提单上记有货物及包装状况不良或存在缺陷等批注的提单，诸如水湿、油渍、污损和锈蚀等。

4. 按提单的有效性分类

（1）正本提单。正本提单是指上面有承运人、船长或其代理人签字盖章，并标明"正本"字样的提单。这种提单在法律上、商业上都是公认有效的单据。收货人在目的港提货必须使用正本提单。

（2）副本提单。副本提单是指没有承运人、船长或其代理人签字盖章的提单。副本提单上一般标明"Copy"或"Non negotiable"（不可转让）字样。凡未表明正本字样的提单即为副本提单。

另外，还可按不同的运输方式分为直达提单、转船提单、多式联运提单；按船舶营运方式不同分为班轮提单、租船提单；按提单内容的繁简分类可分为全式提单、简式提单等。

（三）提单的内容及缮制

提单是由各船公司自行制定的具有法律效力的单据。在班轮运输中，它是确定承运人和托运人（或收货人、提单持有人）双方的权利、义务、责任和豁免的依据。各个轮船公司所制定的提单的格式或文字虽各不相同，但实质内容差别不大。而且都分为正面内容和背面条款两大部分。在提单正面主要记载以下事项。

（1）承运人的名称。在提单记载承运人名称的目的主要是便于收货人明确提单的承运人。提单上一般都印有船东的名称和地址。

（2）B/L No. 提单编号。提单编号一般就是船公司接受订舱后，填写在托运单上的号码。

（3）Shipper 托运人。托运人即发货人，一般为国际贸易合同的卖方、信用证的受益人。

（4）Consignee 收货人。此处填写收货人名称和地址。在信用证方式下，严格按照信用证规定填写。

（5）Notify Party 通知人。信用证方式下，严格按照信用证规定填写。但通知人一栏在业务中的用途主要是货到目的港后，船公司代理需要依据此栏发送到货通知。

（6）Vessel 船名、Voyage No. 航次。

（7）Port of Loading 装货港、Port of discharge 卸货港、Port of Transshipment 转运港。

（8）Description of Goods 货物描述。提单上的货物描述一栏主要反映货物名称和质量规格，货物品质规格如果较复杂，可以适当简略记载。

（9）No. and Kind of Packages 包装种类及件数。

（10）Marks and No.唛头。如果信用证或合同规定有唛头，应该如实反映。如果没有约定唛头，应填写"N/M"。

（11）Gross Weight 货物毛重、Measurement 尺码。毛重一般以 kg 为单位，尺码一般以 m^3 为单位。

（12）Total Packages 大写件数。如 120 纸箱货物，则此栏填写"ONE HUNDRED AND TWENTY CARTONS ONLY"。

（13）Freight and Charges 运费和费用。此处一般填写提运费支付方式。根据贸易合同中使用的价格术语不同，或者注明"FREIGHT PREPAID"（运费预付），或者注明"FREIGHT COLLECT"（运费到付）。如无特殊要求，提单上一般不加注运费额。

（14）Place and Date of Issue 提单的签发日期、地点。提单的签发日期应该是提单上所列货物实际装船完毕的日期，应该与收货单上大副所签的日期是一致的。若违反这一原则，无论是提前或迟到，常常会产生外贸合同中买卖双方、运输合同中承运人与货方的法律纠纷问题。提单签发的地点原则上应是装货地，一般是在装货港或货物集中地签发。

（15）No. of Original B/L 正本提单份数。提单签发的份数，按航运惯例通常是正本提单一式 2～3 份，每份具有同等效力。收货人凭其中一份提取货物后，其他备份自动失去其效力。但副本提单的份数可视托运人的需要而定。

（16）Signed for…承运人或船长或其授权人的签字或盖章。提单必须经过签署才能生效。有签署提单权利的人应是承运人或船长或由他们授权的代理人。当今国际航运中，尤其是班轮货物运输中，大多由船公司授权其代理人签发提单。代理人签发提单，必须在提单上注明"Signed as agent for the carrier"或"Signed for or on behalf of the carrier"。

二、关于"无单放货"

无单放货，又叫无正本提单放货，是指国际贸易中货物运输承担者把其承运的货物交给未持有正本提单的收货人。

依照国际贸易惯例，承运人只能在收货人提交全套正本提单后交付货物。然而在实际操作中，由于航程较短或提单延迟等原因，货物会先于提单抵达目的港，严格凭正本提单放货可能导致压货、压船、压舱、压港，不仅会造成经济损失，甚至面临被强制拍卖或没收的危险。在这种情况下，收货人向船公司提供一份经银行会签的书面保函，要求先提货日后补交提单。船公司可以根据收货人提供的副本提单和保函，将货物放给收货人。这就构成了无单放货。

无单放货情况下，船公司虽然可以根据保函，将交付货物后可能发生的损失转嫁给收货人或者保证银行，但是，由于违反了运输合同的义务，船公司对正当的提单持有人仍要承担赔偿一切损失的风险。因此，船公司通常会要求收货人尽快履行解除担保的责任，即要求收货人在取得提单后及时交给船公司，以恢复正常的交付货物手续。

海运提单如表 4-14 所示。

表4-14　海运提单

Shipper		F. L.	B/L NO.
Consignee		**FAST LINE TRANSPORTATION LTD.** ORIGINAL BILL OF LADING	
Notify Party		SHIPPED on board in apparent good order and condition（unless otherwise stated） the goods or packages specified herein and to be discharged at the above mentioned port of discharge or as near thereto as the vessel may safely get and be always afloat. The weight, measure, marks, numbers, quality, contents and value being particulars furnished by the Shipper, are not checked by the Carrier on loading. The shipper, Consignee and the Holder of this Bill of Lading hereby expressly accept and agree to all printed, written or stamped provisions, exceptions and conditions of this Bill of Lading, including those on the back hereof. In witness whereof, the carrier or his Agents has signed Bill（s） of Lading all of this tenor and date. One of which being accomplished, the others to stand void.	
Pre-carriage by	Place of Receipt		
Vessel	Voyage No.		
Port of Loading	Port of Discharge	Port of Destination	
Container No. & Seal No.	Marks & Numbers	Description of Goods	Gross Weight	Measurement
TOTAL NUMBER OF CONTAINERS OR PACKAGES IN WORDS:				
Freight and Charges	Prepaid at	Payable at	Place and Date of Issue	
	Total Prepaid in Local Currency	No.of Original B/L	Signed for the Carrier	

三、关于"电放提单"

电放提单是指船公司或其代理人签发的注有"Surrendered"或"Telex Release"的提单副本、复印件或传真件。电放提单的作用有三：一是承运人收到其照管的货物收据；二是运输合同的证明；三是用来换取提货单的依据。其运行程序如下：

（1）由托运人向货代提交一份电放保函，表明电放操作产生的一切责任及后果由托运人承担。

（2）货代向船公司提出电放申请并提交作用相同的电放保函一份。

（3）船公司接受申请及保函后给目的港船公司代理发一份电放通知，允许该票货物可以用盖章后的电放提单换提货单。

（4）装船后，船公司向货代签发 Master 电放提单。

（5）货代向托运人签发 House 电放提单。

（6）装运港货代向目的港货代传真 Master 电放提单。

（7）托运人向收货人传真 House 电放提单。

（8）目的港船代凭 Master 电放提单签发提货单。

（9）收货人将盖其公司章的 House 电放提单交给目的港货代处。

（10）目的港货代凭此 House 电放提单交与收货人提货单。

船舶抵港后，收货人凭此提货单即可提货。电放提单的使用是有条件的，如信用证付款方式下，或出具指示提单、空白提单情况下，都不宜使用。

任务三　租船运输及代理业务

【任务引入】

2009 年 4 月 15 日，在经纪人广西海洋运输公司的介绍下，新加坡新和航运有限公司（下称新和公司）与中国外轮代理公司北海分公司（下称北海外代）签订了一份租船合同。合同约定，北海外代租用新和公司的"新和"号轮，将 9500t（10%范围由船东选择）的袋装水泥由北海港运往马尼拉。运费率为毛重每公吨 14.30 美元，船东不负担装卸、堆舱、平舱费，全部运费在装货完毕后 3 个银行工作日支付。装卸效率为每晴天工作日 1200t，星期日及法定节假日除外。滞期/速遣费率为每天 3000/1500 美元，所有用于等待泊位的损失时间算作装卸时间，除非船舶已经滞期，否则由于台风或其他自然灾害阻止了装、卸的进行，所损失的时间不计算装卸时间。4.25%的佣金从运费中扣除，付给经纪人广西海洋运输公司。其他未提到条款按 1922 年及 1976 年修订的"金康"合同范本。

以上就是一宗典型的航次租船运输案例。显然，租船运输与前面所讲的班轮运输有着显著的不同。如何理解租船合同条款？租船运输实务的操作流程又是如何呢？

【任务分析】

要回答上述问题，必须了解租船运输这种运输方式的特点，掌握几种常见的租船运输方式及其特点，理解租船合同的内容。在此基础上，才能掌握租船运输的业务流程。

【必备知识】

一、租船运输的概念及特点

（一）租船运输的概念

租船运输是相对于班轮运输的另一种海上运输方式。从事租船货运的船舶没有预定的船期表、航线和挂靠港口，而是按照货源的要求和货主对货物运输的要求，安排船舶航行计划，组织货物运输。船、租双方的权利、义务均按租船合同行事。因此，租船运输又被称为不定期船运输。

（二）租船运输的特点

租船运输中，船舶的营运是根据船舶出租人与承租人双方签订的租船合同来进行的，一般进行的是特定货物的运输。船舶出租人提供的是货物运输服务，而承租人则是按约定的租金率或运价支付运费。因此，区别于班轮运输，租船运输具有以下特点：

（1）没有固定的航线、装卸港及船期。租船运输的航线和装卸港的安排根据租船人的需要或按合同而定。

（2）没有固定的运价。租船的运价随租船市场行情的变化而变化，船舶供过于求时，运价就下跌，反之则上涨。

（3）适合于大宗散货运输。货物的特点是批量大，附加值低，包装相对简单。

（4）租船运输中，船舶港口使用费、装卸费及船期延误，按租船合同规定划分及计算，而班轮运输中船舶的一切正常营运支出均由船方负担。

（5）租船运输中的提单不是一个独立的文件。其作用仅相当于货物收据，要受租船合同的约束。

（6）承租人与船舶所有人之间的权利、义务通过租船合同来确定。

二、租船运输的经营方式

船公司经营不定期船的方式通常是航次租船、定期租船和光船租船 3 种。

（一）航次租船

航次租船（Voyage Charter or Trip Charter）又称定程租船、程租船。这种租船方式是以航次为基础的一种租船方式，船舶所有人负责提供船舶，在指定的港口之间进行一个或几个航次来运输指定货物的一种租船方式。在这种租船方式下，船方必须按规定的航程完成货物运输任务，并负责船舶的经营管理以及船舶在运输途中的一切开支费用，租船人按约定支付运费。

1. 航次租船的特点

（1）船东负责配备船员，负担船员的工资和食宿费用。

（2）船舶的经营管理营运调度由船方负责，船方还要负责船舶营运中的一切费用（但装卸费要视合同约定或由船方或由货方负担）。

（3）合同中一般规定一定的航线、货物名称及数量、装卸港口等。

（4）一般情况下，船东按所运货物的数量收取运费。

（5）船方对货物运输负责。

（6）定程租船合同一般会规定一定的装卸期限或装卸率，并计算滞期费和速遣费。

（7）租船双方的权利、义务、责任、豁免，以定程租船合同为准。

2. 航次租船的种类

（1）单航次租船。它是指船舶所有人与租船人约定，由船舶所有人提供船舶完成一个单航程的货物运输的一种租船方式。船舶所有人负责将指定的货物从装运港运往目的港，航程终了时租船合同即告终止。

（2）往返航次租船。它是指治租往返航次的租船方式。在这种租船方式下，由船舶所有人提供船舶完成一个单航次后，紧接着在上一航次的卸货港或附近港口装货，运回原装货港或附近港口卸货后，航次租船即告结束。如果货主不能保证回程有货载，可采取两个货主联合租赁往返航次，即一个货主装载去程货物，另一个货主装载回程货物，承租人可在运价上获得优惠。

（3）连续航次租船。指在同一去向的航线上连续完成几个单航次运输的租船方式。在这种租船方式下，由船舶所有人提供同一艘船舶，在同一条航线上连续完成两个或两个以上的单程航次运输后，运输合同终止。

（4）包运合同租船。指船东在约定的期限内，派若干条船，将合同规定的一批货物，按照同样的租船条件由一个港口包运到另一个港口，并且航程次数不作具体规定的一种租船方式。

（二）定期租船

定期租船（Time Charter）又称期租船，是指出船舶所有人或船舶出租人把船舶出租给租船人使用一定时间的租船方式。这种租船方式，在船、租双方约定的期间内，租船人根据租约规定的航行区域，在租期内由租船人自行调度和营运，利用船舶运力自行安排货物运输，支付租金，以取得船舶的使用权。

1. 定期租船的特点

（1）船东负责配备船员，负担船员的工资和食宿费用。

（2）在租期内，租船人负责船舶的营运和调度工作，负担船舶在营运中的航次费用。

（3）船方负责船舶的维护、修理和机器的正常运转。

（4）期租船合同不规定具体的航线和装卸港口，只规定船舶的航行区域。

（5）除租船合同特别规定外，租船人可以装运各种合法货物。

（6）租金按租期每月每吨若干金额计算。

（7）船租双方的权利、义务以期租船合同为准。

2. 航次期租

航次期租是一种介于航次租船和定期租船之间的一种租船方式。在这种租船方式下，租期不作明确规定，而只规定一个特定的航次，即以完成一个航次货运为目的。其他条件与期租船的做法一样，租金是按完成航程的实际天数和事先约定的租金率计算的。船舶的营运与管理由租船人负责。船、租双方不计算滞期费和速遣费。

（三）光船租船

光船租船（Bare Boat Charter or Demise Charter）方式不是为了承揽货物运输，而实际上是一种财产租赁方式。在这种租船方式下，船舶所有人在合同约定的租期内，将一条空船交给租船人使用，船舶所有人只收取租金，不负责船舶的营运，也不负担任何责任和费用。其主要特点如下：

（1）船舶所有人只提供一条空船。

（2）租船人负责配备船员，负担船员的工资和食宿费用。

（3）租船人负责船舶的营运和调度工作，负担船舶在营运中的一切费用。

（4）租船人按合同约定支付租金。

三、航次租船合同

（一）航次租船合同的标准格式

航次租船合同的标准格式大都是由各个国际航运组织制定，供洽租双方在洽定租船合同时选用。航次租船合同范本很多，根据船舶航行的航线、承运货物种类等不同而有所区别。

1.　杂货租船合同

（1）统一杂货租船合同（Uniform General Charter），简称"金康（GENCON）"，是由波罗的海国际航运公会（BIMCO）制定，并经 1922 年、1976 年、1994 年 3 次修订。它是一个不分货种和航线，适用范围比较广泛的航次租船合同的标准格式。

（2）斯堪的纳维亚航次租船合同（Scandinavian Voyage Charter），简称"斯堪康（SCANCON）"，是波罗的海国际航运公会于 1956 年制定、1962 年修订，适用于斯堪的纳维亚地区的杂货航次租船合同。

2.　煤炭运输租船合同

（1）威尔士煤炭租船合同（Chamber of Shipping Walsh Coal Charter Party）。该合同格式是波罗的海白海航运公会于 1896 年采用、1924 年最后一次修订，专用于煤炭运输的租船合同标准格式。该格式中，以连续小时表示装卸时间，且对滞期费规定了特定的算法。

（2）美国威尔士煤炭合同（Americanized Walsh Coal Charter）。该合同格式是美国船舶经纪人和代理人协会于 1953 年制定，专用于煤炭运输的航次租船合同的标准格式。

（3）普尔煤炭航次租船合同（Coal Voyage Charter）。该合同格式简称"普尔"，是波罗的海国际航运公会于 1971 年制定、1978 年 4 月修订，用于煤炭运输航次租船合同的标准格式。

3.　谷物运输租船合同

（1）谷物泊位租船合同（Berth Grain Charter Party）。该合同格式简称"巴尔的摩 C 式"，由北美粮食出口协会、北美托运人协会及纽约土产交易联合会制定，1974 年修订，被广泛使用于从北美和加拿大出口谷物的海上运输租船业务中。

（2）北美谷物租船合同（North America Grain Charter，简称 NORGRAIN），该合同格式专用于从美国和加拿大出口谷物的海上运输航次租船，内容新颖、全面。

（3）澳大利亚谷物租船合同（Australian Grain Charter，简称 AUSTWHEAT），适用于从澳大利亚到世界各地的谷物运输。

4.　矿石运输租船合同

（1）C（矿石）7 租船合同（C<Core>7 Mediterranean Iron Ore）。该合同格式是由英国政府制定，用于进口铁矿石的航次租船合同的标准格式。

（2）铁矿石租船合同，1962（SCANORECON，1962）。

5.　液体货物运输租船合同

（1）油轮航次租船合同，1977（Tanker Voyage Charter Party，1977）。该合同格式由美国船舶经纪人和代理人协会于 1977 年制定，专门用于油轮航次租船。

（2）油船航次租船合同，1976（INTERTANKVOY，1976）。该合同格式由波罗的海国际航运公会、船舶经纪人和代理人联盟和日本海运集会所联合采用。也被称为国际独立油轮船东协会油轮航次租船合同。

（3）气体航次租船合同，1972（GASVOY，1972）。该合同格式由波罗的海国际航运公会为液化天然气以外的其他气体的租船运输而制定的航次租船合同标准格式。

此外，还有"古巴食糖租船合同"、"波罗的海木材租船合同"等专门用途的航次租船合同范本。

（二）航次租船合同的主要条款

如前所言，航次租船合同范本种类繁多，而且适用的范围也各不相同。但一般而言，航次租船合同都订有下列条款：

（1）船舶说明条款。

（2）预备航次条款。

（3）船舶出租人责任与免责条款。

（4）运费支付条款。

（5）装卸条款。

（6）滞期费和速遣费条款。

（7）合同解除条款。

（8）留置权条款。

（9）绕航条款。

（10）承租人责任终止条款。

（11）双方互有责任碰撞条款。

（12）新杰森条款。

（13）共同海损条款。

（14）提单条款。

（15）罢工与战争条款。

（16）冰冻条款。

（17）仲裁条款。

（18）佣金条款。

（19）法律适用条款。

由于金康合同是最具有代表性的航次租船合同，实践中使用的也最为频繁。这里就以1994年金康合同格式为例，并结合我国《中华人民共和国海商法》，介绍航次租船合同的主要内容。

1. 船舶说明条款

船舶说明条款的主要内容包括船名、船籍、船级、船舶吨位、船舶动态5部分内容。选择什么样的船舶完成航次租船合同所规定的运输任务，是双方当事人，特别是承租人最关心的问题之一。合同中应明确规定有关内容，除非合同中规定了可用替代船；否则，船舶出租人不得以其他船舶代替。有关船籍、船级、吨位等与船舶有关的内容，请参见本任务的知识链接部分。

2. 受载期与解约日

受载期是指所租船舶到达指定装货港或地点并已做好装货准备，随时接受货物装船的期限。习惯上将受载期规定为一段期限。受载期限的最后一天，就是解约日，如某船的受载期是8月15～25日。8月15日即为受载日，8月25日即为解约日。如果船舶在解约日未能抵达装货港，或虽然到达但没有做好装货准备，租船人有解除租约的权利，并可提出损害赔偿。

3. 装卸条款

装卸条款主要包括装卸港口或地点、装卸费用的分担、装卸时间等内容。

（1）装卸港口。在航次租船合同中，装卸港通常由承租人指定或选择，合同中应将具体港口名称予以记载。如事先确定有困难，可以选择两个或以上的装货港或卸货港，或者规定一个装卸区域。此外，为了保证船舶进出港口和在港内装卸作业的安全，承租人所指定的港口或泊位必须是"安全港"和"安全泊位"。

（2）装卸费用。关于装卸费用及风险如何分担的问题，完全依据合同条款的约定。常见的约定方法如下：

1）船方负担装卸费（Liner Terms），又称为"班轮条件"。根据这一条款，承租人把货物交到船边船舶的吊钩下，船方负责把货物装进舱内并整理好；卸货时，船方负责把货物从舱内卸到船边，由承租人或收货人提货。多用于包装货或木材。

2）船方不负担装卸费（Free In and Out），简称 F.I.O.条件。根据这一条款，在装卸两港由承租人雇佣装卸工人，并负担装卸费用。采用这一条件时，在合同中还要明确理舱费（包装货）和平舱费（散装货）由谁负担。一般都规定是由租方负担，即船方不负担装卸、理舱和平舱费（Free In and Out, Stowed, Trimmed），简称 F.I.O.S.T.条件。

3）船方管装不管卸（Free Out），简称 F.O.条件。根据这一条款，装货费由船方负担，卸货费由承租人负担。如果船方仅就卸货费不负责，其他费用仍承担的话，可用 L.I.F.O.（Liner in, Free out）条件，这是 F.O.条件的变形。

4）船方管卸不管装（Free In），简称 F.I.条件。根据这一条款，装货费由承租人负担，卸货费由船方负担。如果船方仅就装货费不负责，其他费用仍承担的话，可用 F.I.L.O.（Free in, Liner out）条件，这是 F.I.条件的变形。

必须注意，即使是订明 F.I.O.条件，虽船方不负担装卸费，但对货物的安全积载仍要负责。

（3）许可装卸时间。这是船方允许租方必须完成装卸作业的时间。一般规定若干日或若干小时，也可用每天装卸率来表示，即平均每天装卸若干吨。如承租一条载重能力为 20000t 的船装运大米，以 5 个舱口作业，每个舱口日装 400t 为基础，则许可装货时间为 10 日。但这个"日"如何计算，需要具体明确规定。常见的有以下几种规定方法：

1）连续日（Running Days or Consecutive Days）。连续日与日（Day）的含义完全相同，即按自然日计算，从午夜零点至午夜零点，其中没有任何扣除。以这种日表示装卸时间时，从装货或卸货开始至装货或卸货完毕时止所经过的日数就是总的装货或卸货时间。在此期间，无论是实际不可能进行装卸作业的时间（如雨天、罢工等），还是星期日或节假日，都应计为装卸时间。

2）工作日（Working Days）。工作日是指在港口当地，按照港口当地的习惯，进行正常装卸作业的日子。严格来说，不能认为工作日一定不包括休息日（如星期六、星期日，还有伊斯兰教国家的星期五）和法定节假日。因为有些港口在休息日甚至是法定节假日也进行工作。因此，容易引发争议。在计算工作日时，是否将休息日和节假日扣除的问题，最好在合同中予以明确。此外，各港口规定的工作日的正常工作时间也有很大差别，有 8h、16h，还有 24h 的。

3）晴天工作日（Weather Working Days）。晴天工作日是指工作日中不受天气影响，可以进行正常装货或卸货作业的时间。也就是说，因天气不良而不能进行装卸作业的工作日不能计入装卸时间。当然，天气不良必须是实际影响了装卸的天气。

4）累计 24h 晴天工作日（Weather Working Days of 24 Hours）。累计 24h 晴天工作日，这种表示方法不考虑港口规定的工作时间是多少小时，以累计晴天工作 24h 作为一个晴天工作日。如果港口的工作时间是每天 8h，那么，一个 24h 晴天工作日就相当于 3 个晴天工作日。

5）连续 24h 晴天工作日（Weather Working Days of 24 Consecutive Hours）。这种方法是指

除去休息日、节假日和天气不良影响作业的工作日或工作小时后，其余所有时间从午夜至午夜连续计算，以 24h 为一日。在使用这种方法时，是将除外后的所有时间按 24h 为一日来进行计算，而不论港口规定的工作日工作时间是几小时。

4. 滞期费与速遣费

航次租船合同中，滞期时间和速遣时间是通过实际使用的装卸时间与合同允许可用的装卸时间相比较而计算出来的。为了准确计算实际使用的装卸时间，合同中必须对装卸时间的起算和止算做出明确规定。关于装卸时间的起算，一般都规定"自船长/船舶出租人或其代理向承租人或其代理递交装卸准备就绪通知书以后，经过一定时间后才开始计算"。

（1）滞期费。如果租船人未能按时完成装卸作业，应由租船人向船东按租约规定以每天若干货币单位支付一定的罚金，称为滞期费。滞期时间是指许可装卸时间截止后到实际装卸完毕的时间。滞期时间一般连续计算，休息日、节假日、坏天气等均不再扣除，这一原则称之为"一旦滞期，永远滞期"。

（2）速遣费。如果船舶在许可装卸时间期满前完成了装卸，船舶出租人支付给承租人的约定金额，称为速遣费。计算速遣费时，有两种方法计算节省的时间，一是把到截止日为止的许可时间减去实际完成装卸时间，即为节省的全部时间；二是把节省的全部时间再减去其中的休息日等非工作日后剩下的时间，称为节省的工作时间。

5. 货物的种类和数量

航次租船合同中要约定承运货物的种类、名称和数量等内容，承租人不得随意变更。如承租人需从几种货物中选装，可以订立"货物选择权"条款。

由于在洽谈租船业务时，船舶所有人对航次中所需的燃料、物料、淡水、食品等的消耗难以估计准确，所以对本航次实际可装货物的数量难以定出准确数字。一般约定一个"大约数量"或者订立"数量增减条款"，选择权归船东。在具体装货前，船长根据情况在该数量范围内选择船舶能够装载的实际数量，并以书面形式向承租人"宣载"。而承租人则有义务对船舶提供"满载货物"。如果不能提供船方所要求的满载货物，则是违约行为。

6. 运费

运费是船东提供船舶运输服务应得的报酬。在航次租船合同中，对运费的计算方法、运费的支付方式、支付的币种等内容，均须订明。

（1）运费计算方法。

1）运费率。即按装船重量或卸船重量计算运费时，每单位重量或每单位容积货物应交纳的金额。

2）包干运费。即按提供的船舶商订一笔整船运费，不论实际装货多少，一律照付。

（2）运费支付方式。

1）运费预付。承租人在装货完毕时或在船东签发提单时支付运费。在实际租船业务中，运费预付已成习惯做法。

2）运费到付。承租人在船舶到达卸货港或卸货完毕或货物交付后支付运费。

3）部分预付、部分到付。

7. 船舶出租人的责任与免责条款

金康合同中关于船舶出租人的责任条款虽然名为责任条款，但实质上是一条保护船舶出租人的免责条款。该合同第 2 条规定："船舶所有人对货物的灭失、损坏或延迟交付的责任限于造成灭失、损坏或延迟的原因是由于船舶出租人或经理人本人未尽适当谨慎处理使船舶各方面适航，并保证适当配备船员、装备船舶和配备供应品，或由于船舶出租人或其经理人本身的行为或不履行职责。对于其他任何原因造成的货物灭失、损坏或延迟，即使是由于船长或船员或其他船舶出租人雇佣的船上或岸上的人员的疏忽或不履行职责（如无本条规定，船舶出租人应对他们的行为负责）或是由于船舶在装货或开航当时或其他时候不适航所造成，船舶出租人亦概不负责"。

在租船实务中，为了加强出租人的责任，通常是将该条款整条删除，然后并入一条首要条款，表明本合同适用海牙规则或者汉堡规则。这些规则对承运人的责任都有比较严格的规定。

四、定期租船合同

（一）定期租船合同的标准格式

1. 定期租船合同

定期租船合同（Time Charter Party）又称为"土产格式"（NYPE Form），是美国纽约土产交易所制定的定期租船合同的标准格式。这一标准格式得到波罗的海国际航运公会和船舶经纪人和代理人联合会的推荐，现行使用的是 1993 年修订版，代码为"NYPE 93"。由于它的内容较全面，而且一般都认为它的规定比较公平，所以得到了较广泛的使用。

2. 标准期租船合同

标准期租船合同（Uniform Time Charter Party）又简称为"BALTIME"。该标准定期租船合同格式由波罗的海国际航运公会于 1909 年制定，并由英国航运公会认可。现行使用的是1974 年修订版。

3. 中租期租船合同

该合同格式又简称为"SINOTIME 1980"，是由中国租船公司制定、专门用于中国租船公司从国外期租船使用的租船合同标准格式。

（二）定期租船合同的主要条款

下面以中国租船公司拟定的租船合同范本"中国期租 1980"（SINOTIME 1980）和波罗的海国际航运公会的标准期租船合同内容为主，介绍期租合同的主要内容。

1. 船舶说明

在期租船方式下，由于船舶租赁时间较长，且船舶的经营管理和调度由承租人负责。船舶的技术指标和性能好坏直接影响船舶的营运效果。因此，定期租船合同中船舶说明条款非常重要。

船舶说明包括的内容主要有船东、船名、船旗、船龄、船级、载重吨、载货容积、注册总吨和净吨、吃水、航速、燃油及船上设备等。船东对船舶规范描述的正确性负责，如果租船合同中对船舶规范的描述与实际情况不符，承租人可提出索赔甚至解除合同。

2. 租期

租期是承租人租用船舶的期限。租期可长可短，从几个月到几年不等。在租期的订法上，最好有一定的伸缩幅度或规定上下限，这样才不会使承租人陷入被动。

3. 交船

交船是指船东根据合同规定把船舶交给承租人使用。交船一般规定一定的期限，如船东在规定的期限内没有把船交给承租人，承租人有权解除合同。

交船地点根据合同规定，一般要求是安全港口和泊位，在船抵达港口、锚地、引水站或泊位时交船。交船时需符合下列条件：

（1）船舶的装货条件已准备就绪。

（2）货舱已清扫干净，适于装货。

（3）船舶的各种证件齐全、有效，符合规定。

（4）船上的设备和油量符合合同规定。

（5）船舶适航等。

4．租金

在定期租船方式下，承租人按时、足额支付租金是承租人的绝对义务。承租人没有履行上述义务或履行时有差异，船东有权撤船。

5．停租

在租期内，由于船方人员的责任或燃料不足、机器故障、船壳损坏、船舶检验、入坞修理及其他属于船方的责任，致使船舶营运中断连续达 24h 以上，造成承租人不能有效使用船舶的期间，承租人有权停付租金。

6．转租

转租是指租船人在船舶租赁期内可以根据需要将船舶转租给另一个租船人。在长期租船方式下，订立转租条款对保障承租人的利益十分重要。在转租时，原承租人是以二船东的身份与第三者签订租船合同，但原租船人与船东之间的权利与义务仍按原租船合同来履行。

7．还船

还船是指合同租期届满，承租人按交船时相似的完好状态把船舶还给船东。还船地点和时间的订法中，对承租人有利的是"船在何时何处备妥，就在何时何处还船"，对船东有利的是"出港引水员下船时还船"。合同一般还规定还船时的条件应和交船时的条件相同或相似。

以上介绍的只是期租合同中的部分常用条款，期租合同中还可加入其他条款，如船东责任及免责条款、首要条款、冰冻条款、战争条款和航速索赔条款等。在具体租船时，要根据货运需要及自身利益，力争制定对我方有利的条款。

五、租船运输代理业务

（一）租船经纪人的概念及其身份

1．租船经纪人的概念

航运市场上存在着大批专门从事船舶的租赁、订舱、买卖、保险等中介业务的航运经纪人。其中专门从事租船订舱等经纪业务的经纪人，称为租船经纪人。

租船经纪人熟悉租船市场行情，精通租船业务。同时，由于他们掌握市场动态，作为当事双方的桥梁和纽带，在为委托人提供市场信息、资信调查及其他信息咨询服务、促成合同的顺利签订、减少委托人事务上的繁琐手续、为当事双方斡旋调解纠纷等方面所起到的作用已得到了各方面的认同。由于租船经纪人对于租船市场的信息掌握全面、及时，具有租船业务的特殊知识和谈判技能，船舶出租人或承租人通过租船经纪人开展业务的做法已十分普遍。租船经纪人与船舶代理人、货运代理人一样，已经成为我国航运市场中不可缺少的重要组成部分。

2. 租船经纪人的身份

传统上认为经纪人为商业领域内从事居间活动的居间人。在我国虽没有明确的法律规定，现在也无统一的认识，但根据其从事的业务，可将租船经纪人分为以下 3 种：

（1）船东经纪人。这是指根据船东的授权和指示，代表船东利益在租船市场上从事船舶出租或承揽货源的人。

（2）船舶承租人经纪人。这是指根据承租人的授权和指示，代表承租人利益在租船市场上为承租人洽租合适船舶的人。

（3）双方当事人经纪人。这是指以中间人身份尽力促成船东和承租人双方达成船舶租赁交易，从中赚取佣金的人。

由此可以看出，租船经纪人的身份具有不确定性。有时是作为代理人，有时又是居间人。在某些租船业务中，租船经纪人可能是既是经纪人又是代理人。另外，实际业务中还存在"双重代理"情况，这是违反我国民法基本原则的。

对于船舶出租人或承租人而言，只要其指定了租船经纪人，就处于"本人"的地位。拥有对租船经纪人进行任何有关租船业务指示的权利。对于这些指示，租船经纪人必须如实照办，不管其身份是代理人还是经纪人。不过在实践中，"本人"与经纪人之间往往没有相互约束的协议，而是以业务往来中的文件作为委托的依据和确定责任的证据。

（二）租船经纪人进行租船业务洽谈的方式

租船经纪人进行租船业务洽谈的方式有 3 种情况。

一种是由船舶出租人和承租人各自指定一个租船经纪人，由其代表各自委托人的利益进行洽谈。这时，双方租船经纪人处于代理人的地位。完全在"本人"的授意下，代表其利益进行谈判。在就租船业务所及的条件达成一致意见后，在征得各自"本人"的同意后，代表其"本人"在租船合同上签字。

另一种情况是，船舶出租人和承租人共同指定一个租船经纪人进行洽谈。这时，租船经纪人就是居间人。这种情况下，船舶出租人和承租人一般在居间人在场的条件下进行面谈。双方不再是"本人"，而是"决定当事人"。租船经纪人不再代表任何一方的利益，而是利用自己的知识，协调洽谈双方的意见，促成谈判达成合约。

再一种情况是，船舶出租人或承租人的一方与它方指定的租船经纪人进行租船业务洽谈。这时，一方的租船经纪人完全在其"本人"的授意下，代表其利益进行谈判，并在征得其"本人"的同意后，代表其"本人"在租船合同上签字。

当租船经纪人以代理人的身份出现，且代表其"本人"在租船合同上签字时，必须在合同上注明其代理人的身份。实际的合同当事人仍然是船舶出租人或承租人。租船经纪人超出授权范围或在没有得到授权的情况下采取的决定，其后果由租船经纪人承担。因此，在"本人"的授权范围内从事租船业务洽谈是租船经纪人的工作原则。相应的授权文件也就成为区分责任的依据。同时，租船经纪人对"本人"还具有忠实的义务，不得向"本人"提供错误虚假信息，也不得向任何第三方泄露"本人"的业务机密。

（三）租船经纪人的佣金

在通过租船经纪人成功地签订了租船合同时，"本人"应向租船经纪人支付"经纪人佣金"。佣金的多少在国际上没有统一的标准，一般在运费或租金的 1%～4%。航次租船下，一个经纪人的佣金通常为 1.25%。在签订租船合同后，按照租船合同中的佣金条款来支付佣金。

（1）如果合同规定"佣金在签订合同时支付"，则租船经纪人无论合同的执行情况如何，均可获得佣金。

（2）如果合同规定"佣金在货物装运时支付"，则当合同于货物装运前被解除时，租船经纪人不能获得佣金。

（3）如果合同规定"佣金在赚取运费时支付"，则租船经纪人只能在租船合同得以履行，且船舶出租人获得运费后，方可获得佣金。

当租船业务洽谈没有达成协议时，尽管我国《中华人民共和国合同法》第426条规定，租船经纪人"未促成合同成立，不得要求支付报酬，但可以要求委托人支付所支出的必要的费用"。但是航运中的惯例是按照"无效果，无报酬"的原则，租船经纪人一般不能取得佣金。而且经纪人与承租双方往往是有长期业务往来关系的，大家也不应该仅局限于一次生意，而应该从长期的角度出发来考虑双方的利益。

【技能要点】

一、租船业务流程

（一）洽租程序

租船合同的洽订通常情况下是通过租船经纪人进行的。一项租船业务从发出询价到缔结租船合同的全过程称为洽租程序。通常情况下，租船程序大致经过租船询价、租船要约、租船还价、租船承诺、签订租船合同几个阶段。租船程序的整个过程实际上是船舶出租人和承租人通过经纪人或直接就各自的交易条件向对方进行说明、说服、协商的谈判过程。租船谈判要求当事人具有很强的专业知识，应关注全球政治、经济的变化，对航运市场的变化应非常的敏感，在谈判中要有预见性。对航运业务的操作过程应相当的清楚和了解，应当掌握各种典型船舶的规范和特点，应对各种合同范本的所有条款有深刻的理解。

1. 租船询价

租船人根据自己对货物运输的需要或对船舶的特殊要求，将基本租船要求和货物信息通过经纪人传送到租船市场上，寻找合适的船东，并要求感兴趣的船东答复能否提供合适船舶及报价。

（1）承运人航次租船询价的主要内容包括：承租人的名称和地址；货物名称和数量；装货港和卸货港；船舶受载期和解约日；装卸时间和装卸费用条件；对船舶类型和尺码的特殊要求；希望采用的租船合同范本等。

（2）承运人定期租船询价的主要内容包括：承租人的名称和地址；船舶吨位和船型；租期；交/还船地点；航行区域；交船日期和解约日；希望采用的租船合同范本等。

上述租船询价内容可以根据实际需要，对不同的租船方式等做一些改变。通常情况下，租船询价对于询价人没有法律约束力，从《中华人民共和国合同法》的角度来讲，租船询价相当于要约邀请，它是希望他人向自己发出租船要约的意思表示。

2. 租船要约

租船要约又称租船报价或租船发盘，承租人或船舶出租人围绕租船询价中的内容，就租船涉及的主要条件答复询价方即为租船要约。当船舶出租人从租船经纪人那里得到承租人的询价后，经过成本估算或者比较其他的询价条件，通过租船经纪人向承租人提出自己所能提供的船舶情况和运费率或租金率。

由于要约对于要约人有约束力，实务中往往在租船要约中附带某些保留条件，从而使得租船要约报价按不同的约束力分为绝对发盘和条件发盘两种情形。

（1）绝对发盘。绝对发盘具有绝对成交的意图，主要条款明确肯定、完整而无保留，具有法律约束力。发盘方不能撤回或更改发盘中的任何条件。绝对发盘时，发盘人一般都规定对方接受并答复的期限。发盘人在期限内不得再向第三方做出相同内容发盘。接受方要在期限结束前给予明确答复，否则无效。绝对发盘的发出意味着租船业务洽谈进入决定时刻。如果接受发盘方认可发盘中的条件，并在期限内予以同意的答复，该项租船业务即告成交。如果接受发盘方不接受发盘中的条件，或明确表示不接受发盘中的条件，或在期限内不予答复，该项租船业务即告失败。

（2）条件发盘。条件发盘是指发盘方在发盘中对其内容附带某些"保留条件"，所列各项条件仅供双方进行磋商，接受发盘方可对发盘中的条件提出更改建议的发盘方式。条件发盘中比较常见的保留条件如下：

1）以细节内容为条件。这是租船条件发盘中最常用的一种表示方法。基本含义是租约以合同细节谈定为准，谈妥细节是合同成立的先决条件。

2）以发货人接受船舶受载期为条件。这是承租人使用的条件，是指租约以发货人同意船舶受载期为前提条件。如果发货人认可承租双方约定的船舶受载期并确认接受后，租船合同成立。如果发货人不认可承租双方约定的船舶受载期，则租船合同不成立。

3）以再确认为条件。这个保留条件没有说明条件的具体内容，是一个含糊不清的条件。发盘人可以不说明任何理由，确认或不确认已经做出的发盘。

4）以船舶未租出为条件。这是指租约的成立以船舶尚未出租给他人为条件。如果发盘被接受时，船舶尚未出租出去，这个接受是有效的，合同成立。如果发盘被接受时，船舶已经出租给他人，这个接受无效，合同不成立。

3. 租船还价

承租人接到船东主要条款报价后，极少有全部接受报价的情况。经常是接受部分内容，对其他条款提出还价。然后，租方在还价中列出还价内容，与船东继续谈判。当然，船东对承租人的还价可能全部接受，也可能接受部分还价，对不同意部分提出再还价或新报价。若全部不接受还价，有可能终止谈判。

若承租人对船东报价中的绝大多数条款不能接受，但仍想与船东谈判，他可以给船东发出这样的还价："承租人拒绝船东的报价，但提出实盘如下……"。若承租人完全不接受船东报价，想终止谈判，可以这样回答："承租人毫无还价地拒绝船东报价"。还价时，亦常附有答复期限，如××小时内答复。

4. 租船承诺

船东和承租人经过反复多次还价后，双方对合同主要条款意见一致，租方接受全部主要条款。

谈判过程中，受盘方接受报价时会附带某些条件，这也许是受盘方还受到某些因素的制约，不得不在接受报价时附带条件，亦有可能是给自己保留余地，不敲定合同，进一步观察行情后再定，这带有取巧色彩。这种附带条件的受盘并不构成真正的受盘，实质上是还价或称还盘。受盘必须没有任何附带条件，接受对方发盘的全部内容。若受盘时带有附带条件，而提出附带条件的一方不能在规定期限内放弃这些条件，另一方可以终止谈判，不受任何约束。

5. 签订租确认书

租船实务中，在达成租船承诺后，当事人双方还要签署一份"订租确认书"，即将双方共同承诺的主要条款汇总，相当于一份简式的租船合同。由于双方此时只谈妥主要条款，细节还未谈判。因此不论在受盘中，还是在订租确认书中都加有"另定细节"。

订租确认书一般包括以下主要内容：订租确认书签订日期；船名或可替代船舶；签约双方的名称和地址；货物名称和数量；装卸港名称及受载期；装卸费用负担责任；运费或租金率、支付方法；有关费用的分担；所采用的标准租船合同的名称；其他约定特殊事项；双方当事人或其代表的签字等。

6. 签订租船合同

租约谈妥后，船东或者船东经纪人按照已达成协议的内容编制正式的租船合同，并送交承租人审核并签字。有些航次租约下的装货日期较近，往往还未编制和让双方签署正式租约，船舶早已在装货港开始装货。因此，船公司管理人员和船长仅凭订租确认书内容履行，这也是常见的情况。

（二）租船合同的履行程序

船舶出租人和承租人签订租船合同，并不意味着租船业务的结束。它仅仅是租船业务的前期工作，还有大量的具体工作需要承租双方去做。从租船方式不同和当事人不同的角度上看，租船合同具体履行操作也不同，以下介绍航次租船合同下船舶出租人的具体操作程序。

1. 下达航行指示

船舶出租人向指定船舶的船长发布航行指示，告知船长本航次的任务、装卸港口名称、所装货物的有关资料，其中最重要的是关于该航次的"装卸准备就绪通知书"的递交，B/L签发的规定。要求船长每天报告船舶动态，并递交船舶抵港离港报告。

2. 委托代理

航次租船合同下，通常是由船舶出租人委托船舶代理人代办船舶进出港口的各种事宜。船舶代理人受船舶出租人的委托，为船舶出租人代办船舶挂靠港口所需的各种业务，如办理清关、安排拖轮、引航员及装卸货物等事宜。船舶出租人告知船舶代理人船舶来港的具体事宜，包括船名、船籍、船舶规范、船舶吃水、吨税执照的期限、来港和去港名称、货物种类、重量和性质、包装、捆扎装卸费用的负担及租船合同主要条款等，以便代理人安排货物的装卸作业。如需要的话，船舶出租人还告知船舶代理人有关船舶的扫舱、洗舱、油料、淡水、垫料、伙食、航次修理和检疫等事宜，以便代理人安排供应服务工作等。另外，船舶出租人将船舶备用金提前汇至代理人处，以便支付船舶在港所发生的各项费用。

3. 船舶抵达装货港

从船舶离开上一卸货港时起，每天与船舶代理人保持联系，询问港口泊位情况、天气情况等，以便通知船长合理安排航速，以保证船舶直靠，保证"装卸准备就绪通知书"按租约规定递交。

船舶到港后，装港代理人和船长会发抵港报告。此时应密切联系装港代理人及船长，关注装货情况。船舶装完货后，应收集各种装货单证（"装卸准备就绪通知书"、"大副收据"、"载货清单"等）。同时，依据租船合同签发提单、向承租人收取预付运费。

4. 船舶抵达卸货港

在船舶抵达卸货港之前，船舶出租人同样要委托卸货港代理人办理船舶到港的具体事宜。

要与代理人保持联系，询问港口泊位情况、天气情况等，以便通知船长合理安排航速，以保证船舶直靠，保证"装卸准备就绪通知书"按租约规定递交。船舶到港后船长或代理人按合同规定递交装卸准备就绪通知书，密切联系和关注卸货情况，敦促代理人尽快与港方联系早日卸完货物。船舶代理人记录船舶在港的动态并及时汇报给委托人。货物的交付要符合法律规定及航运惯例。

5. 收尾工作

船舶卸货交付货物后，船舶出租人的运输任务基本结束。剩下的收尾工作包括与代理人结算港口费用、与承租人结算运费、速遣费、滞期费等。还有可能要处理运输过程中出现的合同纠纷，如货损、货差问题。

（三）租船合同履行中的注意事项

1. 严格按照租船合同的规定履行

租船合同是一种运输合同，本质上是船舶出租人与承租人双方自愿接受法律约束的协议，双方有义务遵守。签订了租船合同，从而意味着双方当事人必须按照租船合同所规定的内容履约，而任何一方未按照租船合同履行自己的义务而出现纠纷，双方也须按照租船合同的约定进行处理。

在航次租船合同下，船舶出租人的职责包括：提供租船合同所指定的适航船舶；在规定的时间内抵达装货港装货；按照规定签发提单；不得进行不合理的绕航；照管所运输的货物，将货物运至指定的卸货港；按照租船合同或提单上规定将货物交给收货人等。而船舶承租人的职责包括支付运费、滞期费和亏舱费（如果发生的话），提供指定的货物等。

2. 及时与各有关方进行沟通

一项租船业务的履行，除了双方当事人按照合同履行各自的义务外，还涉及各有关方面的协助和配合，如收发货人、船长、代理人、港方、理货公司等。租船合同签订之后，绝不意味着从此可高枕无忧，坐等运费到账。在履约阶段中可能会产生许多令人意想不到的事情，如果不妥善加以解决，会后患无穷。所以要随时跟踪船舶动态，了解装卸进度、运费收支情况以及提单签发、货物交付等具体事宜。一旦产生争议，应和各有关方保持密切联系，紧急磋商，并积极设法解决，不可懈怠。

3. 作好各种记录

为了划分和明确双方当事人的责任，弄清争议的真相，对租船业务履行具体环节中作好记录是十分必要的。例如，货损、货差记录，船舶在港事实记录，"装卸准备就绪通知书"递交记录等。由相关人员如实、准确地记录合同履行及争议的情况，要求真实、全面地反映事实的本来面貌。

4. 及时结清各种费用

租船业务涉及许多费用，如船舶代理费、运费、佣金、装卸费用、港口使费、滞期费、速遣费、亏舱费和税收等。及时支付和结清各种费用，对于顺利履行合同起着至关重要的作用。双方当事人应当按照合同的有关规定，履行支付费用的义务。

【任务实施】

通过以上知识的学习，已经能够理解案例中合同条款的内容。接下来看看该案例中的出租人与承租人是如何来履行这份合同的。

一、合同履行的步骤

（1）2009年4月25日23时，"新和"轮抵达北海港。新和公司在北海港的船舶代理人代办"新和"号轮的一切进港事宜。4月27日8时该轮船长向北海外代递交了"装卸准备就绪通知书"，船舶做好装货准备。

（2）4月27日10时开始装货，至5月5日14时装船完毕。实装水泥9600t。在装货港实际装船时间少于可用装船时间，出现速遣。

（3）北海港船舶代理人办理船舶出港手续。5月12日6时，"新和"轮抵达马尼拉港，新和公司在该港的代理人办理"新和"号轮的一切进港事宜。同日8时船长递交了"装卸准备就绪通知书"。5月13日14时开始卸货，21日18时卸货完毕，交给收货人。

（4）新和公司与装、卸港代理、北海外代结算各项费用。

二、相关费用的核算

1．运费支付

按约定，北海外代应于5月9日前向新和公司支付运费14.3×9600×95.75%=131445.6（美元）（已扣除4.25%佣金5834.4美元）。

2．装货港速遣费的计算

本次装货记录中有关装货时间的记载如表4-15所示。

表4-15　装货时间的记载

日期	星期	说明	备注
4月27日	一	上午8时接受船长递交的通知书	
4月28日	二	0时～24时	下雨停工2h
4月29日	三	0时～24时	
4月30日	四	0时～24时	18时以后下雨2h
5月1日	五	0时～24时	节假日
5月2日	六	0时～24时	节假日
5月3日	日	0时～24时	节假日
5月4日	一	0时～24时	8时以前下雨停工4h
5月5日	二	0时～14时	

另外，合同中其他有关装卸时间的规定如下：

（1）装卸效率为每晴天工作日1200t，星期日及法定节假日除外，如果使用了，按半数时间计入。

（2）星期日和节假日前一日18时以后至星期日和节假日后一日的8时以前为假日时间。

（3）装卸时间的起算，如果"装卸准备就绪通知书"在中午前递交，装卸时间则从当日14时起算；如果"装卸准备就绪通知书"在中午后办公时间内递交，装卸时间则从次日8时起算。

（4）速遣费按"节省的全部时间"计算。

（5）速遣费率为每天（24h）1500美元。

解：（1）首先根据以上条件找出实际使用的装货时间。

4 月 27 日（星期一）　　10h　　（当日 14 时至 24 时）

4 月 28 日（星期二）　　22h　　（扣除下雨停工的 2h）

4 月 29 日（星期三）　　24h

4 月 30 日（星期四）　　20h　　（18+(6−2)/2）

5 月 1 日（星期五）　　12h　　（24h 的一半）

5 月 2 日（星期六）　　12h　　（24h 的一半）

5 月 3 日（星期日）　　12h　　（24h 的一半）

5 月 4 日（星期一）　　18h　　（(24−8)+(8−4)/2）

5 月 5 日（星期二）　　14h

所以，装货时间合计为 144h，共 6 个晴天工作日。

（2）其次，计算允许的装货时间

$$9600/1200=8 \text{ 天（指 24h 晴天工作日）}$$

（3）速遣时间：　　8−6=2 天

速遣费：　　2×1500=3000（美元）

【知识链接】

一、货运船舶分类

实践中，不同种类的货物应选择不同的载运船舶来运输。从所运货物的基本特性来看，货运船舶可分为干货船和液货船两大类。

（一）干货船

干货船可以分为件杂货船、干散货船、滚装船、冷藏船、多用途船和集装箱船等许多不同类型。

1. 件杂货船

件杂货船（General Cargo Vessel）也称普通杂货船、杂货船，主要用于运输各种包装和裸装的普通货物。杂货船通常设有双层底，并采用多层甲板以防止货物因堆装过高而被压损；一般设置 3～6 个货舱，每个货舱设有货舱口，货舱口两端备有吊杆或起重机，吊杆起重量相对较小（通常在 2～20t 之间），若配置塔形吊机，则可起吊重件。国际海上货运中，杂货船的吨位一般在 5000～20000t 之间。

2. 干散货船

干散货船（Dry Bulk Carrier）是运输粉末状、颗粒状、块状等无包装大宗货物的船舶。由于其所运输货物的种类较少，对隔舱要求不高，所以仅设单层甲板，但船体结构较强。为提高装卸效率，货舱口很大。按所载运的货物种类不同，又可分为运煤船、散粮船、矿石船及其他专用散装船。

3. 滚装船

滚装船（Roll On/Roll Off Ship）是采用将装有集装箱或其他件杂货的半挂车或装有货物的带轮的托盘作为货运单元，由牵引车或叉车直接在岸、船之间进行装卸作业形式的船舶。其主要特点是将船舶装卸作业由垂直方向改为水平方向。滚装船上甲板平整全通，下面的多层甲板之间用斜坡道或升降平台连通，以便车辆通行；有的滚装船甲板可以移动，便于装运大件货物。滚装船的开口一般设在船尾，有较大的铰接式跳板，跳板可以 35°～40°角斜搭到岸上，船舶航行时跳板可折起矗立。滚装船的吨位大多在 3000～26000t 之间。

4. 冷藏船

冷藏船（Refrigerated Ship）是将货物处于冷藏状态下进行载运的专用船舶。其货舱为冷藏舱，并有若干个舱室。每个舱室都是一个独立、封闭的装货空间，舱门、舱壁均为气密，并用隔热材料使相邻舱室可以装运不同温度的货物。冷藏船上有制冷装置，制冷温度一般为 15～-25℃。冷藏船的吨位较小，通常为数百吨到几千吨。

5. 多用途船

多用途船（Multi-Purpose Ship）是具有多种装运功能的船舶。多用途船按货物对船舶性能和设备等的不同要求，可分为以载运集装箱为主的多用途船、载运重大件为主的多用途船、兼运集装箱和重大件的多用途船以及兼运集装箱、重大件和滚装货的泛多用途船 4 种。

6. 集装箱船

人们通常所说的集装箱船（Container Ship）是指吊装式全集装箱船，或称集装箱专用船。吊装式集装箱船是指利用船上或岸上的起重机将集装箱进行垂直装卸的船舶。全集装箱船（Full Container Ship）是一种专用于装载集装箱以便在海上运输时能安全、有效地大量运输集装箱而建造的专用船舶。全集装箱船的结构特点是，一般为大开口、单甲板船，且常为双船壳，以利于集装箱的装载和卸载。船舱内设置格栅结构，以固定集装箱，防止集装箱在运输途中发生前、后、左、右方向移动，从而保证航行安全和货运质量。舷侧设有边舱，可供载燃料或作压载用。甲板上设置了能装载多层集装箱的特殊结构，多采用尾机型。因为在舱内设有永久性的格栅结构，只能装运集装箱而无法装载杂货。

全集装箱船上有的带有船用装卸桥，用于装卸集装箱。但目前大多数全集装箱船都依靠港内的装卸桥装卸，故都不设装卸设备。

国际上一般以集装箱船载箱量多少进行分"代"，如第 4 代集装箱船的载箱量为 3000～4000TEU。随着集装箱船舶大型化的发展，集装箱船的尺度越来越大。目前马士基航运公司建造的载箱量超过 10000TEU 的集装箱船已经投入使用。

现代集装箱船的尺度还根据船宽能否通过巴拿马运河分成 3 类。第一类是巴拿马型船（Panama），这类船舶的船宽在巴拿马运河尺度 32.2m 限制范围内，第一代、第二代和第三代集装箱船都属于这一类船。第二类是巴拿马极限型船（Panamax），这类船舶载箱量在 3000～4000TEU 之间，船宽 32.2m。第三类是超巴拿马型船（Post-Panamax），这类船舶载箱量大于 4000TEU，船宽大于 32.2m。

（二）液货船

液货船是指载运散装液态货物的船舶，主要有油船、液化气船和液体化学品船 3 种。

1. 油船

油船（Tanker）是专门载运石油及成品油的船舶。油船有严格的放火要求，在货舱、机舱、泵舱之间设有隔离舱。油舱设有纵舱壁和横舱壁，以减少自由液面对船舶稳定性的不利影响。有专门的油泵和油管用于装卸，还有扫舱管系和加热管系。甲板上一般不设起货设备和大的舱口，但设有桥楼。就载重吨而言，油轮在各类船舶中列第一位。世界上最大的油轮达 60 多万载重吨，一般油轮的载重吨在 2 万～20 万 t 之间。

2．液化气船

液化气船（Liquefied Gas Carrier）是专门装运液化气的船舶，可分为液化天然气船和液化石油气船。

液化天然气船，按液货舱的结构又可分为独立储罐式和膜式两种。独立储罐式液化天然气船是将柱形、筒形、球形等形状的储罐置于船内，液化气装载于储罐中进行运输。膜式液化天然气船采用双层壳结构，内壳就是液货舱的承载体，并衬有一层由镍合金钢制成的膜，可起到阻止液货泄漏的屏蔽作用。

液化石油气船，按液化的方法分为压力式、半低温半压力式和低温式3种。压力式液化石油气船是将几个压力储罐装在船上，在高压下维持液化石油气的液态。半低温半压力式和低温式的液化石油气船采用双层壳结构，液货舱用耐低温的合金钢制造并衬以绝热材料，船上设有气体再液化装置。

液化气船的吨位通常用货舱容积来表示，一般在 6 万～13 万 m^3 之间。

3．液体化学品船

液体化学品船（Chemical Tanker）是载运各种液体化学品（如醚、苯、醇、酸等）的专用液货船。液体化学品大多具有剧毒、易燃、易挥发、易腐蚀等特点，因此对防火、防爆、防毒、防腐蚀有很高的要求。所以液体化学品船上分隔舱多、货泵多。船舶有双层底和双层舷侧，翼舱宽度不小于船宽的1/5。载运腐蚀性强的酸类液货时，货舱内壁和管系多采用不锈钢或辅以橡胶等耐腐蚀材料。液体化学品船的吨位多在 3000～10000t 之间。

二、船舶吨位、船籍、船旗和船级

（一）船舶吨位

船舶吨位是衡量船舶载重能力和容积大小的计算单位，可分为排水量吨位、载重量吨位和注册吨位。

1．排水量吨位

排水量吨位是指船体在水中所排开水的吨数，也就是船舶自身重量的吨位。排水量吨位又分为重排水量、轻排水量、实际排水量3种。

（1）重排水量，又称满载排水量，是船舶满载时的最大限度载重量。

（2）轻排水量，又称空船排水量，是船舶本身加上船员和必要给养品三者之和，是船舶最小限度载重量。

（3）实际排水量，是船舶每个航次载重后的确实排水量。

2．载重量吨位

载重吨位表示船舶在营运中能够使用的载重能力。分为总载重吨和净载重吨。

（1）总载重量，它是指船舶根据载重线标记规定所能装载的最大限度重量，它包括所载货物重量及船舶航行期间需要储备的各种物资的重量。它等于船舶满载排水量与空船排水量之差。

（2）净载重量，它是指船舶所能装货物的最大限度重量，又称载货重吨，即从船舶的总载重量中减去船舶航行期间所储备的各种物资的重量之差。

船舶载重吨用以表示船舶的载运能力，作为期租船租金的计算单位，也可以作为新船造价、旧船售价的计算单位，造船进度、运价协定、货运量分配等也以它为单位。

3. 注册吨位

注册吨位为船舶的容积单位，是各海运国家为船舶注册规定的一种计算和丈量单位。以 100 立方英尺或者 2.83m³ 为 1 注册吨。注册吨分为注册总吨和注册净吨两种。

（1）注册总吨，又称总吨，是指船上甲板以下的舱位与甲板之上有固定覆盖物的舱面建筑和甲板层的总容积，被 100 立方英尺或者 2.83m³ 所除得的商数。注册总吨是国家统计商船的单位，是船方向主管部门办理船舶登记的单位。

（2）注册净吨，又称净吨，是从总吨中减去不能直接用来装货、载客的部分容积后的余数，也就是船舶可直接用以装货或载客的容积。注册净吨是船舶报关、海关收取船舶吨税的依据，也是船舶通过运河、运河当局收费的依据，同时它还是船务代理人向船方收取代理费的依据。

（二）船籍、船旗和船级

1. 船籍

船籍是指船舶的国籍。商船的所有人向本国或外国有关管理船舶的行政部门办理所有权登记，取得本国或登记国国籍证书后才能取得船舶的国籍。

2. 船旗

船旗是指商船航行中悬挂其所属国籍的国旗。按国际法规定，商船是船旗国浮动的领土，无论在公海还是在他国海域航行，均需悬挂船籍国国旗。船舶有义务遵守船籍国法律的规定并享受船籍国法律的保护。

方便旗船是指在外国登记、悬挂外国国旗并在国际市场上进行营运的船舶。二次大战后，方便旗船迅速增加，挂方便旗的船舶主要属于一些海运较发达的国家和地区。如美国、希腊、日本、中国香港、韩国等。公开允许外国船舶在本国登记的所谓"开放登记"国家，主要有利比里亚、巴拿马、塞浦路斯、新加坡、巴哈马及百慕大等国。通过这种登记，可为登记国增加外汇收入，同时可为船舶所有人带来多种利益，如：可自由制定运价不受政府管制；可逃避国家征税和军事征用；可自由处理船舶与运用外汇；降低船舶费用；降低营运成本、增强竞争力等。

3. 船级

商船的船级是表示商船技术状况的一种指标。在国际航运界，凡注册总吨在 100t 以上的海运船舶，必须在某船级社或船舶检验机构监督之下进行监造。在船舶建造前，船舶各部分的规格须经船级社或船舶检验机构批准。每艘船建造完毕，由船级社或船舶检验局对船体、船上机器设备、吃水标志等项目和性能进行鉴定，发给船级证书。证书有效期一般为 4 年，期满后需要重新鉴定。

船舶入级可保证船舶航行安全，有利于国家对船舶进行技术监督，便于租船人和托运人选择适当的船只，也便于保险公司决定船和货的保险费用等。

综合技能实训

【实训任务背景】

中国外轮代理公司上海分公司（以下简称上海外代）是一家大型的国际货运代理企业。它于 2008 年 8 月接到上海纺织品进出口公司的委托，要求为其代理出口一批"女式针织短衬衫"到美国纽约。委托人提供的海运货物出口代运委托书显示如表 4-16 所示的信息。

表 4-16　海运货物出口代运委托书显示信息

合同号	21SSG-017		发票号	
发货人	SHANGHAI TEXTILES IMPORT AND EXPORT CORPORATION 27 Chungshan Road E.I Shanghai China Tel:86-21-65342517　Fax:86-21-65124743			
收货人	CRYSTAL KOBE LTD. 1410 Broadway, Room 3000,New York, N.Y.　10018　U.S.A.			
通知人	TO ORDER			
装货港	SHANGHAI		卸货港	NEW YORK
毛重	2584KGS		体积	11.58CBMS
包装数量	120 CARTONS			
唛头 SHIPPING MARKS	货名 DESCRIPTION OF GOODS			
CRYK NEW YORK 21SSG-017 C/NO.1-120	LADIES'S 55% ACRYLIC 45% COTTON KNITTED BLOUSE			
其他说明				

【实训任务要求】

（1）请说明完成此次集装箱整箱出口代理业务的操作步骤。

（2）根据材料，完成集装箱货物托运单、集装箱装箱单、海运提单的填写。

【任务实施】

一、操作步骤

（1）上海外代接受委托任务后，根据货主提供的委托书、合同或信用证内容，在货物出运前一定时间内，填制集装箱托运单（场站收据 10 联单第 1 联）向中国远洋运输总公司在上海港的代理人（简称装港船代）申请订舱。

（2）上海港船代接受订舱请求后，着手编制配舱回单（场站收据 10 联单最后两联）发送给上海外代。配舱回单上显示货物配 ZHE LU 号轮 V.031118SE 航次，装运时间为 9 月 28日，提单号码为 SUC281269。

（3）上海外代接到配舱回单后，向船代提出使用集装箱的申请。船代向上海外代发送集装箱设备交接单。上海外代凭以提取空箱。

（4）上海外代到港口集装箱堆场领取空箱，编号为 SCZU7854343，铅封号。领取时应对集装箱进行检查，注意外部、内部、箱门、附件、清洁状态等。然后在发货人仓库或上海外代的仓库等地进行装箱，并根据实际装箱情况，编制装箱单。然后将货物送至船公司指定地点。

（5）上海外代在规定期限内备齐各种单证（场站收据 10 联单的第 5、6、7 联以及报关单和其他商务单据），进行货物出口报检、报关手续。

（6）码头堆场验收集装箱后，将经签署的场站收据（场站收据 10 联单第 7 联）交还给上海外代。上海外代凭以换取海运提单。

（7）港口集装箱装卸区根据货物情况进行现场配载，并制定装船计划，得到船公司认可后，即可准备装船。

二、单据填写

单据的填写如表 4-17 至表 4-19 所示。

表 4-17　集装箱货物托运单

Shipper（发货人）

SHANGHAI TEXTILES IMPORT AND EXPORT CORPORATION

27 Chungshan Road E.I Shanghai China

Tel:86-21-65342517Fax:86-21-65124743

D/R NO. (编号)
SUC281269

Consignee（收货人）

CRYSTAL KOBE LTD.1410 Broadway, Room 3000

New York, N.Y.　10018　　U.S.A.

Notify Party（通知人）

TO ORDER

集装箱货物托运单　第
货主留底　　　一
　　　　　　　　　联

Pre-Carriage By（前程运输）　　Place Of Receipt（收货地点）

Ocean Vessel（船名）　　Voy. No.（航次）　　Port Of Loading（装货港）

ZHE LU　　　　　V.031118SE　　　　SHANGHAI

Port Of Discharge（卸货港）　　Place Of Delivery（交货地点）　　Final Destination（目的港）

NEW YORK

Cont No. （集装箱号）	Seal No.（封志号） Marks & Nos. （标记与号码）	No. of Containers or pkgs （箱数或件数）	Kind of Packages; Description of Goods （包装种类与货名）	Gross Weight 毛重（kg）	Measurement 尺码（m³）
	CRYK NEW YORK 21SSG-017 C/NO.1-120	120 CARTONS	LADIES'S 55% ACRYLIC 45% COTTON KNITTED BLOUSE	2584	11.58
TOTAL NUMBER OF CONTAINERS OF PACKAGES（IN WORDS）（集装箱数或件数合计（大写））			SAY ONE HUNDRED AND TWENTY CARTONS ONLY		

Freight & Charges （运费与附加费）	Revenue Tons （运费吨）		Rate （运费率）	Per （每）	Prepaid （运费预付）	Collect （到付）
Ex Rate（兑换率）	Prepaid at（预付地点）		Payable at（到付地点）		Place of Issue（签发地点） SHANGHAI	
FREIGHT PREPAID	Total Prepaid （预付总额）		No. of Original B（S）/L （正本提单份数）		THREE	
Service Type on Receiving √□CY　□CFS　□DOOR		Service Type on Delivery √□CY　□CFS　□DOOR	Reefer-Temperature Required （冷藏温度）		℉	℃
Type Of Goods （种类）	□Ordinary, □Reefer, □Dangerous, □Auto. √（普通）　（冷藏）　（危险品）　（裸装车辆） □Liquid,　□Live animal,　□Bulk,　□____ （液体）　（活动物）　（散货）		危险品	Class Property I MDG Code Page UN No.		
可否转船：NOT ALLOWED	可否分批：NOT ALLOWED					
装　期：BEFORE 2008-10-15	有效期：					
金额：	制单日期：2008-08-20					

表 4-18　集装箱装箱单

<table>
<tr><td colspan="4">Reefer Temperature Required 冷藏温度</td><td colspan="2" rowspan="2">CONTAINER LOAD PLAN
装箱单</td></tr>
<tr><td>Class
等级</td><td>IMDG Page
危规页码</td><td>UN No.
联合国编号</td><td>Flashpoint
闪点</td></tr>
<tr><td colspan="2">Ship's Name/ Voy.
No. 船名/航次</td><td>Port of Loading
装港</td><td>Port of Discharge
卸港</td><td>Place of Delivery
交货地</td><td>SHIPPER'S/PACKER'S DECLARATIONS
We hereby declare that the container has been thoroughly cleaned without any evidence of cargoes of previous shipment prior to banning and cargoes have been properly stuffed and secured.</td></tr>
<tr><td colspan="2">Container No. 箱号</td><td>Bill of loading No.
提单号</td><td>Packages&Packing
件数与包装</td><td>Gross Weight
毛重</td><td>Measurements
尺码</td><td>Description of
Goods 货名</td><td>Mark & No.
唛头</td></tr>
<tr><td colspan="2">Seal No. 封号
56924BE</td><td rowspan="2">SUC281269</td><td rowspan="2">120 CARTONS</td><td rowspan="2">2584KGS</td><td rowspan="2">11.58CBMS</td><td rowspan="2">LADIES'S 55% ACRYLIC 45% COTTON KNITTED BLOUSE</td><td rowspan="2">CRYK
NEW YORK
21SSG-017
C/NO.1-120</td></tr>
<tr><td>Cont Size 箱
型 20'30'40'</td><td>Cont Type
箱类
GP=普通箱
TK=油罐箱
RF=冷藏箱
PF=平板箱
OT=开顶箱
HC=高箱
FR=框架箱
HT=挂衣箱</td></tr>
<tr><td colspan="2">ISO Code For Container Size/Type.
箱型/箱类 ISO 标准代码
20'GP</td><td></td><td></td><td></td><td></td><td></td><td></td></tr>
<tr><td colspan="2">Packer's Name/Address
装箱人名称/地址
Tel NO.电话号码
上海外代</td><td></td><td></td><td></td><td></td><td></td><td></td></tr>
<tr><td colspan="2">Packing Date 装箱日期
2008-09-24</td><td>Received By Drayman
驾驶员签收及车号</td><td>Total Packages
总件数</td><td>Total Cargo Wt
总货重</td><td>Total Meas
总尺码</td><td colspan="2" rowspan="2">Remarks 备注</td></tr>
<tr><td colspan="2">Packed By 装箱人签名
张三</td><td>Received By Terminals/Date of Receipt
码头收箱签收和收箱日期</td><td>Cont Tare Wt
集装箱皮重</td><td>Cgo/Cont Total Wt
箱/货总重量</td><td></td></tr>
</table>

表 4-19　海运提单

Shipper SHANGHAI TEXTILES IMPORT AND EXPORT CORPORATION 27 Chungshan Road E.I Shanghai China Tel:86-21-65342517Fax:86-21-65124743		B/L NO.　SUC281269
Consignee CRYSTAL KOBE LTD. 1410 Broadway, Room 3000 New York, N.Y.　10018　U.S.A.		**COSCO** *CHINA OCEAN SHIPPING* *（GROUP）CO.* ORIGINAL BILL OF LADING
Notify Party TO ORDER		SHIPPED on board in apparent good order and condition（unless otherwise stated）the goods or packages specified herein and to be discharged at the above mentioned port of discharge or as near thereto as the vessel may safely get and be always afloat. The weight, measure, marks, numbers, quality, contents and value being particulars furnished by the Shipper, are not checked by the Carrier on loading. The shipper, Consignee and the Holder of this Bill of Lading hereby expressly accept and agree to all printed, written or stamped provisions, exceptions and conditions of this Bill of Lading, including those on the back hereof. In witness whereof, the carrier or his Agents has signed Bill(s) of Lading all of this tenor and date. One of which being accomplished, the others to stand void.
Pre-carriage by	Place of Receipt	
Vessel ZHE LU	Voyage No. V.031118SE	
Port of Loading SHANGHAI	Port of Discharge NEW YORK	Port of Destination

Container No. & Seal No. CZU7854343 SEAL NO.: 56924BE 1X20' CY/CY	Marks & Numbers CRYK NEW YORK 21SSG-017 C/NO.1-120	Description of Goods LADIES'S 55% ACRYLIC 45% COTTON KNITTED BLOUSE 120 CARTONS	Gross Weight 2584KGS	Measurement 11.58CBMS
TOTAL NUMBER OF CONTAINERS OR PACKAGES IN WORDS: ONE HUNDRED AND TWENTY CARTONS ONLY				

Freight and Charges FREIGHT PREPAID	Prepaid at Total Prepaid in Local Currency	Payable at No.of Original B/L THREE	Place and　　　Date of Issue SHANGHAI　2008-09-28 Signed for the Carrier CHINA OCEAN SHIPPING AGENCY, SHANGHAI BRANCH 李四 Signed as agent for the carrier	

项目五　国际航空货物运输及代理业务

【项目目标】

能进行国际航空进出口货运代理业务的操作

【项目技能要求】

1. 掌握国际航空进出口货运及代理流程
2. 掌握国际航空进出口货运及代理单据的操作

任务一　国际航空出口货运及代理业务

【任务引入】

设某沈阳工厂计划沈阳机场发运 200kg 样品从沈阳工厂到美国 Chicago 机场，企业要求货运代理企业全权负责上门提货、制单并办理通关手续后发运到目的港口的全部服务。

【任务分析】

此出口流程操作需经过报价、确认委托、信息查询、接单、审单、提货、入库、报关、查验、放行、发运等主要步骤。要求货代企业根据客户的要求和货物的信息，按照合理顺序，安排货物出口，办理通关手续。

【必备知识】

一、航空货物运输的货物要求（类别、包装等要求）

检查货物的外包装是否符合以下运输的要求：

1. 基本要求

（1）托运人提供的货物包装要求坚固、完好、轻便，应能保证在正常的操作情况下，货物可完好地运达目的站。同时，也不损坏其他货物和设备。

1）包装不破裂。

2）内装物不漏失。

3）填塞要牢，内装物相互不摩擦、碰撞。

4）没有异味散发。

5）不因气压、气温变化而引起货物变质。

6）不伤害机上人员和操作人员。

7）不污损飞机、设备和机上其他装载物。

8）便于装卸。

（2）为了不使密封舱飞机的空调系统堵塞，不得用带有碎屑、草末等材料作包装，如草袋、草绳、粗麻包等。包装的内衬物，如谷糠、锯末、纸屑等不得外漏。

（3）包装包部不能有突出的棱角，也不能有钉、钩、刺等。包装外部需清洁、干燥、没有异味和油腻。

（4）托运人应在每件货物的包装上详细写明收货人、另请通知人和托运人的姓名和地址。如包装表面不能书写，可写在纸板、木牌或布条上，再拴挂在货物上，填写时字迹必须清楚、明晰。

（5）包装窗口的材料要良好，不得用腐朽、虫蛀、锈蚀的材料。无论木箱或其他容器，为了安全，必要时可用塑料、铁箍加固。

（6）如果包装件有轻微破损，填写货运单应在"HANDLING INFORMATION"标注出详细情况。

2. 对包装材料的具体要求

通用：木箱、结实的纸箱（塑料打包带加固）、皮箱、金属或塑料桶等。

（1）液体类货物。

1）不论瓶装、灌装或桶装，容器内至少有5%～10%的空隙，封盖严密，容器不得渗漏。

2）用陶瓷、玻璃容器盛装的液体，每一容器的容量不得超过500mL，并需外加木箱包装，箱内装有内衬物和吸湿材料，内衬物要填牢实，以防内装容器碰撞破碎。

3）用陶瓷、玻璃容器盛装的液体货物，外包装上应加贴"易碎物品"标贴。

（2）易碎物品。

1）每件重量不超过25kg。

2）用木箱包装。

3）用内衬物填塞牢实。

4）包装上应加贴"易碎物品"标贴。

（3）精密仪器和电子管。

1）多层次包装，内衬物要有一定的弹性，但不得使货物移动位置和互相碰撞摩擦。

2）悬吊式包装，用弹簧悬放在木箱内，适于电子管运输。

3）加大包装地盘，不使货物倾倒。

4）包装上应加贴"易碎物品"和"不可倒置"标贴。

（4）裸装货物。不怕碰压的货物如轮胎等，可以不用包装。但不易点数或容易碰坏飞机的仍须妥善包装。

（5）木制包装。

1）木制包装或垫板表面应清洁、光滑、不携带任何种类植物害虫。

2）有些国家要求"HANDLING INFORMATION"栏中注明"The solid wood materials are totally free from bank and apparently free from live plant pests"并随附熏蒸证明。

（6）混运货物。一票货物中包含有不同物品称为混运货物。这些物品可装在一起，也可以分别包装，但不得包含下列物品：贵重货物、动物、尸体、骨灰、外交信袋、作为货物运送的行李。

二、集中托运

1. 航空集中托运的服务过程

集中托运商将多个托运人的货物集中起来作为一票货物交付给承运人，用较低的运价运输货物。货物到达目的站。有分拨代理商同意办理海关手续后，再分别将货物交付给不同的货运人。

（1）出口货物时。

1）负责集中托运货物的组装。

2）将"待运状态"的散装货物交付给承运人。

3）将货物装入集装箱后，交付给承运人。

（2）进口货物时。

1）办理清关手续并交付货物。

2）准备再出口的文件。

3）办理国内中转货的转关监管手续。

2. 航空集中托运的货物

并不是所有的货物都可以采取集中托运的方式，因为在集中托运时，代理人把来自不同托运人的货物并在一个主单上运输，对于航空公司来说，对待主单上所有的货物的方式一定是一样的，不可能在一张主单上的两种货物，采取两种不同的操作方法，因此对于集中托运的货物的性质是有一定要求的，下列货物不得以集中托运形式运输：贵重物品、活体动物、尸体、骨灰、外交信袋、危险物品。

3. 直接运输与集中托运货物的区别

在货物运输中，不能保证货物都有集中托运的方式，除对货物本身的要求，还由于航空运输时间要求比较高，在比较短的时间内，保证多个托运人的货物到同一个目的地，这在实际操作当中，往往不能得到保证，因此，许多时候还是采取直接运输的方式，下面就是直接运输与集中托运货物的区别。

（1）直接运输。货物由承运人的委托人－代理人交付给承运人；货运单由代理人填开，并列明真正的托运人和收货人。

（2）集中托运货物。集中托运货物由托运人的委托人－集中托运商交付给承运人；货运单由集中托运人填开；货物的收、发货人分别为集中托运人和分拨代理人。

4. 集中托运涉及的航空运单

代理人在进行集中托运货物时，首先从各个托运人收取货物，在收取货物时，需要给托运人一个凭证，这个凭证就是分运单（HAWB），它表明托运人把货物交给了代理人，代理人收到了托运人的货物，所以分运单就是代理人与发货人交接货物的凭证，代理人可自己颁布分运单，不受到航空公司的限制，但通常的格式还按照航空公司主运单来制作。在分运单中，托运人栏和收货人栏都是真正的托运人和收货人。

代理人在收取货物之后，进行集中托运，需要把来自不同托运人的货物集中到一起，交给航空公司，代理人和航空公司之间需要一个凭证，这个凭证就是主运单（MAWB）。航空主运单对于代理人和航空公司都非常重要，因为它承载了货物的最主要信息，货物运输的过程就是信息流的过程，信息流保证了货物运送的安全性和准确性，主运单表明代理人是航空公司的销售代理，表示取得授权的代理人在市场上可以销售航空公司的舱位，通常代理人销售完一定数量的运单后，与航空公司进行结算。因此，主运单是代理人与承运人交接货物的凭证，同时又是承运人运输货物的正式文件。在主运单中，托运人栏和收货人栏都是代理人。在中国只有航空公司才能颁布主运单，任何代理人不得自己印制颁布主运单。

三、国际航空进出口货运代理业务主要岗位、任务职责

1. 商务岗位

商务岗位主要指销售，是指航空货运代理公司为争取更多的出口货源，而到各进出口公司和有出口经营权的企业进行推销的活动。

销售时，一般需向出口单位介绍本公司的代理业务范围、服务项目及各项收费标准等。航空货运代理公司与出口单位就出口货物运输事宜达成协议后，可以向发货人提供国际货物托运书作为委托书。委托书由发货人并加盖公章，作为委托和接受委托的依据。对于长期出口或出口货量大的单位，航空货运代理公司一般都与之签订长期的代理协议。

2. 空运单证

空运单证，就是缮制航空货运单，包括总运单和分运单。

制单是空运出口业务中最重要的环节。运单填写得正确与否，直接关系到货物能否及时、准确地通过报关和运达目的地。因此必须详细、准确地填写各项内容。

3. 订舱操作岗位

订舱操作岗位，就是向航空公司申请运输并预订舱位的行为。

订舱时，应在订舱单上写明货物的名称、价值、体积、重量、件数、包装种类、目的港、托运人和收货人详细地址、联系人和联系电话及要求出运的时间及注意事项等。航空公司根据实际情况安排航班和舱位，目前已有多家航空公司实行网上订舱业务。

航空货运代理公司订舱时，可按照发货人的要求选择最佳航线和最理想的承运人，同时为其争取最合理的运价。

订妥舱位后，航空货运代理公司应及时通知发货人备单、备货。

4. 仓储管理岗位

仓储管理岗位是指航空货运代理公司与货主进行空运出口货物的交接，并将货物运送到自己的仓库或海关监管仓库。

一般货物接货时，仓库管理员应根据送货单或发票和装箱单清点所收货物，核对货物的数量、品名、合同号、唛头、送货单位名称、委托代理名称及客户名称等是否与货运单据上所列一致，同时会同客户检查货物当时的装载情况，检查货物外包装是否符合运输要求、有无残损等，并对货物进行称重量、量尺寸等核实。

5. 通关现场岗位

进出口通关，是指收发货人或代理人在实际货物进出关境时，向进出境地海关办理进出口手续的过程。收发货人都必须按照海关特定的文件要求、时间和地点要求，办理申报、纳税等事务。

根据海关通关程序，收、发货人在货物进、出境时，应完成进、出境货物申报、配合查验、缴纳税费和提取或装运货物4个环节。

四、包舱包板运输

（一）包舱、包集装箱（板）运输的概念

包舱、包集装箱（板）是航空货物运输的一种形式，它指托运人根据所运输的货物在一定时间内需要单独占用飞机部分或全部货舱、集装箱、集装板，而承运人需要采取专门措施予以保证。这种运输方式包括固定包舱和非固定包舱两种。

固定包舱指托运人在承运人的航线上通过包板（舱）的方式运输时，托运人无论向承运人是否交付货物，都必须支付协议上规定的运费。非固定包舱指托运人在承运人的航线上通过包板（舱）的方式运输时，托运人在航班起飞前 72 小时如果没有确定舱位，承运人则可以自由销售舱位。

（二）包舱（板）的注意事项

（1）除天气或其他不可抗力原因外，合同双方应当履行包舱（板）运输合同规定的各自所承担的责任和义务。

（2）包舱（板）人应保证托运的货物没有夹带危险品或政府禁止运输或限制运输的物品。

（3）由于不可抗力原因，导致包舱（板）运输合同不能履行，承运人不承担责任。

（4）无论何种原因，一方不能如期履行合同时，应及时通知对方。

（5）包舱（板）运输合同中的未尽事宜，按照承运人的业务规定办理。

（三）包舱（板）运输事项

航班在起飞前或到达后，由于包舱人或受雇人的原因而造成飞机延误，包舱人应承担责任。由此对承运人造成的损失，包舱人应承担赔偿责任。包舱人在飞机起飞前取消、变更包舱计划，造成承运人损失的，应承担赔偿责任。

包舱（板）运输的货物只能装在托运人所包用的集装板（箱）上。

包舱（板）运输一般只限于直达航班。

【技能要点】

一、航空货运出口业务程序

国际航空货物出口业务操作指的是从托运人发货到承运人把货物装上飞机的物流、信息流的实现和控制管理的全过程。国际航空货物出口业务操作，从流程的环节上主要包含两大部分：航空货物出口代理业务程序和航空公司出港货物的操作程序。

1. 航空货运出口代理业务程序

由于航空运输发展的不同阶段，货运流程呈现出不同的特征，在中国现实的环境下，各个区域航空货物发展的程度相差比较大，流程也不尽相同，在本教材中主要选取了航空货运发展最为成熟的流程作为样板，其他地区虽然流程有所不同，但核心流程是必不可少的，需要把握住主要的流程环节。

国际航空货物出口操作业务程序包含以下环节：

（1）**市场销售**。作为航空货物运输销售代理，销售的产品是航空公司的舱位，只有飞机舱位配载了货物，航空货运才真正具有了实质性的内容，因此承揽货物处于整个航空货物出口运输代理业务程序的核心地位，这项工作的成效直接影响代理公司的发展，是航空货运代理的一项至关重要的工作。一个业务开展得较强、较好的货运代理公司，一般都有相当数量的销售人员或销售网点从事市场销售工作。

在具体操作时，需及时向出口单位介绍本公司的业务范围、服务项目、各项收费标准，特别是向出口单位介绍优惠运价，介绍本公司的服务优势等。

航空货运代理公司与出口单位（发货人）就出口货物运输事宜达成意向后，可以向发货人提供所代理的有关航空公司的"国际货物托运书"。对于长期出口或出口货量大的单位，航空货运代理公司一般都与之签订长期的代理协议。

（2）委托运输。发货人发货时，首先需填写委托书，并加盖公章，作为货主委托代理承办航空货运出口货物的依据。航空货运代理公司根据委托书要求办理出口手续，并据以结算费用。

根据《华沙公约》第 5 条第（1）款和第（5）款规定，货运单位由托运人填写，也可由承运人或其代理人代为填写。实际上，目前货运单均有承运人或其代理人代为填制。为此，作为填开货运单的依据——托运书，应由托运人自己填写，而且必须在上面签字或盖章。

（3）审核单证。需要审核的单证包括发票、装箱单、托运书、报关单、外汇核销单、许可证、商检证、进料/来料加工核销本、索赔/返修协议、到付保函及关封。

（4）预配舱。代理人汇总所接受的委托和客户的预报，并输入计算机，计算出各航线的件数、重量、体积，按照客户的要求和货物重、泡情况，根据各航空公司不同机型对不同板箱的重量和高度要求，制定预配舱方案，并对每票货配上运单号。

（5）预订舱。代理人根据所指定的预配舱方案，按航班、日期打印出总运单号、件数、重量、体积，向航空公司预订舱。这一环节称之为预订舱，是因为此时货物可能还没有入仓库，预报和实际的件数、重量和体积都会有差别，这些留待配舱时再做调整。

（6）接受单证。接受托运人或其代理人送交的已经审核确认的托运书及报关单证和收货凭证。将计算机中的收货记录与收货凭证核对。制作操作交接单，填上所收到的各种报关单证份数，给每份交接单配一份总运单或分运单。将制作好的交接单、配好的总运单或分运单、报关单证移交制单。如此时货未到或未全到，可以按照托运书上的数据填入交接单并注明，货物到齐后再进行修改。

（7）填制货运单。填制航空货运单，包括总运单或分运单。填制航空货运单是空运出口业务中最重要的环节，货运单填写的准确与否直接关系到货物能否及时、准确地运达目的地。航空货运单是发货人收结汇的主要有价证券。因此货运单的填写必须详细、准确，严格符合单货一致、单单一致的要求。

（8）接收货物。接收货物，是指航空货运代理公司把即将发运的货物从发货人手中接过来并运送到自己的仓库。

接收货物一般与接单同时进行。对于通过空运或铁路从内地运往出境地的出口货物，货运代理按照发货人提供的运单号、航班号及接货地点、接货日期，代其提取货物。如货物已在始发地办理了出口海关手续，发货人应同时提供始发地海关的关封。

接货是应对货物进行过磅和丈量，并根据发票、装箱单或送货单清点货物，和对货物的数量、品名、合同号或唛头等是否与货运单上所列一致。

（9）标记和标签。这是在货物外包装上由托运人书写的有关事项和记号。

（10）配舱。配舱时，需运出的货物都已入库。这时需要核对货物的实际件数、重量、体积与托运书上预报数量的差别。对预订舱位、板箱的有效领用、合理搭配，按照各航班机型、板箱型号、高度、数量进行配载。同时，对于货物晚到、未到情况及未能顺利通关放行的货物作出调整处理，为制作仓单做准备。实际上，这一过程一直延续到单、货交接给航空公司后才完毕。

（11）订舱。订舱，就是将所接收空运货物向航空公司申请并预订舱位。

货物订舱需根据发货人的要求和货物标识的特点而定。一般来说，大宗货物、紧急物资、鲜活易腐物品、危险品、贵重物品等，必须预订舱位。非紧急的零散货物，可以不预订舱位。

（12）出口报关。出口报关，是指发货人或其代理人在货物发运前，向出境地海关办理货物出口手续的过程。

（13）出仓单。配舱方案制定后就可着手编制出仓单。

出仓单的日期、承运航班的日期、装载板箱形式及数量、货物进仓顺序编号、总运单号、件数、重量、体积、目的地三字代码和备注。出仓单交给出口仓库，用于出库计划，出库时点数并向装板箱交接。

（14）提板箱。根据订舱计划向航空公司申领板、箱并办理相应的手续。提板、箱时，应领取相应的塑料薄膜和网。对所使用的板、箱要登记、消号。

（15）签单。货运单在盖好海关放行章后还需到航空公司签单。主要是审核运价使用是否正确以及货物的性质是否适合空运，如危险品等是否已办了相应的证明和手续。航空公司的地面代理规定，只有签单确认后才允许将单、货交给航空公司。

（16）交接发运。交接是向航空公司交单交货，由航空公司安排航空运输。交单就是将随机单据和应用承运人留存的单据交给航空公司。随机单据包括第 2 联航空运单正本、发票、装箱单、产地证明、品质鉴定书等。

（17）航班跟踪。单、货交接给航空公司后，航空公司会因种种原因，如航班取消、延误、溢载、故障、改机型、错运、到垛或装板不符规定等，未能按预定时间运出，所以货运代理公司从单、货交给航空公司后就需对航班、货物进行跟踪。

（18）信息服务。航空货运代理公司须在多个方面为客户做好信息服务。

（19）费用结算。费用结算主要涉及同发货人、承运人和国外代理人 3 个方面的结算：发货人结算费用、承运人结算费用及国外代理结算主要涉及付运费和利润分成。

2．航空公司出港货物的操作程序

航空公司出港货物的操作程序是指自代理人将货物交给航空公司，直到货物装上飞机的整个操作流程。操作流程如图 5-1 所示。

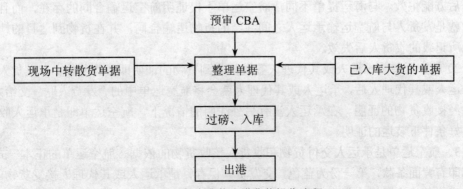

图 5-1　航空货物出港货物操作流程

航空公司出港货物的操作程序如下：

（1）预审 CBA（Cargo Booking Advance）。CBA 即国际货物订舱单。此单有国际吨控室开具，作为配载人员进行配载工作的依据，配载人员一般应严格按照 CBA 要求配货。

（2）整理单据。整理的单据主要包括 3 个方面的单据：已入库大货的单据、现场收运货物的单据和中转散货的单据。

（3）过磅和入库。检查货物板、箱组装情况，高度、收口等是否符合规定；将货物送至电子磅，记录重量，并悬挂吊牌；对装有轻泡货物的板箱，查看运单，做好体积记录。

（4）出港。配载工作全部完成后，制作平衡交接单和舱单。

二、航空运单的缮制与使用

（一）航空货运单的概念

航空货运单是由托运人或者以托运人名义填制的，托运人和承运人之间在承运人的航线上运输货物所订立的运输契约。它是航空货运中的一种重要单据，但不代表货物所有权，是不可以议付的单据。

航空货运单既可用于单一种类的货物运输，也可用于不同种类货物的集合运输；既可用于单程货物运输，也可用于联程货物运输。航空货运单不可转让，属于航空货运单所属的空运企业。

（二）航空货运单的性质

（1）承运合同。航空货运单是发货人与承运人之间的运输合同，并在双方共同签署后产生效力。

（2）货物收据。航空货运单是承运人签发的已接收货物的证明，除非另外注明，它也是承运人收到货物并在良好条件下装运的证明。

（3）运费账单。航空货运单上分别记载着收货人应负担的费用和属于代理的费用，是承运人据以核收运费的账单。

（4）报关单证。航空货运单是必备的报关单之一，也是海关最后检查放行的基本单证。

（5）保险证书。如果承运人承办保险，航空货运单也可用来做保险书。

（6）内部业务的依据。航空货运单是承运人内部业务的依据。

（三）航空运单的作用

（1）航空运单是发货人与航空承运人之间缔结的运输合同，必须由双方或双方当事人共同签署后方能生效。与海运提单不同，航空运单不仅证明航空运输合同的存在，而且航空运单本身就是发货人与航空运输承运人之间缔结的货物运输合同，并在货物到达目的地交付给运单上所记载的收货人后失效。

（2）航空运单是承运人或其代理人签发的收到货物的证明即货物收据。在发货人将货物交给承运人或其代理人后，承运人或其代理人就会将航空运单中的"发货人联"交给发货人，作为已经接收货物的证明。在承运人没有另外注明的情况下，航空运单即是承运人收到货物并在良好条件下装运的证明。

（3）航空运单是承运人交付货物和收货人核收货物的依据。航空运单的正本一式 3 份，每份都印有背面条款，第一份为蓝色，交发货人保存，是承运人或其代理人接受货物的依据；第二份为绿色，由承运人保存，作为内部记账凭证；最后一份为粉红色，随货同行，在货物到达目的地交付给收货人时作为核收货物的依据。此外，航空运单还有多于 6 份的副本，其中黄色副本是提货收据，由收货人在提货时签字后留存到达站备查；其余的副本均为白色，分别给代理人、第 1、第 2、第 3 承运人和目的港有关业务使用。

（4）航空运单的正本可作为承运人的记账凭证，是承运人据以核收费用运费的账单。航空运单分别记载着收货人所负担的费用和代理费用，并详细地列明费用的种类、金额，因此可作为运费账单和发票。

（5）航空运单是货物出口时的报关单证之一，也是货物到达目的地机场进行进口报关时海关履行检查时的基本依据。

（6）航空运单是承运人承办保险或发货人要求承运人代办保险时的保险证书。办完保险的航空运单称为红色航空运单。

（四）航空运单的构成

我国航空货运单由一式 12 联组成，包括 3 联正本（正本的背面印有运输条款）、6 联副本和 3 联额外副本。航空货运单各联的分布如表 5-1 所示。

表 5-1　航空货运单的构成

序号	名称及分发对象	颜色
A	Original 3（正本 3，给托运人）	浅蓝色
B	Copy 9（副本 9，给代理）	白色
C	Original 1（正本 1，交给航空公司）	浅绿色
D	Original 2（正本 2，给收货人）	粉红色
E	Copy 4（副本 4，提取货物收据）	浅黄色
F	Copy 5（副本 5，给目的地机场）	白色
G	Copy 6（副本 6，给第三承运人）	白色
H	Copy 7（副本 7，给第二承运人）	白色
I	Copy 8（副本 8，给第一承运人）	白色
G	Extra Copy（额外副本，供承运人使用）	白色
K	Extra Copy（额外副本，供承运人使用）	白色
L	Extra Copy（额外副本，供承运人使用）	白色

（五）航空运单的分类

1. 航空主运单

航空主运单（Master Air WayBill，MAWB）是由航空运输公司签发的航空运单。它是航空公司和航空货运代理公司之间订立的运输合同，是航空运输公司据以办理货物运输和交付的依据，每一批航空运输的货物都有自己相对应的航空主运单。

2. 航空分运单

航空分运单（House Air WayBill，HAWB）又称"小运单"，是航空货运代理公司在办理集中托运业务时签发的航空运单。在集中托运的情况下，航空货运代理公司集中托运物资为一件。代理公司为方便工作，就另发给委托人自己签发的分运单，即航空分运单。

航空主运单是航空运输公司与航空货运代理公司之间签订的货物运输合同，合同双方为集中托运人和航空运输公司；而航空分运单是航空货运代理公司与托运人之间签订的货物运输合同，合同双方分别为货主和航空货运代理公司。货主与航空运输公司没有直接的契约关系。在起运地由航空货运代理公司将货物交付航空运输公司，在目的地再由航空货运代理公司或其代理从航空运输公司处提取货物，然后转交给收货人。但航空分运单具有与航空主运单相同的法律效力，只是由航空货运代理公司承担货物的全程运输责任。其关系如图 5-2 所示。

（六）航空货运单的填写

航空货运单一般由承运人根据托运人填写并签字的托运书填制。在没有相反证据的情况下，应当视为代托运人填写，托运人对货运单内容的正确性负责，承担法律后果。国际航空主运单填写说明如表 5-2 所示。

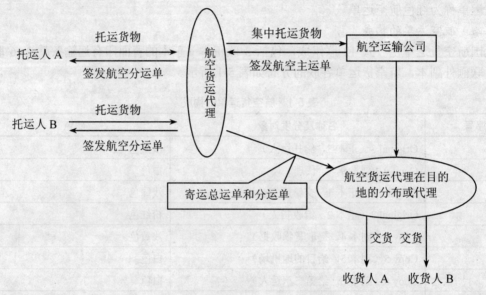

图 5-2　航空总运单与分运单的关系

表 5-2　国际航空主运单填写说明

序号	项目	说明
1	托运人名称和地址（Shipper's Name and Address）	详细填写托运人全名，地址应详细填明国家、城市、门牌号码及电话号码
2	托运人账号（Shipper's Account Number）	有必要时填写
3	收货人名称和地址（Consignee's Name and Address）	详细填写收货人全名，地址应详细填明国家、城市、门牌号码及电话号码。此栏不得出现"The Other"字样
4	收货人账号（Consignee's Account Number）	有必要时填写
5	始发站（第一承运人地址）和所要求的线路（Airport of Departure（Address of First Carrier）and Requested Routing）	填写始发站城市的英文全称
6	路线和目的站（Routing and Destination）	由民航填写经由的航空路线
7	货币（Currency）	填写运单上所用货币代码

序号	项目	说明
8	运费/声明价值费（WT/VAL）、其他费用（Other）。选择预付或到付，并在选择付费方式栏内作"×"记号	预付费用包括预付的运费总额、声明价值附加费、税金、代理人需要产生的其他费用、承运人需要产生的其他费用。到付费用包括需到付运费总额、声明价值附加费、税金、分别属于代理人与承运人需要产生的其他到付费用。其他费用主要包括容器费（包括集装箱箱费）、中转费、地面运输费、保管费及预制单费等
9	托运人向承运人声明的货物价值（Declared Value for Carriage）	填写托运人在运输货物时声明货物的价值总数。如托运人不需办理声明价值，则填写"NCS"
10	托运人向目的站海关声明的货物价值（Declared Value for Customs）	填写托运人向海关申报的货物价值。托运人未声明价值时，必须填写"NCV"
11	目的站（Airport of Destination）	填写目的站城市的英文全称，必要时注明机场和国家名称
12	航班/日期（Flight/Date）	填写已订妥的航班日期
13	保险金额（Amount of Insurance）	托运人委托航空公司代办保险时填写
14	处理事项（Handing Information）	本栏填写下列内容：货物上的唛头标记、号码和包装等；通知人的名称、地址、电话号码；货物在途中需要注意的事项；其他需要说明的特殊事项；运往美国商品的规定
15	件数/运价组成点（No. of pieces/RCP）	各种货物运价不同时，要分别填写，总件数另行填写
16	毛重（Gross Weight）	质量单位（kg/lb）为"千克"，分别填写时，另行填写总质量
17	运价类别（Rate Class）	用 M、N、Q、C、R 或 S 分别代表起码运费、45kg 以下普通货物运价、45kg 及以上普通货物运价、指定商品运价、附减运价（低于 45kg 以下普通货物运价的等级运价）、附加运费（高于 45kg 以上普通货物运价的等级运价）
18	品名编号（Commodity Item Number）	指定商品运价则填写其商品编号；按 45kg 以下普通货物运价的百分比收费的，则分别填写具体比例
19	货物品名及体积（Number and Quantity of Goods）	货物体积按长、宽、高的顺序，以 cm 为单位填写最大的长、宽、高度
20	托运人或其代理人签字（Signature of Shipper or its Agent）	表示托运人同意承运人的装运条款
21	运单签发日期（Executed on（Date））	日期应为飞行日期，如货运单在飞行日期前签发，则应以飞行日期为货物装运期
22	承运人或其代理人签字（Signature of Issuing Carrier or its Agent）	由此签字，航空货运单才能生效

下面具体介绍航空主运单填写内容，航空主运单如图 5-3 所示。

No 0001061   No 0001061

AIRPORT OF DEPARTURE	AIRPORT OF DESTINATION	MASTER AIR WAYBILL NUMBER

To	by first carrier	Routing and Destination	to	by	to	by	NOT NEGOTIABLE

NOT NEGOTIABLE

AIR WAYBILL

(AIR CONSIGNMENT NOTE)

ISSUED BY

Shipper's Account Number   Shipper's Name and Address

中藝國際儲運(天津)公司
CHINA ARTS INTERTRANS TIANJIN CO.

Consignee's Account Number   Consignee's Name and Address

IMPORTANT NOTICE It is agreed that the goods described herein are accepted in good order and condition (except as noted) for the carriage SUBJECT TO THE CONDITIONS OF CONTRACT ON THE REVERSE HEREOF. THIS SHIPPER'S ATTENTION IS DRAWN TO THE NOTICES CONCERNING CARRIER'S LIMITATION OF LIABILITY. If the carriage which is the subject of this waybill involves an ultimate destination or stop in a country other than the country of departure the Warsaw Convention (in its amended or unamended form) may be applicable and that Convention governs and in most cases limits the liability of carrier in respect of loss of or damage to cargo.

SEE CONDITIONS ON REVERSE HEREOF

ALSO NOTIFY

Issuing carrier's agent name and city

CHINA ARTS INTERTRANS TIANJIN CO.

AGENT'S IATA code	Account No.	Currency	CHGS code	WT/VAL PPD COLL	Other PPD COLL	Declared value for Carriage	Declared Value for Customs

Flight/Date	for carrier use only	Flight/Date	Amount of insurance	INSURANCE—If Carrier offers insurance, and such insurance is requested in accordance with conditions on reverse hereof, indicate amount to be insured in figures in box marked amount of insurance.

No. OF packages RCP	Actual gross weight	kg lb	Rate class Commodity item no.	Chargeable weight	Rate/Charge	Total	Nature and quantity of goods (incl. dimensions or volume)

Prepaid	weight charge	Collect	Other Charges

Valuation Charge

TAX

Total other charges Due agent

Total other charges Due carrier

Shipper certifies that the particulars on the face hereof are correct and that insofar as any part of the consignment contains dangerous goods, such part is properly described by the name and is in proper condition for carriage by air according to the International Air Transport Association's Dangerous Goods Regulations, or the International Civil Aviation Organization's Technical Instructions for the safe transport of dangerous goods by air as applicable.

Total Prepaid   Total collect

Signature of Shipper or His Agent

Currency Conversion Rate	Charge in Dest. Currency

Executed on   (Date)   at   (Place)   Signature of Issuing Carrier or Its Agent

For carrier's use only at destination	Charges at destination	Total Collect charges

No 0001061

COPY 6 (INBOUND CLEARANCE)

图 5-3 航空主运单

三、航空运费的计算

（一）航空运价的概念

航空运价（Rates）又称费率，是指承运人运输每一重量单位（或体积）货物收取的费用，它只包括始发机场到目的地机场间的（Airport to Airport）空中运输费用，不包括承运人、代理人或机场收取的其他费用。有关航空运价的原则如下：

（1）航空运价指的是从一机场到另一机场发生空中地理位置移动的费用，而且只适用于单一方向。

（2）不包括其他额外费用，如提货、报关、交接和仓储费用等。

（3）运价与运输路线无关，但影响承运人对运输路线的选择。

（4）运价通常以始发国当地货币公布。

（5）运价一般以 kg 或 lb 为计算单位。

（6）航空运单中的运价是按运单填开之日所适用的运价。

（二）国际货物运价的种类

1. 运价的制定途径

双边协议运价是指根据两国政府签订的通航协定中有关运价条款，由通航的双方航空公司通过磋商，达成协议并报经双方政府获得批准的运价。

多边协议运价是指在某地区内或地区间各有关航空公司通过多边磋商、取得共识，从而制定并报经各有关国家、政府获得批准的运价。

2. 运价的公布形式

（1）公布直达运价。指承运人直接公布的，从运输始发地机场至目的地机场间的直达运价。包括普通货物运价（General Cargo Rates，GCR）、指定商品运价（Specific Commodity Rates，SCR）、等级货物运价（Class Rates，CR；Commodity Classification Rates，CCR）和集装箱货物运价（Unitized Consignments Rates，UCR）。

（2）非公布直达运价。当始发地机场至目的地机场间没有公布直达运价，承运人可使用两段或几段运价的组合，包括比例运价（Construction Rates）、分段相加运价（Combination of Sector Rates）。

（三）国际货物运价的使用顺序

国际航空货物运价按下列顺序使用：

（1）协议运价。

（2）公布直达运价。

（3）非公布直达运价。

（四）航空货物运价细分

1. 指定商品

指定商品（Specific Commodity Rates，SCR）运价通常是承运人根据在某一航线上经常运输某一种类货物的托运人的请求或为促进某地区间某一种类货物的运输，经 IATA 同意所提供的优惠运价。

IATA 公布指定商品运价时将货物划分为以下类型：

（1）0001～0999 食用动物和植物产品。

（2）1000～1999 活动物和非食用动物及植物产品。

（3）2000～2999 纺织品、纤维及其制品。

（4）3000～3999 金属及其制品，但不包括机械、车辆和电气设备。

（5）4000～4999 机械、车辆和电气设备。

（6）5000～5999 非金属矿物质及其制品。

（7）6000～6999 化工品及相关产品。

（8）7000～7999 纸张、芦苇、橡胶和木材制品。

（9）8000～8999 科学、精密仪器、器械及配件；

（10）9000～9999 其他货物。

其中每一组又细分为 10 个小组，每个小组再细分，这样几乎所有的商品都有一个对应的组号，公布指定商品运价时只要指出本运费用于哪一组货物就可以了。

承运人制定指定商品运价的初衷主要是使运价更具竞争力，吸引更多客户使用航空货运形式，使航空公司的运力得到更充分的利用，所以，指定商品运价比普通货物运价要低。因此，适用指定商品运价的货物除了满足航线和货物种类的要求外，还必须达到承运人所规定的起码运量（如 100kg）。如果货量不足，而托运人又希望适用指定商品运价，那么货物的计费重量就要以所规定的最低运量（100kg）为准，该批货物的运费就是计费重量（在此是最低运量）与所适用的特种货物运价的乘积。

2. 等级货物运价

等级货物运价指适用于指定地区内部或地区之间的少数货物运输。通常表示为在普通货物运价的基础上增加或减少一定的百分比。

适用等级货物运价的货物通常如下：

（1）活动物、活动物的集装箱和笼子。

（2）贵重物品。

（3）报纸、杂志、书籍、商品目录、盲人和聋哑人专用设备和出版物。

（4）作为货物托运的行李。

其中（1）和（2）项通常在普通货物运价基础上增加一定百分比；（3）和（4）项在普通货物运价的基础上减少一定百分比。

3. 普通货物运价

普通货物运价是适用最为广泛的一种运价。当一批货物不能适用指定商品运价，也不属于等级货物时，就应该适用普通货物运价。

通常，各航空公司公布的普通货物运价针对所承运货物数量的不同规定几个计费重量分界点（Break Points）。最常见的是 45kg 分界点，将货物分为 45kg 以下的货物 [该种运价又被称为标准普通货物运价，即 NGCR（Normal General Cargo Rates 或简称 N）] 和 45kg 以上（含 45kg）的货物。另外，根据航线货流量的不同还可以规定 100kg、300kg 分界点，甚至更多。运价的数额随运输货量的增加而降低，这也是航空运价的显著特点之一。

对大运量货物提供较低的运价，很容易发现对一件 75kg 的货物，按照 45kg 以上货物的运价计算的运费（9.82×75=736.50）反而高于一件 100kg 货物所应付的运费（7.14×100=714.00）。显然这有些不合理。因此，航空公司又规定对航空运输的货物除了要比较其实际的毛重和体积重量并以高的为计费重量以外，如果适用较高的计费重量分界点计算出的运费更低，也可适用较高的计费重量分界点的费率，此时货物的计费重量为那个较高的计费重量分界点的最低运量。也就是说，这件 75kg 的货物也可以适用 7.14 英镑/kg 的费率，但货物的计费重量此时应该是 100kg，费额为 714 英镑。

4. 起码运费

起码运费（Minimum Charges，M），又称最低运费，是指航空公司办理一批货物所能接受的最低运费，不论货物的重量或体积大小，在两点之间运输一票货物应收取的最低金额。不同地区有不同的最低运费。这是航空公司在考虑办理即使很小的一批货物也会产生的固定费用后制定的。

如果承运人收取的运费低于起码运费，就不能弥补运送成本。因此，航空公司规定无论所运送的货物适用哪一种航空运价，所计算出来的运费总额都不得低于起码运费。若计算出的数值低于起码运费，则以起码运费计收，另有规定除外。

航空货运中除以上介绍的 4 种公布的直达运价外，还有一种特殊的运价，即成组货物运价（United Consignment ULD）适用于托盘或集装箱货物。

【任务实施】

步骤一：委托运输

发货人委托货运代理承办航空货运出口货物时，应首先填写国际货运托运书，并加盖公章，作为发货人委托代理承办航空货物出口货物的依据。

步骤二：审核单证

货运代理公司在接受托运人委托后，要对托运人提供的有关单据进行审核。

步骤三：预配舱、预订舱

代理人根据货物基本特性和航空公司的具体要求，制定预配舱方案，并对每票货配上运单号；代理人根据所制定的预配舱方案，按航班、日期打印出总运单、件数、重量、体积，向航空公司预订舱。

步骤四：接收单证

货运代理接受托运人或其他代理人送交的已经审核确认的托运书及报关单证和收货凭证，将计算机中的收货记录与收货凭证核对。制作操作交接单，填上所收到的各种报关单证份数，给每份交接单配一份总运单或分运单。

步骤五：填制货运单

填写航空货运单的主要依据是发货人提供的国际货物托运书，应逐项填制航空货运单的相应栏目。航空货运单是发货人收结汇的主要有效凭证，因此货单的填写必须详细、准确、严格符合单货一致、单单一致的要求。

步骤六：接收货物

航空货代公司把即将发运的货物从发货人手中接过来，并运送到自己的仓库。接收货物一般与接单同时进行。

步骤七：标记和标签

货代公司贴上托运人及收货人的姓名、地址、联系电话、传真等操作注意事项，作为货物的标记。航空公司标签上的前 3 位阿拉伯数字是所承运航空公司的号，后 8 位数字是总运单号码。分标签是代理公司对货物进行承运代理的标志，分标签上应有分运单号码和货物到达城市或机场的三字代码。

步骤八：配舱

核对货物的实际件数、重量、体积与托运书上的预报数量是否有差别。核对预订舱位、板箱是否有效利用并合理搭配，要按照各航班机型、板箱型号、高度、数量进行配载。

步骤九：订舱

接到发货人的发货预报后，向航空公司吨控部门领取并填写订舱单，同时提供相应的信息如货物的名称、体积、重量、件数、目的地及要求出运的时间等。航空公司根据实际情况安排舱位和航班。订舱后，航空公司签发舱位确认书（舱单），同时给预装货集装器领取凭证，以表示舱位订妥。

步骤十：出口报关

首先将发货人提供的出口货物报关单的各项内容输入计算机，即计算机预录入。在通过计算机填制的报关单上加盖报关单位的报关专用章；然后将报关单与有关的发票、装箱单和货运单综合在一起，并根据需要随附有关的证明文件；以上报关单证齐全后，由持有报关证的报关员正式向海关申报；海关审核无误后，海关官员即在用于发运的运单正本上加盖放行章，同时在出口收汇核销单和出口报关单上加盖放行章，在发货人用于产品退税的单证上加盖验讫章，粘上防伪标志；完成出口报关手续。

步骤十一：出仓单

配舱方案制定后就可着手编制出仓单，包括出仓单的日期、承运航班的日期、装载板箱形式及数量、货物进仓顺序编号、总运单号、件数、重量、体积、目的地三字代码和备注等。

步骤十二：提板箱装货

订妥舱位后，航空公司吨控部门将根据货量出具发放"航空集装箱、板"凭证，货运代理公司凭此向公司箱板管理部门领取与订舱货量相应的集装板、集装箱并办理相应的手续。

步骤十三：签单

货运单在盖好海关放行章后还需到航空公司签单。主要是审核运价使用是否正确以及货物的性质是否适合空运，如危险品是否已办了相应的证明和手续。只有签单确认后才允许将单、货交给航空公司。

步骤十四：交接发运

货运代理公司将随机单据和应用承运人留存的单据交给航空公司。随机单据包括第 2 联航空运单正本、发票、装箱单、产地证明、品质鉴定证书。把与单据相符的货物交给航空公司。交货前必须粘贴或拴挂货物标签，清点和核对货物，填制货物交接清单。大宗货、集中托运货以整板、整箱称重交接。零散小货按票称重，计件交接。

步骤十五：航班跟踪

单、货交给航空公司后，货代公司就需对航班、货物进行跟踪。对于需要联程中转的货物，在货物运出后，要求航空公司提供二程、三程航班中转信息，确认中转情况。及时将上述信息反馈给客户，以便遇到不正常情况时能及时处理。

步骤十六：信息服务

货代公司应将订舱信息、审单及报关信息、仓库收货信息、交运称重信息、一程及二程航班信息、集中托运信息及单证信息等及时地传递给货主，做好沟通和协调工作。

步骤十七：费用结算及退证明联

货运代理公司要同发货人、承运人和国外代理人 3 方面进行费用结算。货代与发货人结算的费用主要是预付运费、地面运输费和各种服务费、手续费；与承运人结算的费用主要是航空运费、代理费及代理佣金；与国外代理人的结算主要涉及运费和利润分成。

【知识链接】

航空货运事故的索赔与理赔

在国际航空货运过程中，经常会接到客户由于货物发生延误或遗失而向货运代理提起的索赔要求，索赔事宜不能得以及时妥善处理将严重影响与客户的关系，甚至失去客户，但在处理过程中，货运代理的利益往往与客户的利益或要求相矛盾，解决矛盾就成处理索赔的关键。因此，首先应该明确哪些索赔是货运代理的受理范围。

按照《华沙公约》和《海牙议定书》规定，由 IATA 统一制定并印在航空运单的运输契约第 20 条指出，运单中指明的收货人遇到下列情况时必须在规定的时间内向承运人作出书面投诉，超过规定期限未作出书面投诉，即被视为是自动放弃了应享有的权利。

（1）第 13 条（3）规定："如果承运人承认货物已经遗失或货物在应该到达的日期七天后尚未到达，收货人有权向承运人行使运输合同所赋予的权利。"

（2）第 26 条（1）规定："除非有相反的证据，如果收件人在收受货物时没有异议，就被认为行李或货物已经完好地交付，并和运输凭证相符。"（2）规定："如果有损坏情况，收件人应按在发现损坏后，立即向承运人提起异议，最迟应在货物收到后 7 天提出，如果有延误，最迟应该在货物交由收件人支配之日起 14 天内提出异议。

（3）第 20 条（4）及 13 条规定："收货人一旦接受北京航空货运并提取货物后，托运人对货物的处置权即告终止，"此时只能由收货人行使向承运人投诉，提出索赔的要求的权利；"但是如果收货人拒绝接受货运单或货物，或无法同收货人联系，托运人就恢复他对货物的处置权。"即只有在此种情况下托运人才能有权向承运人提出投诉与索赔。而目前货运代理所遇到的通常都是收货人提取货物后再由托运人向货运代理转达的口头或书面投诉，在这种情况下，货运代理应当拒绝受理，以免最终解决不了实际问题，反而延误了规定的索赔期限。这一点很重要。

其次，要处理好以下两个关系：

（1）国际贸易与国际货物运输的关系。国际运输是国际贸易过程中的重要环节之一，产生直接的影响。但就其索赔程序来说，与贸易索赔程序是分开的，具有独立性，因为他们引援的法律依据是不同的，是各自独立的，航空货运公司代理在处理索赔时经常会收到托运人以"收货人在收到货后，发现货损，货物延误等理由拒付托运部分或全部的货款，或取消今后的订单等"为由，向货运代理提出部分或全部的贸易损失。这实质上是一种贸易风险的转嫁，货运代理应该要求托运人运用《国际贸易法》来保护其自身的利益。即使托运人或收货人合法享有向对方提起贸易索赔的权利，也不应该将航空货运索赔的解决作为解决贸易问题的前提，并以此向货运代理提出非索赔范围内的要求。两者本不适用同一法律范畴，托运人在航空货运中的权利并不影响有关贸易法规定中的权利的，两者可以同时进行，或先行处理贸易索赔。

（2）运费的收取与索赔的关系。运费是托运人托运货物应当支付给承运人或承运代理人的费用，这是事前的行为与责任，而索赔是在货物运输过程中，或货物到达目的地后的事后的行为与权利的要求，托运人将受到国际航空运输法有关规定的合理保护，若托运人以索赔未成或未解决为由，拒付货运代理运费是没有依据的。

任务二　国际航空进口货运代理业务

【任务引入】

中国外运航空发展公司是一家大型的国际货运代理公司，于 2009 年 7 月接到北京苏塞斯公司的委托，要求为其代理从日本进口的一批彩色电视机的进口业务。

【任务分析】

中国外运发展公司的任务是将从日本进口的彩色电视从入境到接货，最后将货物交给托运人北京苏塞斯公司的整个过程，主要有代理预报、交接单、货，理货与仓储，理单与到货通知，制单与报关，收费与收货，业务收尾等几个环节。

【技能要点】

（一）航空货运进口代理业务程序

航空货运进口代理业务程序，是指代理公司对于货物从入境到提取或转运整个流程的各个环节所需办理的手续及准备相关单证的全过程。具体业务程序如下：

1. 代理预报

在国外发货之前，由国外代理公司将运单、航班、件数、重量、品名、实际收货人及其他地址、联系电话等内容通过传真或 E-mail 发给目的地代理公司，这一过程被称为预报。

到货预报的目的是使代理公司做好接货前的所有准备工作。注意中转航班，中转点航班的延误会使实际到达时间和预报时间出现差异；注意分批货物。从国外一次性运来的货物在国内中转时，由于国内载量的限制，往往采用分批的方式运输。

2. 交接单、货

航空货物入境时，与货物相关的单据（运单、发票、装箱单等）也随即到达，运输工具及货物处于海关监管之下。货物卸下后，将货物存入航空公司或机场的监管仓库，进行进口货物舱单录入，将舱单上总运单号、收货人、始发站、目的站、件数、重量、货物品名、航班号等信息通过计算机传输给海关留存，供报关用。

同时根据运单上的收货人及地址寄发取单、提货通知。若运单上收货人或通知人为某航空货运代理公司，则把运输单据及与之相关的货物交给该航空货运代理公司。

航空公司的地面代理向货运代理公司交接的有：

● 国际货物交接清单。

● 总运单、随即文件。

● 货物。

交接时要做到：

● 单、单核对，即交接清单与总运单核对。

● 单、货核对，即交接清单与货物核对。

核对后，出现问题的处理方式如表 5-3 所示。

表 5-3　出现问题的处理方式

总运单	清单	货物	处理方式
有	无	有	清单上加总运单号
有	无	无	总运单退回
无	有	有	总运单后补
无	有	无	清单上划去
有	有	无	总运单退回
无	无	有	货物退回

另外，还需注意分批货物，做好空运进口分批货物登记表。

航空货运代理公司在与航空公司办理交接手续时，应根据运单及交接清单核对实际货物，若存在有单无货或有货无单的情况，应在交接清单上标明，以便航空公司组织查询并通知入境的海关。

发现货物短缺、破损或其他异常情况，应对民航所有商务事故记录，作为实际收货人交涉索赔事宜的依据。

货运代理公司请航空公司开具商务事故证明的通常如下：

（1）包装货物受损。
- 纸箱开裂、破损、内中货物散落（含大包装损坏，散落为小包装，数量不详）。
- 木箱开裂、破损，有明显受撞击迹象。
- 纸箱、木箱未见开裂、破损，但其中有液体漏出。

（2）裸装货物受损。
- 无包装货物明显受损，如金属管、塑料管压扁、断裂、折弯。
- 机器部件失落，仪表表面破裂等。

（3）木箱或精密仪器上防震、防倒置标志泛红。

（4）货物件数短缺。

部分货损不属运输责任，因为在实际操作中，部分货损是指整批货物或整件货物中极少或极小一部分受损，是航空运输较易发生的损失，航空公司不一定愿意开具证明，即使开具了"有条件、有理由"证明，货主也难以向航空公司索赔，但可据以向保险公司提出索赔。对货损责任难以确定的货物，可暂将货物留存机场，商请货主单位一并到场处理。

3. 理货与仓储

代理公司自航空公司接货后，即短途驳进自己的监管仓库，组织理货及仓储。

（1）理货内容。
- 逐一核对每票件数，再次检查货物破损情况，遇有异常，确属接货时未发现的问题，可向民航提出交涉（按《华沙公约》第 26 条："除非有相反的证据，如果收货人在收受货物时没有异议，就被认为货物已经完好地交付，并和运输凭证相符"；又《华沙公约》修正本——海牙议定书第 15 条："关于损坏事件，收货人应于发现损坏后立即向承运人提出异议，最迟应在收到货物后 14 天内提出。"）。

- 按大货、小货；重货、轻货；单票货、混载货；危险品、贵重品；冷冻、冷藏品；分别堆存、进仓。堆存时要注意货物箭头朝向、总运单、分运单标志朝向，注意重不压轻、大不压小。
- 登记每票货储存区号，并输入计算机。

（2）仓储注意事项。鉴于航空进口货物的贵重性、特殊性，其仓储要求较高，须注意以下几点：

- 防雨淋、防受潮。货物不能置于露天，不能无垫托置于地上。
- 防重压。纸箱、木箱均有叠高限制，纸箱受压变形，会危及箱中货物安全。
- 防温升变质。生物制剂、化学制剂、针剂药品等部分特殊物品，有储存温度要求，要防止阳光暴晒。一般情况下：冷冻品置于 $-15\sim-20℃$ 冷冻库（俗称低温库），冷藏品置放于 $2\sim8℃$ 冷藏库。
- 防危险品危及人员及其他货品安全。空运进口仓库应设立独立的危险品库。易燃、易爆品、毒品、腐蚀品、放射品均应分库安全置放。以上货品一旦出现异常，均需及时通知消防安全部门处理。放射品出现异常时，还应请卫生检疫部门重新检测包装及发射剂量外泄情况，以便保证人员及其他物品安全。
- 为防贵重品被盗，贵重品应设专库，有双人制约保管，防止出现被盗事故。

4. 理单与到货通知

（1）理单。

- 集中托运，总运单项下拆单：将集中托运进口的每票总运单项下的分运单分理出来，审核与到货情况是否一致，并制成清单输入计算机；将集中托运总运单项下的发运清单输入海关计算机，以便实施按分运单分别报关、报验、提货。
- 分类理单、编号。分运单是直单、单票混载，这两种情况一般无清单；多票混载有分运清单，分运单件数之和应等于总运单上的件数；货物的种类有指定货物、非指定货物、单票、混载、总运单到付、分运单到付、银行货、危险品、冷冻冷藏货物等，随机文件中有分运单、发票、装箱单、危险品证明等。
- 按照已标有仓位号的交接清单编号并输入计算机，内容有总运单号、分运单号、发票号、合同号、航班、日期、货名、货物分类、贸易性质、实到件数、已到件数、实到重量、计费重量、仓位号、收货单位、代理人、本地货、外地货、预付、到付、币种、运费、金额等。
- 编配各类单证。单证主要包括总运单、分运单、随机单证、国外代理先期寄达的单证（发票装箱单、合同副本、装卸、运送指示等）以及国内货主或经营到货单位预先交达的各类单证，代理公司理单人员须将其逐单审核、编配。其后，凡单证齐全、符合报关条件的即转入制单、报关程序；否则，即与货主联系，催齐单证，使之符合报关条件。

（2）到货通知。货物到达目的港后，货运代理应从航空运输的时效出发，为减少货主仓储费，避免海关滞报金，尽早、尽快、尽妥地通知货主到货情况，提请货主配齐有关单证，尽快报关。

- 早：到货后，第一个工作日内就要设法通知货主。
- 快：尽可能用传真、电话预通知客户，单证需要传递的，尽可能使用特快专递，以缩短传递时间。

- 妥：一星期内须保证以电函、信函形式第 3 次通知货主，并应将货主尚未提货情况，告知发货人代理。
- 2 个月时，再以电函、信函形式第 4 次通知货主。
- 3 个月时，货物须上交海关处理，此时再以信函形式第 5 次通知货主，告知货主货物将被处理，提醒货主采取补救办法。

到货通知应向货主提供到达货物的以下内容：

- 运单号、分运单号、货运代理公司编号。
- 件数、重量、体积、品名、发货公司、发货地。
- 运单、发票上已编注的合同号、随机已有单证数量及尚缺的报关单证。
- 运费到付数额，货运代理公司地面服务收费标准。
- 货运代理公司及仓库的地址（地理位置图）电话、传真、联系人。
- 提示货主：海关关于超过 14 天报关收取滞报金及超过 3 个月未报关货物上交海关处理的规定。

（3）正本运单处理。计算机打制海关监管进口货物入仓清单一式 5 份用于商检、卫检、动检各 1 份，海关 2 份，其中一份海关留存，另一份海关签字后收回存档。运单上一般盖 6 个章：监管章（总运单）、代理公司分运单确认章（分运单）、动检章、卫检章、商检章、海关放行章。

5. 制单、报关

（1）制单、报关、运输的形式。除部分进口货存放民航监管仓库外，大部分进口货物存放于各货代公司自有的监管仓库。由于货主的需求不一，货物进口后的制单、报关、运输一般有以下几种形式：

- 货运代理公司代办制单、报关、运输。
- 货主自行办理制单、报关、运输。
- 货运代理公司代办制单、报关后，货主自办运输。
- 货主自行办理制单、报关后，委托货运代理公司运输。
- 货主自办制单、委托货运代理公司报关和办理运输。

（2）进口制单。制单指按海关要求，依据运单、发票、装箱单及证明货物合法进口的有关批准文件，制作"进口货物报关单"，货运代理公司制单时一般程序如下：

- 长期协作的货主单位，有进口批文，证明手册等存放于货运代理处的，货物到达，发出到货通知后，即可制单、报关，通知货主运输或代办运输。
- 部分进口货，因货主单位（或经营单位）缺少有关批文、证明的，可于理单、审单后，列明内容，向货主单位催寄有关批文、证明，亦可将运单及随机寄来单证、提货单以快递形式寄货主单位，由其备齐有关批文，证明后再决定制单、报关事宜。
- 无需批文和证明的，可即行制单、报关，通知货主提货或代办运输。
- 部分货主要求异地清关时，在货主海关规定的情况下，制作《转关运输申报单》办理转关手续，报关单上需由报关人填报的项目有进口口岸、收货单位、经营单位、合同号、批准机关及文号、外汇来源、进口日期、提单或运单号、运杂费、件数、毛重、海关统计商品编号、货品规格及货号、数量、成交价格、价格条件、货币名称、申报单位、申报日期等，转关运输申报单内容少于报关单，亦需按要求详细填列。

（3）进口报关。进口报关是进口运输中的关键环节。报关程序中，还有许多环节，大致可分为初审、审单、征税、验收 4 个主要环节。

- 初审是海关在总体上对报关单证作粗略的审查。审核报关单所填报的内容与原始单证是否相符，商品的归类编号是否正确，报关单的预录入是否有误等。初审只对报关单证作形式上的审核，不作实质性的审查。

- 审单是报关的中心环节，从形式上和内容上对报关单证进行全面的详细审核。审核内容包括：报关单证是否齐全、准确；所报内容是否属实；有关的进口批文和证明是否有效；报关单所填报的货物名称、规格、型号、用途及金额与批准文件所批的是否一致；确定关税的征收与减免等。如果报关单证不符合海关法的有关规定，海关不接受申报。允许通关时，留存一套报关单据（报关单、运单、发票）作为海关备案。

- 征税作为报关的一个重要内容是必不可少的：根据报关单证所填报的货物名称、用途、规格、型号及构成材料等确定商品的归类编号及相应的税号和税率。若商品的归类和税率难以确定，海关可先查看实物或实物图片及有关资料后再行确定征税。若申报的价格过低或未注明价格，海关可以估价征税。

- 验收货物的前提是：单证提供齐全，税款和有关费用已经全部结清，报关未超过规定期限，实际货物与报关单证所列一致。正本上或货运代理经海关认可的分运单上加盖放行章。放行货物的同时，将报关单据（报关单、运单、发票各份）及核销完的批文和证明全部留存海关。如果报关时已超过了海关法规定的报关期限，必须向海关缴纳滞报金；验收关员可要求货主开箱，查验货物。此时查货与征税时查货，其目的有所不同，征税关员查看实物主要是为了确定税率，验收关员查验实物是为了确定货物的物理性质、化学性质以及货物的数量、规格、内容是否与报关单证所列完全一致，有无伪报、瞒报、走私等问题。除海关总署特准免验的货物外，所有货物都在海关查验范围内。

（4）报关期限与滞报金。按海关法规定，进口货物报关期限为：自运输工具进境之日起的 14 日内，超过这一期限报关的，由海关征收滞报金；滞报金每天的征收标准为货物到岸价格的 0.5‰。

（5）货代公司对开验工作的实施。海关对进出口货物实施开箱检验是项经常性的工作，占到货票数的一定比例。为此货运代理公司必须配备一定人员和工具协助海关，对货物实施开箱检验工作。

客户自行报关的货物，一般由货主到货运代理的监管仓库借出货物，由代理公司派人陪同货主一并协助海关开验。开验后，代理公司须将已开验货物封存，运回监管仓库储存。

客户委托代理公司报关（含运输）的货物，代理公司须通知货主单位，由其派人前来或书面委托代办开验。开验后，代理公司须将已开验货物封装，运回监管仓库储存。

海关对大件货物、开箱后影响运输的货物实施开验时，货运代理公司及货主应如实将情况向海关说明，可申请海关派员到监管仓库开验，或直接到货主单位实施开验。

6. 收费、发货

（1）收费。办完报关、报验等进口手续后，货主须凭盖有海关放行章、动植物报验章、卫生检疫报验章（进口药品须有药品检验合格章）的进口提货单到所属监管仓库付费提货。

仓库发货时，须检验提货单据上各类报关、报验章是否齐全，并登记提货人的单位、姓名、身份证号以确保发货安全。

保管员发货时，须再次检查货物外包装情况，遇有破损、短缺，应向货主作出交代。

- 分批到达货：收回原提货单，出具分批到达提货单，待后续货物到达后，即通知货主再次提取。
- 航空公司责任的破损、短缺，应有代理公司签发商务记录。
- 遇有货代公司责任的破损事项，应尽可能商同货主、商检单位立即在仓库作商品检验，确定货损程度，要避免后面运输中加剧货损的发展。

发货时，应协助货主装车，尤其遇有货物超大、超重、件数较多的情况，应指导货主（或提货人）合理安全装车，以提高运输效率，保障运输安全。

（2）收费。货运代理公司仓库在发放货物前，一般先将费用收妥。收费内容如下：

- 到付运费及垫付佣金。
- 单证、报关费。
- 仓储费（含冷藏、冷冻、危险品、贵重品特殊仓储费）。
- 装卸、铲车费。
- 航空公司到港仓储费。
- 海关预录入、动植检、卫检报验等代收代付费用。
- 关税及垫付佣金。

除了每次结清提货的货主外，经常性的货主可与货运代理公司签订财务付费协议，实施先提货，后付款，按月结账的付费方法。

7. 送货与转运

出于多种因素（或考虑便利，或考虑节省费用，或考虑运力所限），许多货主或国外发货人要求将进口到达由货运代理报关、垫税、提货后运输到直接收货人手中。货运代理公司在代理客户制单、报关、垫税、提货、运输的一揽子服务中，由于工作熟练，衔接紧密，服务到位，因而受到货主的欢迎。

（1）送货上门业务。送货上门业务主要指进口清关后货物，直接运送至货主单位，运输工具一般为汽车。

（2）转运业务。转运业务主要指将进口清关后货物转运至内地的货运代理公司，运输方式主要为飞机、汽车、火车、水运和邮政。

办理转运业务，需由内地货运代理公司下协助收回相关费用，同时口岸货代公司亦应支付一定比例的代理佣金给内地代理公司。

（3）进口货物转关及监管运输。进口货物转关，是指货物入境后不在进境地海关办理进口报关手续，而运往另一设关地点办理进口报关手续，在办理进口报关手续前，货物一直处于海关监管之下，转关运输亦称监管运输，意谓此运输过程置于海关监管之中。

进口货物办进转关运输必须具备下列条件：

- 指运地设有海关机构，或虽未设海关机构，但分管海关同意办理转关运输，即收货人所在地必须设有海关机构，或邻近地区设有分管该地区的海关机构。
- 向海关交验的进境运输单据上列明到达目的地为非首达口岸，需转关运输。

- 运输工具和货物符合海关监管要求，并具有加封条件和装置。海关规定，转关货物采用汽车运输时，必须使用封闭式的货柜车，由进境地海关加封，指运地海关启封。
- 转关运输的单位必须经海关核准、认可的航空货运代理公司。一般运输企业，尤其是个体运输者，即使拥有货柜车，也不能办理转关运输。

办理转关运输还应遵守海关的其他有关规定，如：转关货物必须存放在海关同意的仓库、场所，并按海关规定办理收存、交付手续；转关货物未经海关许可，不得开拆、改装、调换、提取、交付；对海关加封的运输工具和货物，应当保持海关封志完整，不能擅自开启，必须负责将进境地海关签发的关封完整及时交指运地海关，并在海关规定的期限内办理进口手续。

转关货物无论采用飞机运输、汽车运输、火车运输，转关申请人（或货运代理）均须首先向指运地海关申请"同意接收××运单项下进口货物转关运输至指运地"的关封。

办理进口货物转关运输手续时，应向进境地海关递交：

- 指运地海关同意转关运输的关封。
- 《转关运输申报单》。
- 国际段空运单、发票。

进境地海关审核货运单证同意转关运输后：

- 将货物运单号和指运地的地区代号输入计算机进行核销，并将部分单证留存。
- 将运单、发票、转关货物准备各一份装入关封内，填妥关封号加盖验期讫章。
- 在运单正本上加盖放行章。
- 在海关配发给各代理公司的转关登记簿上登记，以待以后收回回执核销。
- 采用汽车转关运输时，并需在海关颁发的货运代理监管运输车辆的"载运海关监管货物车辆登记簿"上登记、待销。

转关货物无论以后何种运输方式，无论将货物监管运输至指运地民航监管仓库、货运代理公司监管仓库或收货人单位，等货物转关进入指运地海关监管之下，指运地海关应将"转关运输货物准单"回执联填妥、盖章后，寄还给入境地海关核销。货运代理公司再据以核销自己的转关登记簿上的有关项目，以完成整个转关运输程序。

（二）航空公司进港货物的操作程序

1. 进港航班预报

填写航班预报记录本，以当日航班进港预报为依据，在航班预报册中逐项填写航班号、机号、预计到达时间。

预先了解货物情况，在每个航班到达之前，从查询部门拿取航班 FFM、CPM、LDM、SPC 等电报，了解到达航班的货物装机情况及特殊货物的处理情况。

2. 办理货物海关监管

业务袋收到后，首先检查业务袋的文件是否完备，业务袋中通常包括货运单、货邮舱单、邮件路单等运输文件。检查完后，将货运单送到海关办公室，由海关人员在货运单上加盖海关监管章。

3. 分单业务

在每份货运单的正本上加盖或书写到达航班的航班号和日期；认真审核货运单，注意运单上所列目的港、代理公司、品名和运输保管注意事项；联程货运单交中转部门。

4. 核对运单和舱单

若舱单上有分批货，则应把分批货的总件数标在运单号之后，并注明分批标志；把舱单上列出的特种货物、联程货物圈出。

根据分单情况，在整理出的舱单上标明每票运单的去向；核对运单份数与舱单份数是否一致，做好多单、少单记录，将多单运单号码加在舱单上，多单运单交查询部门。

5. 计算机输入

根据标好的一套舱单，将航班号、日期、运单号、数量、重量、特种货物、代理商、分批货、不正常现象等信息输入计算机，打印出国际进口货物航班交接单。

6. 交接

中转货物和中转运单、舱单交出港操作部门；邮件和邮件路单交邮局。

航空公司进港货物的操作程序如图 5-4 所示。

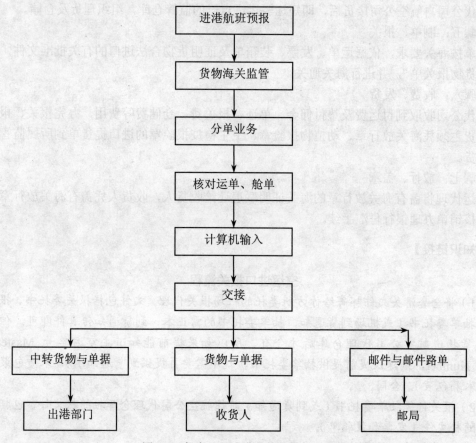

图 5-4　航空公司进港货物的操作流程图

【任务实施】

步骤一：代理预报

在国外发货之前，由出口货代公司将运单、航班、件数重量、品名、实际收货人及其地址、联系电话等内容通过传真或电子邮件发给目的地代理公司。

步骤二：交接单、货

货物入境时，与货物相关的单据运单、发票、装箱单等也随即到达，运输工具及货物处于海关监管之下。货物卸下后，存入航空或机场的监管仓库，进行进口货物舱单录入，将舱单上总运单号、收货人、始发站、目的站、件数、重量、货物品名、航班号等信息通过计算机传输给海关留存，供报关用。

步骤三：理单与到货通知

将集中托运进口的每票总运单下的分运单分理出来，审核与到货情况是否一致，并制成清单录入计算机系统，以供按分运单分别报关、报验、提货之用。从航空运输的时效出发，同时也为了减少收货人需交纳的仓储费，避免缴纳海关滞报金，货物到达目的港口后，应尽早、尽快地通知收货人到货情况，提请收货人配齐有关单证，尽快报关。

步骤四：理货与仓储

货代公司自航空公司接货后，即短途驳运进自己的监管仓库，组织理货及仓储。

步骤五：制单、报关

制单按海关要求，依据运单、发票、装箱单及证明货物合法进口的有关批准文件，制作"进口货物报关单"，并进行海关通关。

步骤六：收费、发货

货代公司收取到付运费及垫付佣金、单证、报关费、仓储费等费用，办完报关、报检手续后，货主须凭海关放行章、动植物报验章、卫生检疫报验章的进口提货单到所属监管仓库付费提货。

步骤七：放行、盖章

货运代理将盖有海关放行章的海关证明联退还给收货人，收货人凭盖有海关放行章的报关单和核销单办理银行付汇手续。

【知识链接】

空运进口报关流程

（1）将全套清关文件邮寄给你方所委托的机场报关代理。文件包括报关委托书、报检委托书、抽单委托书（或机场到货通知，抽单委托书的需正本，到货通知传真件即可。但到货通知是货物进航空公司代理仓库后才会有，所以如果提前能知道主空运单号 Master Air Waybill Number，则建议提前提供抽单委托书，就不需要再提供到货通知了）、木质包装声明（如系木箱包装）、合同。

（2）报关行凭抽单委托书（或到货通知）前往航空公司代理仓库抽随机文件，包括空运运单、随机文件（发票和装箱单）。

（3）口岸报检，拉通关单。

（4）向海关申报。

（5）海关审单，如审单通过，则出税单（关税和增值税）。

（6）向海关缴税。

（7）核销税款，海关放行。放行前确定是否需要查验，如不查验，直接放行货物。如需查验，则查验后凭现场关封查验。

（8）放行后，即可前往航空公司代理仓库提货。提货时可能会发生商检查验包装。

综合技能实训

【实训任务背景】

北京飞翔国际货代公司，于 2010 年 1 月接到某家贸易公司的委托，要求为其代理出口的一批服装办理出港业务。此批服装共有 200BAGS，15000KGS，占 48m³ 的容积，装运空港为北京首都国际机场，进口空港为菲律宾马尼拉国际机场。

【实训任务要求】

完成此批服装的出港业务操作。

航空公司出港操作程序是指自代理人将货物交给航空公司，直到货物装上飞机的整个操作流程，主要包括预审国际货物订舱单、整理单据、过磅和入库、出港 4 个主要环节。

步骤一：预审舱单

（1）预审国际货物订舱单 CBA，了解旅客人数、货邮订舱情况、有无特殊货物等。估计本航班最大可利用货邮业载和舱位，进行预划平衡。

（2）预审总货舱位。

（3）预审邮件舱位。

（4）预审行李舱位订舱。

步骤二：整理单据

（1）整理已入库的大货单据。

（2）整理现场收运货物单据。

（3）整理中转联程货单据。

（4）整理邮件路单。

步骤三：发送舱位确认书

步骤四：预配载

步骤五：发送板箱领用单

步骤六：签发板箱领用单

步骤七：发放集装板、集装箱

步骤八：过磅入站

（1）输入板箱号、航班日期、实际重量、实际体积。

（2）过磅和入站。

步骤九：配载

（1）正式配载。

（2）交接单据。

步骤十：装货

（1）核对运单和货物。

（2）装入飞机。

（3）出港。

步骤十一：出港

（1）标出每票货的去向。

（2）整理特种货物收运单。

（3）整理货物到达通知。

（4）整理运输事故记录。

（5）非正常事故查询。

（6）电报查询。

（7）追踪查询。

（8）资料存档。

项目六　国际陆运代理业务

【项目目标】

1. 国际公路运输的车辆管理与调度
2. 公路运输的业务程序
3. 国际公路货运代理业务
4. 国际铁路货运代理业务

【项目技能要求】

1. 掌握公路运输的车辆组织管理方法
2. 能实施公路运输业务
3. 能实施公路货运代理业务
4. 能实施铁路货运代理业务

任务一　公路货物运输

【任务引入】

天津君强货运代理有限公司是一家拥有公路营运资质和车队的货运代理企业，成立于2005年，位于天津市塘沽区。公司自有货运车辆150余辆，承揽全国各大中小城市的公路干线运输业务。业务人员郭宇于2010年6月20日9:00接到一笔运输业务。

北京容发装饰集团有限公司王强（联系电话：010-60556677）6月20日从天津塘沽建材市场（地址：天津市塘沽区建材路10号）购进120箱瓷砖，每箱瓷砖的长宽高为80cm×60cm×30cm，重量为38.5kg。这些瓷砖需要在6月22日前从塘沽建材市场运达北京君悦大酒楼进行酒楼扩建使用（酒楼地址：北京市海淀区学院路20号；收货人：李君；联系电话010-60778899）。

结合这一任务，假如你是君强货代公司的业务员，要顺利承运该批货物，需要做哪些工作？相关运输单据应如何填写？君强货代公司应收取容发装饰公司多少运输费用？

【任务分析】

作为一名君强货代公司的业务员，在接到以上业务委托后，应首先详细记录相关信息，确定货物是否属于本公司业务范围，确认可以承运货物后，根据客户的需要为客户选择合理的运输方式和运输线路，给出公司的运费报价。如果想顺利完成以上这笔运输业务，应熟悉公路货运代理企业业务及其工作流程，能够熟练掌握填制运输相关单据的要求，会核算运费。掌握货物提货、货物发送、在途跟踪货物及到货物签收等一系列公路运输的操作流程，熟悉每个运输环节的注意事项。

在下面的"必备知识"和"技能要点"部分，会介绍公路运输的基础知识及公路运输的操作流程，在每个流程中应注意哪些细节问题，在每个工作流程中涉及的一些与运输相关单据用途及填写要求也会给大家总结并介绍。

【必备知识】

一、公路货运业务概述

从广义来说，公路货物运输（Road Transportation）是指利用一定载运工具沿公路实现货物空间位移的过程。从狭义来说，就是指汽车运输。公路货物运输是现代运输中非常重要的一种运输方式，也是构成陆上货物运输的两个基本运输方式之一。公路货物运输在整个运输领域中占有重要的地位，并发挥着越来越重要的作用。公路运输既是一个独立的运输体系，也是铁路车站、水运港口码头和航空机场的货物集疏运输的重要手段。

（一）公路货运的特点

公路运输是一种机动灵活、简捷方便的运输方式，在短途货物集散运转上，它比铁路、航空运输具有更大的优越性，尤其在实现"门到门"的运输中，其重要性更为显著。尽管其他各种运输方式各有特点和优势，但或多或少都要依赖公路运输来完成最终两端的运输任务。其优越性主要表现为以下几个方面：

（1）机动灵活，适应性强。由于公路运输网一般比铁路、水路网的密度要大十几倍，分布面也广，因此公路运输车辆可以"无处不到、无时不有"。公路运输在时间方面的机动性也比较大，车辆可随时调度、装运，各环节之间的衔接时间较短。

（2）可实现"门到门"直达运输。由于汽车体积较小，中途一般也不需要换装，除了可沿分布较广的路网运行外，还可离开路网深入到工厂企业、农村田间、城市居民住宅等地，即可以把旅客和货物从始发地门口直接运送到目的地门口，实现"门到门"直达运输。这是其他运输方式无法与公路运输比拟的特点之一。

（3）在中、短途运输中，运送速度较快。在中、短途运输中，由于公路运输可以实现"门到门"直达运输，中途不需要倒运、转乘就可以直接将客货运达目的地，因此，与其他运输方式相比，其客、货在途时间较短，运送速度较快。

（4）原始投资少，资金周转快。公路运输与铁、水、航运输方式相比，所需固定设施简单，车辆购置费用一般也比较低，因此，投资兴办容易，投资回收期短。据有关资料表明，在正常经营情况下，公路运输的投资每年可周转 1～3 次，而铁路运输则需要 3～4 年才能周转一次。

（5）掌握车辆驾驶技术较易。与火车司机或飞机驾驶员的培训要求来说，汽车驾驶技术比较容易掌握，对驾驶员的各方面素质要求相对也比较低。

公路运输也具有一定的局限性，主要表现为以下几点：

（1）载重量较小，不适宜装载重件、大件货物，运输成本较高。目前，世界上最大的汽车是通用汽车公司生产的矿用自卸车，长逾 20m，空载时重 260t，载重 350t 左右，加起来足足 600t 以上，但仍比火车、轮船少得多；由于汽车载重量小，行驶阻力比铁路大 9～14 倍，所消耗的燃料又是价格较高的液体汽油或柴油，因此，除了航空运输，就是汽车运输成本最高了。

（2）安全性较低，污染环境较大。据历史记载，自汽车诞生以来，已经吞吃掉 3000 多万人的生命，特别是 20 世纪 90 年代开始，死于汽车交通事故的人数急剧增加，平均每年达 50 多万。这个数字超过了艾滋病、战争和结核病人每年的死亡人数。汽车所排出的尾气和引起的噪声也严重地威胁着人类的健康，是大城市环境污染的最大污染源之一。

（3）易造成货损、货差事故。公路货运车辆在运行过程中震动较大，易造成货损、货差事故。

（二）公路货物运输的功能

1. 主要担负中、短途运输

通常情况下短途运输，运距为 50km 以内；中途运输，运距为 50～200km。

2. 衔接其他运输方式的运输

由其他运输方式（如铁路、水路或空路）担任主要（长途）运输时，由汽车运输担任其起、终点处的货物集散运输。

3. 独立担负长途运输

当汽车运输的经济运距超过 200km 以上时，或者其经济运距虽短，但基于国家或地区的政治与经济建设等方面需要，也常由汽车担负长途运输，如因救灾工作的紧急需要而组织的长途运输，以及公路超限货物的门到门长途直达运输等。

二、公路货运业务分类

公路运输业务种类是依照货物批量的大小及不同货物对货运车辆不同要求而设计的。当前，公路货物运输中主要业务分类方式如下：

（一）整车货物运输

托运人一次托运货物计费重量 3t 以上或虽不足 3t，但其性质、体积、形状需要一辆或若干辆汽车运输的，称为整车货物运输。采用整车运输对托运人和承运人组织操作都很便利，因此是一种最常用的运输方式。采用整车运输一般应满足以下条件：货物重量或体积能够装满整车的；不能拼装的特种货物，为防止对其他货物造成不良的影响；货主为自身货物或运输便利考虑而特别提出整车运输的。

（二）零担货物运输

我国汽车运输管理部门制定的《公路汽车货物运输规则》规定：托运人一次托运的货物不足 3t 的零担货物。按件托运的零担货物，单价体积一般不小于 0.01m³（单件重量超过 10 千克的除外），不大于 1.5m³；单件重量不超过 200kg；货物长度、宽度、高度分别不超过 3.5m、1.5m 和 1.3m。不符合这些要求的，不能按零担货物托运、承运。各类危险货物，易破损、易污染和鲜活等货物，一般不能作为零担货物办理托运。

零担货物运输的主要特点是一票托运量小，托运批次多，托运时间和到站分散，一辆货车所装货物往往由多个托运人的货物汇集而成并由几个收货人接货。

（三）集装箱货物运输

采用集装箱为容器，使用汽车运输的，为集装箱运输。目前集装箱运输已成为公路运输的主导，成为海运集装箱运输、铁路集装箱运输、国际多式联运等运输方式中不可缺少的组成部分。

1. 公路集装箱运输业务范围

目前，公路集装箱运输企业主要承担以下 5 个方面的经营业务：

（1）海上国际集装箱由港口向内陆腹地的延伸运输、中转运输以及在内陆中转站进行的集装箱交接、堆存、拆装、清洗、维修和集装箱货物的仓储、分发等作业。

（2）国内铁路集装箱由车站至收、发后入仓库、车间、堆场间的门到门运输及代理货物的拆装箱作业。

（3）沿海、内河国内水运集装箱由港口向腹地的延伸运输，中转运输或至货主间的短途门到门运输。

（4）城市之间干线公路直达的集装箱运输。

（5）内陆与港澳之间及其他边境口岸出入境的集装箱运输、接驳运输和大陆桥运输。

2. 公路集装箱运输业务运作特点

由于集装箱运输的特殊性，公路集装箱运输与整车、零担货物运输相比，在业务运作上具有以下特点：

（1）受理的货物种类受限。

（2）定期经营方式。

（3）增加了集装箱业务内容。

（4）增加了集装箱单证。

（5）运费计收方法特别。

（6）货物交接地点更多。

（四）特种货物运输

公路特种货物运输是指货物在运输、配送、保管及装卸作业过程中，需要采用特殊措施和方法的公路货物运输。特种货物一般分为 4 大类，即危险货物、大件（长大笨重）货物、鲜活货物和贵重货物。

1. 危险货物运输

凡具有爆炸、易燃、毒害、腐蚀、放射性等性质，在运输、装卸和储存保管过程中容易造成人身伤亡和财产损毁而需要特别防护的货物，均属危险货物。

危险货物分为 9 类。即：爆炸品；压缩和液化气体；易燃液体；易燃固体、自燃物品和通湿易燃物品；氧化剂和有机过氧化物；毒害品和感染性物品；放射性物品；腐蚀品；杂项危险物质与物品。

2. 大型特型笨重物件运输

大件货物包括长大货物和笨重货物。凡整件货物，长度在 6m 以上，宽度超过 2.5m，高度超过 2.7m 时，称为长大货物；如大型钢梁、起吊设备等。货物每件重量在 4t 以上（不含4t），称为笨重货物，如锅炉、大型变压器等。

3. 鲜活货物运输

鲜活易腐货物是指在运输过程中，需要采取一定措施防止货物死亡和腐坏变质，并须在规定运达期限内抵达目的地的货物。汽车运输的鲜活易腐货物主要有鲜鱼虾、鲜肉、瓜果、牲畜、观赏野生动物、花木秧苗、蜜蜂等。鲜活易腐货物在运输途中容易发生腐烂变质，采用冷藏方法能有效地抑制微生物的滋长，减缓货物呼吸，达到延长鲜活易腐货物保存时间的目的，被广泛采用。

4. 贵重货物

贵重物品是指价格昂贵、运输责任重大的货物。主要包括：黄金、白金、铱、铑、钯等稀有贵重金属及其制品；各类宝石、玉器、钻石、珍珠及其制品；珍贵文物（包括书、画、古玩等）；贵重药品；高级精密机械及仪表；高级光学玻璃及其制品；现钞、有价证券以及毛重每公斤价值在人民币 2000 元以上的物品。

（五）包车运输

应托运人的要求，经双方协议，将车辆包租给托运人安排使用，由托运人按里程或时间支付运费的业务称为包的车货物运输。一般在下列情况下采用包车运输方式：

（1）承运人无法控制装卸时间，或托运人有自己特定的时间安排。

（2）多次往返的短途运输，无法以货物重量或运输距离计算运费的。

（3）需特殊设计运输过程的货物运输。如某些特种货物的运输往往需要配备辅助工具和辅助人员，而运输过程的时间难以准确掌握。

三、公路运输的车辆调度与监控

随着物流业的迅猛发展，对从事公路货运的运输或代理的物流企业来说，随时跟踪货物和车辆的状态对于提高公司效率、提高客户满意度有着非常重要的意义。

物流企业对于车辆货物监控的基本要求是明确车辆、货物的状态，即随时了解某件货物到了哪辆车上或者是存在哪个库房，这往往是客户查询需要，对于客户满意度的提高非常重要；了解某辆车上装了哪些货物，运行在什么位置，则是物流企业提高自身效率的必要信息，只有了解了以上信息，物流企业才有可能进一步采用先进的技术调配，提高单位车辆的效率，进而提高整个企业的效率。公路货物运输车辆通常具有流动、分散、点多、面广等特点，物流企业监控车辆和货物的高级要求是，使用哪辆车来满足某个客户提出的服务请求是最有效率的。然而，由于客户需求的随机性、易变性和调度问题本身的复杂性，如果采用传统的方法是难以实现的，尤其是在货物和车辆数目很大的时候。而目前的情况是，拥有上百辆车的物流企业比比皆是。如何有效地调度和监控所属车辆以满足实时的客户服务需求变得越来越重要。

GPS 智能交通监控调度系统可以准确、及时、安全、合理地组织车辆运行，把汽车运输各环节有节奏地组织起来，顺利实现运输产值的全过程，并使运输率得到提高，降低成本的功效。同时可以实现车辆行驶的动态实时跟踪并解决安全防范问题。车辆管理者可以通过互联网、手机等手段，掌握车辆在途的实时信息，为决策层提供直接决策和管理依据。

（一）GPS 智能交通监控调度系统核心成分

（1）以全球卫星定位系统（Global Positioning System，GPS）技术来实时获取车辆位置信息。

（2）以数字蜂窝电话（GSM）的短消息机制（SMS）实现车辆的位置信息等传输到监控中心，并将监控中心的调度指令传输到车辆（司机）。

（3）以地理信息系统（GIS）将车辆的位置信息生动、直观地呈现在用户面前，同时通过地图分析实现对受控目标的动态调度和管理。

（4）以关系数据库技术、局域网和广域网技术、多媒体技术及计算机远程控制等多项计算机处理技术，来构建监控网络体系和实现数据安全管理的一个综合性软硬件体系。

（二）GPS 智能交通监控调度系统组成部分

（1）车载终端。它被安装在被监控的移动目标（汽车）上，主要由 GPS 接收机，GSM 收发模块和主控制模块等集成的硬件设备。

（2）监控调度中心。它是由 GSM 短信网关、GIS 监控调度及信息服务平台、用户及车辆资料数据库等构成的计算机软硬件体系，它是整个系统的核心。

（3）分监控中心是通过互联网连接在监控调度中心的分控平台，它可以是一台固定的计算机、或一台移动的笔记本电脑、或一个小型的公司内部办公网络。主要是集团下属货运公司、货场、客运站、车队、货主和户外管理人员，通过这种方式参与管理调度和实时监控。

（三）GPS 监控系统配套车载终端

GPS 监控系统配套车载终端具有体积小、功耗低、稳定性好等特点，其主要功能包括以下几种：

（1）定位跟踪。按照设定的时间间隔、指定的时刻点或者距离间隔，让车载终端上报位置、速度、方向等信息。

（2）轨迹回放。在数据中心服务器上保存车辆一段时间来的行驶数据、位置等信息，可查询回放。

（3）超速报警。当车辆速度超过预先设定限速值时，就会主动上报超速报警数据。

（4）越界报警。调度监控中心可设定一定区域，当车辆进入或离开该区域的时候上报该位置信息并报警。

（5）紧急报警。发生紧急情况时，按住紧急按键 3s 以上，调度监控中心就会收到该报警信息。

（6）断油断电。在必要的时候，可通过调度监控中心给车辆发送断油断电指令，让车辆无法开动。

（7）信息调度。直接将中心下发的信息显示在调度屏上，并通过语音播报出来。

（8）图像监控。可触发拍摄或通过中心下达拍摄指令，将车辆现场图片上传到中心。

（9）通话监听。当发出紧急信息后，系统自动启动监听功能。

（10）油耗统计。实时将当前车辆油箱油量信息发送到中心，系统软件自动统计出异常的油量减少时间、地点以及实际的加油量、时间及地点。

（11）黑匣子功能。可接汽车行驶记录仪，实现包括车辆自检功能、车辆状态信息、驾驶员信息、行驶数据、事故疑点、超速报警、疲劳报警等功能

四、公路运输的车辆组织管理

（一）公路货运车辆的分类

公路运输使用的车辆可分为载货汽车、牵引车、挂车和专用运输车 4 种。

1. 载货汽车（也叫载重汽车）

（1）载货汽车按车厢结构分，分为平板式、有厢式和箱型。

平板车也称敞开式货车，没有车厢，只有不到 1m 左右的车帮，一般的平板车都比较大，在 9～16m。用于运输一些基础材料，如日化、化工、塑料粒子等。

厢式货车又称封闭式货车，由于车厢封闭，可使货物免受风吹、日晒、雨淋，厢式载货汽车一般兼有滑动式侧门和后开车门，因此货物装卸作业非常方便。厢式载货汽车一般用于

运距较短、货物批量小、对运达时间要求较高的货物运输。由于其小巧灵便，因此无论大街小巷均可长驱直入，真正实现"门到门"运输。因此，这种载货汽车相当广泛地应用于商业和邮件运输等各种服务行业。

箱型载货汽车是近年来国际货车市场上的一支主力军。其特点是载货容积大，货厢密封性能好，尤其是近年来轻质合金及增强合成材料的使用，为减轻车厢自量、提高有效载重量创造了良好的条件。该种货车从4～17m均有，承载货物2～35t。

（2）载货汽车按期载重量的不同可分为微型、轻型、中型和重型4种类型。

微型：总质量≤1.8t，最大载重量为0.75t。

轻型：1.8t<总质量≤6t，最大载重量为0.75～3t。

中型：6t<总质量≤14t，最大载重量为3～8t。

重型：总质量≥14t，载重量8t以上。

2. 牵引车

牵引车也称拖车，是专门用以拖挂或牵引挂车的汽车。

3. 挂车

挂车有全挂车和半挂车之分。全挂车相当于一个完全独立的车厢，所负荷载全部作用于挂车本身的轮轴，只不过是由牵引车拖着行驶而已。而半挂车所负荷载只有一部分作用于挂车的轮轴，其余则是通过连接装置作用于牵引车的轮轴上。

由牵引车和挂车两部分组合在一起，通过一连接机构把二者相连称为汽车列车，这种拖挂运输是提高运输生产率的有效手段。

4. 专用运输车

专用运输车是在其设计和技术特性上用于运输特殊物品的货车。一些特殊的货物如鲜活货物、液体货物、易燃易爆品、有毒物品等，只能用专用运输车才能保证货物的高质量、安全运达，如冷藏车、运钞车等。

（二）货运车辆的配载

承运人需根据需要发运的货物或货主的需求，按照运输目的地选择适当的货运车辆，同时最大限度地利用货运车辆空间。零担货运的中转作业也同样。

车辆配载是指为具体的运班选配货载，即承运人根据货物托运人提出的托运计划，对所属运输工具的具体运班确定应装运的货物品种、数量及体积。配载的结果是编制运班装货清单。装货清单通常包括起运地点、目的地、运单号、货名、件数、包装、重量、体积等，同时还要注明特殊货物的装载要求。

一般来说，轻重搭配是配载的最简单的原则。也就是说用重货铺底，以充分利用运输工具的载重量，轻泡货搭配以充分利用其可用空间体积。最后的结果是，轻重货的总重量加起来能无限接近于限定载重量的最大值，轻重货的总体积加起来能无限接近限定体积数的最大值。但轻重货的搭配并不是随意的，而是要达到上面所说的目的，无论是重量还是体积都要无限接近最大化，同时还要产生最佳的经济效益，这就有一个科学的依据、有一个科学的比例才能保证上述目的的达成。这需要承运人在集货时以重量或体积来计量货物的，这样就可以知道所集货物密度的近似值，从而推出轻重货的配载比例。配载时应注意的几点原则如下：

根据运输工具的内径尺寸，计算出其最大容积量；测量所载货物的尺寸重量，结合运输工具的尺寸，初步算出装载轻重货物的比例；装车时注意货物摆放顺序、堆码时的方向，是横摆还是竖放，要最大限度地利用车厢的空间；配载时不仅要考虑最大限度的利用车载量，还要具体情况具体分析，根据货物的价值来进行价值的搭配；以单位运输工具能获取最大利润为配载总原则。

【技能要点】

一、公路运输的业务程序

公路运输的业务程序如图 6-1 所示。

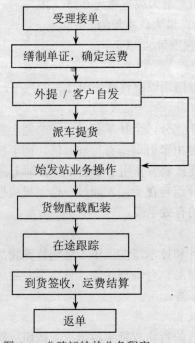

图 6-1　公路运输的业务程序

（一）受理接单

（1）接单。公路运输或货运代理企业业务人员一般按客户（电话）货物发送计划，确定货物是否属于作业范围。

（2）根据给定运输任务选择运输形式。整车运输、零担运输、集装箱运输、包车运输等。

（3）运输线路及运输里程的确定。运输线路一般由运输或货代公司与客户协商确定，有时也按照客户的要求确定。货物运输的营运里程，按交通部和各省、自治区、直辖市交通行政主管部门核定、颁发的《营运里程图》执行。计费里程按装货地点至卸货地点的实际载货的营运里程计算，单位为 km，尾数不足 1km 的，进整为 1km。

因自然灾害造成道路中断，车辆需绕道行驶的，按实际行驶里程计算。

城市市区里程按当地交通主管部门确定的市区平均营运里程计算；当地交通主管部门未确定的，由承托双方协商确定。

（二）缮制单证，确定运费

业务人员根据以上受理接单过程中掌握的情况先填写公路运输托运单，为托运单编写托运编号，然后告知调度、运务部门，再确定货运运输的费用并将结算通知交给客户（货主）。

（三）派车提货

派车提货流程如图6-2所示。

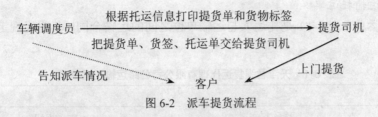

图6-2　派车提货流程

（1）车辆调度员根据托运单上信息打印提货单和货物标签。

（2）车辆调度员填制"调车单"和"调度命令登记簿"，发布调度命令，调度命令是汽车运行的命令和口头指令，只能由车辆调度员发布。

（3）将提货单、货物标签和托运单交给调用的提货司机。

（4）司机上门提货，清点货物，粘贴货物标签。让客户在托运单签字确认，填写提货货物交接清单。

（5）司机上门提货的同时，车辆调度员将派车的情况告知客户。

（四）始发站业务操作

（1）提货司机回站过磅，在托运单上填写过磅后的货物重量，把货物交接清单转交给站务操作员。

（2）站务操作员先核实托运单填写是否完整且单货相符，货签是否贴好。然后将货物安排放在所属区。最后根据目的地打印装货清单，与送货司机交接。

（五）货物配载配装

货物配载指按照装货清单，根据需要发运的货物选择适当的车辆。

货物配装指把收来的货物合理、安全地装到车上，保证车厢空间的最大限度利用。

配装原则：先远后近，先重后轻，先大后小，先方后圆的顺序装车。

（六）车辆及货物的在途跟踪

当司机检查车辆安全状况及盖捆扎情况后便可发车，发车后通过GPS智能交通监控调度系统可以调度和监控车辆，实现在途跟踪。

（七）到货签收，运费结算

（1）发到货通知。目的站调度向场站工作人员发出到货通知，场站工作人员准备接车。

（2）到货交付。货物运到场站后，由场站人员检查货物情况，若无异常则与送货司机交接、签字并加盖业务章。如有货物到错站情况，将货物原车返回起运站；货物若有短缺、破损、受潮等情况，应填写事故清单。

（3）场站人员根据托运单上收货人的具体地址，将货物按派送区分区，并与区属递送员交接。

（4）递送员交付货物，客户清单无误后在托运单上签字并支付运费。

（5）递送员与场站人员交接托运单，与财务交接到付运费。

（八）返单

货物交付完毕后，目的站调度将签收信息进行登记，通过物流信息系统将信息返回货物始发站。

二、公路运输的单据缮制与操作

（一）公路运输托运单

公路运输托运单（表6-1）是托运人与运输单位之间的运输合同，其明确规定了承运双方的权利和义务。

表 6-1　天津君强货运代理有限公司公路运输托运单

单号：							
客服代表：		联系方式：			FAX：		
托运人：		预计装货时间：					
联系人：		联系方式：					
装货地址：		FAX：					
收货人：		要求到货时间：					
联系人：		联系方式：					
卸货地址：		FAX：					
序号	产品名称	件数	包装材料	包装尺寸	单件重量	总重量	运输装卸要求
运输方式：零担							
整车：	5t		8t	10t			
车厢要求：全封闭		半封闭低栏			高栏	平板	
运输条款：	门/门			门/站			
运费金额：							
特别约定：							
说明： 1．上述资料均有托运人提供并确认。			盖章			托运方盖章经办人签名：	
2．客户代表须出具我公司盖章托运单作为提货凭证。			天津君强货运代理有限公司			收货方盖章经办人签名：	

托运单的填写要求如下：

（1）准确标明托运人、收货人的名称和地址、联系电话和邮编。

（2）准确标明货物的名称、性质、件数、体积及包装方式。托运的货物不能在一张托运单内逐一填写的，应填写"公路运输货物清单"，如表6-2所示。

（3）一张托运单的货物必须是同一托运人、收货人。

（4）危险货物与普通货物及性质相抵触的货物不能用同一托运单。

（5）托运人要求自行装卸的货物，需经承运人确认后，在托运单上注明。

（6）托运特种货物，托运人应在托运单中注明运输条件和特约事项。需冷藏的保温货物，托运人应提出货物的冷藏温度和保温要求；托运鲜活货物，托运人应提供最长运输期限及途中管理、照料事宜的说明；托运危险货物，应按照《汽车危险货物运输规则》办理；托运大型特笨重货物，应提供货物性质、外廓尺寸及运输要求的说明等。

（7）相关部门开的准运单及审批文件应提交承运人，随货同行；需押运的，应在托运单上注明押运人姓名。

（8）其他相关要求及特别约定要写清，有改动字迹须盖章证明。

表 6-2　公路运输装货清单

启运地点＿＿＿＿＿＿＿＿＿＿＿＿　　　　　　装货日期＿＿＿＿＿＿＿＿＿＿＿＿

装货人名称＿＿＿＿＿＿＿＿＿＿＿　　　　　　运单号＿＿＿＿＿＿＿＿＿＿＿

编号	货物名称及规格型号	包装方式	件数	体积	重量

托运人：（签章）　　　　　　　　　　　　承运人：（签章）

公路运输部门在收到托运单后要对托运单的内容进行审核，包括以下几个方面：

（1）对货物情况的审核，通常以下情况不受理运输：

1）法律禁止流通或各级政府部门指令不予运的物品。

2）国家统管的，没有取得准运证明的货物。

3）托运人未取得卫生检疫合格证明的一些动、植物。

4）未取得主管部门准运证明的超高、超重、超长的货物等。

（2）对相关运输凭证的检验。包括：各级政府法令规定必须提交的证明文件；托运人委托承运部门代为提取货物的证明；动植物检疫证、超限运输许可证等。

（二）调车单和调度命令登记簿

调车单（表 6-3）由车辆调度员填写，主要反映调用司机基本信息及其所驾驶车辆的基本信息。车辆调度员发布命令时应先在调度命令登记簿（表 6-4）上登记，然后再发布。收、发调度命令时，都须填写。

表 6-3　天津君强货运代理有限公司内部调车单

司机信息			＿＿
姓名		年龄	
籍贯		以往信誉	
性别		身份证号	
联系方式			
载重		车长	
车辆信息		车牌号	

此次承运从＿＿＿＿＿＿起，至＿＿＿＿，托运单单号为＿＿＿＿。

提货时间：＿＿＿＿＿＿＿＿＿＿＿＿＿＿＿＿＿＿＿＿＿＿＿。

提货地点：＿＿＿＿＿＿＿＿＿＿＿＿＿＿＿＿＿＿＿＿＿＿＿。

调度员签名：＿＿＿＿＿＿＿＿　客户代表签名：＿＿＿＿＿＿＿＿

表 6-4　调度命令登记簿

月	发出时刻	命令			复诵人姓名	接受命令人姓名	调度员姓名
日		号码	受令及抄知处所	内容			

（三）提货货物交接清单

提货货物交接清单（表 6-5）是提货司机按照提货单和实际提取的货物填写的单据，主要反映提货司机与发货人的货物交接情况。

表 6-5　提货货物交接清单　　　No:

车号				司机						
序号	运单号	货票号	托运单位	收货单位	货品名称	货品类别	包数	件数	实际重量	计费重量
1										
2										
合计：　　　件　　日期：　　年　月　日　　　　站务签收										

（四）装货清单

装货清单（表 6-6）是记录货物实际装运情况的表单。

表 6-6　装货清单

起运地点：		目的地：					
编号	运单号	货物名称及规格	包装形式	件数	体积	总重量（kg）	取货方式
1							
2							
站务员签章：　　　　　　运输司机签章：　　　　　　　　　年　月　日							

三、公路运输的成本核算与费用收取

（一）影响运输成本的因素

1. 运输距离

运输距离是影响运输成本的主要因素，因为它直接对劳动、燃料和维修保养等变动成本发生作用。

如图 6-3 所示，显示了运输距离和运输成本的关系，成本曲线不是从原点开始的，由于存在着与运输距离无关、货物的提取和交付活动所产生的固定费用。另外，运输成本的增长幅度是随运输距离增长而呈递减趋势的，运输距离越长，每单位的成本费用越低。

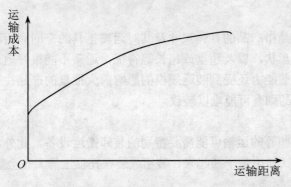

图 6-3　运输距离与运输成本的关系

2. 载货量

载货量之所以会影响运输成本，是因为与其他许多物流活动一样，大多数运输活动中存在着规模经济。如图 6-4 所示，每单位重量的运输成本随载货量的增加而减少。这种关系对管理部门产生的启示是，小批量的载货应整合成更大的载货量，以期利用规模经济。

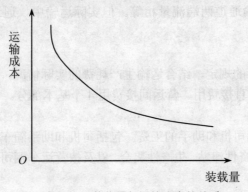

图 6-4　装载量与运输成本的关系

3. 货物的疏密度

货物的疏密度把重量和空间方面的因素结合起来考虑，如图 6-5 所示，每单位重量的运输成本随货物的疏密度的增加而下降的关系。一般来说，物流管理人员会设法增加货物的疏密度，以便能更好地利用货车的容积，使货车能装载更多数量的货物。

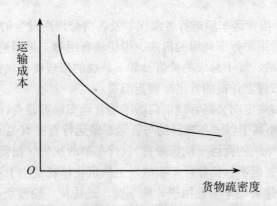

图 6-5　货物疏密度与运输成本的关系

4. 装载能力

装载能力这一因素是指产品的具体尺寸及其对运输工具的空间利用程度的影响。由于有些产品具有古怪的尺寸形状，以及超重或超长等特征，通常不能很好地进行装载，并因此浪费运输工具的空间。装载能力还受到装运规模的影响；大批量的产品往往能够相互嵌套、便利装载，而小批量的产品则有可能难以装载。

5. 装卸搬运

卡车、铁路车或船舶等的运输可能需要特别的装卸搬运设备。此外，产品在运输和储存时实际所采用成组方式（如用带子捆起来、装箱或装在托盘上等）也会影响到搬运成本。

6. 责任

责任主要关系到货物损坏风险和导致索赔事故。承运人必须通过向保险公司投保来预防可能发生的索赔；否则有可能要承担任何可能损坏的赔偿责任；托运人可以通过改善保护性包装，或通过减少货物灭失损坏的可能性，降低风险，最终降低运输成本。

7. 运输供需因素

运输通道流量和通道流量均衡等运输供求市场因素也会影响到运输成本。理想的情况就是"平衡"运输，即运输通道两端流量相等。但实际运输中，通道两端流量相等的情况很少见。

（二）公路运输成本

根据《企业会计准则》的规定，结合运输生产耗费的实际情况，运输成本项目可划分为直接人工、直接材料、其他直接费用、营运间接费用4个基本部分。

1. 直接人工

这是指支付给营运车辆司机和助手的工资。包括司机和助手随车参加本人所驾车辆保养和修理作业期间的工资、工资性津贴、生产性奖金，以及按营运车辆司机和助手工资总额14%计提的职工福利费。

2. 直接材料

物流运输过程的直接材料包括以下两种：

（1）燃料。指营运车辆运行过程所耗用的各种燃料，如营运过程耗用的汽油、柴油等燃料（自动倾卸车卸车时所耗用的燃料也包括在内）。

（2）轮胎。指营运车辆所耗用的外胎、内胎、垫带、轮胎翻新费和零星修补费用等。

3. 其他直接费用

（1）保养修理费。指营运车辆进行各级保养及各种修理所发生的料工费（包括大修理费用计提额）、修复旧件费用和行车耗用的机油、齿轮油费用等。采用总成互换保修法的企业，保修部门领用的周转总成、卸下总成的价值及卸下总成的修理费也包括在内。

（2）折旧费。指按规定计提的营运车辆折旧费。

（3）养路费。指按规定向公路管理部门缴纳的营运车辆养路费。

（4）其他费用。指不属于以上各项目的与营运车辆运行直接有关的费用。包括车管费（指按规定向运输管理部门缴纳的营运车辆管理费）、行车事故损失（指营运车辆在运行过程中，因行车事故发生的损失。但不包括非行车事故发生的货物损耗及由于不可抗力造成的损失）、车辆牌照和检验费、保险费、车船使用税、洗车费、过桥费、轮渡费、司机途中宿费和行车杂费等。

4. 营运间接费用

这是指车队、车站、车场等基层营运单位为组织与管理营运过程所发生的，应由各类成本负担的管理费用和营业费用。包括工资、职工福利费、劳动保护费、取暖费、水电费、办公费、差旅费、修理费、保险费、设计制图费和试验检验费等。

（三）公路运输费用收取

1. 公路货物运输计价标准

（1）计费重量。

1）计量单位。整批货物运输以 t 为单位；零担货物运输以 kg 为单位；集装箱运输以箱为单位。

2）重量确定。货物的质量一般以起运地过磅为准。起运地不能或不便过磅的货物，由承运、托运双方协商确定计费质量。

一般货物：无论整批还是零担货物，计费重量均按毛重计算。轻泡货物：指重量不足 $333kg/m^3$ 的货物。

整批货物吨以下计至 100kg，尾数不足 100kg 的，四舍五入。装运整批轻泡货物的高度、长度、宽度，以不超过有关道路交通安全规定为限度，按车辆标记吨位计算重量。

零担货物起码计费重量为 1kg。重量在 1kg 以上，尾数不足 1kg 的，四舍五入。零担运输轻泡货物以货物包装最长、最宽、最高部位尺寸计算体积，按每立方米折合 333kg 计算重量。

包车运输按车辆的标记吨位计算。

散装货物，如砖、瓦、砂、石、土、矿石、木材等，按体积由各省、自治区、直辖市统一规定重量换算标准计算重量。

（2）计时包车货运计费时间。

计时包车货运计费时间以 h 为单位。起码计费时间为 4h；使用时间超过 4h，按实际包用时间计算。整日包车，每日按 8h 计算；使用时间超过 8h，按实际使用时间计算。时间尾数不足半小时舍去，达到半小时进整为 1h。

（3）运价单位。

整批运输：元/t·km。

零担运输：元/kg·km。

集装箱运输：元/箱 km。

包车运输：元/吨位·h。

出入境运输，涉及其他货币时，在无法按统一汇率折算的情况下，可使用其他自由货币为运价单位。

2. 货物运价价目

（1）基本运价。

整批货物基本运价：指一吨整批普通货物在等级公路上运输的每吨千米运价。

零担货物基本运价：指零担普通货物在等级公路上运输的每千克千米运价。

集装箱基本运价：指各类标准集装箱重箱在等级公路上运输的每箱千米运价。

（2）吨（箱）次费。

对整批货物运输在计算运费的同时，按货物重量加收吨次费。

对汽车集装箱运输在计算运费的同时，加收箱次费。箱次费按不同箱型分别确定。

（3）普通货物运价。

普通货物实行分等级计价，如表 6-7 所示。以一等货物为基础，二等货物加成 15%，三等货物加成 30%。

表 6-7　普通货物分等表

等级	序号	货类	货物名称
一等货物	1	砂	砂子
	2	石	片石、渣石、寸石、石硝、粒石、卵石等
	3	非金属矿石	各种非金属矿石
	4	土	各种土、垃圾
	5	渣	炉渣、炉灰、水渣、各种灰烬、碎砖瓦等
二等货物	1	粮食及加工品	各种粮食（稻、麦、各种杂粮、薯类）及其加工品
	2	棉花、麻	皮棉、籽棉、絮棉、旧棉、棉胎、木棉、各种麻类
	3	油料作物	花生、芝麻、油菜子、蓖麻子及其他油料作物
	4	烟叶	烤烟、土烟等
	5	植物的种籽、草、藤、树条	树、草、菜、花的种籽，干花、牧草、谷草、稻草、芦苇、树条、树根、木柴、藤等
	6	肥料、农药	化肥、粪肥、土杂肥、农药（具有危险货物性质的除外）等
	7	糖	各种食用糖（包括怡糖、糖稀）
	8	酱菜、调料	腌菜、酱菜、酱油、醋、酱、花椒、茴香、生姜、芥末、腐乳、味精及其他调味品
	9	土产杂品	土产品、各种杂品
	10	皮毛、塑料	生皮张、生熟毛皮、鬃毛绒及其加工品、塑料及其制品
	11	日用百货、一般纺织制品	各种日用小百货、一般纺织品、针织品
	12	药材	普通中药材
	13	纸、纸浆	普通纸及纸制品、各种纸浆
	14	文化体育用品	文具、教学用具、体育用品
	15	印刷品	报刊、图书及其他印刷品
	16	木材	圆木、方木、板料、成材、杂木棍等
	17	橡胶、可塑材料及其制品	生橡胶、人造橡胶、再生胶及其制品，电木制品、其他可塑原料及其制品
	18	水泥及其制品	袋装水泥、水泥制品、预制水泥构件等
	19	钢铁、有色金属及其制品	钢材（管、丝、线、绳、板、皮条）生铁、毛坯、铸铁件、有色金属材料，大、小五金制品配件，小型农机具等
	20	矿物性建筑材料	普通砖、瓦、缸砖、水泥瓦、乱石、块石、级配石、条石、水磨石、白云石、蜡石、萤石及一般石制品、滑石粉、石灰膏、电石灰、矾石灰、石膏、石棉、白垩粉、陶土管、石灰石、生石灰

等级	序号	货类	货物名称
二等货物	21	金属矿石	各种金属矿石
	22	煤	原煤、块煤、可燃性片岩等
	23	焦炭	焦炭、焦炭末、石油焦、沥青、焦木炭等
	24	原煤加工品	煤球、煤砖、蜂窝煤等
	25	盐	原盐及加工精盐
	26	泥、灰	泥土、淤泥、煤泥、青灰、粉煤灰等
	27	废品及散碎品	废钢铁、废纸、破碎布、碎玻璃、废靴鞋、废纸袋等
	28	空包装容器	篓、坛罐、桶、瓶、箱、筐、袋、包、箱皮、盒等
	29	其他	未列入表的其他货物
三等货物	1	蜂	蜜蜂、蜡虫
	2	蚕、茧	蚕、蚕子、蚕蛹、蚕茧
	3	观赏用花、木	观赏用普通长青树木、花草、树苗
	4	蔬菜、瓜果	鲜蔬菜、鲜菌类、鲜水果、甘蔗、瓜类
	5	植物油	各种食用、工业、医药用植物油
	6	蛋、乳	蛋、乳及其制品
	7	肉脂及制品	鲜、腌、酱肉类，油脂及其制品
	8	水产品	干鲜鱼、虾、蟹、贝、海带
	9	干菜干果	干菜、干果、子仁及各种果脯
	10	橡胶制品	轮胎、橡胶管、橡胶布类及其制品
	11	颜料、染料	颜料、染料及助剂与其制品
	12	食用香精、树胶、木蜡	食用香精、糖精、樟脑油、芳香油、木榴油、木蜡、橡蜡（橡油皮油）、树胶等
	13	化妆品	护肤、美容、卫生、头发用品等各种化妆品
	14	木材加工品	毛板、企口板、胶合板、刨花板、装饰板、纤维板、木构件等
	15	家具	竹、藤、钢、木家具
	16	家电器材	普通医疗器械、无线电广播设备、电线电缆、电灯用品、蓄电池（未装酸液）、各种电子元件、电子或电动玩具
	17	毛、丝、棉、麻、呢绒、化纤、皮革制品	毛、线、棉、麻、呢绒、化纤、皮革制品，鞋帽、服装
	18	烟、酒、饮料、茶	各种卷烟、各类瓶罐装的酒、汽水、果汁、食品、罐头、炼乳、植物油精（薄荷油桉叶油）、茶叶及其制品
	19	糖果、糕点	糖果、果酱（桶装）、水果粉、蜜饯、面包、饼干、糕点
	20	淀粉	各种淀粉及其制品
	21	冰及冰制品	天然冰、机制冰、冰淇淋、冰棍
	22	中西药品、医疗器具	西药、中药（丸、散、膏、丹成药）及医疗器具
	23	贵重纸张	卷烟纸、玻璃纸、过滤纸、晒图纸、描图纸、绘图纸、蜡纸、复写纸、复印纸

等级	序号	货类	货物名称
	24	文娱用品	乐器、唱片、幻灯片、录音带、录像带、光盘（碟片）及其他演出用具及道具
	25	美术工艺品	刺绣、蜡或塑料制品、美术制品、骨角制品、漆器、草编、竹编、藤编等各种美术工艺品
	26	陶瓷、玻璃及其制品	瓷器、陶器、玻璃及其制品
三等货物	27	机器及设备	各种机器及设备
	28	车辆	组成的自行车、摩托车、轻骑、小型拖拉机
	29	污染品	炭黑、铅粉、锰粉、乌烟（墨黑、松烟）涂料及其他污染人体的货物，角、蹄甲、牲骨、死禽兽
	30	粉尘品	散装水泥、石粉、耐火粉
	31	装饰石料	大理石、花岗岩、汉白玉
	32	带釉建设用品	玻璃瓦、其他带釉建设用品，耐火砖、耐酸砖、瓷砖瓦

注：未列入表中的其他货物，除参照同类货物分等外，均列入二等货物。

（4）特种货物运价。

1）长大笨重货物运价。

一级长大笨重货物在整批货物基本运价的基础上加成 40%～60%。

二级长大笨重货物在整批货物基本运价的基础上加成 60%～80%。

2）危险货物运价。

一级危险货物在整批（零担）货物基本运价的基础上加成 60%～80%。

二级危险货物在整批（零担）货物基本运价的基础上加成 40%～60%。

3）贵重、鲜活货物在整批（零担）货物基本运价的基础上加成 40%～60%。

（5）特种车辆运价。

按车辆的不同用途，在基本运价的基础上加成计算。

特种车辆运价和特种货物运价两个价目不准同时加成使用。

（6）非等级公路货运运价。

非等级公路货物运价在整批（零担）货物基本运价的基础上加成 10%～20%。

（7）快速货运运价。

快速货物运价按计价类别在相应运价的基础上加成计算。

（8）集装箱运价。

1）标准集装箱运价。标准集装箱重箱运价按照不同规格的箱型的基本运价执行，标准集装箱空箱运价在标准集装箱重箱运价的基础上减成计算。

2）非标准集装箱运价。非标准集装箱重箱运价按照不同规格的箱型，在标准集装箱基本运价的基础上加成计算，非标准集装箱空箱运价在非标准集装箱重箱运价的基础上减成计算。

3）特种箱运价。特种箱运价在箱型基本运价的基础上按装载不同特种货物的加成幅度加成计算。

（9）出入境汽车货物运价。

出入境汽车货物运价，按双边或多边出入境汽车运输协定，由两国或多国政府主管机关协商确定。

3．货物运费计算公式

运费以元为单位。运费尾数不足一元时，四舍五入。

（1）整批货物运费=吨次费×计费重量+整批货物运价×计费重量×计费里程+货物运输其他费用。

（2）零担货物运费=计费重量×计费里程×零担货物运价+货物运输其他费用。

（3）集装箱运费计算。

重（空）集装箱运费=重（空）箱运价×计费箱数×计费里程+箱次费×计费箱数+货物运输其他费用。

（4）计时包车运费计算。

包车运价按照包用车辆的不同类别分别制定。计算公式如下：

$$包车运费=包车运价×包用车辆吨位×计费时间+货物运输其他费用$$

【任务实施】

天津君强货运代理有限公司的业务员接到这笔运输业务委托后，详细记录了相关信息，确定货物属于本公司的业务范围，可以承运。因为客户要求将货物运抵公司所在地，根据天津至北京的运输距离，所以选择公路运输最合理，可以实现"门到门"运输。

步骤一：填写托运单（托运单号为005）并告知调度、运务部门，如表6-8所示。

表6-8　天津君强货运代理有限公司公路运输托运单

单号：005							
客服代表：郭宇		联系方式：022-25215555		FAX：	022-25215555		
托运人：北京容发装饰集团有限公司		预计装货时间：2010年6月20日14:00					
联系人：王强		联系方式：010-60556677					
装货地址：天津市塘沽区建材路10号		FAX：　　010-60556677					
收货人：北京君悦大酒楼		要求到货时间：2010年6月21日					
联系人：李君		联系方式：010-60778899					
卸货地址：北京市海淀区学院路20号		FAX：　　010-60778899					
序号	产品名称	件数	包装材料	包装尺寸	单件重量	总重量	运输及装卸要求
1	瓷砖	120	纸箱	80cm×60cm×30cm	38.5kg	4620kg	易碎物品
2							
运输方式：零担							
整车：	5t √		8t		10t		
车厢要求：全封闭		半封闭低栏 √	高栏		平板		
运输条款：　　　　门/门　√				门/站			
运费金额：1000 元							
特别约定：							
说明： 1．上述资料均有托运人提供并确认。		单位盖章：			托运方盖章： 经办人签名：		
2．客户代表须出具我公司盖章的托运单作为提货凭证。		天津君强货运代理有限公司			收货方盖章： 经办人签名：		

步骤二：费用核算。已知君强货代公司公布的一级普货费率为 1.2 元/t·km，吨次费为 16 元/t，途中通行收费 80 元。

（1）瓷砖总重 4620kg，超过 3t 按整车办理，计费重量为 4.6t。

（2）查"公路运输里程表"天津塘沽距离北京 118km；查"普通货物分类表"瓷砖为普货三级，计价加成 30%。

$$运价=1.2\times(1+30\%)=1.56 \text{ 元/t·km}$$

（3）整批货物运费=吨次费×计费重量+整批货物运价×计费重量×计费里程+货物运输其他费用

$$=16\times4.6+1.56\times4.6\times118+80=73.6+846.768+80=1000.368=1000（元）$$

步骤三：业务员填写完托运单，核算完运费，告知托运人运费后，按照业务流程，就可以完成派车提货和始发站作业环节，根据装运货物的重量，车站调度调运一辆中型载货汽车可完成此次运输。表 6-9 和表 6-10 是针对任务中的描述，结合上述业务环节填制的。

表 6-9　天津君强货运代理有限公司内部调车单

司机信息			
姓名	赵军	年龄	35
籍贯	天津	以往信誉	良好
性别	男	身份证号	120107197501011234
联系方式	13898765432		
载重	3～8t	车长	4.2m
车辆信息	长安牌中型载货汽车	车牌号	津 A99999
此次承运从＿＿＿天津＿＿＿起，至＿＿北京＿＿，托运单单号为＿＿005＿＿。			
提货时间：2010 年 6 月 20 日 14:00。			
提货地点：天津市塘沽区建材路 10 号。			
调度员签名：　　　　　客户代表签名：			

表 6-10　提货货物交接清单

车号：	津 A99999		司机：	赵军					
序号	运单号	货票号	托运单位	收货单位	货品名称	货品类别	包数	件数	实际重量	计费重量
1	005	01	北京容发装饰集团有限公司	北京君悦大酒楼	瓷砖	带釉建筑用品	120	120	4620kg	4620kg
2										
合计：　120　件			日期：2010 年 6 月 20 日				站务签收			

步骤四：货物配载配装完毕即可发货运输，待货物运达交付后，返单完毕，结束整个运输流程。

【知识链接】

一、零担运输的组织形式

零担货物运输由于集零为整，站点、线路较为复杂，业务繁琐，因而开展零担货运业务，必须采用合理的车辆运行组织形式。

（一）固定式（汽车零担货运班车）

固定式也称汽车零担货运班车，即所谓的"四定运输"，系指车辆运行采取定线路、定班期、定车辆、定时间的一种组织形式。零担货运班车主要有以下几种方式运行：

（1）直达式。指在起运站，将各发货人托运到同一到达站，而且性质适合配装的零担货物，同一车装运直接送至到达站。

（2）中转式。指在起运站将各托运人发往同一去向，不同到达站，而且性质适合于配装的零担货物，同车装运到规定的中转站中，卸货后另行配装，重新组成新的零担班车运往各到达站的一种组织形式。

（3）沿途式。指在起运站将各个托运人发往同一线路，不同到站，且性质适宜配装的各种零担货物，同车装运，按计划在沿途站点卸下或装上零担货再继续前进，运往各到达站的一种组织形式。

（二）非固定式

非固定式也称不定期的零担货运班车，是指按照零担货流的具体情况，根据实际需要，随时开行零担货车的一种组织形式。这种组织形式由于缺少计划性，必将给运输部门和客户带来一定不便。因此只适宜于在季节性或在新辟零担货运线路上作为一项临时性的措施。

对于大多零担物流企业而言，两种形式均兼而有之。

二、零担运输与整车运输的不同

公路零担运输与整车运输的业务运作对比如表 6-11 所示。

表 6-11　公路整车运输与零担运输业务运作对比

对比项目	整车运输	零担运输
承运人责任期间	装车/卸车	货运站/货运站
是否进站存储	否	是
货源与组织特点	货物品种单一，数量大，货价低，装卸地点一般比较固定，运输组织相对简单	货源不确定，货物批量小，品种繁多，站点分散，质高价贵，运输组织相对复杂
营运方式	直达的不定期运输方式	定线，定班期发运
运输时间长短	相对较短	相对较长
运输合同形式	通常预先签订书面运输合同	通常托运单或运单作为合同的证明
运输费用的构成与高低	单位运费率一般较低，仓储、装卸等费用分担，需在合同中约定	单位运费率一般较高，运费中往往包括仓储、装卸等费用

三、调运优先准则

"调运优先准则"是在物流调运中根据交货期迟早、距离远近、运输量大小以及客户重要性程度等信息而对当前全部客户的物流调运优先次序进行的分类、排序。根据调运优先准则设定陪送点的当前调运优先级,进一步可以构成物流调运的递阶控制机制。调运优先准则以实现物流调运敏捷化为策略层面的首要准则,并按调运策略的层次顺序设置:

第一级调运优先准则:交货需求早的配送地要优先安排。

第二级调运优先准则:在交货期相同的配送地中,距配送中心远的优先安排。

第三级调运优先准则:针对确定的配送地,配送车辆吨位大的优先安排。

第四级调运优先准则:针对确定车辆,装载物品质量大的优先安排。

任务二 国际公路运输与代理业务

【任务引入】

天津君强货运代理有限公司业务人员郭宇于 2010 年 7 月 2 日 9:00 接到一笔运输业务。天津哈娜好医疗器械有限公司(公司地址:天津塘沽开发区第四大街 25 号)刘明要从公司运往俄罗斯哈巴罗夫斯克中俄友谊国际贸易有限公司 1000 箱一次性注射针头,每箱长、宽、高为 80cm×80cm×60cm,重量为 30kg。收货人是中俄友谊国际贸易有限公司(公司地址:俄罗斯哈巴罗夫斯克市马克思大街 10 号)经理王伟。该批货物需要 7 月 15 日前运达。天津君强货运代理有限公司因货运卡车出现季节性短缺,所以公司业务员郭宇联系天津速通国际物流有限公司,通过这家物流公司完成此次运输任务。

结合这一任务,假如你是君强货代公司的业务员,要顺利承运该批货物,需要做哪些工作?相关单据应如何填写?

【任务分析】

天津君强货运代理有限公司是一家拥有公路营运资质和车队的货运代理企业,天津哈娜好医疗器械有限公司刘明 7 月 2 日委托该货代公司运送 1000 箱一次性注射针头,双方就代理费用及相关事项达成一致后,签订了委托代理合同,君强货运代理公司全权代理哈娜好医疗器械有限公司运输该批货物。但君强货运代理公司自有的货运卡车出现季节性短缺,所以需要找其他车队完成该运输任务。天津速通国际物流有限公司是与其合作多年的物流运输企业,于是郭宇便联系到这家企业。在下面的"必备知识"和"技能要点"部分,会介绍国际公路货运代理和国际公路运输物流企业要完成此次运输任务的工作流程和相关单据的填写。

【必备知识】

一、国际公路运输特点及其分类

国际公路货物运输是指起运地点、目的地点或约定的经停地点位于不同的国家或地区的公路货物运输。在我国,只要公路货物运输的起运地点、目的地点或约定的经停地点不在我国境内均构成国际公路货物运输。目前，世界各国的国际公路货物运输一般以汽车作为运输工具，因此，国际公路货物运输与国际汽车货物运输这两个概念往往是可以相互替代的。

（一）国际公路货物运输的特点

国际公路货物运输，除了具有适应性强、机动灵活、直达性能好、运输成本高、运行持续性较差、对环境污染影响较大等特点之外，还具有以下特点：

（1）可以广泛参与国际多式联运。

（2）是邻国间边境贸易货物运输的主要方式。

（3）按有关国家之间的双边或多边公路货物运输协定或公约运作。

（二）国际公路货物运输的作用

目前，主要利用公路运输在中短程货物运输方式的优势，承担以下 3 个方面的进出口货物运输业务：

（1）公路过境运输。指根据相关国家政府间有关协定，经过批准，通过国家开放的边境口岸和公路进行出入国境的汽车运输。根据途径国家多少，公路过境运输可分为双边汽车运输和多边汽车运输。

（2）我国内地与港澳地区之间的公路运输。由于中国澳门和香港的特殊性，对于澳门、香港与内地之间的公路运输，并不完全按照国内货物运输进行运作和管理，而是依照国际公路运输进行管理，但管理模式又不是完全一样。

（3）内陆口岸间的公路集疏运。公路承担我国出口货物由内地向港口、铁路、机场集中，进口货物从港口、铁路、机场向内地疏运，以及省与省之间、省内各地间的外贸物资的调拨。

（三）国际公路货物运输的分类

1. 出口货物的集港、集站运输

出口货物的集港、集站运输是指按照国际货运代理公司的委托把出口货物由发货方仓库运至中转仓库；中转仓库运至港口；港口运至船边的运输。

2. 货物的疏港运输

进口货物的疏港运输是指按照国际货运代理公司的委托把进口货物由港口运至中转仓库；中转仓库运至收货方仓库。

3. 国际多式联运的首末段运输

国际多式联运的首末段运输是指国际多式联运国内段的运输，按照国际货运代理公司、班轮公司或船舶代理公司的委托，将出口货物由内陆集装点转运至出运港或将进口货物由港区运至内陆转运仓库或最终收货人的运输。

4. 边境公路过境运输

边境公路过境运输是指经向海关申报办理指定海关监管车辆、驾驶员和过境路线，在海关规定的地点停留，并全程受海关的监管和检查，按照有关规定办理报检、报关，放行后运达目的地的运输。其特点如下：

（1）距离长，时间久。过境运输与国内运输相比，经历的路线要更长，所需时间要更久，除了运载工具的行驶时间以外，中间的停顿也比国内运输更常见。

（2）关口多，手续繁。过境运输与普通运输相比，至少要经历两道边境，所以需要经历更多环节，手续更加麻烦，牵涉更多人员和机构。

（3）国家多，风险高。因为过境运输要经历至少两个国家，不同的国家，政策法规不同，制度相异，语言不同，文化相异，甚至基础设施的建设也千差万别，所以过境运输的不确定性极强，需要承担更大的风险。

二、我国主要的国际公路运输线路

（一）通往俄罗斯

我国东北地区的国际公路运输线路主要以通往俄罗斯为主，近年来，随着中俄边贸的日益活跃，连接中俄两国的公路和口岸也日益增多，下面是几条主要线路：

- 牡丹江－绥芬河－波格拉尼奇内－乌苏里斯克。
- 佳木斯－同江－下列宁斯科耶－比罗比詹。
- 鹤岗－萝北－阿穆尔捷特－比罗比詹。
- 哈巴河－喀纳斯山口。
- 哈尔滨－牡丹江－绥芬河（东宁）－乌苏里斯克－海参崴（纳霍德卡/东方港）。
- 哈尔滨－佳木斯－抚远－哈巴罗夫斯克－共青城。
- 哈尔滨－佳木斯－同江－下列宁斯科耶－比罗比詹－哈巴罗夫斯克。
- 哈尔滨－双鸭山－饶河－波克罗夫卡－哈巴罗夫斯克。
- 哈尔滨－鸡西－密山（虎林）－乌苏里斯克－海参崴。
- 伊春－嘉荫－巴什科沃－比罗比詹。
- 鸡西－密山－图里罗格－乌苏里斯克。
- 鸡西－虎林－马尔科沃－乌苏里斯克。

目前，连接中俄两国的公路线路已达到 45 个。其中，客运线路 22 条，货运线路 23 条。从事国际货物运输的车辆近 1000 辆，总吨位 25000t。中俄双方即将延伸鸡西－密山－图里罗格－乌苏里斯克客货运输线路、伊春－嘉荫－巴什科沃－比罗比詹客货运输线路等 4 条国际道路运输线路。经过多年的发展，中俄国际公路货物运输的过境量达到 110 万吨。

（二）通往中亚地区

我国新疆维吾尔族自治区与中亚国家（哈萨克斯坦、吉尔吉斯斯坦、塔吉克斯坦）及巴基斯坦接壤，以往的主要国际公路运输线路基本与欧亚大陆桥重合，即乌鲁木齐至霍尔果斯的公路线路，近年来，随着我国西部开发战略的实施，新疆与中亚各国的经贸往来日益频繁，也相应开通了多条货运线路。这些线路主要集中在中哈边境上，哈萨克斯坦也成为中国在中亚地区开通国际公路运输线路最多的国家。

- 伊宁－都拉塔口岸（中）－科里扎特口岸（哈）－琼扎。
- 伊宁－都拉塔口岸（中）－科里扎特口岸（哈）－阿拉木图。
- 阿勒泰－吉木乃口岸（中）－迈哈布奇盖口岸（哈）－谢米巴拉金斯克。
- 霍尔果斯口岸（中）－霍尔果斯口岸（哈）－雅尔肯特。
- 塔城－巴克图口岸（中）－巴克特口岸（哈）－阿拉木图。
- 乌鲁木齐－吉木乃口岸（中）－迈哈布奇盖口岸（哈）－兹里亚诺夫斯克。
- 乌鲁木齐－吉木乃口岸（中）－迈哈布奇盖口岸（哈）－利德热。
- 乌鲁木齐－阿拉山口口岸（中）－多斯蒂克口岸（哈）－塔尔迪库尔干。
- 乌鲁木齐－霍尔果斯口岸（中）－霍尔果斯口岸（哈）－琼扎。
- 乌鲁木齐－霍尔果斯口岸（中）－霍尔果斯口岸（哈）－塔尔迪库尔干。

- 乌鲁木齐—巴克图口岸（中）—巴克特口岸（哈）—阿拉木图。
- 喀什—奥什—伊尔克什坦—比什凯克。
- 喀什—纳伦—吐尔尕特—比什凯克。
- 喀什—红其拉甫口岸—苏斯特口岸—卡拉奇港/卡西姆港和喀什—红其拉甫口岸—苏斯特口岸—卡拉奇港—瓜达尔港。

此外，为了满足中国与中亚地区日益扩大的经贸交流与人员往来的需求，本着推动合作、搞好协调、营造环境、促进便利的宗旨，还开辟了 5 条通往中亚乃至欧洲的国际公路运输走廊，再现"丝绸之路"，完善国际公路运输体系，进一步促进中亚地区经济的快速发展。

- 乌鲁木齐—阿拉山口口岸—阿克斗卡（哈）—卡拉干达（哈）—阿斯塔纳（哈）—彼得罗巴甫洛夫斯克（哈）—库尔干（俄）。
- 乌鲁木齐—霍尔果斯口岸—阿拉木图（哈）—比什凯克（吉）—希姆肯特（哈）—突厥斯坦（哈）—克孜勒奥尔达（哈）—阿克套（哈）—欧洲。
- 乌鲁木齐—库尔勒—阿克苏—喀什—伊尔克斯坦口岸—奥什（吉）—安集延（乌）—塔什干（乌）—布哈拉（乌）—捷詹（土）—马什哈德（伊）—德黑兰（伊）—伊斯坦布尔（土耳其）—欧洲。
- 喀什—卡拉苏口岸—霍罗格（塔）—杜尚别（塔）—铁尔梅兹（乌）—布哈拉（乌）。
- 卡拉奇港（巴）—白沙瓦（巴）—伊斯兰堡（巴）—红其拉甫口岸—喀什—吐尔尕特口岸—比什凯克（吉）—阿拉木图（哈）—塔尔迪库尔干（哈）—塞米巴拉金斯克（哈）—巴尔瑙尔（俄）。

（三）通往东南亚地区

1. 中越公路通道

昆明—河内国际公路，全长 664km，其中云南境内 400km，越南境内 264km。从中国昆明到越南河内，再延伸到海防和广宁，即占据了"两廊一圈"中的一廊。预计 2008 年高等级公路将全线贯通，必将会极大地促进旅游业和沿线贸易的繁荣发展，并形成云南的另一条国际公路运输品牌线路。

2. 中老泰公路通道

昆明—磨憨—南塔—会晒—清孔—清莱—曼谷公路，这是目前由我国大西南陆路连接泰国最直接、最便捷的路径，全长约 1796km。昆明至曼谷公路全线通车后，昆明到泰国北部城市清莱只有 800km 有余，一天多的车程；昆明到达曼谷陆路只需要两天时间；到达马来西亚、新加坡也只需要 4 天时间。公路客运将会成为最便捷的交通方式。公路货运将可以承载 20 英尺或 40 英尺大型集装箱运输，因此陆路运输将会成为中国与东盟市场的主要运输方式。昆曼公路将实现大西南高等级公路网与亚洲公路网的对接和融合，将中、老、泰、马、新等国家连为一体，形成中国—老挝—泰国—马来西亚—新加坡国际公路运输商贸及旅游的黄金线路，有利于推动沿线各国经济社会的发展，昆明也将成为东盟国际运输线路的起发站和终点站。

3. 中缅公路通道

昆明至仰光公路，即昆明—瑞丽—腊戍—仰光，全长约 1917km。国内昆明—瑞丽段全长约 760km，瑞丽—仰光段约 1157km，均为 3、4 级公路，需要进行改扩建，还不能形成大通道格局。

4. 经缅甸至南亚公路通道

道路全长 2482km，云南境内 698km，"十一五"期间全线改建为高速公路。缅甸境内 543km，印度境内 617km，孟加拉境内 624km。其中缅甸境内猴桥至密支那公路长 105km，由中国出资援建二级公路，已于 2010 年 4 月 26 日建成通车。

中国—东盟自由贸易区于 2010 年正式启动，处于中国—东盟自由贸易区咽喉要道的中国与上述各国的公路运输必将有极大的发展空间。

三、国际公路运输代理的责任

（一）承运人责任

公路货代承运人的责任期限是从接受货物时起至交付货物时止。在此期限内，承运人对货物的灭失损坏负赔偿责任。但不是由于承运人的责任所造成的货物灭失损坏，承运人不予负责。根据我国公路运输规定，由于下列原因而造成的货物灭失损坏，承运人不负责赔偿：

（1）由于人力不可抗拒的自然灾害或货物本身性质的变化以及货物在运送途中的自然消耗。

（2）包装完好无损，而内部短损变质者。

（3）违反国家法令或规定，被有关部门查扣、弃置或作其他处理者。

（4）收货人逾期提取或拒不提取货物而造成霉烂变质者。

（5）有随车押运人员负责途中保管照料者。

对货物赔偿价格，按实际损失价值赔偿。如货物部分损坏，按损坏货物所减低的金额或按修理费用赔偿。

要求赔偿有效期限，从货物开票之日起，不得超过 6 个月。从提出赔偿要求之日起，责任方应在 2 个月内作出处理。

（二）托运人责任

公路货代托运人应负的责任基本与铁路、海上运输相同，主要包括：按时提供规定数量的货载；提供准确的货物详细说明；货物唛头标志清楚；包装完整，适于运输；按规定支付运费。一般均规定有如因托运人的责任所造成的车辆滞留、空载，托运人须负延滞费和空载费等损失。

四、国际公路运输代理的资质与行政管理

我国政府部门在对国际公路货代行业的管理上，已从过去的行政管理为主转变到市场经济条件下宏观调控和依法管理的轨道上来。1995 年 6 月，外经贸部发布实施了《中华人民共和国国际货物运输代理业管理规定》，2004 年又公布了《中华人民共和国国际货物运输代理业管理规定实施细则》，进一步改善了主管部门实行行业管理的法律环境。

商务部负责对国际公路货代行业实行监督管理，完善国际公路货代行业管理制度，建立了国际公路货代行业企业信息管理系统。

1996 年起，全国的公路货运代理企业实行年度审核制度，商务部对国际公路货代企业实施备案登记管理制度，并对其从事的业务范围作了规定。

（一）国内投资国际公路货运代理企业的资质

国际货运代理业务的申请人应当是与进出口贸易或国际货物运输有关、稳定货源的单位，

并且符合以上条件的投资者应当在申请项目中占大股。

承运人以及其他可能对国际货运代理行业构成不公平竞争的企业不得申请经营国际货运代理业务。禁止具有行政垄断职能的单位申请投资经营国际货运代理业务。

设立国际公路货物运输代理企业，应当具备下列条件：

（1）有与其从事的国际货物运输代理业务相适应的专业人员。具体来讲，至少要有5名从事国际货运代理业务3年以上的业务人员，其资格由业务人员原所在企业证明，或者取得对外经济贸易合作部颁发的国际货物运输代理资格证书。

（2）有固定的营业场所。以自有房屋、场地作为经营场所的，应当提供产权证明。以租赁房屋、场地作为经营场所的，应当提供租赁期限在1年以上的租赁契约。

（3）有必要的营业设施。设立国际货物运输代理企业，应当拥有一定数量的电话、传真、计算机、装卸设备、包装设备和短途运输工具。

（4）有稳定的进出口货源市场。在本地区进出口货物运量较大，货运代理行业具备进一步发展的条件和潜力，并且申报企业可以揽收到足够的货源。

（5）国际公路货物运输代理企业的注册资本最低限额为200万元人民币。

（6）国际货运代理企业成立并经营国际货运代理业务1年以上，形成一定经营规模的条件下，可以申请设立子公司或分支机构。

（二）外商投资国际公路货运代理企业的资质

外商投资国际货运代理企业是指境外的投资者的中外合资、中外合作及外商独资形式设立的接受进出口货物收货人、发货人的委托，以委托人的名义或者以自己的名义，为委托人办理国际货物运输及相关业务并收取服务报酬的外商投资企业。

申请设立外商投资国际货运代理企业的中外合营者必须具备以下条件：

（1）中方合营者中至少有一家是从事国际货运代理业务1年以上的国际货运代理企业或获得进出口经营权1年以上的企业，或者是从事相关的交通运输或仓储业务1年以上的企业，且符合上述条件的中方合营者在中方中应为第一大股东。

（2）外国合营者至少有一家是经营国际货运代理业务3年以上的企业，且符合上述条件的外方合营者在外方中应为第一大股东。

（3）中外合营者在申请之日前3年内没有违反行业规定的行为。

（4）拟在中国投资设立第二家国际货运代理企业的同一个外国合营者在中国境内投资设立的第一家国际货运代理企业经营已满2年。

（5）注册资本最低额为100万美元。

（6）具有至少5名从事国际货运代理业务3年以上的业务人员或取得相应资格证书的业务人员。

（7）有固定的营业场所和必要的通信、运输、装卸、包装等营业设施。

【技能要点】

一、国际公路运输常规操作流程

国际公路货运业务包括发送业务、途中业务和到达业务3部分。

（一）发送业务

发送业务包括托运受理、验货司磅、货物保管、组织装车和支票收费等内容。

（1）托运受理。托运受理是指承运人根据经营范围内的线路、站点、运距、中转站及各车站的装卸能力、货物的性质及受运限制等业务规则和有关规定接受托运货物、办理托运手续。

（2）验货司磅。货物受理人员在接到托运后，应及时验货过磅，做好记录，核对无误后方可办理交接手续。

（3）货物保管。货物进出仓要照单入库或出库，做到以票对票、票票不漏、货票相符。货物仓库应严格划分货位，一般可为待运货位、急运货位、到达待交货位。同时仓库应具备良好的通风能力、防潮能力、防火和灯光设备、安全保卫能力。

（4）组织装车。在进行正式装车时应做到：按交接清单的顺序和要求点件装车；将贵重物品放在防压、防撞的位置，保证运输安全；驾驶员（或随车理货员）清点随车单证并签章确认；检查车辆、关锁及遮盖捆扎情况。

零担货物的装车较为繁琐，在装车前应首先做好装车的准备工作，主要包括按车辆容积、载重和货物的形状、性质进行合理配载，填制配装单和货物交接清单。填单时应按货物先远后近、先重后轻、先大后小、先方后圆的顺序进行，以便按单顺次装车，对不同到达站和中转的货物要分单填制；将整理后的各种随货单证分别附于交接清单后面；按单核对货物堆放位置，作好装车标记。

（二）途中业务

途中业务主要包括途中货物交接、货物整理或换装等内容。

对于需要中转的货物需以中转零担班车或沿途零担班车的形式运到规定的中转站进行中转。中转作业主要是将来自各个方向的仍需继续运输的零担货物卸车后重新集结待运，继续运至终点站。零担货物的中转作业一般有 3 种方法。

1. 全部落地中转

将整车零担货物全部卸下交中转站入库，由中转站按货物的不同到站重新集结，另行安排零担货车分别装运，继续运到目的地。这种方法，简便易行，车辆载重量和容积利用较好，但装卸作业量大，仓库和场地的占用面积大，中转时间长。

2. 部分落地中转

由始发站开出的零担货车，装运有部分要在途中某地卸下，转至另一路线的货物，其余货物则由原来车继续运送到目的地。

这种方法部分货物不用汽车，减少了作业量，加快了中转作业速度，节约了装卸劳力和货位，但对留在车上的货物的装载情况和数量不易检查清点。

3. 直接换装中转

当几辆零担车同时到站进行中转作业时，将车内部分中转零担货物由一辆车向另一辆车上直接换装，而不到仓库货位上卸货。组织过车时，既可以向空车上过，也可向留有货物的重车上过。

这种方法在完成卸车作业时即完成了装车作业，提高了作业效率，加快了中转速度，但对到发车辆的时间等条件要求较高，容易受意外因素干扰而影响运输计划。

零担货物的中转还涉及中转环节的理货、堆码、保管等作业，零担货物中转站必须配备相应的仓库等作业条件，确保货物安全、及时、准确地到达目的地。

（三）到达业务

到达业务主要包括货运票据的交接、货物卸车和交付等内容。

货物抵达目的地时，收货人应凭有效单证接收货物，同时收货人应在承运货物签收单上签字，加盖收货单位公章。如承运人和发货人对货物的重量和内容有质疑，均可提出查验与复磅，查验与复磅费用由责任方承担。

二、国际公路运输代理流程及手续

（1）签订货运代理协议。国际公路运输代理企业与客户就所运输的货物、运输要求及代理费用等事宜达成一致，同意为客户代理运输货物，签订货运代理协议。

（2）办理托运。国际公路运输代理企业代表客户寻找运输承运人，按照承运人的要求填写货物托运单，以此作为货物托运的书面申请。承运人接到托运单后，应认真审核查验各项内容，确认无误后，在运单上进行签章后，则表示接受承运。

（3）订立合同。国际公路货运合同指合同中规定的接管和交付货物的地点位于不同国家，承运人以营运车辆进行货运，托运人支付运费并明确合同双方当事人权利和义务的合同。但在国际公路货运业务中，常常把运单视为运输合同而不另订运输合同。运输合同应以签发运单来确认。无运单、运单不正规或丢失不影响运输合同的成立或有效。

（4）承运方接收货物。承运人接收货物时，应核对货物的名称、件数、体积、重量、包装方式等是否与运单记载内容相符，不得夹带、隐瞒与运单不符的其他货物。核对结果应计入运单中。如运单中未包含承运人的特殊保留条件，除非有相反证明，则应认为当承运人接管货物时，货物和包装外表状况良好，件数、标志和号码与运单中的说明相符。

（5）办理海关及其他手续。国际公路运输代理企业代表客户办理报关手续、准运或审批、检验等手续（客户也可自行办理手续后将相关单据交货代公司），然后将其交承运人并随货同行。

（6）货物交付。货物到达指定地点后，收货人可向承运人索取货物同时支付运单中应支付的费用。

三、国际公路运输单据的缮制与使用

在国际公路货运业务中，最重要的货运单证为"国际汽车货物运单"，如表 6-12 所示，俗称托运单。习惯认为托运单的签发是运输合同的成立，因此，公路货运公约规定："托运单是运输合同，是承运人收到货物的初步证据和交货的凭证"。

为了加强对出入境汽车运输单证的管理，我国交通部颁布的《中华人民共和国运输管理规定》中对出入境汽车运输企业所使用的"国际汽车货物运单"式样做出了明确的规定，并要求出入境汽车应随车携带国际汽车运输行车许可证、货运单，配有统一标志。

运单应签发有托运人（发货人）和承运人签字的 3 份正本，这些签字可以是印刷的或经运单签发国的法律允许，可以由托运人（发货人）和承运人以盖章代替。第一份应交托运人（发货人）；第二份应跟随货物同行，作为货物通关、交接的凭证；第三份应由承运人留存。当待装货物在不同车内或装有不同种类货物或数票货物，托运人（发货人）或承运人有权要求对使用的每辆车、每种货物或每票货物分别签发运单。

国际汽车货物运单的每个栏目均应由发货人、收货人和承运人填写。填写事项应用钢笔、圆珠笔填写清楚，或用打字机打印或加盖戳记。加盖戳记的印文必须清楚，填写文字必须正确，不得自造或使用简化字。

运单第1~12栏以及16栏由发货人填写，18和20栏由收货人填写。其他栏由承运人填写，如表6-12所示。

表6-12　国际汽车货物运单

1．发货人 名称 国籍　　　　　市				2．收货人 名称 国籍　　　　　　　市		
3．装货地点 国籍　　　　市 街				4．卸货地点 国籍　　　　　　市 街		
5．标记和号码	6．件数	7．包装种类	8．货物名称	9．体积（m³）		10．毛重（kg）
a．进/出口许可证 NO:　　从　　　在　　　　　　　　海关						
b．货物声明价值						
c．发货人随附单证						
d．订单或合同号				包括运费交货点		
e．其他指示				不包括运费交货点		
11．运送特殊条件				13．应付运费　发货人		币别　收货人
12．承运人意见				运费		
14．承运人						
				共计		
编制日期				16．收到本运单货物日期		
15．到达装货　　时　　分 离去　　　　　时　　分 发货人签字盖章 承运人签字盖章				17．达到卸货　　　　　时　　分 离去　　　　　　　　时　　分 收货人 签字盖章		
18．海关机构记载	19．收货人可能提出的意见			20．汽车号 拖挂车号 司机姓名 行车许可证号		
				21．运输里程 过境里程 收货人境内里程 共计		

【任务实施】

步骤一：君强货运代理公司与客户就所运输的货物、运输要求及代理费用等事宜达成一致，同意为客户代理运输货物，签订货运代理协议。哈娜好医疗器械有限公司将相关单据交给君强货代公司。

步骤二：办理托运。君强货运代理公司联系天津速通国际物流有限公司，按要求填写货物托运单，表 6-13 所示为托运单的填写样本。

表 6-13　国际汽车货物运单

1. 发货人 名称　　　　　天津哈娜好医疗器械有限公司 国籍 中华人民共和国　市　　　天津市				2. 收货人 名称　　　　中俄友谊国际贸易有限公司 国籍 俄罗斯　　市　　　哈巴罗夫斯克市		
3. 装货地点　　　天津塘沽开发区 国籍 中华人民共和国　市　　　　天津市开发区 街　　　　第四大街 25 号				4. 卸货地点 国籍 俄罗斯　　市　　　哈巴罗夫斯克市 街　　　　马克思大街 10 号		
5. 标记和号码	6. 件数	7. 包装种类	8. 货物名称	9. 体积（m³）	10. 毛重（kg）	
N/M	1000	纸箱	一次性注射针头	384	30000	
a. 进/出口许可证 NO:　　　从　　　　在　　　　　　　　海关						
b. 货物声明价值 40000 元人民币						
c. 发货人随附单证						
d. 订单或合同号 SCNO123456				包括运费交货点　　哈巴罗夫斯克市		
e. 其他指示				不包括运费交货点		
11. 运送特殊条件				13. 应付运费 发货人	币别	收货人
12. 承运人意见				运费		
14. 承运人						
				共计		
编制日期				16. 收到本运单货物日期		
15. 到达装货　　　　　　时　　　分 离去　　　　　　　　时　　　分 发货人签字盖章 承运人签字盖章				17. 达到卸货　　　　　　　时　　　分 离去　　　　　　　　　时　　　分 收货人 签字盖章		
18. 海关机构记载	19. 收货人可能提出的意见		20. 汽车号 拖挂车号 司机姓名 行车许可证号			
			21. 运输里程 过境里程 收货人境内里程 共计			

步骤三：天津速通国际物流有限公司接收货物，对货物进行核查是否与运单相符。

步骤四：办理海关及其他手续。君强货运代理公司代表客户办理报关手续、准运或审批、检验等手续。

步骤五：货物到达指定地点后交付，收货人可向承运人索取货物同时支付运单中应支付的费用（或者运单中应支付的费用由货代公司垫付）。

【知识链接】

一、浮动公路

浮动公路运输方式，是指利用一段水运衔接两段陆运，衔接方式采用将车辆开上船舶，以整车货载完成这一段水运，到达另一港口后，车辆开下继续利用陆运的联合运输形式。这种联合运输的特点是在陆运至水运之间，不需将货物从一种运输工具上卸下再转换到另一种运输工具上，而仍利用原来的车辆作为货物载体。其优点是两种运输之间有效衔接，运输方式转换速度快，而且在转换时，不触碰货物，因而有利于减少或防止货损，也是一种现代运输方式。譬如在广东省粮食物流中，海运常常是主力运输方式，海运向陆运及陆运向海运的转换就变得十分重要，浮动公路形式是"滚上滚下"装卸搬运方式与"车辆渡船"方式相结合从而完成粮食物流的方式。

二、卡车航班

卡车航班是一种通俗且形象的叫法，其实是指一种新的运输形式——空陆联运，即空运进出境航班与卡车内陆运输相结合。基于卡车作为交通工具，准时、准点发送货物，汲取卡车的价格优势与航班的速度优势，来满足对时效要求高且价格相对适中的客户。它是点对点单一空中运输方式的有效补充，会有效缓解机场的运力不足问题。

任务三 国际铁路运输代理业务

【任务引入】

天津君华国际货运代理有限公司是一家专业的国际铁路运输、国际多式联运服务提供商，可以提供全方位的中国－中亚5国（哈萨克斯坦、乌兹别克斯坦、塔吉克斯坦、土库曼斯坦、吉尔吉斯斯坦）及俄罗斯的国际铁路运输服务，有丰富的国际铁路运输的操作经验。

天津俊杰机械进出口有限公司是一家专门进行机械设备部件进出口的外贸生产加工企业，其产品主要销往中亚和俄罗斯，2009年8月10日该公司委托君华货运代理有限公司代理货运出口一批铸件，快运到俄罗斯秋尔托克钢铁有限公司，以铁路运输，共5箱，纸箱装，每箱货重1250kg，每箱箱重300kg，

货物唛头：

OKPO Code 00215050 /

UMN 6833327582

MKK 25215038 /

Oniojk 18160，

收货人信息：俄罗斯秋尔托克钢铁公司

OAO Koertorker Metalugisches Kombinat

Chfrgbsrsk Kilona 88

678905 Nakitagask, Russia

OKPO Code 00215050 / UMN 6833327582 MKK 25215038 / Oniojk 18160

Tel：+7-7356-252150

该批货物从天津塘沽出发，经过阿拉山口/多斯德克到俄罗斯马格尼托戈尔斯克货站，于2009 年 8 月 21 日运达。假如你是君华货运代理有限公司的工作人员，应怎样承运该批货物？相关单据应怎样填制？应收取俊杰机械进出口有限公司多少运费？如果已知该批货物运到期限为 9 天，计算此次运输是否逾期？如果逾期，逾期费用是多少？

【任务分析】

天津俊杰机械进出口有限公司委托天津君华货运代理有限公司代理货运出口该批铸件，天津俊杰机械进出口有限公司首先应向天津君华货运代理有限公司下委托运输申请，当君华货运代理有限公司接受申请时，视为双方达成合作关系，君华货代公司正式接手该批货物的运输任务。在托运和承运该批货物前，君华货代公司将集装箱提出堆场，待俊杰公司交货后由理货人员装箱，并发运到指定堆场。与此同时，俊杰公司应向君华货代公司提供箱单、发票、合同、报关委托书、核销单、出口货物明细单等全套报关单据和随车单据，待君华货代公司接单人员审核无误后方可委托报关行办理转关放行，然后再向铁路部门办理托运。在下面的【必备知识】和【技能要点】部分会介绍国际铁路联运出口货物运输全部流程、单据的缮制及核算运费的方法。

在任务中可以计算出该批货物的实际运输时间从 2009 年 8 月 10 日至 8 月 21 日，共计 11 天，这超出运到期限 2 天，按规定，君华货代公司应支付给天津俊杰机械进出口有限公司逾期费用。那么，如何确定运到期限，哪种情况下货代公司应支付货主逾期费用？逾期费用又怎样计算呢？在下面的【必备知识】和【技能要点】部分中将会向大家介绍。

【必备知识】

一、国际铁路货物联运概述

（一）国际铁路货物联运概念

国际铁路货物联运是指使用一份统一的国际铁路联运票据，由跨国铁路承运人办理两国或两国以上铁路的全程运输，并承担运输责任的一种连贯运输方式。

（二）国际铁路联运的特点

（1）涉及国家多。凡是办理国际联运，都要涉及两个或两个以上国家，有时还要通过与《国际货协》有关的国家，向与《国际货协》无关的西北欧国家办理转发送，才能完成全程的运送工作，最后运到目的地。

（2）要求高。由于国际联运参加国多，涉及多个国家的铁路、车站和国境站，有时还要有收转人参加，这就要求每批货物的办理必须高标准、严要求，符合有关规章和协议的规定；

否则将造成货损、货差、延迟交货等运输事故。

（3）运距远。国际联运货物至少有两个国家参加，因此运距较长，有时还要过境其他国家铁路，特别是通过前苏联铁路运送的，运距长达 8000km。

（4）运输时间短、成本低。国际铁路联运的始发站和最终目的站大多是内陆车站，或发、收货的铁路专用线。货物从发货人的专用线或就近的车站出发，直接到达收货人的专用线或就近的车站。对内陆收发货人来讲铁路运输时间比海运少，运输成本也比海运低。

（5）涉及面广，手续复杂。国际联运不仅涉及几个国家的铁路、车站和国境站，而且要涉及外贸、海关、商检、发货人、收货人、收转人等各方面，同时各国的规章制度又比较多，故办理起来比较复杂。

二、我国国际铁路货运的情况

从 1951 年 3 月开始，我国与前苏联、朝鲜、蒙古等国家签署双边铁路联运协定以开展国际铁路货物联运。到目前，我国铁路办理国际铁路货物联运业务共有 14 个铁路局，52 个分局，5000 多个车站，每年通过国际铁路联运进出口货物运量约 1000 万 t。

自 1980 年以来，我国成功地试办了通过西伯利亚铁路的集装箱国际铁路运输。在采用集装箱铁路运输的基础上，又开展了西伯利亚大陆桥运输方式，使海、陆、海集装箱运输有机地形成一定规模。1990 年，我国又开通了一条新的亚欧大陆桥，东起连云港，西至鹿特丹，为国际新型运输发展开辟了又一条通道。国际铁路联运的成功经验和良好基础，为开展陆桥运输提供了便利条件。

三、国际铁路货运代理的业务内容

国际铁路货运代理的业务按货物数量、体积、性质和包装的不同划分为零担运输，整车运输，集装箱运输 3 种方式。

（一）零担运输

一批货物如果按照它的性质、形状、运送条件等不需要单独使用一辆货车运输，可以与其他几批货物拼装一辆货车运送时，则按零担的方式运输。

1. 办理零担货物运输的条件

凡不够整车运输条件的货物，可按零担货物托运。零担货物一件体积不得小于 $0.02m^3$。但一件重量在 10kg 以上时，则不受此最小体积限制。零担货物每批件数不得超过 300 件。下列货物不得按零担货物托运：

（1）需要冷藏加温运输的货物。

（2）规定限按整车办理的货物（装入铁路批准使用爆炸品保险箱运输的除外）。

（3）易于污染其他货物的污秽品（经过卫生处理不致污秽其他货物的除外）。

（4）蜜蜂。

（5）不易计算件数的货物。

（6）未装入容器的活动物（铁路局管内零担运输办法允许者除外）。

（7）一件重量超过 2t、体积超过 $3m^3$ 或长度超过 9m 的货物（发站认为不致影响中转站或到站卸车作业者除外）。零担货物一般在公共作业场所组织运输，专用线、专用铁路内组织直达整装零担，须与铁路分局协商并签订运输协议后办理。

2. 个人托运物品

个人托运物品按《个人物品运输办法》的规定办理。个人托运物品中禁止夹带金银珠宝、文物字画与贵重物品、有价证券、货币凭证和危险货物。

个人托运的物品除按规定拴挂货签、涂写与货签相同的标记外，还须在有包装的件内放入写有与货物运单记载一致的到站、收货人名称地址的字条。

3. 零担货物货签、标志

零担货物货签应使用坚韧的材质制作，货签内容、规格必须符合铁路统一的格式。每件货物使用 2 枚货签，分别粘贴、钉固于包装的两端。不宜粘贴或钉固时可使用拴挂方法。

为确保货物运输安全，针对货物性质的不同，货件应有不同要求的图式标志，标志图形必须符合《国家标准——包装货运图示标志》的规定。危险零担货物还须使用危险货物包装标志。货件上原有的与本批货物无关的旧货签、旧标志，托运人必须将其撤除或抹消。

（二）整车运输

一批货物按照它的重量或体积需要单独使用 30t 以上的一辆或超过一辆的货车装运，或者虽然不能装满一辆货车，但是由于货物的性质、形状或运送条件等的原因，必须单独使用一辆货车装运时，都应该以整车的方式运输。

1. 办理整车运输的条件

凡一批货物的重量、性质、体积、形状需要以一辆或一辆以上货车装运的，均按整车条件运输。

2. 整车分卸、途中作业、站界内搬运

托运人托运同一到站的货物数量不足一车而又不能按零担办理时，要求将同一线路上 2 个或最多不超过 3 个到站的货物装一车时，按整车分卸办理。

货车装车或卸车地点不在公共装卸场所，而在相邻的两个车站站界间的铁路沿线时称为途中作业。

装车和卸车地点不跨及两个车站或不越过装车地点车站的站界，这种运输称为站界内搬运。

整车分卸和途中作业只限按整车托运的货物。危险货物不办理站界内搬运和途中作业。托运人要求途中作业和站界内搬运时，须在月度要车计划（铁路运输服务订单）上注明，经铁路批准后方可办理。

（三）集装箱运输

使用集装箱进行的货物运输，称为集装箱运输。为了节约货物包装材料，降低商品成本，简化运输手续，提高装卸作业效率，加速货物和车辆周转，以贵重、易碎、怕湿货物为主，可办理集装箱运输。

【技能要点】

一、国际铁路联运出口货物运输流程

国际铁路货物联运出口货物运输组织工作主要包括铁路联运出口货物运输计划的编制、货物托运和承运、国境站的交接和出口货物的交付等。

（一）国际铁路货物联运出口货物运输计划的编制

国际铁路货物联运出口货物运输计划一般是指月度要车计划，它是对外贸易运输计划的组成部分，体现对外贸易国际铁路货物联运的具体任务，也是日常铁路联运工作的重要依据。凡发送整车货物，均需具备铁路部门批准的月度要车计划和旬度要车计划；零担货物，则不必向铁路部门编报月度要车计划，但发货人必须事先向发站办理托运手续。国际铁路货物联运要车计划采用"双轨（铁路、外贸）上报、双轨下达"的方法。各省、市、自治区发货单位应按当地铁路部门的规定，填制"国际铁路联运"月度要车计划表，向铁路局（分局、车站）提出下月的要车计划，并在规定的时间内，分别报各主管部门；各铁路局汇总发货单位的要车计划后，上报中华人民共和国铁道部；各省、市、自治区经贸厅（局）和各进出口总公司在审核汇总所属单位的计划后，报送中华人民共和国商务部；商务部汇总审核计划后，与铁道部平衡核定；商务部和铁道部将核定结果下达。

（二）国际铁路货物联运的托运和承运

货物的托运是发货人组织货物运输的一个重要环节；发货人在托运货物时，应向车站提出货物运单，以此作为货物托运的书面申请。车站接到运单后，应进行认真审核。

整车货物办理托运，车站应检查是否有批准的月度、旬度货物运输计划和要车计划，检查运单上的各项内容是否正确。如确认可以承运，应予签证。运单上的签证，表示货物应进入车站的日期或装车日期，表示铁路已受理托运。发货人应按签证指定的日期将货物搬入车站或指定的货位，铁路根据运单上的记载查对实货，认为符合国际货协和有关规章制度的规定，车站方可接受货物，并开始负保管责任。整车货物一般在装车完毕后，发站应在运单上加盖承运日期戳，即为承运。

发运零担货物与整车货物不同，发货人在托运时，不需要编制月度、旬度要车计划，凭运单直接向车站申请托运。车站受理托运后，发货人应按签证指定的日期将货物搬进货场，送到指定的货位上，经查验、过磅后，即交由铁路保管。当车站将发货人托运的货物，连同货物运单一同接受完毕，在货物运单上加盖承运日期戳时，即表示货物业已承运。铁路对承运后的零担货物负保管、装车和发运的责任。

托运、承运完毕，铁路运单作为运输合同即开始生效。铁路按《国际货协》的规定对货物负保管、装车并运送到指定目的地的一切责任。

（三）国际铁路货物联运出口货物在国境站的交接

在相邻国家铁路的终点，从一国铁路向另一国铁路办理移交或接收货物和车辆的车站称为国境站。我国国境站除设有一般车站应设的机构外，还设有国际联运交接所、海关、国家出入境检验检疫所、边防检查站及中国对外贸易运输（集团）总公司所属的分支机构等单位。

1. 国际联运出口货物交接的一般程序

（1）出口国境站货运调度根据国内前方站列车到达预报，通知交接所和海关做好接车准备。

（2）出口货物列车进站后，铁路会同海关接车，并将列车随带的运送票据送交接所处理，货物及列车接受海关的监管和检查。

（3）交接所实行联合办公，由铁路、海关、外运等单位参加，并按照业务分工开展流水作业，协同工作。铁路主要负责整理、翻译运送票据，编制货物和车辆交接单，以此作为向邻国铁路办理货物和车辆交接的原始凭证。外运公司主要负责审核货运单证，纠正出口货物单证差错，处理错发错运事故。海关则根据申报，经查验单、证、货相符，符合国家法令及政策规定，即准予解除监督，验关放行。最后由双方铁路具体办理货物和车辆的交接手续，并签署交接证件。

对于特殊货物的交接，如鲜活商品、易腐、超重、超限、危险品等货物，则按合同和有关协议规定，由贸易双方商定具体的交接方法和手续。属贸易双方自行交接的货物，国境站外运公司则以货运代理人的身份参加双方交接。如果在换装交接过程中需要鉴定货物品质和数量，应由国内发货单位或委托国境站商检所进行检质、检量，必要时邀请双方检验代表复验。外运分公司则按商检部门提供的检验结果，对外签署交接证件。属于需要随车押运的货物，国境站外运分公司应负责两国国境站间的押运工作，并按双方实际交接结果对外签署交接证件，作为货物交接凭证和货款结算的依据。

2. 联运出口货物交接中的相关问题

（1）联运出口货物单证资料的审核。

审核出口货物单证是国境站的一项重要工作，它对正确核放货物，纠正单证差错和错发错运事故，保证出口货物顺利交接具有重要意义。

出口货物运抵国境站后，交接所应将全部货运单证送外运分公司进行审核，外运分公司作为国境站的货运代理公司，在审核单证时，要以运单内容为依据，审查出口货物报关单、装箱单、商检证书等记载的内容和项目是否正确、齐全。如正确无误，则可核放货物，做到差错事故不出国。如出口货物报关单项目有遗漏或记载错误，或份数不足，应按运单记载内容进行订正或补制；运单、出口货物报关单、商检证书三者所列项目如有不符，有关运单项目的订正或更改，由国境站联系发站并按发站通知办理；需要更改或订正商检证书、品质证明书或动植物检疫证书时，应由出证单位通知国境站出入境检验检疫所办理；海关查验实货，如发现货物与单证不符，需根据合同和有关资料进行订正，必要时应联系发货人解决。总之，国境站外运分公司在订正、补制单据时，只限于代发货人缮制单证，而对运单内容和项目，以及商检证书、品质证明书、检疫证、兽医证等国家行政管理机关出具的证件，均不代办订正或补制手续。

出口货物单证经复核无误后，应将出口货物报关单、运单及其他随附单证送海关，作为向海关申报和海关审核放行的依据。

（2）办理报关、报验等法定手续。

铁路联运出口货物报关，由发货人委托铁路在国境站办理。发货人在货物发运前，应填制出口货物报关单，作为向海关申报的主要依据。

出口货物报关单格式由我国海关总署统一制定。发货人或其代理人需按海关规定逐项填写，要求内容准确、详细，并与货物、运单及其他单证记载相符。字迹要端正、清晰，不可任意省略或简化。对于填报不清楚或不齐全的报关单，以及未按海关法的有关规定交验进出口许可证等有关单证者，海关将不接受申报；对于申报不实者，海关将按违章案件处理。

铁路发站在承运货物后，即在货物报关单上加盖站戳，并与运单一起随货同行，以便国境车站向海关办理申报。

需办理检验检疫的货物，要向当地出入境检验检疫部门办理检验检疫手续，取得证书。

上述各种证书在发站托运货物时需连同运单、报关单一起随车同行，在国境站由海关执行监管，查证放行。

（四）国际联运出口货物的交付

国际联运出口货物抵达到站后，铁路应通知运单中所记载的收货人领取货物。在收货人付清运单中所记载的一切应付运送费用后，铁路必须将货物连同运单交付给收货人。收货人必须支付运送费用并领取货物。收货人只有在货物因毁损或腐坏而使质量发生变化，以致部分货物或全部货物不能按原用途使用时，才可以拒绝领取货物。收货人领取货物时，应在运行报单上填记货物领取日期，并加盖收货戳记。

二、国际铁路联运进口货物运输流程

国际铁路联运进口货物的发运站工作是由国外发货人根据合同规定向该国铁路车站办理的。我国国内有关订货及运输部门对联运进口货物的运输工作，主要包括联运进口货物在发运前编制运输标志；审核联运进口货物的运输条件；向国境站寄送合同资料；国境站的交接、分拨；进口货物交付给收货人及运到逾期计算等。

（一）联运进口货物运输标志的编制

运输标志又称唛头（Mark），一般印制在货物外包装上。我国规定，联运进口货物在订货工作开始前，由商务部统一编制向国外订货的代号，作为收货人的唛头，各进出口公司必须按照统一规定的收货人唛头对外签订合同。

（二）审核联运进口货物的运输条件

联运进口货物的运输条件是合同不可缺少的重要内容，因此必须认真审核，使之符合国际联运和国内的有关规章。

审核联运进口货物运输条件的内容主要包括：收货人唛头是否正确；商品品名是否准确具体；货物的性质和数量是否符合到站的办理种别；包装是否符合有关规定等。

（三）向国境站寄送合同资料

合同资料是国境站核放货物的重要依据，各进出口公司在贸易合同签字以后，要及时将一份合同中文抄本寄给货物进口口岸的外运分公司。合同资料包括合同的中文抄本和它的附件、补充书、协议书、变更申请书、更改书和有关确认函电等。

（四）联运进口货物在国境站的交接与分拨

1. 联运进口货物交接的一般程序

联运进口货物的交接程序与出口货物的交接程序基本相同。其做法是：进口国境站根据邻国国境站货物列车的预报和确报，通知交接所及海关做好到达列车的检查准备工作。进口货物列车到达后，铁路会同海关接车，由双方铁路进行票据交接，然后将车辆交接单及随车带交的货运票据呈交接所，交接所根据交接单办理货物和车辆的现场交接手续。海关则对货物列车执行实际监管。

我国进口国境站交接所通过内部联合办公，开展单据核放、货物报关和验关工作，然后由铁路负责将货物调往换装线，进行换装作业，并按流向编组向国内发运。

2. 联运进口货物交接中的相关问题

（1）进口合同资料是国境站核放货物的唯一依据，也是纠正并处理进口货物在运输中出现错乱的重要资料，口岸外运分公司在收到合同资料后，如发现内容不齐全、有错误、字迹不清，应迅速联系有关进出口公司修改更正。

联运进口货物抵达国境站时，口岸外运分公司根据合同资料对各种货运单证进行审核，只有单、证、票、货完全相符才可核放货物。通常联运进口货物货运事故大约有以下几类：

1）合同资料与随车单证不符。

2）单证与货物不符，包括有票无货、有货无票。

3）货物错经国境口岸。

4）货物混装、短装或超过合同规定的数量。

5）货物不符合国际货协规定，铁路拒收等。

对上述情况，口岸外运分公司应本着以下原则处理：因铁路过失造成的，联系铁路处理；因发货人过失造成的，根据合同资料和有关规定认真、细致地查验货物，确有可靠依据的可予以纠正，否则联系有关公司处理。

（2）联运进口货物变更到站和变更收货人的工作。

国际铁路联运货物，根据发货人和收货人的需要，可以提出运输变更。运输变更申请应由发货人或收货人提出。

联运进口货物变更到站、变更收货人时，首先应通过有关进出口公司向国外发货人提出。在国外发货人不同意办理变更时，可向国境站外贸运输机构申请，在国境站办理变更。

联运进口货物变更的受理，应在货物到达国境站前。如由收货人申请变更到站和收货人，则只可在货车开至到达国进口国境站且货物尚未从该站发出时提出变更。

（3）联运进口货物的分拨与分运。

对于小额订货（具有零星分散的特点）、合装货物和混装货物，通常以口岸外运分公司作为收货人。因此，在双方国境站办妥货物交接手续后，口岸外运分公司应及时向铁路提取货物，进行开箱分拨，并按照合同编制有关货运单证，向铁路重新办理托运手续。在分运货物时，必须做到货物包装牢固、单证与货物相符，并办清海关申报手续。

如发现货损、货差，属于铁路责任的，必须由铁路出具商务记录；如属发货人责任，由各有关进出口公司向发货人提出赔偿。

（五）运到逾期

1. 运到期限

铁路承运货物后，应在最短期限内将货物运送至最终到站。货物从发站至到站所允许的最大限度的运送时间，即为货物运到期限。

货物运到期限由发送期间、运送期间及特殊作业时间 3 部分组成。

（1）发送期间。不论慢运、快运，随旅客列车挂运的整车或大吨位集装箱、由货物列车挂运的整车或大吨位集装箱及零担一律为一天（昼夜）。

（2）运送期间。运价里程每 250km 或其未满为 1 天；按快运办理的整车货物，运价里程每 500km 或其未满为 1 天。

（3）特殊作业时间。以下几种特殊作业时间应分别计算，当一批货物同时具备几项时，应累加计算。

1）需要途中加冰的货物，每加冰 1 次，另加 1 天。

2）运价里程超过 250km 的零担货物和 1t、5t 型集装箱另加 2 天。

3）一件重量超过 2t、体积超过 3m^3 或长度超过 9m 的零担货物，另加 2 天。

4）整车分卸货物，每增加一个分卸站，另加 1 天。

5）准、米轨间直通运输的整车货物，因需在接轨站换装另加 1 天。

2. 运到逾期

货物实际运到天数超过规定的运到期限天数，则该批货物运到逾期。如果货物运到逾期，铁路应按该线路所收取运费的一定比例，向收货人支付逾期罚款。收货人有权在货物到达后 2 个月内向铁路提出逾期赔偿的要求。求偿时由收货人提交运单正本和货物到达通知书及"货物运到逾期赔偿请求书"一式两份。

货物实际运到日期，应从承运货物的次日零时起开始计算，不足一天按一天计算。在到站由铁路组织卸车的，至卸车完了终止；在到站由收货人组织卸车的，至货车调到卸车地点或交接地点时终止。逾期罚款的计算方法如下：

$$逾期罚款=运费×罚款率$$

逾期百分率=[(实际运送天数–按规定计算运到期限天数)/按规定计算运到期限天数]×100%

按《国际货协》规定，罚款率如表 6-14 所示。

表 6-14　罚款率表

逾期总天数占到运到期限天数的比例	罚款率
不超过 10%	6%
超过 10%，但不超过 20%	12%
超过 20%，但不超过 30%	18%
超过 30%，但不超过 40%	24%
超过 40%	30%

例题　甲站于 9 月 10 日发往乙站整车新鲜蔬菜一车，用加冰冷藏车按快运办理，甲、乙站间运价里程 2150km，途中加冰 2 次，该批货物于 9 月 20 日。已知铁路所收的运费为 5000 元。请问：该批货物是否逾期到达？若逾期，运输部门应向收货人支付多少逾期款？

解：

（1）先计算运到期限。

发送时间：1 天。

运输时间：2150/500≈5（天）

特殊作业时间：2 天

运到期限：1+5+2=8（天）

（2）实际运送时间为 10 天，可判断为逾期到达。

（3）计算逾期罚款。

逾期百分率=[(实际运送天数–按规定计算运到期限天数)/按规定计算运到期限天数]

=(10–8)/8×100%=25%=2.5/10

逾期罚款=运费×罚款率=5000×18%=900（元）

三、铁路货物的提取

用领货凭证联系取货，对收货人来说既安全又方便，为维护托运人、收货人的正当经济权益，要求收货人使用领货凭证领取货物，并做到以下几点：

收货人应要求在发站填写运单时，正确填写收货人名称、住址、邮编。领货凭证要与运单一致，不能简写、缩写、误写，防止在到站时查询困难，造成收货人不能及时领取货物，产生不必要的经济损失。

货物在发站承运后，收货人应要求托运人用既快又安全的邮寄方式，将领货凭证寄给收货人。收货人收到领货凭证后，及时到车站联系领取货物。发货人委托代办单位托运货物时，收货人必须要求发货人邮寄有发站戳记的领货凭证，无发站戳记的领货凭证，为无效领货凭证。

四、铁路货物到达交付的程序

（1）收货人出具领货凭证和有关证明文件。

- 收货人为个人的，需出具领货凭证和本人身份证。
- 收货人为单位的，需出具领货凭证和领货人姓名的证明文件及领货人本人身份证。
- 不能提出"领货凭证"的，可凭由车站同意的、有经济担保能力的企业出具担保书取货。

（2）缴付铁路广深运费、运杂费、装卸费等费用，取回货物运单及到达货物作业单。

（3）根据到达货物作业单指明的货位交付处办理货物交付手续。

（4）凭出站放行条将货物提出车站。

五、国际铁路联运单据及其使用

国际铁路联运货运单据主要是国际铁路联运运单以及为发送路和过境路准备的必要份数的补充运行报单，此外还有添附文件。我国出口货物必须添附"出口货物明细单"和"出口货物报关单"及"出口外汇核销单"。此外，根据规定和合同的要求还要添附"出口许可证"、品质证明书、商检证、卫生检疫证、动植物检查以及装箱单、磅码单、化验单、产地证和发运清单等有关单证。

（一）联运运单的组成

国际铁路联运运单（International Through Rail Waybill），是发货人与铁路之间缔结的运输契约，它规定了铁路与发、收货人在货物运送中的权利、义务和责任，对铁路和发、收货人都具有法律效力。国际铁路联运运单（图6-6）由以下几张组成：

第1张：运单正本（随货物至到站，并连同第5张和货物一起交给收货人）。

第2张：运行报单（随货物至到站，并留存到达路）。

第3张：运单副本（运输合同签订后，交给收货人）。

第4张：货物交付单（随同货物至到站，并留存到达路）。

第5张：货物到达通知单（随同货物至到站，并连同第1张和货物一起交给收货人）。

在实际业务中，可视需要增加若干补充运行报单。我国铁路补充运行报单分为带号码的和不带号码的两种。带号码的补充运行报单是为发送路准备的，一般填制3份，一份留站存查，一份报自局，一份随同货物至出口国境站截留。不带号码的补充运行报单是为过境路准备的，而且每过境一个国家的铁路要填制一份。运单和补充运行报单分慢运和快运两种，慢运单据不带红边，而快运单据则带有红边。

运单正本 – Оригинал накладной
(给收货人) – (для получателя)

25 批号 – Отправка N (检查标签 – контрольная – этикетка)	运输号码 2 合同号码 – Договор N
3 发站 Станция отправления	
4 发货人的特别声明 – Особые заявления отправителя	
26 海关记载 – Отметки таможни	

发送路简称（Сокращенное наименование дороги отправления）

中铁 КЖД

1

1 发货人，通信地址 – Отправитель, почтовый адрес

5 收货人，通信地址 – Получатель, почтовый адрес

6 对铁路无约束效力的记载 – Отметки, необязательные для железной дороги

7 通过的国境站 – Пограничные станции перехода

8 到达路和到站 – Дорога и станция назначения

27 车辆 – Вагон / 28 标记载重(吨) Подъемная сила(т) / 29 轴数 – Оси
30 自重 – Вес тары / 31 换装后的货物重量 – Масса груза после перегрузки

27	28	29	30	31

国际货协 – 运单 СМГС – Накладная малой скорости

慢运

9 记号、标记、号码 Знаки, марки, номера	10 包装种类 Род упаковки	11 货物名称 Наименование груза	50 附件第2号 прил. 2	12 件数 Число мест	13 发货人确定的重量(公斤) – Масса(в кг)определенная отправителем	32 铁路确定的重量(公斤) – Масса в кг)определенная железной дорогой

14 共计件数（大写）– Итого мест прописью	15 共计重量（大写）– Итого масса прописью	16 发货人签字 – Подпись отправителя

17 互换托盘 – Обменные поддоны

数量 – Количество

集装箱/运送用具 – Контейнер / Перевозочные средства

18 种类 类型 – Категория Вид	19 所属者及号码 Владелец и N

20 发货人负担下列过境铁路的费用 – Отправителем принят платеж за следующие транзитные дороги	21 办理种别 – Род отправки			22 由何方装车 – Погружено	33
	整车 *) повагонная *)	零担 *) мелкая *)	大吨位集装箱 *) Крупнотоннажного Контейнера *)	发货人 *) отправителем *) / 铁路 *) железной дорогой *)	34
	*) 不需要的划掉 – Ненужное зачеркнуть				35
23 发货人添附的文件 – Документы, приложенные отправителем	24 货物的声明价格 – Объявленная ценность груза			卢布 руб	36
	45 封印 Пломбы				37
	个数 Количество	记号 – Знаки			38
					39
					40

46 发站日期戳 – Календарный штемпель станции отправления	47 到站日期戳 – Календарный штемпель станции назначения	48 确定重量方法 Способ определения массы	49 过磅站戳记、签字 – Штемпель станции взвешивания, подпись	41
				42
				43
				44

图6-6 国际铁路联运运单

（二）联运运单的填写

第1栏，发货人及其通信地址。填写发货人的名称及其通信地址。发货人只能是一个自然人或法人。由中国、朝鲜、越南发货时，准许填写这些国家规定的发货人及其通信地址的代号。

第2栏，合同号码。填写出口单位和进口单位签订的供货合同号码。

第3栏，发站。填写运价规程中所载发站全称。

第4栏，发货人的特别声明。发货人可在该栏中填写自己的声明，如关于对运单的修改及易腐货物的运送条件等。

第5栏，收货人及其通信地址。注明收货人的名称及其通信地址，收货人只能是一个自然人或法人。从国际货协参加路向未参加国际货协的铁路发货而由站长办理转发送时，则在该栏填写"站长"。

第6栏，对铁路无约束效力的记载。发货人可以对该批货物作出记载，该项记载仅作为对收货人的通知，铁路不承担任何义务和责任。

第7栏，通过的国境站。注明货物应通过的发送路和过境路的出口国境站。如有可能从一个出口国境站通过邻国的几个进口国境站办理货物运送，则还应注明运送所要通过的进口国境站。根据发货人注明的通过国境站确定经路。

第8栏，到达路和到站。在斜线之前应注明到达路的简称，在斜线之后应用印刷体字母（中文用正楷粗体字）注明运价规程上到站的全称。运往朝鲜的货物，还应注明到站的数字代号。运往非货协国的货物而由站长办理转发时，记载国际货协参加路最后过境路的出口国境站，并在该站站名后记载"由铁路继续办理转发送至____铁路____站"。

第9栏，记号、标记、号码。填写每件货物上的记号、标记和号码。货物如装在集装箱内，则还要填写集装箱号码。

第10栏，包装种类。填写包装的具体种类，如纸箱、木桶等，不能笼统地填"箱"、"桶"，如用集装箱运输，则记载集装箱。如货物运送时不需要容器或包装，并在托运时未加容器或包装，则应记载"无包装"字样。

第11栏，货物名称。货物名称应按国际货协规定填写，或按发送路或发送路和到达路现行的国内运价规程品名表的规定填写，但需注明货物的状态和特征；两国间的货物运送，可按两国商定的直通运价规程品名表中的名称填写。

在填写9～11栏事项时，可不受各栏间竖线的严格限制。但是，有关货物事项的填写顺序，应严格符合各栏的排列次序。填写全部事项时，如篇幅不足，则应添附补充清单。

第12栏，件数。注明一批货物的件数。用敞车类货车运送不盖蓬布或盖有蓬布而未加封的货物，其总件数超过100件时，或运送仅按重量不按件数计的小型无包装制品时，注明"堆装"，不注件数。

第13栏，发货人确定的重量（公斤）。注明货物的总重量。

第14栏，共计件数（大写）。用大写填写第12栏中所记载的件数。

第15栏，共计重量（大写）。用大写填写第13栏中所载的总重量。

第16栏，发货人签字。发货人应签字证明列入运单中的所有事项正确无误。发货人的签字也可用印刷的方法或加盖戳记处理。

第17栏，互换托盘。该栏内的记载事项，仅与互换托盘有关。注明托盘互换办法，并分别注明平式托盘和箱式托盘的数量。

第18栏，种类、类型。在发送集装箱货物时，应注明集装箱的种类和类型。使用运送用具时，应注明该用具的种类。

第19栏，所属者及号码。运送集装箱时，应注明集装箱所属记号和号码。对不属于铁路的集装箱，应在集装箱号码之后注明大写字母P。使用属于铁路的运送用具时，应注明运送用具所属记号和号码。使用不属于铁路的运送用具时，应注明大写字母P。

第20栏，发货人负担下列过境铁路的费用。如发货人负担过境铁路运送费用，填写所负担过境铁路名称的简称。如发货人不负担任何一个过境铁路的运送费用，填写"无"字。

第21栏，办理种别。可分为整车、零担、大吨位集装箱。将不需要者划掉。

第22栏，由何方装车。注明由谁装车，将不需要者划掉，无划消记载时，视为由发货人装车。

第23栏，发货人添附的文件。注明发货人在运单上添附的所有文件名称和份数。如"出口货物明细单"、"出口货物报关单"等。

六、国际铁路联运运费的核算

在我国国际铁路联运货物运送费用计算的主要依据是《国际货协统一过境运价规程》（简称《统一货价》）、《国际货协》和我国的《铁路货物运价规则》（简称《国内价规》）。

（一）国际铁路联运货物国内段运送费用的计算

根据《国际货协》的规定，我国通过国际铁路联运的进出口货物，其国内段运送铁路联运费用的核收应按照我国《铁路货物运价规则》进行计算。国际铁路联运国内运费计算的程序及公式如下：

（1）根据货物运价里程表确定从发站至到站的运价里程。

（2）根据运单上填写的货物品名查找"运输品分类与代码表"，确定适用的运价号。

（3）根据运价里程和运价号在货物运价率表中查出相应的运价率。

（4）按《铁路货物运价规则》确定的计费重量与该批货物适用的运价率相乘，算出该批货物的铁路联运运费。

运费计算公式为

$$运费=货物运价率×计费重量$$

（二）国际货物铁路联运过境运费的计算

国际铁路货物联运过境运费是按照《统一货价》的规定计算的。其运费计算的程序及公式如下：

（1）根据运单记载的应通过的过境站，在《统一货价》过境里程表中分别找出货物所通过的各个国家的过境里程。

（2）根据货物品名，查阅《统一货价》中的通用货物品名表，确定所运货物应适用的运价等级和计费重量标准。

（3）根据货物运价等级和各过境路的运送里程，在《统一货价》中查出符合该批货物的运价率。

（4）《统一货价》对过境货物运费的计算是以慢运整车货物的运费额为基础的（即基本运费额），其他种别的货物运费，则在基本运费额的基础上分别乘以不同的加成率。快运货物运费按慢运运费加100%，零担货物加50%后再加100%。随旅客列车挂运整车费，另加200%。

过境运费的计算公式：

$$货物运价率 \times 计费重量 = 基本运费额$$
$$运费总额 = 基本运费额 \times 加成率$$

【任务实施】

在任务分析中，已经介绍了天津君华货运代理有限公司在正式托运货物前的相关工作。下面结合以上所学知识概括具体托运和承运的一般程序。

步骤一：确定所要托运的货物有无限制。

步骤二：申报计划。申报计划有两种形式，一是月计划，二是日常计划。君华货代公司将货主提供的信息填入计划，向发送站提交，等待批准。

步骤三：进货。在计划得到批准后，可以向车站提出进货的要求，并申请货位，得到允许后，即可进货。

步骤四：报请求车。货物备齐后，按批准的月计划和日常计划，每个车皮要提交一份填写好的货物运单，由货代公司制单人员负责，申报日请求车。

运单填制样本如下：

步骤五：装车。空车皮送到装车地点后，车站即应迅速组织装车。由托运人组织装车的，托运人也应及时组织好，保证快速、安全装好车。此任务由铁路部门进行装车。

步骤六：运送。车辆装好以后，铁路运输部门及时联系挂车，使货物尽快运抵到站。国境站交接后货代公司还要和口岸代理及报关行、铁路保持密切联系，跟踪货物的情况。

步骤七：交货。在收货人付清运单中所记载的一切应付运送费用后，铁路将货物连同运单交付给收货人。此项任务应支付的运费计算步骤和方法如下：

按照过境里程和运价等级，查出该货物在《统一货价》中基本运价率为8美元/t，根据运价里程和运价号查得该货物运价率折合美元为10美元/t。

国内运费=货物运价率×计费重量=$10 \times (1250+300) \times 5 \times 10^{-3} = 77.5$（美元）。

快运货物的加成率为200%。

过境段基本运费额=货物运价率×计费重量=$8 \times (1250+300) \times 5 \times 10^{-3} = 62$美元。

过境运费总额=基本运费额×加成率=$62 \times (1+200\%) = 186$（美元）。

所以，收货人应支付的运费总计：77.5+186=263.5（美元）。

任务中已知该批货物运到期限为9天，而实际运输时间共计11天，超出运到期限2天，视为逾期，铁路应向收货人支付以下逾期罚款：

逾期百分率=[(实际运送天数−按规定计算运到期限天数)/按规定计算运到期限天数]×100%=$(11-9)/9 \times 100\% = 2.2/10$

逾期罚款=运费×罚款率=$263.5 \times 18\% = 47.43$（美元）

运单正本 – Оригинал накладной
(给收货人) – (для получателя)

发送路简称 (Сокращенное наименование дороги отправления) **中 铁** КЖД **1**	**1** 发货人，通信地址 – Отправитель, почтовый апрес	**25** 批号 – Отправка N (检查标签 – контрольная – зтикетка)	运输号码 **2** 合同号码 – Договор N 123456
	TIANJIN JUNJIE EX&INPORT TRADING CO.，LTD. 天津华汉进出口有限公司	**3** 发 站 Станция отправления	TIANJI TANGGU 天津塘沽.
	5 收货人，通信地址 – Получатель, почтовый адрес 俄罗斯 秋尔托克钢铁公司 OAO Koertorker Metalugisches Kombinat Chfrgbsrsk Kilona 88 678905 Nakitagask, Russia OKPO Code 00215050 / UMN 6833327582 MKK 25215038 / Oniojk 18160 Tel: +7-7356-252150	**4** 发货人的特别声明 – Особые заявления отправителя	
		26 海关记载 – Отметки таможни	
	6 对铁路无约束效力的记载 – Отметки, необязательные для железной дороги		
		27 车辆 – Вагон / **28** 标记载重(吨) Подъемная сила(т) / **29** 轴数 – Ос **30** 自重 – Вес тары / **31** 换装后的货物重量 – Масса груза после перегрузки	
	7 通过的国境站 – Пограничные станции перехода 阿拉山口／多斯特克 Алашанькоу/Достык-эксп (708507) – Петропавловск-эксп (688708)	**27**	**28**	**29**	**30**	**31**
	8 到达路和到站 – Дорога и станция назначения RZD Magnitogorsk Gruzuvoy 817600 俄铁 ／马格尼托戈尔斯克-货站，站码：817600		

	9 记号，标记，号码 Знаки, марки, номера	**10** 包装种类 Род упаковки	**11** 货物名称 Наименование груза	**50** 附件第2号 прил. 2	**12** 件数 Число мест	**13** 发货人确定的重量(公斤) – Масса(в кг)определелен отправителем	**32** 铁路确定的重量(公斤) – Масса (в кг)определелен железной дорогой
国际货协 – 运单 СМГС – Накладная малой скоростью 慢运			1X40'				
	OKPO Code 00215050 UMN 6833327582 MKK 25215038 / Oniojk 18160， **DVTU5831265**		铸件		1	货重 6250KG 箱重 1500KG 总重 7750KG	

14 共计件数（大写）– Итого мест прописью	**15** 共计重量（大写）– Итогомассапрописью	**16** 发货人签字 – Подпись отправителя
17 互换托盘 – Обменные поддоны	集装箱/运送用具 – Контейнер / Перевозочные средства	
数量 – Количество	**18** 种类 – Вид 类型 – Категория	**19** 所属者及号码 Владелец и N DVTU345346+P

20 发货人负担下列过境铁路的费用 – Отправителем приняты платежи за следующие транзитные дороги 无	**21** 办理种类 – Род отправки 整车*) 零担*) 大吨位集装箱*) 铁路*) повагонная*) мелкая*) Крупнотоннажного Контейнера*)	**22** 由何方装车 – Погружено 发货人*) 铁路*) отправителем*) железной дорогой*)	**33**
			34
	*) 不需要的划掉 – Ненужное зачеркнуть		**35**
23 发货人添附的文件 – Документы, приложенные отправителем	**24** 货物的声明价格 – Объявленная ценность груза 卢布 руб		**36**
	45 封印 – Пломбы		**37**
	个数 Количество	记号 – Знаки	**38**
			39
			40
46 发站日期戳 – Календарный штемпель станции отправления	**47** 到站日期戳 – Календарный штемпель станции назначения	**48** 确定重量方法 Способ определения масс	**49** 过磅站戳记，签字 – Штемпель станции взвешивания, подпись	**41**
				42
				43
				44

【知识链接】

一、国际铁路联运货物国内段运送费用的计算

在前面【技能要点】部分介绍了国内段铁路运费的计算方法，在计算程序中，货物运价率可以通过运价里程和运价号（查表 6-15 得出）在铁路货物运价率表（表 6-16）中查得。在实际操作中，货物运价率还可以通过计算得出，从而计算得出国内段运费。计算公式为

$$运费 = 货物运价率 \times 计费重量$$

$$货物运价率 = （发到基价 + 运行基价 \times 运价公里）$$

运费计算公式为

$$运费 = 货物运价率 \times 计费重量$$

表 6-15　铁路货物运输品分类与代码表（部分）

货物品类	整车运价号	零担运价号	货物品类	整车运价号	零担运价号
原煤	4	21	黄豆	4	21
石油	4	22	塑料	4	22
动、植物油脂	5	22	原油	6	22
装饰材料	5	22	润滑油	6	22

表 6-16　铁路货物运价率表

办理类别	运价号	发到基价		运行基价	
		单位	标准	单位	标准
整车	1	元/t	5.70	元/t·km	0.0326
	2	元/t	6.40	元/t·km	0.0378
	3	元/t	7.60	元/t·km	0.0435
	4	元/t	9.60	元/t·km	0.0484
	5	元/t	10.40	元/t·km	0.0549
	6	元/t	14.80	元/t·km	0.0765
零担	21	元/10kg	0.117	元/t·km	0.00055
	22	元/10kg	0.167	元/10kg·km	0.00075
集装箱	1t 箱	元/箱	10.10	元/箱 km	0.0318
	20 英尺箱	元/箱	219.00	元/箱 km	1.0374
	40 英尺箱	元/箱	429.80	元/箱 km	1.6374

在计算国内铁路运输费用时，除了基本运费外，一般还附加电气化附加费和建设基金等费用，计算公式如下：

电气化附加费计算公式：电气化附加费 = 费率 × 计费重量 × 电气化里程

铁建基金计算公式为：铁建基金 = 费率 × 计费重量 × 基金里程

下面通过一道例题，介绍铁路运费及一些附加费的计算步骤，如表 6-17 和表 6-18 所示。

表 6-17 电气化附加费率表

项目种类	计费重量	费率
整车运输	元/t·km	0.012
零担运输	元/10kg·km	0.00012

表 6-18 铁路建设基金费率表

项目种类		计费单位	农药	磷矿石　棉花	其他货物
整车货物		元/(t·km)	0.019	0.028	0.033
零担货物		元/(10kg·km)	0.00019	0.00033	
自轮运装货物		元/(轴·km)	0.099		
集装箱	1t 箱	元/(箱·km)	0.0198		
	10t 箱	元/(箱·km)	0.02772		
	20 英尺箱	元/(箱·km)	0.528		
	40 英尺箱	元/(箱·km)	1.122		

例题 从北京广安门站办理一批到长春的装饰材料 56000kg。用 60t 的棚车装运,计算北京广安门站应核收的运费。(已知:北京广安门到长春的里程为 2060km;电气化里程为 1160km)

计算步骤如下:

查"铁路货物运输品名分类与代码表",装饰材料的整车运价号为 5。

查"铁路货物运价率表",发到基价为 10.4,运行基价为 0.0549。

按照计算公式:运费=货物运价率×计费重量=(发到基价+运行基价×运价公里)×计费重量=(10.4+0.0549×2060)×60 = 7409.64。

查"电气化附加费率表"(见表 6-17),费率为 0.012。

按照计算公式:电气化附加费=费率×计费重量×电化里程=0.012×60×1160=835.2(元)。

查"铁路建设基金费率表"(见表 6-18),费率为 0.033。

按照计算公式:建设基金=费率×计费重量×运价里程=0.033×60×2060=4078.8(元)。

基本运费与附加费合计:7409.64+835.2+4078.8=12323.64(元)。

二、铁路货车种类

铁路上用于载运货物的车辆统称为货车。铁路货车按其用途不同,可分为通用货车和专用货车。

(一)通用货车

通用货车是装运普通货物的车辆,货物类型多不固定,也无特殊要求。铁路货车中这类货车占的比例较大,一般有敞车、平车、棚车、保温车和罐车等几种。

(1)敞车。如图 6-7 所示,具有端、侧壁而无车顶的货车,主要供运送煤炭、矿石、矿建物资、木材、钢材等大宗货物用,也可用来运送重量不大的机械设备。若在所装运的货物上蒙盖防水帆布或其他遮篷物后,可代替棚车承运怕雨淋的货物。因此敞车具有很大的通用性,在货车组成中数量最多,约占货车总数的 50%以上。敞车按卸货方式不同可分为两类:

一类是适用于人工或机械装卸作业的通用敞车；另一类是适用于大型工矿企业、站场、码头之间成列固定编组运输，用翻车机卸货的敞车。

图 6-7　敞车

（2）棚车。如图 6-8 所示，指有侧壁、端壁、地板和车顶，在侧壁上有门和窗的货车图，用于运送怕日晒、雨淋、雪侵的货物，包括各种粮谷、日用工业品及贵重仪器设备等。一部分棚车还可以运送人员和马匹。

图 6-8　棚车

（3）罐车。罐车车体呈罐形的车辆，用来装运各种液体、液化气体和粉末状货物等，如图 6-9 所示。这些货物包括汽油、原油、各种粘油、植物油、液氨、酒精、水、各种酸碱类液体、水泥、氧化铅粉等。罐车用于装运液态、气态或粉状货物的车辆，通常有纵向水平置放的圆柱形罐体，以及排卸装置和进人孔、安全阀等附属装置，罐体内有表示装载量的容积标尺。

图 6-9　罐车

（二）专用货车

专用货车一般指只运送一种或很少几种货物的车辆。用途比较单一，同一种车辆要求装载的货物重量或外形尺寸比较统一，一般有集装箱车、长大货物车、毒品车、家畜车、水泥车和粮食车等。

（1）家畜车。如图 6-10 所示，家畜车用于装运家畜或家禽的车辆，结构与普通棚车类似，但侧墙、端墙由固定和活动栅格组成，可以调节开口改变通风。车内分 2～3 层，并有押运人员休息和放置用具、饲料的小间，以及相互连通的水箱。

图 6-10　家畜车

（2）保温车。如图 6-11 所示，保温车又称冷藏车，用于运送易腐货物。外形似棚车，周身遍装隔热材料，侧墙上有可密闭的外开式车门。车内有降温装置，可使车内保持需要的低温；有的车还有加温装置，在寒冷季节可使车内保持高于车外的温度。按制冷方式的不同，保温车有不同类型。

图 6-11　保温车

（3）粮食车。如图 6-12 所示，粮食车是装运散装谷物的车辆。一般都在粮食产量大的地区见到。此型运输车装有漏斗式卸粮系统。

图 6-12　粮食车

（4）毒品车。毒品车可装运农药等毒害品和有毒物品，如图 6-13 所示。

图 6-13　毒品车

综合技能实训

【实训任务背景】

天津友联货运代理有限公司是一家拥有公路营运资质和车队的货运代理企业，公司自有货运车辆 50 余辆，可承揽全国范围内公路干线运输业务。2010 年 7 月 5 日业务员小张接到电话，对方是天津塘沽区某玩具制造厂，该厂要运两批货物，一批运往河北石家庄某玩具超市，另一批出口到蒙古国乌兰巴托。两批货物均要求 7 月 15 日前运到。业务员小张接到客户电话后查询公司货车的情况，确认可以承运到石家庄的货物。由于长途运输货车短缺，并考虑到对乌兰巴托运输路线缺乏运输经验，所以运往乌兰巴托的货物准备委托给与天津友联货运代理有限公司长期合作的天津速通国际物流有限公司来做。

【实训任务要求】

假如你是业务员小张，请模拟运输这两批货物的工作流程。

（1）完成从天津玩具制造厂运往北京石家庄某玩具超市的货物运输流程。

步骤一：业务员小张接到这笔运输业务委托后，应首先详细记录相关信息，确定货物属于本公司的业务范围，可以承运。

步骤二：根据记录的相关信息，填写托运单并告知调度、运务部门。

步骤三：费用核算并告知托运人。

步骤四：派车提货，完成始发站作业环节。

步骤五：货物配载配装完毕后发货运输，并全程跟踪。

步骤六：货物运达交付后，返单完毕。

（2）完成从天津玩具制造厂运往蒙古国乌兰巴托的货物运输流程。

步骤一：业务员小张应首先联系天津速通国际物流有限公司，确认是否可以承运此批国际线路的运输任务。

步骤二：按天津速通国际物流有限公司要求填写货物托运单，办理托运手续。

步骤三：天津速通国际物流有限公司接收货物并与托运单核对。

步骤四：办理海关及其他手续。友联货运代理公司代表客户办理报关手续、准运或审批、检验等手续。

步骤五：货物交付，支付运费。

项目七　国际多式联运与货运代理风险责任

【项目目标】

通过该项目训练，学会各项国际多式联运代理业务操作，并能处理各种代理业务环节的争议与责任纠纷。

【项目技能要求】

1. 掌握国际多式联运的流程、单据操作及费用核算
2. 掌握处理各种代理业务环节的争议与责任纠纷的技巧
3. 掌握防范各种货运代理业务风险的方法

任务一　国际多式联运代理业务

【任务引入】

西安某服装公司准备运送一 20 英尺集装箱的整箱货到北美芝加哥，委托某从事国际多式联运业务的货运代理企业代为办理。如果你是该货运代理企业的业务员，应如何为客户提供多式联运货运代理服务？

【任务分析】

作为国际多式联运代理企业，需要为客户做到以下服务：制定多式联运方案、实施国际多式联运流程、进行相关单据的操作及相应费用的核算。

要完成该项任务，必须掌握的知识有：理解掌握国际多式联运的基本概念、运输方式、运输路线、组织形式和责任划分等基本知识；掌握国际多式联运进出口流程、国际多式联运单据及国际多式联运费用核算等操作技能。

【必备知识】

一、国际多式联运的含义及其开展条件

（一）国际多式联运的含义

国际多式联运（International Multimodal Transport）简称多式联运，是在集装箱运输的基础上产生和发展起来的，是指按照多式联运合同，以至少两种不同的运输方式，由多式联运经营人将货物从一国境内的接管地点运至另一国境内指定交付地点的运输方式。国际多式联运适用于水路、公路、铁路和航空多种运输方式。在国际贸易中，由于 85%～90% 的货物是

通过海运完成的，故海运在国际多式联运中占据主导地位。

国际多式联运能够把海、陆、空、江河等多式、多段复杂的运输手续大大简化，具有简化货运手续、加快货运速度、降低运输成本和节省运杂费用，实现合理运输的优越性和经济性。发货人只办一次托运，签订一个运输合同，付一次运费，取得一份多式联运提单，出了运输责任上的问题，只找一个承运人解决。

（二）开展国际多式联运的条件

具体说来，开展国际多式联运需要具备以下 6 个条件：

（1）要有一个多式联运合同，明确规定多式联运经营人（承运人）和联运人之间的权利、义务、责任、豁免的合同关系和多式联运的性质。

（2）必须使用一份全程多式联运单据，即证明多式联运合同及证明多式联运经营人已接管货物并负责按照合同条款交付货物所签发的单据。

（3）必须是两种或两种以上不同运输方式的连贯运输。如果是海—海、铁—铁、空—空联运，虽为两程运输，但仍不属于多式联运，这是一般联运与多式联运的一个重要区别。同时，在单一运输方式下的短途汽车接送也不属于多式联运。

（4）必须是国际间的货物运输，这是区别于国内运输和是否适合国际法规的限制条件。

（5）必须有一个多式联运经营人对全程的运输负总的责任。这是多式联运的一个重要特征。由多式联运经营人去寻找分承运人实现分段的运输。

（6）必须对货主实行全程单一运费费率。多式联运经营人在对货主负全程运输责任的基础上，制定一个货物发运地至目的地全程单一费率并以包干形式一次向货主收取。

（三）我国的国际多式联运发展状况

我国于 1980 年 8 月由中国对外贸易运输总公司（简称中国外运）开办境内国际集装箱接转西伯利亚大陆桥运输，当时的国际多式联运业务量并不大。1986 年，铁道部运输局与中国远洋运输总公司（简称中远）合作开办国际集装箱海铁联运业务，从而使得我国国际集装箱多式联运得到了较快的发展。从 1994 年开始，铁道部所属的中国铁路集装箱运输中心、中国铁路对外服务公司先后与香港九龙广州铁路公司、香港东方海外货柜航运有限公司、美国总统轮船公司、丹麦马士基航运公司合作开办国际集装箱多式联运业务。目前，中外运系统、中远系统、中国铁路系统、中国海运集团系统以及地方国际航运公司、国际货运代理企业、中外合资和中外合作企业等都在不同程度上开办了国际集装箱多式联运业务。

目前，我国已开办的国际多式联运线路主要有：

我国内地—我国港口—日本港口—日本内地（或反向运输）。

我国内地—我国港口（包括香港）—美国港口—美国内地（或反向运输）。

我国港口—肯尼亚的蒙巴萨港—乌干达内地（或反向运输）。

我国内地—我国港口（包括香港）—德国汉堡港或比利时安特卫普港—北欧、西欧内地（或反向运输）。

我国内地—我国港口（比如上海、新港）—科威特—伊拉克（或反向运输）。

我国东北地区—图们—朝鲜清津港—日本港口。

我国港口—日本港口—澳大利亚和新西兰港口—澳洲内地。

我国内地接转西伯利亚大陆桥运输（或反向运输）。

我国内地接转欧亚大陆桥运输（或反向运输）。

二、国际多式联运的组织形式与责任划分

(一) 国际多式联运的组织形式

如前所述，国际多式联运是采用两种或两种以上不同运输方式进行联运的运输组织形式。这里所指的至少两种运输方式可以是海—陆、陆—空、海—空等。众所周知，各种运输方式均有自身的优点与不足。一般来说，水路运输具有运量大、成本低的优点；公路运输则具有机动灵活、便于实现货物门到门运输的特点，铁路运输的主要优点是不受气候影响，可深入内陆河横贯内陆实现货物长距离的准时运输；而航空运输的主要优点是可实现货物的快速运输。由于国际多式联运严格规定必须采用两种或两种以上的运输方式进行联运，因此这种运输组织形式可综合利用各种运输方式的优点，充分体现社会化大生产、大交通的特点。

根据《联合国国际货物多式联运公约》的定义，从运输方式的组成看，多式联运必须是两种或两种以上不同运输方式的连贯运输。按这种方法分类，理论上多式联运有 11 种类型，但由于当今国际运输中海运占绝大多数的比例，因此目前多式联运主要有海—铁、海—空及江—海 3 种类型。

1. 海—铁多式联运

海—铁包括海—铁—海多式联运，是当今多式联运的主要类型，特别是利用大陆桥开展海—铁或海—铁—海联运。利用大陆桥进行海—铁—海多式联运，比单一海运可缩短运输距离，节省运输时间和运输成本。例如，从日本至鹿特丹利用西伯利亚大陆桥的海—铁多式联运，比经苏伊士运河的全海承运缩短距离约 7000km，节省时间和运费 20%左右，经济效益十分显著。当今世界主要有 3 座大陆桥，即位于欧亚大陆的第一欧亚大陆桥（即西伯利亚大陆桥）、第二欧亚大陆桥（即中国大陆桥）和位于北美大陆的北美大陆桥（主要为美国大陆桥）。

2. 海—空多式联运

海—空多式联运结合海运运量大、成本低和空运速度快、时间要求紧的特点，能对不同运量和不同运输时间要求的货物进行有机结合。随着世界商品技术含量的不断提高，并向轻、小、精、薄方向发展以及跨国公司对及时运输的需求，发达国家已出现采用大型飞机进行国际标准集装箱（空—海—陆联运集装箱）的海—空多式联运方式。目前世界上海—空多式联运主要线路是远东至欧洲的联运，占海—空联运总运量的 50%以上。该运输线路的西行线是远东通过海运至美西港口，如温哥华、西雅图、洛杉矶等，再通过空运至欧洲的目的地，东行线主要通过海参崴、香港等港口，再通过空运中转至欧洲目的地。另一条主要海—空联运线是远东至中南美，即远东海运至美西的温哥华、洛杉矶等港口，再转空运至中南美内陆目的地。随着世界范围内物流业的兴起，一些大型国际配送中心根据资料预测用户的货物需求量，通过运输成本低廉的海运事先取得货物，然后根据用户的订单采取空运，可在 24h 内完成交货。

3. 江—海多式联运

江—海多式联运把海运和内河运输连接起来，既可充分发挥海运量大、成本低的优点，又可发挥内河运输价廉、灵活的优点，能方便地把货物运至内河水系的广大地区。目前世界范围最典型的江—海联运是利用欧洲国际内河水道莱茵河，在数千公里的沿岸，建设了设备设施先进的高效率内河集装箱码头，开辟了各内陆工商业中心到鹿特丹、安特卫普等

海港频繁的定班船，一方面保证了运输时间，另一方面大大缩短了货物在海港的滞留时间，方便而又高效。我国也利用长江、珠江开展了不同形式的江—海联运，取得了明显的经济效益。

（二）多式联运经营人的责任类型

对多式联运经营人赔偿责任的分析，首先必须确定责任制，即其应承担的责任范围。在目前的国际集装箱多式联运中，经营人所负的责任范围主要有以下两种类型。

1. 统一责任制

统一责任制（又称同一责任制）就是多式联运经营人对货主负有不分区段的统一原则责任。即经营人对全程运输中货物的灭失、损坏或延期交付负全部责任，无论事故责任是明显的，还是隐蔽的，是发生在海运段，还是发生在内陆运输段，均按一个统一原则由多式联运经营人统一按约定的限额进行赔偿。但如果多式联运经营人已尽了最大努力仍无法避免的或确实证明是货主的故意行为过失等原因所造成的货物灭失或损坏，经营人则可免责。

统一责任制是一种科学、合理、手续简化的责任制度。但这种责任制对联运经营人来说责任负担较重，因此目前在世界范围内采用得还不够广泛。

2. 网状责任制

网状责任制（又称混合责任制）就是多式联运经营人对货主承担的全部责任局限在各个运输部门规定的责任范围内。也就是由经营人对集装箱的全程运输负责，而对货物的灭失、损坏或延期交付的赔偿，则根据各运输方式所适用的法律规定进行处理，如海上区段按《海牙规则》处理，铁路区段按《国际铁路运输公约》处理，公路区段按《国际公路货物运输公约》处理，航空区段按《华沙公约》处理。在不适用上述国际法时，则按相应的国内法规处理。同时，赔偿限额也是按各区段的国际法或国内法的规定进行赔偿，对不明区段的货物隐蔽损失，或作为海上区段按《海牙规则》处理，或按双方约定的原则处理。

网状责任制是介于全程运输负责制和分段运输负责制这两种负责制之间的一种责任制，故又称混合责任制。也就是该责任制在责任范围方面与统一责任制相同，而在赔偿限额方面则与区段运输形式下的分段负责制相同。

目前，国际上大多采用的就是网状责任制。我国自"国际集装箱运输系统（多式联运）工业性试验"项目以来，发展建立的多式联运责任制采用的也是网状责任制。

我国发展和采用网状责任制有以下有利之处：

（1）与国际商会 1975 年修订的《联合运输单证统一规则》有关精神相一致，也与大多数航运发达国家采用的责任形式相同。

（2）我国各运输区段如海上、公路、铁路等均有成熟的运输管理法规可以遵循，采用网状责任制，各运输区段所适用的法规可保持不变。

（3）相对于统一责任制而言，网状责任制可减轻多式联运经营人的风险责任，对保护我国多式联运经营人的积极性，保证我国多式联运业务顺利、健康地发展具有积极意义。

但是从国际多式联运发展来考虑，网状责任制并不理想，易在责任轻重、赔偿限额高低等方面产生分歧。因此，随着我国国际多式联运的不断发展与完善，统一责任制应更为符合多式联运的要求。

（三）国际多式联运经营人的责任期间

责任期间是指行为人履行义务、承担责任在时间上的范围。不言而喻，承运人责任期间的长短，也在一定程度上体现了承运人承担义务的多少和责任的轻重。

联合国国际货物多式联运公约根据集装箱运输下，货物在货主仓库、工厂以及集装箱货运站、码头堆场进行交接的特点，仿照《汉堡规则》，对多式联运经营人规定的责任期间是"多式联运经营人对于货物的责任期间，自其接管货物之时起至交付货物时止。"

依照多式联运公约条款的规定，多式联运经营人接管货物有两种形式：

（1）从托运人或其代表处接管货物，这是最常用、最普遍的规定方式。

（2）根据接管货物地点适用的法律或规章，货物必须交其运输的管理当局或其他第三方，这是一种特殊的规定。

在第二种接管货物的方式中，有一点应予以注意：即使多式联运公约规定多式联运经营人的责任从接管货物时开始，但在从港口当局手中接受货物的情况下，如货物的灭失或损坏是在当局保管期间发生的，多式联运经营人可以不负责任。

多式联运公约对交付货物规定的形式有3种：

（1）将货物交给收货人。

（2）如果收货人不向多式联运经营人提取货物，则按多式联运的合同或按照交货地点适用的法律或特定行业惯例，将货物置于收货人支配之下。

（3）将货物交给根据交货地点适用法律或规章必须向其交付的当局或其他第三方。

在收货人不向多式联运经营人提取货物的情况下，多式联运经营人可按上述第2、3种交货形式交货，责任即告终止。在实践中，经常会发生这种情况，如收货人并不急需该批货物，为了节省仓储费用；又如市场价格下跌，在运费到付的情况下，都有可能造成收货人延迟提货。因此，多式联运公约的这种规定不仅是必要的，也是合理的。

三、国际多式联运的各种运输方式及相关公约

货运代理在其业务范围内、在与有关方签订的各种协议中，必然会涉及某些国际公约或国际惯例。诸如海上运输《海牙规则》、《海牙—维斯比规则》和《汉堡规则》已为各国海运界所熟悉和普遍运用的国际公约。铁路运输多采用《国际铁路货物联运协定》（简称《国际货协》）和《国际铁路货物运送公约》（简称《国际货约》），公路运输采用《国际公路货物运输合同公约》（简称《国际公路公约》）。著名的《华沙公约》和《蒙特利尔公约》是统一国际航空运输的重要法规。有关多式联运，各国则普遍参考1980年联合国的《多式联运公约》，尽管该公约目前尚未生效。因此，熟知这些公约，了解和掌握货运代理的法律责任、义务及其权利，是从容做好货运代理业务的前提和保证。

（一）关于海上货物运输的国际公约

关于海上货物运输的国际公约主要是为了统一世界各国关于海运提单的不同法律规定，建立船货双方均等平摊海上运输风险的责任制度，并确认承运人与托运人在海上货物运输中的权利和义务。目前在国际航运业影响最大的国际公约主要有《关于统一提单的若干法律规则》（简称《海牙规则》，1931年6月2日生效）、《关于修改1924年统一提单的若干法律规则的协议书》（简称《维斯比规则》，1977年6月23日生效）、《联合国海上货物运输公约》（简称《汉堡规则》，1992年11月1日生效）。

我国虽然尚未加入《海牙规则》、《维斯比规则》和《汉堡规则》，但是我国《海商法》，特别是其中第4章关于海上货物运输合同的规定，基本上是以《维斯比规则》为基础，吸收

了《汉堡规则》中比较成熟和合理的内容。具体而言，关于适航、管理货物、禁止不合理绕航，以及承运人免责和责任限制等，采纳了《维斯比规则》的规定；而承运人责任期间、延迟交付、活动物和甲板货运输、提单、托运人责任、实际承运人等，则参照或吸收了《汉堡规则》。因此，我国《中华人民共和国海商法》与国际海商海事实践基本是接轨的。

《海牙规则》共 16 条；《维斯比规则》共 17 条，该公约是在《海牙规则》的基础上稍作修改而形成的；《汉堡规则》分 7 章 34 条，该公约对以《海牙规则》为基础而建立的船货风险承担制度进行了全面的改进，扩大了承运人的责任。总的来讲，这 3 个国际公约实质上的区别主要表现在以下几个方面：

1. 公约适用范围不同

《海牙规则》只适用于缔约国所签发的提单。这样，如果当事各方没有事先约定，那么对同一航运公司所经营的同一航线上来往不同的货物，可能会出现有的适用《海牙规则》，有的不能适用《海牙规则》的奇怪现象。《汉堡规则》则避免了这一缺憾。它不仅规定公约适用于两个不同缔约国间的所有海上运输合同，而且规定：被告所在地；提单签发地；装货港；卸货港；运输合同指定地点。5 个地点之中任何一个在缔约国的都可以适用《汉堡规则》。

2. 承运人的责任基础不同

《海牙规则》由于在当时的历史背景下，船东的强大势力和航运技术条件的限制决定了《海牙规则》对承运人的要求不会十分严格，因此《海牙规则》对承运人责任基础采用了"不完全过失原则"。《维斯比规则》对这点没加任何修订，《汉堡规则》则将其改为了"推定的完全过失原则"。

所谓"过失原则"是指有过失即负责，无过失即不负责，一般国家的民法多采用这一原则为基础。《海牙规则》总的规定也是要求承运人对自己的过失承担责任，但同时又规定"船长、船员、引航员或承运人的雇佣人员在驾驶或管理船舶上的行为、疏忽或不履行契约"可以要求免责（也是《海牙规则》遭非议最多的条款），即有过失也无须负责，因此，《海牙规则》被认为采用的是不完全过失原则。比起过失原则，这种责任制度虽然对承运人网开一面，但在当时的历史条件下还是有着明显的进步意义的。

《汉堡规则》的立场则严格得多，它不仅以是否存在过失来决定承运人是否负责，而且规定举证责任也要由承运人承担，即第 5 条规定的"除非承运人证明他本人，其受雇人或代理人为避免该事故发生及其后果已采取了一切所能合理要求的措施，否则承运人应对货物灭失或损坏或延迟交货所造成的损失负赔偿责任……。"这样承运人的责任大大加重了。

3. 承运人的责任期间不同

《海牙规则》规定承运人的责任期间是"……自货物装上船舶开始至卸离船舶为止的一段时间……"，有人称之为"钩至钩"。《汉堡规则》则将责任期间扩大为承运人或其代理人从托运人或托运人的代理人手中接管货物时起，至承运人将货物交付收货人或收货人的代理人时止，包括装货港、运输途中、卸货港、集装箱堆场或集装箱货运站在内的承运人掌管的全部期间，简称为"港到港"。

4. 承运人的最高责任赔偿限额不同

首先，从《海牙规则》到《汉堡规则》依次提高了对每单位货物的最高赔偿金额。《海牙规则》规定船东或承运人对货物或与货物有关的灭失或损坏的赔偿金额不超过每件或每单位

100 英镑或相当于 100 英镑的等值货币。《维斯比规则》将最高赔偿金额提高为每件或每单位 10000 金法郎或按灭失或受损货物毛重计算，每公斤 30 金法郎，两者以较高金额的为准。同时明确一个金法郎是一个含有 66.5 毫克黄金，纯度为 90% 的单位。《汉堡规则》再次将承运人的最高赔偿责任增加至每件或每货运单位 835 特别提款权或每公斤 2.5 特别提款权，两者以金额高的为准。

其次，对灭失或损害货物的计量方法越来越合理。《海牙规则》是以每件或每单位来计量货物。随着托盘、集装箱等成组化运输方式的发展，这种计量方式的弊端逐渐显现。因而，《维斯比规则》和《海牙规则》都规定如果以集装箱或托盘或类似集装运输工具运送货物，当提单内载明运输工具内货物的包数或件数时，以集装箱或托盘所载货物的每一小件为单位，逐件赔偿；当提单内未载明货物具体件数时，则以一个集装箱或一个托盘作为一件货物进行赔偿。

5. 对灭失或损害货物的计量方法不同

《海牙规则》是以每件或每单位来计量货物的。《维斯比规则》和《汉堡规则》都规定，如果以集装箱或托盘或类似集装运输工具运送货物，当提单内载明运输工具内货物的包数或件数时，以集装箱或托盘所载货物的每一小件为单位，逐件赔偿；当提单内未载明货物具体件数时，则以一个集装箱或一个托盘作为一件货物进行赔偿。

6. 对货物的定义不同

《海牙规则》对货物定义的范围较窄，将活动物、甲板货都排除在外。《汉堡规则》扩大了货物的定义。不仅把活动物、甲板货列入货物范畴，而且包括了集装箱和托盘等包装运输工具，"凡货物拼装在集装箱、托盘或类似运输器具内，或者货物是包装的，而这种运输器具或包装是由托运人提供的，则'货物'包括它们在内"。

7. 对承运人延迟交货责任的规定不同

由于历史条件的限制，《海牙—维斯比规则》对延迟交货未作任何规定。《汉堡规则》则在第 2 条规定："如果货物未能在明确议定的时间内，或虽无此项议定，但未能在考虑到实际情况对一个勤勉的承运人所能合理要求的时间内，在海上运输合同所规定的卸货港交货，即为延迟交付"，承运人要对延迟交付承担赔偿责任。赔偿范围包括：行市损失；利息损失；停工、停产损失。赔偿金额最多为延迟交付货物所应支付运费的 2.5 倍，且不应超过合同运费的总额。

8. 诉讼时效不同

《海牙规则》的诉讼时效为一年。一年后"……在任何情况下承运人和船舶都被解除其对灭失或损害的一切责任……"。一年时间对远洋运输的当事人，特别是对要经过复杂索赔、理赔程序，而后向承运人追偿的保险人来讲，无疑过短。《维斯比规则》规定诉讼时效经当事各方同意可以延长。并且在"……一年期满之后，只要是在受诉讼法院的法律准许期间之内，便可向第三方提起索赔诉讼……"，但时间必须在 3 个月以内。这样部分缓解了时效时间过短在实践中造成的困难。到《汉堡规则》一方面直接将诉讼时效延长至两年，另一方面仍旧保留了《维斯比规则》90 天追赔诉讼时效的规定。

（二）关于铁路货物运输的国际公约

铁路货物运输方面的国际公约有《国际铁路货物联运协定》（简称《国际货协》）和《国际铁路货物运送公约》（简称《国际货约》，也称《尼泊尔货运公约》）。《国际货协》与《国际货约》的内容基本相同。下面重点介绍《国际货约》，该公约共分为 6 个部分 70 条。

1. 责任与责任限制

（1）责任。承运附有货运单货物的铁路部门，应对至交货地的全程运输负责。每一后续铁路部门，在接到附有货运单正本货物的同时，应参加履行按照该单证条款所签订的运输合同，并应承担由此产生的义务。

铁路部门承担的责任包括两个方面：一是逾期运输的责任；二是货物灭失或损坏的责任，并负举证责任。

（2）责任限制。铁路部门的赔偿责任限制主要分为以下几种情况：

1）对运输逾期的赔偿限制是，逾期超过 48h，提赔人未证明货物的灭失或损坏是由此造成，则铁路部门退还 10% 运费，短缺货物毛重每千克的赔偿不得超过 50 法郎。如举证灭失或损坏是由此造成，则支付不超过运费 2 倍的赔偿，并在货物获得全损赔偿后，上述逾期赔偿不予支付。如系部分灭失，则赔偿未灭失货物的逾期损失，如系损坏，则该逾期赔偿连同货物损坏赔偿一并支付。但在任何情况下，上述所有赔偿的总额不得超过货物全部灭失时应支付的赔偿。如发生严重疏忽，责任限制应为有关规定的最高额的 2 倍。

2）对货物灭失的赔偿应按商品交易所的价格，如没有此种价格，则按照当时市场价格；如两种价格都没有，则按照正常价值计算。

3）对货物损坏的赔偿限制是，根据货物交易所价格或市场价格或正常价值，按目的地货物降低价值的百分比计算。

4）如按特定运价赔偿，铁路部门可就赔偿额及适用区段的限制在运价规程内说明，当造成赔偿的情况发生在该区段时才赔付。

（3）免责条款。《国际货约》规定，运输逾期或货物灭失或损坏是由于索赔人的过失或疏忽，或由于货物固有的缺陷（腐烂、损耗等），或由于铁路不可避免的情况等所造成，铁路部门应免除责任。

《国际货约》还规定，如货物灭失或损坏是由于下列一种或几种情况下产生的特殊危险所引起，铁路部门应免除责任：按适用的条件或按与发货人的协议条款和货运单所载条款，当使用敞车运输时，根据货物的性质，如无包装或包装不良货物易于损耗或损坏，当货物未包装或当货物未妥善包装时；按适用条件或按与发货人约定的协议和货运单所载条款。

2. 索赔程序与诉讼

（1）索赔程序。《国际货约》对索赔程序作了非常详细的规定。运输合同的索赔应以书面形式向指定的铁路部门提出，并且此项索赔由有权向铁路部门提起索赔的人提出。一般情况下，有关追索合同已付金额的索赔，只能由支付人向收取该金额的铁路部门或向为本铁路权益而多得款额的铁路部门提出；有关现款交货支付的索赔，只能由发货人向始发路提出；因合同引起的其他索赔，可由下列各方提出：

1）在收货人持有货运单或接受货物或行使要求铁路部门交付货运单和货物或修改合同的权利之前，由发货人提出，且发货人应提交货运单副本。

2）从下列时间开始由收货人提出：收货人已持有货运单；收货人已接受货物；收货人已行使要求铁路部门交付货运单和货物的权利；收货人已行使修改运输合同的权利，且收货人尚需提交货运单。收货人或发货人提出索赔时可对始发路、目的路或造成索赔根据的铁路部门提出。

另外，当货物未交付收货人，或在运输期限届满后 30 天内货物未被收货人掌管时，有权对货物灭失提出索赔的人可认为货物业已灭失而无须要求提供补充证明。

（2）诉讼。原告原则上只能在被告铁路部门所属国管辖法院提起诉讼。

运输合同引起的诉讼时效期限为一年。但在下列情况下时效期限为两年：对收回由铁路部门向收货人收取的现款交货之金额的诉讼；对收回由铁路部门售出货物之净收入的诉讼；对故意的错误行为所造成的灭失或损坏的诉讼；对欺诈行为的诉讼；对由转运前运输合同引起的诉讼。

（三）有关航空运输的国际条约

有关航空运输的国际条约，影响比较大的主要有 1929 年的《华沙公约》、1955 年的《海牙议定书》和 1961 年的《瓜达拉哈拉公约》等。在这些文件中，《华沙公约》是最基本的，随后的各项议定书都是在其基础上进行补充或修改，形成的文件合称为华沙体系。

《华沙公约》共计 41 条，全称为《统一航空运输某些规则的公约》。我国于 1958 年 7 月宣布参加该公约，同年 10 月，该公约对我国正式生效。其主要条款如下：

1. 运输凭证

运输凭证包括客票、行李票和航空货运单，分别适用于运送旅客、行李和货物。航空货运单是订立契约、接受货物和承运条件的证明。所以，航空货运单就是双方当事人订立的运输合同。

2. 承运人责任

《华沙公约》第 18 条第 1 款规定："对于交运的行李或货物因毁灭、遗失或损坏而产生的损失，如果造成这种损失的事故发生在航空运输期间，承运人应负责任。"《华沙公约》所说的航空运输期间"包括行李或货物在承运人保管的期间，不论在航空站内、在航空器上或在航空站外降停的任何地点"。

《华沙公约》对承运人的责任限制也作了规定，并明确规定："企图免除承运人的责任，或定出一个低于本公约规定的责任限制的任何条款都属无效。"承运人对每一旅客的责任以 125000 法郎为限，对行李或货物的责任以每千克 250 法郎为限，对旅客自己保管的物品以每件 5000 法郎为限。

承运人在下列情况下，可免除或减轻责任：

第一，证明承运人自己和代理人为了避免损失的发生，已经采取了一切必要的措施，或不可能采取这些措施时。

第二，证明损失的发生是由于驾驶上、航空器的操作或领航上的过失。

第三，证明损失的发生是由于受害人的过失引起或助成的，法院可按照法律规定，免除或减轻承运人的责任。

3. 托运人和收货人的权利和义务

托运人应对在航空货运单上所填写有关货物的各项说明和声明的正确性负责。托运人还应提供各种必需的资料，以便在货物交付收货人以前完成海关、税务或公安手续。这些必需的有关证件应附在航空货运单的后面。

托运人在履行契约规定的一切义务的条件下，有权在起运地航空站或目的地航空站将货物提回；或在途中经停时中止运输；或在目的地货运输途中交给非航空货运单上所指定的收货人；或要求将货物退回起运地航空站。

收货人在货物到达目的地，并在交付了应付款项和履行运单上规定的运输条件后，有权要求承运人移交货运单并发给货物。

4. 索赔和诉讼时效

对于索赔时效，《华沙公约》分成货物损害和货物延迟的情况区别对待。前者的索赔时效是 7 天，后者为 14 天。以上任何异议应在规定的期限内写在运输凭证上或以书面提出；否则就不能再向承运人索赔。诉讼时效为两年。

四、陆桥运输

陆桥运输，是指使用横贯大陆的铁路、公路运输系统为中间桥梁，把大陆两端的海洋连接起来，形成的海—铁—海、海—铁、海—铁—公等联运的运输形式。目前陆桥运输有 3 种形式：大陆桥、小陆桥和微陆桥运输。

（一）欧亚大陆桥

亚欧大陆桥的前身是西伯利亚大陆桥。西伯利亚大陆桥是远东与欧洲、中近东之间最短的运输路线，连接太平洋和大西洋海上航线的桥梁。其主要的集装箱货物联运线路覆盖的地区为：亚洲东部、中亚、中近东、俄罗斯及欧洲各国和北美地区，是利用俄罗斯西伯利亚铁路作为陆地桥梁，把太平洋远东地区与波罗的海和黑海沿岸以及西欧大西洋口岸连起来。此条大陆桥运输线东自海参崴的纳霍特卡港口起，横贯欧亚大陆至莫斯科，然后分 3 路：一路自莫斯科至波罗的海沿岸的圣彼得堡港，转船往西欧、北欧港口；一路从莫斯科至俄罗斯西部国境站，转欧洲其他国家铁路（公路）直运欧洲各国；又一路从莫斯科至黑海沿岸，转船往中东、地中海沿岸。所以，从远东地区至欧洲，通过西伯利亚大陆桥有海—铁—海、海—铁—公路和海—铁—铁 3 种运送方式。

随着中国经济的崛起和国内铁路系统的完善，该陆桥上的运输网络不断扩大，我国的大连、天津、连云港等港口及我国北方地区的铁路网与欧洲港口、铁路网、公路网也成为陆桥的一部分，形成第二条亚欧大陆桥（也称为新亚欧大陆桥），如图 7-1 所示。

图 7-1　亚欧大陆桥

目前在我国办理亚欧大陆联运业务的公司主要有"中国外运公司"和"中国铁路对外服务公司"，前者签发多式联运提单，后者签发国际铁路联运提单。

（二）北美大陆桥

北美大陆桥是利用加拿大和美国横贯东西的铁路、公路网络作为桥梁的运输。其联运线路及覆盖地区为：亚洲东部各国内陆及港口经海运至北美太平洋沿岸港口，再经铁路或公路运至内陆地区或大西洋沿岸港口，再经海运到欧洲港口或内陆地区，或反之。

本运输线路由于运费与海运直达相比没有优势，以及美国运输政策保守等原因，实际运行效果不好，目前已演变成小陆桥和微陆桥运输。

（三）美国的小陆桥与微陆桥

1．小陆桥（Mini Land Bridge）

运输时比大陆桥的海—陆—海形式缩短一段海上运输，成为海—陆或陆—海形式。其主要的运输路线如下：

（1）欧洲至美国东、南海岸港口转内地或反向运输。

（2）远东至美国西海岸港口转内地或反向运输。

（3）澳大利亚至美国西海岸港口转内地或反向运输。

2．微陆桥（Micro Land Bridge）

运输时比小陆桥更短一段。由于没有通过整条陆桥，而只利用了部分陆桥，故又称半陆桥运输，是指海运加一段从海港到内陆城乡的陆上运输或相反方向的运输形式。由于美国铁路、航运公司、海关及商检等部门共同协商的结果，在行政和法规上更有保障，所以微陆桥运输近年来发展非常迅速。

3．美国 OCP 运输

OCP（Overland Common Points），意即"内陆公共点地区"。其含义是：根据美国费率规定，以美国洛矶山脉为界，其以东地区为内陆地区范围，约占美国全国 2/3 的地区。按 OCP 运输条款规定，凡是经过美国西海岸港口转往上述内陆地区的货物，如按 OCP 条款运输，就可享受比一般直达西海岸港口更优惠的内陆运输费率，一般低 3%～5%。相反方向，凡从美国内陆地区启运经西海岸港口装船出口的货物同样可按 OCP 运输条款办理。同时，按 OCP 运输条款，尚可享受比一般正常运输费低的优惠海运运费，每吨低 3～5 美元。

采用 OCP 运输条款时必须满足以下条件：

（1）货物最终目的地必须属于 OCP 地区范围内，这是签订运输条款的前提。

（2）货物必须经由美国西海岸港口中转。因此，在签订贸易合同时，有关货物的目的港应规定为美国西海岸港口，即为 CFR 或 CIF 美国西海岸港口条件。

（3）在提单备注栏内及货物唛头上应注明最终目的地 OCP××城市。

例如，我国出口至美国一批货物，卸货港为美国西雅图，最终目的地是芝加哥。西雅图是美国西海岸港口之一，芝加哥属于美国内陆地区城市，此笔交易就符合 OCP 规定。经双方同意，就可采用 OCP 运输条款。在贸易合同和信用证内的目的港可填写"西雅图"括号内陆地区，即"CIP Seattle（OCP）"。除在提单上填写目的港西雅图外，还必须在备注栏内注明"内陆地区芝加哥"字样，即"OCP Chicago"。

OCP 运输中集装箱海运和陆运的单证是分别签发的，从严格意义上讲不属于多式联运。

4．IPI 运输

IPI（Interior Point Intermodal）运输意为内陆公共点多式联运。所谓 IPI 运输，是指远东海运至美西港口，再转运铁路将货物运至 OCP 地区指定目的地交货的一种海—铁多式联运。

IPI 运输与 MLB 运输都是海－铁多式联运，其主要区别是交货地有所不同；IPI 运输和 OCP 运输的运输线路和交货地相同，其主要区别是 IPI 运输是海－铁多式联运，而 OCP 运输是海－铁分段联运。同样，对我国出口企业来说采用 IPI 运输时也应尽量选用 FCA、CPT 或 CIP 贸易术语，并在贸易合同、信用证和多式联运单据上注明"IPI"字样。

【技能要点】

一、国际多式联运业务流程

（一）国际多式联运出口流程

对于国际多式联运经营人而言，其出口运作业务工作主要是 8 个环节：营销揽货－接受委托、编制作业计划－安排货物运送、订舱－货物装箱－代理报检、报关、保险－接收货物、签发联运单据－单证寄送－索赔。

1. 营销揽货

营销揽货环节的工作内容就是向货主承揽运输业务。经过与竞争者的费率进行比较，调整各种费用报价，访问货主拟委托的业务项目向货主提出报价单，报价经货主接受后，双方签订协议书，正式成交。

2. 接受委托，编制作业计划

多式联运经营人接受货主委托后安排相关作业。例如：

（1）总承运人与分承运人及运输的各连接点之间签订合同，与船公司、航空公司、铁路部门、具体作业的部门、仓库、港口、商检、理货签订合同。合同可以有不同的方式，有的签订正式合同，有的沿用已有的协议，有的办理委托手续，或填写委托书、申请表。

（2）收集托运人各种出口所需的单证。

（3）编制作业计划，填制作业安排书。

3. 安排货物运送、订舱

国际多式联运经营人按托运人的托运要求安排运输线路、订舱配载、接货、安排内陆运输、仓储、装箱，送至实际承运人指定的堆场或港口，实际承运人向多式联运经营人签发提单或运单。货物装上运输工具后，国际多式联运经营人应随时掌握货物的流转并将有关消息和单证及时送交目的地。

多式联运经营人根据具体情况向合适的实际区段的承运人订舱或要求车皮进行货物运输。多式联运经营人向分承运人订舱是经营人独立的业务活动，与货主无关。

4. 货物装箱

多式联运中使用的集装箱一般由经营人提供。货物装入集装箱，第一种是由货主在工厂自己装箱；第二种是委托联运人装箱；第三种是委托其他中间商装箱。

5. 代理报检、报关、保险

若联运从港口开始，则在港口报检、报关；若从内陆地区开始，应在附近的内地检验检疫机构、海关办理报检、报关。发货人应投保货物运输险。多式联运经营人方面，应投保货物责任险和集装箱保险。

6. 接收货物，签发联运单据

货主自主装箱的整箱货物，多式联运经营人或其代理人在指定的地点接收货物。如果是拼箱货，经营人在指定的货运站接收货物。货物装上第一程运输工具，取得第一程分承运人签发的运输单证（提单、运单或其他证明）之后，多式联运经营人（或其代理人）即可签发多式联运单据交委托人或货主。单据日期与第一程运输单证签发日期相同，货主可凭此向银行办理议付收款手续。

7. 单证寄送

货物装船（车）发运后，经营人将船名（车号）、集装箱、发运日期、中转地、目的地等项内容，先以电传通知国外代理，然后填制发运单或指示，连同联合运输单据副本、承运单证、装箱单等有关发运单据寄国外代理，凭以办理接货、交货或转运工作。

8. 索赔

根据情况处理索赔事宜。

（二）国际多式联运进口流程

1. 国际多式联运港口代理进口货运运作

（1）多式联运单证由国外代理或船舶代理寄交多式联运港口代理人（以下简称港代）。

（2）港代将卸船和其他货运资料送交港口单位。

（3）港代向内陆代理发到货通知书。

（4）办理报关和转关手续（整箱运输）。

（5）港口卸船。

（6）港代或货代用海运提单向船代换取提货单。

（7）港代向船公司办好提货手续，凭提货单向港口提货。

（8）海关整箱加封监管。

（9）港代委托的陆运承运人向内地收货地运箱。

（10）拆箱货海关放行后由陆运承运人直接运往收货人仓库。

（11）向内地代理寄送发货通知书，寄交有关单证，关封、报关单证随车送交内地代理。

2. 国际多式联运内地代理进口货运运作

（1）接口岸代理到货通知向收货人发到货通知。

（2）收货人或其代理向银行付款，领取多式联运提单向多式联运内地代理换取提货单。

（3）货方或委托内地代理报关。

（4）海关验货放行。

（5）港代的承运人将整箱货运抵多式联运内地代理仓库进行掏箱。

（6）货方或货代凭提货单到多式联运内地代理仓库交纳费用后提货。

（7）货方自提货或仓库代运至收货人仓库。

（8）内地代理向港口代理沟通信息，结算有关费用。

（9）收货人验货后发现货物短损、运输延误可向多式联运经营人提出索赔，多式联运经营人通过各段代理人向各段承运人追索。

（10）多式联运的索赔单证包括索赔通知书、联运单据副本、权益转让书、检验证明书、商业发票和装箱单。

二、国际多式联运单据

国际集装箱多式联运经营人在接收集装箱货物时，应由本人或其授权的人签发国际集装箱多式联运单据。多式联运单据并不是多式联运合同，而只是多式联运合同的证明，同时是多式联运经营人收到货物的收据和凭其交货的凭证。根据我国于 1997 年 10 月 1 日施行的《国际集装箱多式联运管理规则》，国际集装箱多式联运单据（简称"多式联运单据"）是指证明多式联运合同以及多式联运经营人接管集装箱货物并负责按合同条款交付货物的单据，该单据包括双方确认的取代纸张单据的电子数据交换信息。

（一）多式联运单据的内容

对于国际集装箱多式联运单据的记载内容，《联合国国际货物多式联运公约》以及我国的《国际集装箱多式联运管理规则》都作了具体规定，根据我国的《国际集装箱多式联运管理规则》的规定，多式联运单据应当载明下列事项：

（1）货物名称、种类、件数、重量、尺寸、外表状况、包装形式。

（2）集装箱箱号、箱型、数量、封志号。

（3）危险货物、冷冻货物等特种货物应载明其特性、注意事项。

（4）多式联运经营人名称和主营业所。

（5）托运人名称。

（6）多式联运单据表明的收货人。

（7）接受货物的日期、地点。

（8）交付货物的地点和约定的日期。

（9）多式联运经营人或其授权人的签字及单据的签发日期、地点。

（10）交接方式，运费的支付，约定的运达期限，货物中转地点。

（11）在不违背我国有关法律、法规的前提下，双方同意列入的其他事项。

当然，缺少上述事项中的一项或数项，并不影响该单据作为多式联运单据的法律效力。

《联合国国际货物多式联运公约》对多式联运单据所规定的内容与上述规则基本相同，只是公约中还规定多式联运单据应包括下列内容：

（1）表示该多式联运单据为可转让或不可转让的声明。

（2）如在签发多式联运单据时已经确知，预期经过的路线、运输方式和转运地点等。

（二）多式联运单据的转让

多式联运单据分为可转让的和不可转让的。根据《联合国国际货物多式联运公约》的要求，多式联运单据的转让性在其记载事项中应有规定。

作为可转让的多式联运单据，具有流通性，可以像提单那样在国际货物买卖中扮演重要角色。多式联运公约规定，多式联运单据以可转让方式签发时，应列明按指示或向持票人交付：如列明按指示交付，须经背书后转让；如列明向持票人交付，无须背书即可转让。此外，如签发一套一份以上的正本，应注明正本份数；如签发任何副本，每份副本均应注明"不可转让副本"字样。对于签发一套一份以上的可转让多式联运单据正本的情况，如多式联运经营人或其代表已正当按照其中一份正本交货，该多式联运经营人便已履行其交货责任。

作为不可转让的多式联运单据，则没有流通性。多式联运经营人凭单据上记载的收货人而向其交货。按照多式联运公约的规定，多式联运单据以不可转让的方式签发时，应指明记名的收货人。同时规定，多式联运经营人将货物交给此种不可转让的多式联运单据所指明的记名收货人或经收货人通常以书面正式指定的其他人后，该多式联运经营人即已履行其交货责任。

对于多式联运单据的可转让性，我国的《国际多式联运管理规则》也有规定。根据该规则，多式联运单据的转让依照下列规定执行：

（1）记名单据：不得转让。

（2）指示单据：经过记名背书或者空白背书转让。

（3）不记名单据：无需背书，即可转让。

（三）多式联运单据的证据效力

多式联运单据的证据效力主要表现在它是该单据所载明的货物由多式联运经营人接管的初步证据。由此可见，作为国际多式联运合同证明的多式联运单据，其记载事项与其证据效力是密切相关的，多式联运单据主要对以下几个方面起到证明作用：一是当事人本身的记载；二是有关货物状况的记载；三是有关运输情况的记载；四是有关法律约束方面的记载。

根据《联合国国际货物多式联运公约》的规定，多式联运经营人对多式联运单据中的有关记载事项可以做出保留。该公约规定，如果多式联运经营人或其代表知道、或有合理的根据怀疑多式联运单据所列货物的品种、主要标志、包数或件数、重量或数量等事项没有准确地表明实际接管的货物的状况、或无适当方法进行核对，则该多式联运经营人或其代表应在多式联运单据上做出保留，注明不符之处、怀疑的根据、或无适当的核对方法。如果多式联运经营人或其代表未在多式联运单据上对货物的外表状况加以批注，则应视为他已在多式联运单据上注明货物的外表状况良好。

多式联运经营人如在单据上对有关货物或运输方面加了批注，其证据效力就会产生疑问。多式联运单据有了这种批注后，可以说丧失了其作为货物收据的作用：对发货人来说，这种单据已不能作为多式联运经营人收到单据上所列货物的证明，不能成为初步证据；对收货人来说，这种单据已失去了其应有的意义，是不能被接受的。

如果多式联运单据上没有这种保留性批注，其记载事项的证据效力是完全的，对发货人来说是初步证据，但多式联运经营人可举证予以推翻。不过，根据多式联运公约的规定，如果多式联运单据是以可转让方式签发的，而且已转让给正当信赖该单据所载明的货物状况的、包括收货人在内的第三方时，该单据就构成了最终证据，多式联运经营人提出的反证不予接受。

另外，该多式联运公约对一些经过协议达成的记载事项，如交货日期、运费支付方式等并未做出法律规定，这符合合同自由原则，但公约对由于违反此类记载事项带来的责任还是作了规定：如果多式联运经营人意图诈骗，在多式联运单据上列入有关货物的不实资料、或其他规定应载明的任何资料，则该联运经营人不得享有该公约规定的赔偿责任限额，而须负责赔偿包括收货人在内的第三方因信赖该多式联运单据所载明的货物的状况行事而遭受的任何损失、损坏或费用。

三、国际多式联运运费计收

国际多式联运采用单一费率，即单位运量（或基本运输单元）的全程费率，是国际多式联运的主要特点之一。与各种单一方式下运输相比较，国际多式联运的程序环节要多很多。与各单一方式承运人比较，国际多式联运经营人在责任期内要承担更多的义务，要实现各区段与全程的运输，又要完成各区段之间的运输衔接，完成其他有关的服务。因此多式联运中运输成本的计算要比各单一方式复杂得多。它随着不同的交货条件、货物的运输形态、交接方式、采用的运输方式、选择的实际承运人和运输线路情况有所变化，因此单一费率的制定是一项较为复杂的工作。下面以海－陆－海集装箱货物"门到门"联运为例介绍一下多式联运的运输成本与运价构成情况：

例如，发货人的工厂或仓库位于出口国内陆地区，该地区设有集装箱中转站（或内陆货站、内陆港、铁路车站），经营人接收货物后，需在中转站暂存，然后由公路或铁路或内陆水运运至出口国码头堆场，并在码头装船后由海上承运人运至进口国码头，卸船后再运往在进口国内陆的中转站，再由中转站运至收货人的工厂或仓库交付货物。联运的运输成本及费用包括由接收货物开始至交付货物为止的期间内发生的费用。

按成本定价原则，多式联运单一运费=运输总成本（1）+经营管理费用（2）+利润（3）。其中：

（一）运输总成本的构成

（1）从内陆接货地至枢纽港费用。

- 内陆接管货物地点到中转站发生的费用。
- 中转站至码头堆场运费及其他费用。
- 干线港（枢纽港）码头服务费。

（2）海上干线费用。

（3）从海运目的港至最终交货地费用。

- 码头费用。
- 码头至内陆中转站费用。
- 中转站费用及交货地费用。

（4）集装箱租用费和保险费用。

- 集装箱租用费。
- 保险费用。

（二）经营管理费

经营管理费主要应包括多式联运经营人与货主、各派出机构、代理人、实际承运人之间的信息、单证的传递费用、通信费用、单证成本和制单手续费，以及各派出机构的管理费用。这部分费用亦可分别加到不同区段的运输成本中一并计算。

对于全程运输中发生的报关手续费、申请监管运输（保税运输）手续费，全程运输中的理货、检查（商、卫检等）及由发货人或收货人委托的其他服务引起的费用，一般应单独列出，并根据贸易交易条件规定应向承担的一方或委托方收取，而不包括在单一费率内。

（三）利润

利润是指多式联运经营人预期从该线路货物联运中获得的毛利润。一般可通过前面（1）和（2）两项费用之和乘以一个适当的百分比（如10%等）确定。确定利润的多少要进行充分的调查研究，必须根据运输市场运价水平与自己具备的竞争能力、线路中存在的竞争情况等确定。

从以上分析可以看出，多式联运单一费率的制定并不是一件简单的工作，特别是其中运输成本部分更为复杂。它不仅取决于从接收货物地点到交付货物地点之间的运输线路，而且取决于线路中区段的划分、方式的选择与实际承运人的选择；不仅与实际发生成本有关，而且还与竞争的实际情况和需要有关。即使是制定国内段的费率，由于受单一运输方式长期影响，各段、各方都希望自己多收费，少担风险。而且不同的承运人实际执行的费率也有差别（有时公开的费率差别不大，但实际协议的费率差别较大），因此也有相当大的难度。至于远在异国的进口国内陆运费的确定，则更为困难，一般可向位于当地的代理人、合伙人详细咨询获得。在对国外内陆运费率不了解或了解较少的情况下，目前有的多式联运经营人从国内接收货物地点至到达国口岸采用统一费率（即单一费率中运输成本只包括出口国国内段费用和海上运费），向发货人收取（预付费用），而从到达国口岸至内陆目的地的费用按实际成本确定，另向收货人收取（到付运费）。这种做法是一种可取的过渡方法。

多式联运单一费率是根据经营人开展联运的运输线路决定的。由于货主的工厂和仓库可能位于运输线路上，也可能位于距离线路较远的地区，在"门到门"运输下，各多式联运经营人公开的某线路的单一费率，一般是该线路上处于起运国和目的国的不同的集装箱货物集散点（中转站、内陆货站、内陆港、车站、港口堆场）之间的运费率，而不能包括从货主工厂或仓库到达这些集散点之间的运费费用。因此在订立具体运输合同时，应详向货主说明包括的费用及需另外加付的费用。

【任务实施】

西安某服装公司准备运送一 20 英尺集装箱的整箱货到北美芝加哥，委托某从事国际多式联运业务的货运代理企业代为办理。如果你是该货运代理企业的业务员，应如何为客户提供多式联运货运代理服务？

作为国际多式联运代理企业，需要为客户做到以下服务：制定多式联运方案、实施国际多式联运流程、进行相关单据的操作及相应费用的核算。

一、制定多式联运方案

（一）运输线路选择

从西安到芝加哥的运输线路较多，主要有以下几种：

起运地：西安货运站。

出口海港：天津、青岛、连云港、上海。

OCP 目的站：芝加哥。

这样，仅仅考虑一海铁联运，从西安到芝加哥，就有 16 条线路。如果还可以选择道路运输，就可能有 32 种选择方式。

（二）计算分段运输成本

1. 出口地的铁路运输成本

表 7-1 给出了西安到青岛和上海的铁路运费项目比较。

表 7-1　西安－青岛和西安－上海线收费项目比较（单位：元人民币）

收费项目	西安－青岛线		西安－上海线	
	20 英尺	40 英尺	20 英尺	40 英尺
铁路运价[①]	2016.47	3942	2486.55	4867.86
短驳费[②]	无短驳费		450	700

收费项目	西安—青岛线		西安—上海线	
	20 英尺	40 英尺	20 英尺	40 英尺
中转报关费	100 元/票		190 元/箱，优惠价 50 元/箱	
大船装卸费③	322	644	297.85	446.85
港务港建费	免费		80	120
空箱铁路运输费用	1067	2138	1328.95	2665

注：①青岛按照铁道部一口价的基础上优惠 25% 计算，上海按 9 折优惠。

②从上海港站到不同码头的短驳费各不相同，在此表中短驳到外高桥码头的费率作参考。

③上海港大船装卸费已按交通部费率 9 折计算。

假设以一票货（10UNITS）分别走西安—青岛和西安—上海线，则费用比较如表 7-2 所示。

表 7-2　西安—青岛线和西安—上海线费用比较（单位：元人民币）

比较项目	西安—青岛线		西安—上海线	
	20 英尺	40 英尺	20 英尺	40 英尺
总费用	340647	67340	46933.5	88497.1
平均每箱费用	340647	67340	46933.5	88497.1

2. 海运运费

为便于分析，此处均以长滩为目的港。其费用如表 7-3 所示。

表 7-3　青岛—长滩和上海—长滩运费比较（单位：美元）

比较项目	青岛—长滩		上海—长滩	
	20 英尺	40 英尺	20 英尺	40 英尺
班轮运费	1200	2200	1000	1800
THC	40	70	35	60
订舱费、换单费	20	20	20	20
燃油附加费	100	180	80	150

3. 进口地铁路运输费用

北美大陆为了鼓励海—铁联运的发展，给出了 OCP 运输方案。凡是采用 OCP 联运方式的运费享受政府补贴。表 7-4 给出了长滩到芝加哥 OCP 运输的费用。

表 7-4　长滩—芝加哥铁路费用比较（单位：美元）

比较项目	长滩—芝加哥		比较项目	长滩—芝加哥	
	20 英尺	40 英尺		20 英尺	40 英尺
OCP 运费	1500	2800	换单费	50	50
长滩装运费	200	350	港口费	30	50
长滩 THC	40	70	附加费	100	180

（三）多式联运运费报价

基于上述数据，多式联运经营人应当给出的报价如表 7-5 所示。

表 7-5　多式联运报价（美元）

项目		西安－青岛－长滩－芝加哥		西安－上海－长滩－芝加哥	
		20 英尺	40 英尺	20 英尺	40 英尺
出口服务费	短驳费	0	0	60	90
	港建费	0	0	10	15
	装卸费	40	80	28	56
	THC	40	70	35	60
	订舱费、换单费	20	20	20	20
运费	出口铁路运费	400	790	496	980
	海运运费	1300	2380	1080	1950
	进口铁路运费	1500	2800	1500	2800
进口服务费	长滩转运费	200	350	200	350
	长滩 THC	40	70	40	70
	换单费	50	50	50	50
	港口费	30	50	30	50
	附加费	100	180	100	180
合计		3720	6840	3649	6671

注：由于对于同一个多式联运经营人和同一票货物而言，监管费用及企业的税费应该一致，所以就不列出了。但是实际报价时，还是应该加上这两笔费用。

可见，尽管西安到青岛的费用便宜，但是由于上海到长滩的费用相对便宜，从多式联运经营人的角度，还是应该选择集装箱从上海出运。

需要指出的是，多式联运经营人的报价有时并不按照成本核算的结果，而是按照市场的供需关系来决定。在旺季的时候，报价可能高出实际支出成本很多，在淡季的时候可能低于实际支出成本。因此，上述报价方法仅仅是基于成本的报价。在实际业务中，还需要根据市场的供求关系来决定具体业务的价格。

二、实施国际多式联运流程

1. 接受委托，编制作业计划

多式联运经营人接受货主委托后安排相关作业。

（1）与分承运人及运输的各连接点之间签订合同，与船公司、航空公司、铁路部门、具体作业的部门、仓库、港口、商检、理货签订合同。

（2）收集托运人各种出口所需的单证。

（3）编制作业计划，填制作业安排书。

2. 安排货物运送、订舱

按照与托运人事先商定的运输线路、订舱配载、接货、安排内陆运输、仓储、装箱，送至实际承运人指定的堆场或港口，实际承运人向多式联运经营人签发提单或运单。

3. 货物装箱

将货物装箱，做好准备。

4. 代理报检、报关、保险

在附近的内地检验检疫机构、海关办理报检、报关。发货人投保货物运输险，我公司投保货物责任险和集装箱保险。

5. 接收货物，签发联运单据

收货后我公司签发多式联运单据交委托人或货主。单据日期与第一程运输单证签发日期相同，货主可凭此向银行办理议付收款手续。

6. 单证寄送

货物装船（车）发运后，将船名（车号）、集装箱、发运日期、中转地、目的地等项内容，先以电传通知国外代理，然后填制发运单或指示，连同联合运输单据副本、承运单证、装箱单等有关发运单据寄国外代理，凭以办理接货、交货或转运工作。

7. 索赔

根据情况处理索赔事宜。

【知识链接】

一、多式联运货损事故处理

（一）国际多式联运货损事故的特点

国际多式联运的货损事故处理与传统的分段运输比较有一些新的特点，主要有以下几个方面：

1. 索赔与理赔的多重性

国际多式联运具有简单的特点，货方通过与多式联运经营人订立一份全程的运输合同就可以完成货物的全程运输，而多式联运经营人完成全程的运输任务，又需要与各个区段的实际承运人订立分运合同。多式联运经营人对全程运输中发生的货物损害负责；各实际承运人与代理人分别对自己承担区段的运输与服务负责。因此，国际多式联运具有索赔与理赔的多重性。

2. 多式联运经营人采用的责任形式对货损事故的影响

采用统一责任制和网状责任制的赔偿责任和赔偿额是有很大区别的。如果多式联运中采用统一责任制，多式联运经营人按统一限额做出赔偿后，再向实际责任人追偿时得不到与已赔额相同的赔偿，造成不应有的损失。如果在多式联运中采用网状责任制，则在可以确定事故发生区段和实际责任人的情况下，多式联运经营人对货物的赔偿与实际承运人向多式联运经营人的赔偿都可以按相同的责任基础和责任限额进行。目前，多式联运中大多采用网状责任制。

3. 多式联运中对隐藏损害的处理

货物的灭失、损害有两种情况：一种能确定货损发生的运输区段的实际责任人；另一种是不能确定货损发生的运输区段的实际责任人，即为隐藏损害。隐藏损害可采取的处理方式有两种：一种是联运经营人按统一责任制规定的限额对货方赔偿后，不再追究实际责任人，而由参加多式联运的所有实际承运人共同承担这些赔偿金额；另一种是假定该事故发生在海运区段，这种做法一般要与联运经营人投保货物运输责任险相结合。多式联运经营人按统一或网状责任标准向货方赔偿后，可从保险人处得到进一步的赔偿。

（二）国际多式联运中的索赔

在国际贸易运输中，由于货物灭失、损害发生原因及实际责任人不同，受损人提出索赔的对象也是不同的。

1. 根据货损原因确定索赔对象

受损人在索赔时，应首先根据货损造成的原因及有关合同情况确定实际责任人并向其提出索赔。

如果货物在目的地交付后，收货人发现箱内所装货物与贸易合同规定有差距，数量不足；货物的品种、质量、规格与合同规定不符；由于货物外包装不牢或装箱不当使货物受损；或未在合同规定的装运期内交货等情况下，则收货人可以凭有关部门、机构出具的鉴定证书向发货人提出索赔。如果在目的地交付货物时，货物数量少于提单或装箱单上记载的数量；或货物的灭失或损害是由于多式联运经营人免责范围以外的责任所造成等情况下，收货人或其他有权提出索赔的人可凭有关部门、机构出具的证明向多式联运经营人或向实际承运人索赔。

对于投保的货物在保险人责任期间内发生的属于承保责任范围内、保险人应予赔偿的货物之一切灭失、损害，受损方均可凭有关证明、文件和保险合同向保险公司提出索赔。

2. 索赔应具备的条件

不论由于什么原因发生的索赔，也不论索赔人或责任人是谁，一般索赔必须符合一定的条件才是合理的，才能被责任方或有关仲裁、诉讼机构接受。索赔应具备一般条件如下：

（1）提赔人要有正当的提赔权。

（2）责任方必须负有实际赔偿责任。

（3）索赔时应具备的单证。

索赔时索赔方必须具备以下单证和文件：

1）索赔申请书是受损方就货物损害或灭失向责任方提出赔偿要求的正式文件。

2）运输合同及合同证明（运单或提单）。

3）货物残损提单及货物溢短单（理货单、重理单等）。

4）货物残损检验证书。

5）索赔清单。

6）其他单证。

提出索赔时还应出具的单证由商业发票、损害修复用单、装箱单、拆箱单、卸货报告等其他可作为货损事故处理和明确责任方、责任程度的一切商务、运输单证，受损方为保护自己的利益，应妥善保管、处理和使用这些单证、文件。在发生保险索赔时，应出具保险合同（报单）等有关单据。

3. 索赔的金额必须合理

受损方在提赔时，合理地确定索赔金额是十分重要的。在各类货损事故处理中经常发生索赔金额过高使责任方不能接受，以致双方不能协商解决，必须通过旷日持久的仲裁或诉讼来解决，从而造成双方更多的麻烦，消耗大量人力和时间。合理确定赔偿金额必须考虑以下几个方面：

（1）索赔金额应以货损的实际程度、数量及货物价格等因素为基础计算。

（2）必须考虑责任方在合同及相关法规中规定的责任限额，这种责任限额是多式联运经营人和实际承运人享有的一种保护，是他们对货损赔偿的最高限额。

（3）必须考虑责任方在双方合同及有关法规中的免责规定，符合免责规定的损害一般不能得到赔偿。

4. 索赔与诉讼必须在规定的时限内提出

一项有效的索赔及索赔引起的诉讼均应在合同规定的时限内提出。这两种时限被说成为索赔时效与诉讼时效，索赔时效是指提出索赔申请的时间限制。关于诉讼时效在各方式运输公约、各类运输经营人签发的运输单证（提单等）和相关合同中都有明确规定。这里仅对国际多式联运公约中对于诉讼时效的规定说明如下：

根据国际多式联运公约，有关国际多式联运的任何诉讼，如果在 2 年期间没有提起诉讼，即失去时效。时效时间自多式联运经营人交付货物之日起的下一日开始计算。如果在货物交付之日后 6 个月内，或货物应交付日之后 6 个月仍未交付时没有提出书面索赔通知，则诉讼在此期限（6 个月）届满后即失去时效。接到索赔要求的人可于以上时效期内随时向索赔人提出书面声明以延长时效期间。这种期间可用一次声明或多次声明再度延长。

5. 诉讼与仲裁应在规定的地点提出

各方式联运公约对提出诉讼和仲裁的货方地点都有明确规定（一般称为管辖）。如果某法院根据所在国法律规定有权处理多式联运诉讼，且下列地点之一是在其管辖范围，则原告可在这些地点选择的任一法院提起诉讼。这些地点分别可以是：被告的重要营业所或经常居所所在地，或订立多式联运合同的地点，或按合同规定接管多式联运货物的地点或交付货物的地点，或多式联运合同中为此目的所指定并在多式联运单据中载明的任何其他地点。

二、国际多式联运保险

（一）国际多式联运保险概述

国际多式联运的发展，在为货主提供便利的门到门服务，减少部分运输风险的同时，也增加了一些新的风险，从而给运输保险提出了一些新的问题，如保险人责任期限的延长、承包责任范围的扩大、保险费率的调整及集装箱运输责任保险等。

与传统的运输方式相比，国际多式联运使得货物在运输过程中的许多风险将得以减少，其中包括：

（1）装卸过程中的货损事故。

（2）货物偷窃行为。

（3）货物水湿、雨淋事故。

（4）污染事故。

（5）货物数量溢短现象等。

然而，随着多式联运的开展，也出现了一些新的风险，如：

（1）由于货物使用集装箱运输，货物包装从简，因而货物在箱内易造成损害。

（2）由于货物在箱内堆装不当、加固不牢造成损坏。

（3）在发生货物灭失或损坏时，责任人对每一件或每一货损单位的赔偿限额大为增加。

（4）装运舱面集装箱货物的风险增大等。

由于上述原因，尤其是舱面装载集装箱，运输风险增大，保险公司会据此提出缩小承保责任范围，或对舱面集装箱征收高保险费率，或征收保险附加费。

与此同时，在多式联运下，保险利益所涉及的范围也有所变化，主要有以下几种情况：

（1）海运经营人。从某种意义上讲，由谁投保集装箱，与谁拥有集装箱或对集装箱承担责任有关。如果该集装箱由船公司拥有，则应该由船公司进行投保。可采取的投保方式包括延长集装箱船舶保险期、扩大承保范围、单独的集装箱保险等。在实际保险业务中，单独的集装箱保险比延长船舶保险期应用得更为广泛。

（2）陆上运输经营人。陆上运输经营人通常是指国际货运代理人、公路承运人、铁路承运人等。当他们向货主或用箱人提供集装箱并提供全面服务时，必须对集装箱进行投保，以保护其巨额资金投入。

（3）租箱公司。在租箱业务中，不仅要确定租赁方式，同时，确定由谁对集装箱进行投保也是十分重要的。根据目前的实际情况看，无论是集装箱的长期租赁，还是程租，较为实际的做法是由租箱公司继续其保险，而向承租人收取费用。

（4）第三者责任。在集装箱多式联运过程中，除因箱子损坏而产生经济损失外，还有可能对第三方引起法律责任。如集装箱运输过程中造成人身伤亡及其他财产损失等。由于对第三者的损失责任可能发生在世界任何用箱地，因此其签订的保险单也必须是世界范围内的。

（二）国际多式联运经营人的责任限制与保险

在保险实务中，货物的损坏或灭失首先是由货物保险人予以赔偿的。根据国际保险法有关代位追偿权的规定，与支付保险金相对应，保险人可以代位继承（保险代位）被保险人对第三者享有的权利。多式联运经营人责任制的主要作用就是确定保险人对经营人行使代位追偿的权利。

对于多式联运经营人的责任制，如前所述，国际多式联运公约采用了"修正的统一赔偿责任制"。也就是说，在责任原则方面，遵循由债务人（经营人）承担举证责任的严格责任主义，采用统一责任制。而在责任限额方面，则采用网状责任制。关于责任限额，多式联运公约规定了 3 种赔偿标准。其中，该公约规定的第一赔偿标准，即包括水运的赔偿标准，比《海牙规则》相应的责任限额提高了 4.7 倍，分别是《维斯比规则》和《汉堡规则》赔偿限额的 1.35 倍和 1.1 倍。同时该公约的第三赔偿标准规定，如果货物的灭失或损坏已确定发生在多式联运的某一地区段，而该区段适用的国际公约或强制性国家法律规定的赔偿限额高于多式联运公约的标准，则经营人的赔偿应以该国际公约或强制性国家法律予以确定。

很显然，在上述情况下，多式联运经营人的赔偿责任将会超过其分承运人，而且难以从其分承运人那里得到与其支付给索赔人（货主）数额相同的赔偿金额，因为多式联运经营人对其分承运人的追偿请求不能适用多式联运公约，只能适用多式联运某运输区段所对应的单一运输国际公约，而有些单一运输方式所适用的国际公约规定的赔偿责任却低于多式联运公约的规定，如上述的《海牙规则》或《汉堡规则》。为弥补此差额，多式联运经营人除提高运费外，只得向保险公司进行责任保险，以避免此类损失。

由此可见，随着多式联运经营人责任的严格化和扩大化，以经营人的责任为对象的货物赔偿责任保险的保险费将会大幅度提高，而这种保险费本来就是包括于运费之中的。所以，多式联运经营人的责任制对其运输成本所产生的影响是很大的。

（三）多式联运经营人的责任保险和货物保险之间的关系

简单地说，运输保险可以分为两种形式：一种是由货主向货物保险公司投保的货物保险；另一种是由承运人（经营人）向互保协会投保的责任保险。

在多式联运条件下，多式联运经营人作为多式联运单证的签发人，当然应对该多式联运负责。不过多式联运经营人对于运输过程中造成的货物损坏或灭失的赔偿责任，通常都是以货物赔偿责任保险（简称责任保险）向保险公司或保赔协会投保。当然，经营人的责任保险所承担的风险，取决于他签发的提单中所规定的责任范围，即货物保险承保的是货主所承担的风险，而责任保险所承保的则是经营人所承担的风险。

尽管很难确切地说明货物保险和责任保险的全部关系，但根据有关的国际公约和规则的规定可以看出，两者之间既存在着互为补充的关系，也有共同承保货物运输风险的关系。也就是说，尽管以多式联运经营人所签发的提单上规定的赔偿责任为范围的责任保险和以与货主（托运人或收货人）的可保利益（除作为所有人利益的货物的 CIF 价格外，还包括预期利益、进口税、增值利益等）有关的各种损害为范围的货物保险之间存在着各种各样不同领域的保护范围，但是两者之间的相互补充作用也是很明显的。例如，在多式联运提单下由于不可抗力以及罢工、战争原因所造成的损害是免责的，而在全损险和战争险、罢工险条件下的货物保险则包括上述事项。换句话说，不论把多式联运经营人的责任扩大到什么范围，或严格到什么程度，货主都不会不需要货物保险。

另外，责任保险是以由运输合同约束的货主与承运人（经营人）之间的权利、义务为基础的保险。与此相对，货物保险则是由有无损害发生的事实约束的货主与保险人之间以损害赔偿合同约定的保险。因承运人保留权利而不得不由货主负担的各种风险，理所当然地属于货物保险的范围。这一点不但是货物保险的实质功能，而且也是国际贸易中货物保险之所以不可缺少的重要原因。

三、联合国国际货物多式联运公约

《联合国国际货物多式联运公约》是 1980 年 5 月 24 日在日内瓦举行的联合国国际联运会议第二次会议上，经与会的 84 个贸发会议成员国一致通过的。

《联合国国际货物多式联运公约》全文共 40 条和一个附件。该公约在结构上分为总则、单据、联运人的赔偿责任、发货人的赔偿责任、索赔和诉讼、补充规定、海关事项和最后条款等 8 个部分。该公约的主要内容如下：

1. 多式联运合同双方当事人的法律地位

多式联运合同的双方当事人分别为联运人和发货人。根据公约第 1 条的规定，联运人是以"本人"的身份同发货人签订多式联运合同的当事人，他不是发货人的代理人或代表，也不是参与多式联运的承运人的代理人或代表。联运人负有履行整个联运合同的责任，并以"本人"的身份对联运的全过程负责。因此，在发货人将货物交由联运人收管后，不论货物在运输过程中的哪个运输阶段发生灭失或损坏，联运人均须以"本人"的身份直接负赔偿责任。

2. 多式联运合同和多式联运单据

按照公约的有关规定，多式联运合同是指多式联运人凭以收取运费、负责完成或组织完成国际多式联运的合同。多式联运单据是指证明多式联运合同以及证明多式联运人接管货物并负责按照合同条款交付货物的单据。根据公约第 5 条的规定，联运人在接管货物时，应签发多式联运单据。依照发货人的选择，可以是可转让的，也可以是不可转让的。多式联运单据中应当包括 15 项内容，其中包括货物的品类、标志、包数或件数、货物的毛重、危险货物的性质、货物的外表状况、联运人的名称和地址、发货人的名称、收货人的名称、联运人接管货物的地点和日期、交货地点、多式联运单据的签发地点和日期、联运人或其授权人的签字等。不过，多式联运单据中若缺少上述内容中的一项或数项，并不影响其作为多式联运单据的法律性质。

3. 联运人的赔偿责任

公约的第 3 部分是关于联运人赔偿责任的规定。联运人对多式联运单据项下货物的责任期间，是从其接管该货物之时起至交付货物时为止。公约对联运人的赔偿责任采取了"推定过失原则"，即除非联运人能证明他和他的受雇或代理人为避免损害事故的发生及其后果已经采取了一切所能合理要求的措施，否则就推定联运人对事故的发生有过失，因而应对货物在其掌管期间所发生的灭失、损坏或延迟交货，负赔偿责任。

4. 发货人的赔偿责任

公约的第 4 部分是关于发货人赔偿责任的规定。如果多式联运人遭受的损失是由于发货人的过失或疏忽，或者他的受雇人或代理人在其受雇范围内行事时的过失或疏忽造成的，发货人对这种损失应负赔偿责任。如果损失是由于发货人的受雇人或代理人本身的过失或疏忽所造成的，该受雇人或代理人对这种损失应负赔偿责任。

5. 索赔与诉讼

公约的第 5 部分是关于索赔和诉讼的规定。该部分规定的内容由灭失、损坏或延迟交货的通知，诉讼时效，管辖和仲裁等 4 个方面构成。

任务二　国际货运代理责任与争议处理

【任务引入】

发货人将 500 包书委托伦敦某经营联运业务的货运代理，货物自伦敦运抵曼谷。该批货物被装入一集装箱，且为货运代理自行装箱，然后委托某船公司承运。承运人接管货物后签发了清洁提单。货物运抵目的港曼谷时，铅封完好，但箱内 100 包书却不见了。发货人向货运代理起诉，诉其短交货物。此种索赔是否属货运代理责任险范围？货运代理对短交货物是否应负赔偿责任？

【任务分析】

国际货运代理在业务实践中会遇到各种各样的风险，如何在事前防范各种风险，如何在风险发生后解决问题，避免类似事故发生，是货运代理企业健康发展的重要保证。所以，应该首先分析国际货运代理的代理责任划分，以及为分散风险的国际货运代理的责任保险问题。

【必备知识】

一、国际货运代理代理责任划分

国际货运代理人可能以两种身份出现：一是作为客户（收货人或发货人）的代理人；一是作为契约当事人。而这两种法律地位的不同，导致其权利和义务、法律责任有着巨大的差异。作为代理人，货运代理只收取佣金，实际上只是提供代理服务，其法律行为的后果由客户承担，其业务活动产生的风险相对较小。作为契约的当事人，货运代理收取差价，但却是"背对背"两个合同的当事人，其义务的完全履行往往要靠另一方当事人（或者是货主或者是实际承运人），所以，在这种情况下，货运代理要面临巨大的风险。因此，国际货运代理人在业务活动中应明确自己处于什么样的法律地位，应当承担什么样的责任，并应根据法律的规定力争规避风险，或采取措施减少这些风险。

（一）国际货运代理人以委托人的名义为法律行为

在作为代理人的情形下，货运代理为委托人代为办理订舱、报关、报验，代办保险、租用仓库、代理签发提单等服务。因此，他应当严格遵循代理的有关法律规则。目前，我国有关代理的法律主要是《民法通则》、《中华人民共和国合同法》。另外，与国际货代有关的还有《中华人民共和国海商法》。根据《民法通则》关于代理的规定，当国际货运代理人以委托人（客户）的名义开展业务时，处于代理人的法律地位，其只能在委托人的授权范围内实施法律行为，其后果直接归属于委托人，代理人只对未履行代理职责并给委托人造成的损失承担责任。《民法通则》规定的代理，实际上是大陆法系的直接代理。在这种情况下，货运代理人应严格依照委托人的指示从事交易活动，特别是当委托人的指示与货运代理实践不一致时，一定要得到委托人的明确的、书面的指示，特别要注意既不能越权代理，又不能在未取得客户同意的情况下想当然地安排与货运代理业务有关的服务。例如，在无客户授权的情况下进行运输服务或代垫运费，否则很可能招致客户或其他人的索赔。也不能进行双方代理，例如，在作为货主的代理时又代表船东签发提单，或在从货主取得佣金的同时又从船公司处获得揽货佣金，只能代理一个当事人。在代理运输危险货物时，由于各国法律对危险货物有很多管制且可能对人身、财产、环境造成巨大的损害，因此必须保证发货人披露了关于危险货物的足够信息，并且应当在合同中订明，如委托人未对危险货物作说明或说明不清，所造成的损失应当由委托人承担。而且，货运代理也应当把货物的危险性及防范措施书面告知实际承运人，必须确保单证的完善，以及货物的妥善包装、标识、装运、牢固、公告和正确的运输路线。另外，不能既赚取代理佣金又想吃掉运费差价；否则可能会被认为是当事人而承担两个合同项下的责任。

（二）国际货运代理人以自己的名义为法律行为

当货运代理人以自己的名义为法律行为时，有可能处于两种不同的法律地位。在这种情况下，货运代理可能是代理人，也可能是契约当事人。此时，不能用大陆法关于间接代理（即行纪）的理论来理解。

1. 作为委托人的代理人

1999年《合同法》颁布以后，对货运代理的业务活动将产生很大的影响。尤其是第402条和第403条，实际上是英、美、法关于隐名代理和不公开本人代理的规定，为货运代理明确自己的法律地位提供了法律上的依据。

《中华人民共和国合同法》第402条规定：受托人以自己的名义，在委托人的授权范围内与第三人订立的合同，第三人在订立合同时知道受托人委托人的代理关系的，该合同直接约束委托人和第三人，但有确切证据证明该合同只约束受托人和第三人的除外。根据此规定，如第三人在订立合同时知道货主和货运代理之间的代理关系的，货运代理将不承担合同项下的责任。

《中华人民共和国合同法》第403条规定：受托人以自己的名义与第三人订立合同时，

第三人不知道受托人与委托人之间的代理关系的，受托人因第三人的原因对委托人不履行义务，受托人应当向委托人披露第三人，委托人因此可以行使受托人对第三人的权利，但第三人与受托人订立合同时如果知道该委托人就不会订立合同的除外。受托人因委托人的原因对第三人不履行义务，受托人应当向第三人披露委托人，第三人因此可以选择受托人或者委托人作为相对人主张其权利，但第三人不得变更选定的相对人。委托人行使受托人对第三人的权利的，第三人可以向委托人主张其对受托人的抗辩。第三人选定委托人作为其相对人的，委托人可以向第三人主张其对受托人的抗辩以及受托人对第三人的抗辩。本条规定了委托人的介入权和第三人的选择权。但是，应当注意，委托人的介入权的行使应以第三人的承认为条件。例如，在货运代理实践中，当实际承运人不能按时派船装货，货主可以取代货运代理直接要求实际承运人履行原由货运代理与实际承运人之间签定的合同，但应当取得实际承运人的承认。对于第三人的选择权，实际上对于委托人和受托人二者只能选择其一。例如，当货主不能如约支付运费，则实际承运人可以选择货主或者货运代理要求支付运费。当第三人选择货主时，则货运代理处于代理人的法律地位。

2. 作为契约当事人

从上述第 402 条、第 403 条可以看出，当国际货运代理人以自己的名义为法律行为时，在以下几种情况下，货运代理是当事人：一是在第 402 条"但书"的情形下；二是当委托人（如货主）行使介入权未获第三人的承认时；三是第三人（如实际承运人）选择货运代理主张权利时。在以上几种情形下，国际货运代理的责任和风险更大，特别是在签发多式联运提单的情况下，在业务活动中应当更加谨慎，应保证对运输全程的控制，对各个业务环节严格把关，保证各个实际承运人和代理尽职尽责。随着货运代理企业向现代物流企业的转变及多式联运的发展，企业不仅要提供"门到门"的运输服务，而且还要提供个性化的信息服务和增值服务。在这种情况下，货代企业（或物流企业）处于当事人的法律地位。特别要指出的是，由于风险很大，货运代理应当投保责任险。

另外，由于海上运输是国际货物贸易的主要运输方式，因此无论是作为代理人还是契约当事人，货运代理都应特别注意遵守《中华人民共和国海商法》。根据《中华人民共和国海商法》第 42 条关于承运人和托运人的含义的规定，国际货运代理既可以是海上货物运输合同的承运人，也可以是托运人。因此，《中华人民共和国海商法》中第 4 章的关于承运人和托运人的责任规定对国际货运代理就非常重要。另外，货运代理还应当注意《中华人民共和国合同法》和《中华人民共和国海商法》之间的关系，二者在合同的订立、履行、责任期间、责任归责原则、赔偿责任、时效等诸多方面有很多不同。总的适用原则是，二者是普通法与特别法的关系，《中华人民共和国海商法》已有规定的，应适用《中华人民共和国海商法》的规定；没有规定的，可以补充适用《中华人民共和国合同法》的规定。

实践中，判断货运代理是代理人还是当事人可以根据以下几个方面来综合考量：

（1）货运代理是否签发了自己的全程运输单证：如多式联运提单，如果签发了自己的提单，会被认为是当事人。

（2）在收取报酬方面，是收佣金还是赚取运费差价：如果货运代理报自己的运价而不向客户说明其费用的使用情况，那么货运代理通常应当承担契约承运人的责任，即将被认定为当事人。

（3）货运代理与客户以前的交易情况：这往往成为法院在具体案件中判断货运代理是代

理人还是当事人的重要考虑因素。实践中，有些客户与货运代理有着长时间的合作关系，如果货运代理一直是当事人的身份，那么当某一次交易中处于代理人的法律地位时，出于保护第三人的信赖利益，法院往往会倾向于认定其是当事人。这时，货运代理就应当举证证明自己的代理人身份。反之亦然。由于作为当事人身份的风险较大，因此，当货运代理是代理人时，一定要注意向相对人表明自己的代理身份。

（4）业务方式上，是集装箱拼装还是以托运人的名义代办进出口业务。

另外，货运代理以自己的运输工具运送货物，与客户商定一揽子运价，都将是被视为当事人的初步证据。实践中，认定货运代理的法律地位，更多地是由仲裁机构或法院对个案进行具体的、综合地判断和分析。

二、国际货运代理责任保险

国际货运代理的责任保险，通常是为了弥补国际货物运输方面所带来的风险。这种风险不仅来源于运输本身，而且来源于完成运输的许多环节当中，如运输合同、仓储合同、保险合同的签订、操作、报关、管货、向承运人索赔和保留索赔权的合理程序、签发单证、付款手续等。上述这些经营项目一般都是由国际货运代理来履行的。一个错误的指示、一个错误的地址，往往都会给国际货运代理带来非常严重的后果和巨大的经济损失，因此，国际货运代理有必要投保自己的责任险。另外，当国际货运代理以承运人身份出现时，不仅有权要求合理的责任限制，而且其经营风险还可通过投保责任险而获得赔偿。

（一）国际货运代理责任险的产生

国际货运代理所承担的责任风险主要产生于以下 3 种情况：

（1）国际货运代理本身的过失。国际货运代理未能履行代理义务，或在使用自有运输工具进行运输出现事故的情况下，无权向任何人追索。

（2）分包人的过失。在"背对背"签约的情况下，责任的产生往往是由于分包人的行为或遗漏，而国际货运代理没有任何过错。此时，从理论上讲国际货运代理有充分的追索权，但复杂的实际情况却使其无法全部甚至部分地从责任人处得到补偿，如海运（或陆运）承运人破产。

（3）保险责任不合理。在"不同情况的保险"责任下，单证不是"背对背"的，而是规定了不同的责任限制，从而使分包人或责任小于国际货运代理或免责。

上述 3 种情况所涉及的风险，国际货运代理都可以通过投保责任险，从不同的渠道得到保险的赔偿。

（二）国际货运代理责任险的内容

国际货运代理投保责任险的内容，取决于因其过失或疏忽所导致的风险损失。例如，错误与遗漏，虽有指示但未能投保或投保类别有误；迟延报关或报关单内容缮制有误；发运到错误的目的地；选择运输工具有误；选择承运人有误；再次出口未办理退还关税和其他税务的必要手续保留向船方、港方、国内储运部门、承运单位及有关部门追偿权的遗漏；不顾保单有关说明而产生的遗漏；所交货物违反保单说明。

（1）仓库保管中的疏忽。在港口或外地中转库（包括货运代理自己拥有的仓库或租用、委托暂存其他单位的仓库、场地 ）监卸、监装和储存保管工作中代运的疏忽过失。

（2）货损货差责任不清。在与港口储运部门或内地收货单位各方接交货物时，数量短少、残损责任不清，最后由国际货运代理承担的责任。

（3）迟延或未授权发货。例如，部分货物未发运；港口提货不及时；未及时通知收货人提货；违反指示交货或未经授权发货；交货但未收取货款（以交货付款条件成交时）。

（三）国际货运代理责任险的除外责任

虽然国际货运代理的责任可以通过投保责任险将风险事先转移，但作为国际货运代理必须清楚地懂得，投保了责任险并不意味着保险公司将承保所有的风险，因此绝不可误认为在任何情况下，发生任何事故，即使自己有责任担也不必承担任何风险与责任，统统由保险公司承担，这种想法是错误的。事实上，保单中往往都有除外条款，即保险公司不予承保，所以要特别注意阅读保单中的除外条款，并加以认真地研究和考虑。另外，保单中同时订有要求投保人履行的义务条款，如投保人未尽其义务，也会导致保险公司不予赔偿的后果。

适用于各种保险，包括责任保险的保单中，除外条款和限制通常有：在承保期间以外发生的危险或事故不予承保；索赔时间超过承保条例或法律规定的时效；保险合同或保险公司条例中所规定的除外条款及不在承保范围内的国际货运代理的损失；违法行为造成的后果如运输毒品、枪支、弹药、走私物品或一些国家禁止的物品；蓄意或故意行为，如倒签提单、预借提单引起的损失；战争、入侵、外敌、敌对行为（不论是否宣战）、内战、反叛、革命、起义、军事或武装侵占、罢工、停业、暴动、骚乱、戒严和没收、充公、征购等的任何后果，以及为执行任何政府、公众或地方权威的指令而造成的任何损失或损害；任何由核燃料或核燃料爆炸所致核废料产生的离子辐射或放射性污染所导致、引起或可归咎于此的任何财产灭失、摧毁、毁坏或损失及费用，不论直接或间接，还是作为其后果损失；超出保险合同关于赔偿限额规定的部分；事先未征求保险公司的意见，擅自赔付对方，亦可能从保险公司得不到赔偿或得不到全部赔偿。例如，当货物发生残损后，国际货运代理自认为是自己的责任，未征求保险公司的意见，自做主张赔付给对方。如事后证明不属或不完全属国际货运代理的责任，保险公司将不承担或仅承担其应负责的部分损失。

（四）国际货运代理责任险的方式及渠道

国际货运代理投保责任险时，主要有以下几种方式供选择，即有限责任保险、完全法律责任保险、最高责任保险和集体保险制度。国际货运代理根据自己的情况，选择适合自己的方式进行投保。

国际货运代理仅按其本身规定的责任范围对其有限责任投保，国际货运代理的有限责任保险主要分 3 种类型。第一类，根据国际货运代理协会标准交易条件确定的国际货运代理责任范围，国际货运代理可选择只对其有限责任投保；第二类，国际货运代理也可接受保险公司的免赔额，这将意味着，免赔额部分的损失须由国际货运代理承担。保单中订立免赔额条款的目的是：一方面，使投保人在增强责任心、减少事故发生的同时，从中享受到缴纳较低保险费的好处；另一方面，保险人可避免处理大量的小额赔款案件，节省双方的保险理赔费用，这对双方均有益。免赔部分越大，保险费用越低，但对投保人来说却存在下述风险，即对低于免赔额的索赔，均由国际货运代理支付，这样当它面对多起小额索赔时，就会承担总额非常大的损失，而且有可能根本无法从保险人处得到赔偿；第三类，国际货运代理还可通过缩小保险范围来降低其保险费，只要过去的理赔处理经验证明这是合理的。但意料之外的超出范围的大额索赔可能会使其蒙受巨大损失。

国际货运代理主要通过 4 种渠道投保其责任险：一是所有西方国家和某些东方国家的商

业保险公司，可以办理国际货运代理责任险；二是伦敦的劳埃德保险公司，通过辛迪加体制，每个公司均承担一个分保险，虽然该公司相当专业，但市场仍分为海事与非海事，并且只能通过其保险经纪人获得保险；三是互保协会也可以投保责任险，这是一个具有共同利益的运输经纪人，为满足其特殊需要而组成的集体性机构；四是通过保险经纪人（其自身并不能提供保险），可为国际货运代理选择可承保责任险的保险公司，并能代表国际货运代理与保险人进行谈判，还可提供损失预防、风险管理、索赔程度等方面的咨询，并根据国际货运代理协会标准交易条件来解决国际货运代理的经济、货运、保险及法律等问题。

（五）承保国际货运代理责任险的机构

鉴于国际货运代理所从事的业务内容杂、项目多、范围广，使其身份呈多样化，其所承担的法律责任亦较为复杂，这就使得保险人难以掌握和估计其风险程度及损失的大小，难以确定费率的高低。因此，国际上许多国家的保险公司都不承保货运代理责任险这一特殊的险种。

目前承保国际货运代理各种责任险的机构相对集中在一些保险公司，如 TT CLUB 和 AGF 两家较大型的保险公司。当然，有的国家和地区的保险公司也承保少量的国际货运代理责任险业务，如中国香港地区的民安保险有限公司和中国保险有限公司。

1. TT CLUB

TT CLUB（联运互保协会有限公司，简称联运保赔协会）是一家非盈利性、只收取成本费用、股东不享有投资收益的协会。它在非执行董事会指导下运作，董事会由会员的高层管理人员组成。其宗旨是为运输业提供保赔服务。会员来自业内各个领域，遍及多个国家和地区。协会根据每个投保人所承担的风险和业务性质来确定其保险金，保险成本稳定，不受保险市场波动的影响。该协会是世界运输业主要保险人之一，同时承保国际货运代理责任险。该协会力图提供全套保险服务，以将保险成本和不同险别之间的差距降至最低。在理赔方面，该协会在世界各地成立了多个直属业务机构；每一地区，由其直属机构委托并监管地方代理。该协会在世界的任何一个角落都设有分行代理。各地代理熟悉当地的情况及法律，对处理会员的理赔案件十分有利，他们已积累了 30 多年责任险理赔经验，尤其是国际多式联运责任险的理赔经验。目前，越来越多的国际货运代理意识到该协会是一个能向他们提供较好服务的保险机构。

TT CLUB 的特色服务是：专家指导与支持，作为一个会员，可享受专业管理人员的服务并被指定一位财会专员进行指导；全球性服务；可选择风险覆盖方案，由协会承保的不同范围的保险，使会员尽量避免或减少向不同的保险人投保不同的险种；只计成本的保险，作为一个互保协会，没有股东，也不追求利润；支持中间人业务，协会承保的业务中相当一部分是由中间人提供的，协会在其业务往来中积极支持这种中间人与会员的合作。

2. AGF-CAMAT

AGF-CAMAT（简称 AGF）是世界上最大的运输保险人，其承保业务的市场包括货物险、责任险、船壳险、航空险。其财政稳健，被标准普尔评为 AA 级。随着运输险与责任险两种投保业务量的日益增长，市场对专门提供这方面保险的需求越来越大，该公司为适应市场发展，成立了专门承保运输险及责任险的专业保险公司，负责货物和集装箱运输行业及其责任险的承保业务。之后该公司又与安联保险公司合并成为欧洲最大的保险公司，成为全世界非人寿险生意最大的保险公司，其保险金额超过 10 亿美元，营运于 59 个国家。AGF 还加入了 CESAM，这是一家法国保险人的中央索赔局，其经营形式非常类似劳埃德代理的全球网络，已在多个国家设立了代表处。AGF 所属的运输及责任险有限公司也有自己的网络，并在 150 多个国家设立了代表处。

（六）国际货运代理责任保险单

国际货运代理从保险公司获得的赔偿与其所签订的保单条款有关。一般来说，缴纳的保费越多，承保的责任范围越大，赔偿的金额也就越高；反之，缴纳的保费越少，承保的责任范围越小，赔偿的金额也就越低。国际货运代理必须根据自己业务的性质、范围、责任大小以及有关的法律与保险公司商讨制定出一个好的保单，用以维护双方的合法权益。由于国际货运代理责任险的赔偿情况不同，签订的保单条款不同，因此投保人缴纳的保费也就不同。国际货运代理必须根据国际货运代理责任险的赔偿情况制定保单。

通常国际货运代理责任险的投保与赔偿大体可分为 3 种情况：

（1）只能获得责任限制的赔偿。这种情况发生在国际货运代理以国际货运代理协会标准交易条件中所规定的责任限制条款为基础投保时。

（2）获得全责险的赔偿。在不考虑该标准交易条件中所列明的责任限制时，国际货运代理虽采用该标准交易条件，但要求保险公司承保其全部责任时，则可获得全责险的赔偿。

在上述两种情况下，虽然保费是国际货运代理支付的，但该保费已包含在国际货运代理向委托人所收取的服务费中。一般来说，委托人没有向保险公司追偿的权利，然而当国际货运代理破产时，保险公司只要承保了上述责任险，委托人就可以从保险公司得到赔偿。这种责任险与承保人投保的责任险相类似。

（3）委托人投保货物运输过程的全部风险，直接向保险公司进行索赔。这里的全部风险包括：由于国际货运代理的过失或疏忽所引起的损失造成风险时，作为投保的当事人，其有权直接向保险公司进行索赔。此时，保险公司不得援用国际货运代理所采用的标准交易条件中的责任限制条款。国际货运代理投保责任险后，既可以使国际货运代理提高服务质量，又能使委托人较快地得到合理的赔偿，对委托人和国际货运代理都十分有益。

【技能要点】

一、国际货运代理的主要风险及防范措施

国际货运代理在代理业务过程中会遇到各种各样的风险，下面分析当遇到各种风险时，货运代理企业应如何防范。

（一）身份错置

对于货运代理而言，不同的身份决定不同的法律地位，同时也决定不同的权利和义务。很多货运代理由于不清楚或不明确自己的身份，尤其是在货运代理具有双重身份的时候，混淆托运人、代理、独立经营人的概念，摆错自己的位置，从而行事不当，造成该行使的权利没有行使，不该承担的责任却要承担的被动局面。

防范对策：根据具体业务的情况，分析自己的身份和法律地位，知道自己该干什么，不该干什么。

（二）未尽代理职责

货运代理作为代理身份时，一定要履行合理而谨慎的职责，这是对货运代理最基本的要求。然而在实践中，货运代理企业往往疏于管理，未能尽到合理、谨慎的义务，因自身的过错给托运人造成损失，实际上也是给自己造成损失。

主要有以下几种情况：选择承运人不当；选择集装箱不当；未能及时搜集、掌握相关信息并采取有效措施；对特殊货物未尽特殊义务；遗失单据；单据缮制错误。

对策：建立健全内部规章，制定标准业务流程，对可能出现因疏忽造成风险的业务环节进行科学、全面的分析，使业务环节程序化、制度化，并不断完善，同时加强检查力度，使疏忽大意产生的概率降到最低。

（三）超越代理权限

货运代理人作为代理人时，其代理行为应当在托运人的委托范围内，如果超越了委托范围，擅自行事，则由货运代理人自行承担责任。在业务实践中，货运代理人处处为托运人着想，为了货物及时出运不惜超越代理权限代行托运人的权利，比如签发各类保函、承诺支付运费、同意货装甲板、更改装运日期、将提单直接转给收货人等，这些行为有的可能托运人一无所知，有的可能事先得到托运人的默许或口头同意，但一旦出现问题，托运人便会矢口否认，由于没有证据证明托运人的认可，则货运代理人往往要为自己超越代理范围的行为承担责任。

对策：明确托运人的权利和责任，分清货运代理人与托运人权利和责任的界限，不要越俎代庖，替人受过。

（四）货主欺诈

目前，很多货运代理人为了承揽生意，吸引货主，往往采取垫付运费及其他相关费用的方式，而这一点恰恰被个别货主钻了空子。个别货主往往在前几票业务中积极付费，表现出具有良好信誉的假象，在获取货运代理人的信任后，在随后的某一大票业务中由货运代理人垫付巨额费用后，人去楼空，而他们自身往往可能就是收货人，在贸易方式中无形减少了运输的成本。

货主为了逃避海关监管，可能会虚报、假报进出口货物的品名及数量，当货运代理人（包括报关行）代其报关后，经海关查验申报品名、数量与实际不符时，货运代理人可能首当其冲遭受海关的调查和处罚。

在集装箱运输方式下，由于货物不便查验，货主可能会实际出运低价值的货物，而去申报高价值的货物，并与收货人串通（或者收货人就是该货主或其关联企业），伪造出具假发票、假信用证、假合同，当货物到达目的地，通过各种手段骗取无单放货后，发货人凭正本提单向货运代理人索要高于出运货物实际价值的赔偿。

对策：对货主实行资信等级考察制度，对不同等级的货主实行不同的对待策略，同时，提高警惕性，时刻注意保护自身的权益。

（五）随意出具保函

目前，倒签、预借提单现象屡禁不止，凭保函签发清洁提单或无单放货的情况更是普遍，船公司为了规避自己的风险，一般在货主提出上述要求时要求货主出具保函，但经常由于货主远在异地或者货主的资信不能得到船公司的信任和认可，往往会要求货运代理人出具保函以保证承担由此引起的一切责任，或要求货运代理人在货主出具的保函上加盖公章，承担连带担保责任。货运代理人为向货主体现自己"优质"的服务质量，一般随意地按照船公司的要求出具了保函。货运代理人此时仅是货主的代理人，出具保函的行为是超越代理范围的自身行为，因此货运代理人所承担的风险责任也远远超越了其所应当承担责任的范围。

对策：加强制度管理，对外出具保函应当进行严格的审核，慎重出具，对于不应当或不必要以及可能损害货运代理人利益的保函坚决不出。

（六）法律适用问题

货运代理人在作为国际多式联运经营人时，由于货物运输可能同时采取几种运输方式，货物运输的路段也会涉及几个国家，每一种运输方式所适用的法律不同，其规定的责任区间、责任限额、责任大小都不尽相同，而不同国家的具体法律规定又是不同的，这样就有可能导致法律适用问题给货运代理人造成的风险损失。

由于各地的海关监管、免疫查验、出入境管理以及其他相关监管的法律法规的规定不同，而且货运代理企业又不能完全熟悉掌握，尤其是一些最新出台的法规，货运代理企业缺少信息追踪以及相关信息调研的部门，极有可能会触犯这些规定，从而招致处罚，轻则罚款，重则有可能被吊销当地的经营资格。

对策：加强对相关国家法律的研究和了解，明确自己的权利和责任。

（七）垫付运费风险

垫付运费是当前货运代理人承揽业务的主要手段之一，对一些资金相对紧张的出口单位颇有吸引力，但是在吸引客户的背后却蕴藏着极大的风险。

首先是垫付运费的合法性问题，关键是作为代理人，在被代理人没有对支付运费做出明确授权时，自行代其垫付运费的行为是否应当受到法律保护？

其次是托运人的资信问题，凡是被垫付运费所吸引的托运人，大部分都存在资金紧张的问题，如果一旦托运人的经济状况恶化，货运代理人垫付的费用可能无从追回。

对策：不与垫付运费，或者在与托运人的代理合同中明确垫付运费的授权。

（八）职员个人行为风险

企业的经营活动是通过其职员完成的，但并不是所有的职员都忠实可靠，他们的个人行为往往以公司职务行为为掩护，让货运代理企业无法辨别，误认其个人行为为公司行为，当个人攫取利益逃之夭夭后，又无从向其原单位索赔，从而导致经济损失。

个别职员长期负责某单位某项具体工作，比如领提单、拿支票等，货运代理企业往往会放松对其的警惕性，有些人在其公司解除劳动关系后，仍然冒名领取提单，或骗取支票，事后由于该职员没有原单位的书面明确授权，货运代理企业往往自食苦果。还有个别职员在某单位从事订舱工作，其在做公司正常业务的同时又承揽私人的业务，"公务"和"私务"交杂在一起，货运代理企业很难区分，往往会造成不必要的麻烦。

对策：要求往来文件尽量加盖公司印章，对于个人的业务行为，要求其公司提供委托授权书，明确其行为为公司授权的职务行为。

二、货代企业风险转移方法

货运代理人可以通过加强内部管理，规范操作流程，对客户实行信用管理，对合同方实行有效考核等一系列手段来规避经营风险。但是，企业的经营风险应该说是层出不穷，防不胜防，必要的防范手段只能在一定程度上减少风险发生的概率，但不能完全避免它的发生，如何化解和转移风险是货运代理企业应当面对和思考的，也是急需解决的问题。实践中，投保货运代理责任险是转移经营风险较为行之有效的途径，通过这种方式可以转化一些无法预料和无法规避的经营风险，减少重大或突发风险事件给企业带来的冲击和影响。我国的《货运代理规定实施细则》规定要求货运代理企业在从事国际多式联运业务时要参加保险，虽然这项制度没有得到贯彻执行，但却说明国家对货运代理企业投保责任险的重视。投保责任险可能会增加货运代理企业的营运成本，但为企业长期稳定的经营提供了保障，维护了货运代理企业和广大货主的利益。货运代理企业做大做强，如果不投保货运代理责任险，后果是难以想象的。投保责任险不仅是货运代理企业自我保护的手段，也是对自己信誉的承诺。

但不得不指出的是，并不是投保了货运代理责任险，对货运代理企业来说就是万事无忧了。保险公司也是以盈利为目的的，为了降低和减少其承担的赔付责任，会制定出相应条款。因此，如果将防范和规避风险的全部希望都寄托在保险公司上，最终受害的将是货运代理企业自身。事实上，货运代理责任险只是企业在完善自身风险防范机制基础上的补充，是一种将无法预见的风险转移的权宜策略。货运代理企业既不能盲目地相信自己的能力，同时也不能完全寄希望于保险公司。货运代理企业的风险防范之路只能是以加强自身风险防范能力为主，投保货运代理责任险为辅，双管齐下，才能走得平安长久。

【任务实施】

发货人将 500 包书委托伦敦某经营联运业务的货运代理，货物自伦敦运抵曼谷。该批货物被装入一集装箱，且为货运代理自行装箱，然后委托某船公司承运。承运人接管货物后签发了清洁提单。货物运抵目的港曼谷时，铅封完好，但箱内 100 包书却不见了。发货人向货运代理起诉，诉其短交货物。此种索赔是否属货运代理责任险范围？货运代理对短交货物是否应负赔偿责任？

从本案的索赔性质分析，应该说属于责任险范围。作为多式联运经营人的货运代理应对货物运输的全程负责，也就是说自接受委托、从发货人手中接收货物起，直至如数交给收货人的全程负责，更何况货物是由其自行装箱。

综合技能实训

【实训任务背景】

山西省某企业生产的一批机电设备将出口到西班牙的塞维利亚。交货期为 2009 年 1 月。

1. 货物情况说明

（1）品名：机器设备。

（2）数量：320t。

（3）合同价值 USD 500000。

（4）件数：160PAGS。

2. 信用证要求

（1）装货港：中国任何港口。

（2）卸货港：西班牙任何港口。

（3）最迟装运日：2008 年 11 月 15 日。

（4）贸易条款：CIF SEVULLE，SPAIN。

（5）特殊要求：商品必须经过中国出入境检验检疫局的检验，要求至少 9 天的免堆期，去接受驳船提单。

3. 货主要求

须凭正本提单提货，货主自买保险。

【实训任务要求】

要想使货物运输高效、便捷，国际货运代理公司可以采用哪种或哪些运输方式？应如何设计本票货物的运输路线？货运代理公司应如何防范和解决在运输过程中可能出现的各种风险？

【综合实训参考答案】

（一）背景分析

（1）该批货物量较大，货重，一般来说需要借助大船和深水港。所以，如果要走海运，就应该选择山西到北京附近的大港口，如连云港、天津港等。

（2）西班牙位于欧洲西部，境内铁路和公路都比较发达，比较大的港口有直布罗陀和巴塞罗那。塞维利亚是西班牙的一个内陆城市，离直布罗陀和马拉加等港口比较近。

（3）巴塞罗那港内陆运输不发达、内河运输条件和港口转运条件都相对较差；运费率和装运条件都不理想。所以一般不选择巴塞罗那港，而可以选择东海岸（地中海）、西海岸（大西洋）其他较大的港口登陆。

要完成此次运输任务，需考虑以下问题：

1）有哪些运输路线？需要多少种运输方式？

2）收、发货人需要联系多少个承运人？

3）过程中需交换多少单据？经过多少个国家？

4）需交付多少次运费？

5）安排多少监管环节？特别是在转运时应当注意什么？

（二）运输路线比较

方案一：山西（陆运）－天津港或连云港（海运）－东海－南海－马六甲海峡－科伦坡－曼德海峡－红海－苏伊士运河－地中海－塞维利亚。

特点：速度慢、时间长、风险大，但运费低。

方案二：山西（新欧亚大陆桥）－甘肃兰州－新疆阿拉山口－哈萨克斯坦－俄罗斯－白俄罗斯－波兰华沙－荷兰鹿特丹或德国汉堡港（海运）－英吉利海峡－西班牙桑坦港（铁路）－塞维利亚。

特点：速度快、时间短，但运费较高。

方案三：山西（新欧亚大陆桥）－甘肃兰州－新疆阿拉山口－哈萨克斯坦－俄罗斯－白俄罗斯－波兰华沙－荷兰鹿特丹或德国汉堡港（海运）－英吉利海峡－大西洋－直布罗陀－塞维利亚。

（三）方案选择

当前距交货期 2009 年 1 月尚有一个半月时间，如果主要走"南海－地中海"航线，则时间上必须抓紧备货出货；相反，如果选择走"新欧亚大陆桥－大西洋东海岸"航线则时间就较为充裕了，但费用会相对较高。

　　几条航线各有利弊，经过充分沟通，该企业决定走经济实惠的地中海航线。最终确定了具体的航线方案：山西（公路运输）－连云港（海运）－东海－南海－马六甲海峡－科伦坡－曼德海峡－红海－苏伊士运河－地中海－直布罗陀（铁路运输）－塞维利亚。

　　随后，由货运代理公司提出统一费率，确定日期行程；签订国际多式联运合同；备货、出货、集港、报关、装船，并进行货物跟踪。

参考文献

[1] 杨占林. 国际货运代理实务精讲. 北京：中国海关出版社，2009.

[2] 何银星. 货代高手教你做货代：优秀货代笔记. 北京：中国海关出版社，2010.

[3] 杨鹏强. 国际货运代理操作实务. 北京：中国海关出版社，2010.

[4] 谢春讯等. 航空货运代理实务. 北京：清华大学出版社，2008.

[5] 鲁广斌. 国际货运代理实务与集装箱运输业务. 北京：清华大学出版社，2010.

[6] 孙敬宜. 国际货运代理实务. 北京：电子工业出版社，2009.

[7] 陶广华. 等国际货运代理. 北京：高等教育出版社，2010.

[8] 王俭廷. 航空物流运营实务. 北京：中国物资出版社，. 2009.

[9] 符海箐. 国际货运代理实务. 北京：对外经贸大学出版社，2009.

[10] 中国国际货运代理协会. 国际海上货运代理理论与实务. 北京：中国商务出版社，2010.

[11] 中国国际货运代理协会. 国际货物运输代理概论. 北京：中国商务出版社，2010.

[12] 中国国际货运代理协会. 国际航空货运代理理论与实务. 北京：中国商务出版社，2010.

[13] 中国国际货运代理协会. 国际多式联运与现代物流理论与实务. 北京：中国对外经济贸易出版社，2005.

[14] 李盾. 国际货运代理. 北京：对外经济贸易大学出版社，2008.

[15] 王森勋. 新编国际货运代理理论与实务. 北京：北京大学出版社，2009.

[16] 刘树密. 国际货运代理. 南京：东南大学出版社，2004.

[17] 杜学森，律宝发. 国际货运代理实务. 北京：中国劳动社会保障出版社，2006.

[18] 王爽. 现代物流基础. 北京：首都经济贸易大学出版社，2009.

[19] 陈玲，王爽. 物流服务营销. 上海：立信会计出版社，2010.

[20] 霍红. 国际货运代理与海上运输. 北京：化学工业出版社，2009.

[21] 王伟. 无正本提单交付货物的法律与实践：国际海上货物运输法若干问题的比较研究. 北京：法律出版社，2010.

[22] 陈福金. 海上货物运输. 北京：人民交通出版社，2009.

[23] 李勤昌. 海上货运合同的法律问题研究. 北京：科学出版社，2010.

[24] 杨良宜. 海上货物保险. 北京：法律出版社，2010.

[25] 爱德华J.巴蒂（Edward J. Bardi）等. 运输管理. 北京：机械工业出版社，2009.

[26] 刘雅丽. 运输管理. 北京：电子工业出版社，2008.

[27] 朱仕兄. 物流运输管理实务. 北京：北京交通大学出版社，2009.

[28] 万耀明等. 物流运输组织与管理. 北京：机械工业出版社，2009.

[29] 王进等. 运输管理实务. 北京：电子工业出版社，2009.

[30] 申纲领. 物流运输管理. 北京：北京大学出版社，2010.

[31] 李昊. 航空运输与服务法律问题研究. 北京：法律出版社，2010.

[32] 肖瑞萍. 民用航空危险物品运输. 北京：科学出版社，2009.